一幅名为《新天使》的保罗·克利画作，展示了一位天使，看起来正要飞离他一直凝视之物。他双眼紧盯、嘴巴微张，呈展翅状。这就是人类所描绘的"历史的天使"。他的脸朝向过去。在我们认为是一连串事件之地，他看到的是一场单一的灾难，残骸上继续堆积残骸，而灾难就在脚下。天使欲留下唤醒死者，并将彻底粉碎之物复原。但从天堂吹来一阵风暴，撑起了他的翅膀，这种力量让他无法收起双翼。不可避免地，风暴将他推入不愿面对的未来，他背部翻转，而前面的残骸已直达天际。这场风暴就是我们所说的进步。

瓦尔特·本雅明（Walter Benjamin）：《历史哲学论纲》

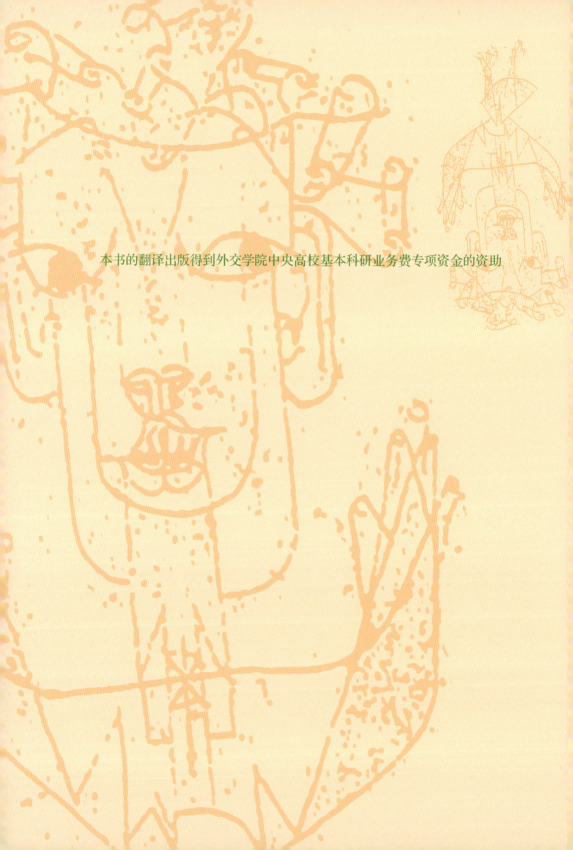

本书的翻译出版得到外交学院中央高校基本科研业务费专项资金的资助

全球治理理论
权威、合法性与论争

A THEORY OF GLOBAL GOVERNANCE

Authority, Legitimacy, and Contestation

〔德〕迈克尔·祖恩 / 著

（Michael Zürn）

董 亮 / 译

社会科学文献出版社

SOCIAL SCIENCES ACADEMIC PRESS (CHINA)

中文版前言

  《全球治理理论：权威、合法性与论争》旨在解释最为强大的国家对全球治理的矛盾回应。本书通过阐明全球政治体系的内在矛盾性，将当前全球治理的惨淡状况描绘为主要在 20 世纪 90 年代发展起来的制度内在设计的后果。在我们将全球治理视为一种政治体系之前，三个条件需要得到满足。

  第一，我们必须普遍承认，至少在一国疆界之外存在某些基本的全球共同目标（如和平）以及至少某些集体利益（如可持续的生态系统）。这些目标的实现，需要共同努力。任何否认这一点的人则仅代表狭隘的国家利益和特殊利益。

  第二，即便可能违背个别成员的短期利益，国际制度和国际组织的存在目的是推动共同利益的实现。而国际制度实现目的之能力很大程度上取决于非强制性权力。因此，其影响力取决于行为体是否承认这些制度的权威。

  第三，国际权威愿意为受其影响的对象采取措施以证明自身的正当性。国际政策的正当性需要在广大受众眼中得到确立，包括各国公众、政府以及在"想象的世界社会"之中。

  虽然第二次世界大战后，基于共同利益导向、国际权威的可能性和全球论坛的正当性，全球治理体系得以建立，但它是在柏林墙倒塌之后才充分发展起来的。这种形式的全球治理体系是基于以政治上有效的方式处理全球问题为先决条件的。尽管出于许多必要的原因，全球治理体系与所有其他政治体系一样，其所采取的具体形式不一定公正，也不完全是和平的。它还具有权力不对称（西方主导）、参与机会不平等（否决权和加权投票权）和物质上不均衡（国家间能力的巨大差异）等特点。

此外，全球治理受到政治化和论争的影响，其缺陷以论争和抵制的形式呈现：新兴大国挑战西方的主导地位；反全球化运动以新自由主义为攻击目标；右翼民粹主义政党向腐化的世界精英发起猛攻；伊斯兰国家谴责西方的腐朽。这些反对现存全球体系的力量散布于世界各地。因此，包括中国在内的许多国家和社会既拥有支持全球治理的势力和意识形态，但也存在批评全球治理的群体及其理由。这就解释了为何各国在全球治理问题上表现得如此自相矛盾。

《全球治理理论》还解释了为何对全球治理的抵制会长期增加。国际权威的建立和巩固引发了论争和抵制。国际权威程度的提高使全球治理内部和有关全球治理合法化的斗争变得愈演愈烈。

一些美国同行曾批评我的理论是欧洲式的。毋庸置疑，本书的作者是长期定居欧陆的德国人。我们在世界社会中的地位和位置影响着我们对世界和全球治理的理解。摆脱这一困境的唯一出路是对不同观点持开放态度。因此，我十分高兴本书现在被译成中文，从而使更多对世界政治和全球治理持迥异观点的读者能够读到它。我也期待与本书中文版的读者进行许多富有成效的讨论。

本书的出版离不开外交学院的董亮博士，感谢他提出翻译此书的建议。他不仅完成了翻译工作，还在出版过程中承担了相当大的责任。这是一份巨大付出，我非常感谢其对翻译工作的慷慨投入。他以非凡的学术严谨态度处理翻译工作。此外，我还要感谢出版社的严谨编辑，缪高意和陈昊宁为本书的校对、图表绘制工作做出了贡献。我还要感谢社会科学文献出版社和牛津大学出版社，与它们的合作非常顺利！

自出版以来，本书取得了很好的学术反响。两个关于本书的专门研讨会让我获益良多。虽然无法列出所有名字，但我想特别感谢参与其中的学者们，他们是罗伯特·基欧汉（Bob Keohane）、妮可·迪特霍夫（Nicole Deitelhoff）、克里斯托弗·达斯（Christopher Daase）、迈克尔·巴尼特（Michael Barnett）、文森特·波略特（Vincent Pouliot）、安娜·利安德（Anna Leander）、贝思·西蒙斯（Beth Simmons）和扬·阿特·肖尔特（Jan Aart Scholte）。我十分感谢欧菲欧·菲欧埃托斯（Orfeo Fioretos）和乔纳斯·塔尔伯格（Jonas Tallberg），这两位学者编辑了研讨会文集，书评已于 2021 年初发表在《国际理论》（*International Theory*）期刊上。蒂恩·汉里德（Tine Hanrieder）和伯恩哈德·赞格（Bernhard Zangl）也是如此，他们在德国《国际关系杂志》（*Zeitschrift für Internationale Beziehungen*）上编辑了一期关于本书的研讨专辑。克里斯蒂安·克鲁德 – 索南（Christian Kreuder-Sonnen）、马蒂亚斯·埃克尔 – 厄哈特（Matthias Ecker-Ehrhardt）、吉塞拉·赫希曼（Gisela Hirschmann）、安德烈·列斯（Andrea Liese）、亚历山德罗斯·托凯（Alexandros Tokhi）、乌尔里希·施内克（Ulrich Schneckener）和本杰明·福德（Benjamin Faude）围绕本书撰写了发人深省的论文，我对此表示感谢。读者可在本书中找到这些重要研究问题、补充材料及论述上的扩展。

最后，我从与中国同行的讨论中获益匪浅。我访问了北京大学国际关系学院、外交学院亚洲研究所、复旦大学哲学系、澳门大学欧洲研究所等学术机构，收获颇丰。尽管立场上存在一些分歧，但我依旧十分享受这些激烈的争论过程。总之，由于共同生活在一个地球上，因而，我们一定需要全球治理。

迈克尔·祖恩

2022 年 1 月，德国柏林

英文版前言

国际制度（international institution）存在两个根本性缺陷：一是相较全
球性问题的重要性，国际制度所做的远远不够；二是国际制度的合法性基
础有限，以至于无法支撑其所为。过去五年里，银行业危机造成全球性影
响；移民不仅挖空了输送国，而且使接收国负担过重；必须管控气候变化
以避免严重人类灾难的结论已被反复确认；跨国恐怖袭击以及以多种新方
式呈现的核边缘策略日益频发。面临这些挑战，全球合作的成果乏善可陈。
尽管遏制银行业危机的努力相当有效，但防止其重蹈覆辙的新规则依然不
足。虽然《巴黎协定》最终达成取得了一定成果，但其并不足以阻止全球
变暖。截至目前，合作处理移民危机的尝试以失败告终，而管控当前安全
威胁的外交努力似乎也收效甚微。

对许多人来说，国际制度不仅多余，也常是其政治敌人攻击的对象。
所有西欧国家的右翼民粹主义（right-wing populism）都在抬头，特别是在
奥地利和法国已经接近掌握政权的地步，需要引起人们的警惕。在东欧，
右翼民粹主义者的政治计划已在波兰和匈牙利开始实施，并公然违抗欧盟
的规定。美国人选出唐纳德·特朗普（Donald Trump）为总统，这一事件也
是右翼民粹主义的一种特殊表现形式。与此同时，俄罗斯和土耳其的领导
人以民族自豪感的名义，成功地集中了权力。这些政治领导人和政治运动
的共同之处在于，他们都是强调控制边境的公开民族主义者，强调所谓沉

默多数的意志，贬低"普世"权利与义务。欧盟和全球治理成为其共同的敌对目标。任何与强有力的国家政府无关的治理形式，都不出意料地被其摒弃了。

所有这些现象都自相矛盾。全球治理在其最被需要之际却遭到了最为强烈的排斥。本书旨在解释这一悖论。就此，笔者提出一套全球治理理论，其核心论点是世界政治已经形成了一套包含等级制和权力不平等的规范与制度结构，从而内生地产生了论争（contestation）、抵制（resistance）和分配性斗争（distributional struggle）。对社会进程的任何解释都涉及一种理解要素——在当前情况下，使得对全球治理的抵制变得可理解——但我探求的规范性立足点是世界主义的（cosmopolitanism）：我深信，以民主国家为基础，由负责任且有效的国际制度、开放的边界和对人权的承诺所构成的全球治理体系，具备规范必要性和政治可行性。

这是一本将不同研究项目的成果汇集在一起的专著。每一个研究项目都体现了不同阶段的集体合作努力。毫无疑问，没有同事的参与，本书是不可能完成的。因此，我对所有参与这些项目的合作者深表谢意。其中一些项目的开端以友谊为基础，而另一些研究项目则产生了新的友谊或有价值的合作关系。有一些合作比预期时间更长，甚至出现过危机时刻，所有人都必须熬过烦躁和延迟的折磨。这是我参加这些项目的感受。然而，所有项目最终都取得了成功，这就要感谢参与其中的优秀研究者。

首先，我要提及在柏林社会科学中心（WZB Berlin Social Science Center）全球治理研究所支持下开展的项目。第一个值得一提的项目是关于"国际制度政治化"的研究，彼得·德·维尔德（Pieter de Wilde）、马蒂亚斯·埃克尔-厄哈特（Matthias Ecker-Ehrhardt）和克里斯蒂安·劳赫（Christian Rauh）是重要研究主力。"国际权威数据库"则包括马丁·宾德（Martin Binder）、克萨韦尔·凯勒（Xaver Keller）、奥特姆·洛克伍德·佩顿（Autumn Lockwood Payton），尤其是亚历山德罗斯·托凯（Alexandros Tokhi）。"保护个人免受国际权威危害"项目包括吉塞拉·赫希曼（Gisela Hirschmann）、特雷莎·雷诺德（Theresa Reinold）以及至关重要的莫尼卡·赫佩尔（Monika Heupel）。蒂恩·汉里德（Tine Hanrieder）、托马斯·雷克森（Thomas Rixen）和罗拉·维奥拉（Lora Viola）共同致力于将历史制度主义中的一些概念转变为国际关系概念的研究。最后，特别是马修·斯蒂芬（Matthew Stephen），还有马丁·宾德、苏菲·埃森托特（Sophie Eisentraut）和亚历山德罗斯·托凯，他们参与了全球治理体系中新兴大国的研究。所有这些优秀学者不仅具有想象力，而且十分可靠。与他们的合作，让我受益匪浅。

本书所阐述的另一些主题是与柏林社会科学中心之外的学者的重点合作内容。虽然不可能列出近年来所有使我受益的学者，但我想提及至少与本书主题相关的一些优秀合作者。我先是与乔纳斯·塔尔伯格（Jonas Tallberg）一起合作，开展了长期的合法性研究项目，与马蒂亚斯·阿尔伯特（Mathias Albert）和巴里·布赞（Barry Buzan）一起研究了世界社会的功能分化。与妮可·迪特霍夫（Nicole Deitelhoff）和妮蔻·克里施（Nico Krisch）的合作使我在跨国和国际权威方面的研究工作尤其受益。这些交流互动对我的思想形成至关重要。

viii

许多同事、朋友参加了讨论第一版书稿的工作坊。与在布兰肯湖宫（Schloss Blankensee）所讨论的手稿相比，成书现在看起来是如此不同。这说明这种意见交换对我来说有多么重要。我非常感谢以下人士的专业知识和智慧，他们是：卡伦·阿尔特（Karen Alter）、本杰明·福德（Benjamin Faude）、马库斯·雅克腾福克斯（Markus Jachtenfuchs）、马蒂亚斯·孔宁－阿奇布吉（Mathias Koenig-Archibugi）、提洛·马拉恩（Thilo Marauhn）、沃尔夫冈·默克尔（Wolfgang Merkel）、沃尔夫冈·瓦格纳（Wolfgang Wagner）、克劳斯·迪特尔·沃尔夫（Klaus Dieter Wolf）、马蒂亚斯·阿尔伯特，以及上文提到的柏林社会科学中心的同事们。

那些阅读过部分内容的学者同样提出了具有价值的建议。他们是欧菲欧·菲欧埃托斯（Orfeo Fioretos）、雷纳·福斯特（Rainer Forst）、罗伯特·古丁（Robert Goodin）、安德鲁·赫里尔（Andrew Hurrell）、彼得·卡赞斯坦（Peter Katzenstein）、罗伯特·基欧汉（Bob Keohane）、克里斯托弗·穆勒（Christoph Mullers）、卢·波利（Lou Pauly）、汤姆·佩格拉姆（Tom Pegram）、文森特·波略特（Vincent Pouliot）、扬·阿特·肖尔特（Jan Aart Scholte）、西德·塔罗（Syd Tarrow）和英戈·范思科（Ingo Venzke）。我十分感谢他们的高见与同行之谊。

本书的一些章节还在许多不同背景下进行过介绍和讨论，我同样无法将其全部列出。然而，我仍想提及两个高级讲习班（master classes），一个在威尼斯，另一个在海德堡的马克斯·普朗克研究所（Max Planck Institute in Heidelberg），特别感谢阿明·冯·博格丹迪（Armin von Bogdandy）和安·彼得斯（Anne Peters）。另外，在授课时也讨论过部分内容，我感谢在巴塞罗那、斯德哥尔摩和柏林跨国问题研究院（BTS）的博士生们。

在全球治理研究所工作期间，我基本完成了本书的全部内容。这显然是难能可贵的。柏林社会科学中心是一个促进学术成长的地方。我感谢所有同事营造的这种特别而奇妙的求知氛围，尤其是全球治理研究所的杰出支持团队。没有他们，这本书就无法完成：伊蒂莎·冯·库伯格（Editha von Colberg）和卡迪卡·冯·科瓦西斯（Katinka von Kovatsits）在全程管理中不仅十分高效，还充满热情，无可挑剔。至于手稿本身，有两位应该得到我最深切的感激：巴斯恩·乌鲁斯克（Barçın Uluışık），他的编辑工作规避了本书语言中的"德式"风格以及所有其他不足之处；我的研究助理菲利克斯·格罗夫－克鲁（Felix Große-Kreul）一直是位具有批判性的评论者，他在整理图表和参考书目方面提供了极大帮助，并且是讨论及组织材料方面的可靠研究伙伴。他们的贡献十分突出。我还要感谢斯蒂芬·柯蒂斯（Stephen Curtis）在一些章节中帮助完善了语言表述。当知道出版社对书稿既有能力又有热情时，那是一种很棒的感觉。多米尼克·比亚特（Dominic Byatt）邀请的专家为本书提供了极具建设性的评审意见。最后但同样重要的是，我要感谢安内特（Annette）和塞缪尔（Samuel），他们在我写书过程中以极大的耐心和幽默回应了我的诸多过分要求。

缩略语

AIIB   Asian Infrastructure Investment Bank
亚洲基础设施投资银行

ALL   authority – legitimation link
权威—合法化关联

ATTAC   Association for the Taxation of Financial Transactions and Citizens' Action
课征金融交易税以协助公民行动协会

AU   African Union
非洲联盟

CETA   Comprehensive Economic and Trade Agreement
《综合经济与贸易协定》

CSO   civil society organization
市民社会组织

DSB   Dispute Settlement Body
争端解决机构

ECB   European Central Bank
欧洲中央银行

ECJ   European Court of Justice
欧洲法院

ECtHR   European Court of Human Rights
欧洲人权法院

ECOSOC Economic and Social Committee of the UN
联合国经济及社会理事会

ESM European Stability Mechanism
欧洲稳定机制

EU European Union
欧洲联盟

GATT General Agreement on Tariffs and Trade
《关税及贸易总协定》

GDP gross domestic product
国内生产总值

GHGs greenhouse gases
温室气体

GMO genetically modified organism
转基因生物

HI historical institutionalism
历史制度主义

IAD International Authority Database
国际权威数据库

IAEA International Atomic Energy Agency
国际原子能机构

IASB International Accounting Standards Board
国际会计准则理事会

IC international court
国际法庭

ICANN Internet Corporation for Assigned Names and Numbers
互联网名称与数字地址分配机构

ICC	International Criminal Court
	国际刑事法院
ICTR	International Criminal Tribunal for Rwanda
	卢旺达问题国际刑事法庭
ICTY	International Criminal Tribunal for the former Yugoslavia
	前南斯拉夫问题国际刑事法庭
IEA	International Energy Agency
	国际能源署
ILO	International Labour Organization
	国际劳工组织
IMF	International Monetary Fund
	国际货币基金组织
IO	international organization
	国际组织
IPCC	International Panel on Climate Change
	政府间气候变化专门委员会
IRENA	International Renewable Energy Association
	国际可再生能源机构
IPI	international parliamentary institution
	国际议会制度
IR	International Relations
	国际关系学
IS	Islamic State
	"伊斯兰国"
MAD	mutually assured destruction
	相互确保摧毁

NAFTA   North American Free Trade Agreement
         《北美自由贸易协定》

NAM   Non-Aligned Movement
         不结盟运动

NATO   North Atlantic Treaty Organization
         北大西洋公约组织

NDB   New Development Bank
         新开发银行

NGO   non-governmental organization
         非政府组织

OECD   Organisation for Economic Co-operation and Development
         经济合作与发展组织

OHCHR   UN Office of the High Commissioner of Human Rights
         联合国人权事务高级专员办事处

PAEA   politically assigned epistemic authority
         政治指定的认知权威

PISA   Programme for International Student Assessment
         国际学生评估项目

PPP   purchasing power parity
         购买力平价

PR   public relations
         公共关系

PSI   Proliferation Security Initiative
         防扩散安全倡议

PTT   power transition theory
         权力转移理论

R2P responsibility to protect

保护的责任

SDT Special and Differential Treatment

特殊与差别待遇

TFEU Treaty on the Functioning of the European Union

《欧洲联盟运行条约》

TTIP Transatlantic Trade and Investment Partnership

《跨大西洋贸易和投资伙伴关系协定》

UN United Nations

联合国

UNCHR UN Commission on Human Rights

联合国人权委员会

UNCLOS UN Convention on the Law of the Sea

《联合国海洋法公约》

UNESCO UN Educational, Scientific and Cultural Organization

联合国教育、科学及文化组织

UNHCR UN High Commissioner for Refugees

联合国难民事务高级专员

UNHRC UN Human Rights Council

联合国人权理事会

UNFCCC UN Framework Convention on Climate Change

《联合国气候变化框架公约》

UNGA General Assembly of the UN

联合国大会

UNMIK UN Mission in Kosovo

联合国科索沃特派团

UNSC United Nations Security Council
    联合国安理会

UNTAET UN Transitional Administration in East Timor
    联合国东帝汶过渡行政当局

USSR United Soviet Socialist Republic
    苏联

WHO World Health Organization
    世界卫生组织

WIPO World Intellectual Property Organization
    世界知识产权组织

WTO World Trade Organization
    世界贸易组织

WWF World Wildlife Fund
    世界自然基金会

目　录

第一部分　全球治理体系

第二部分　全球治理的论争

第三部分　全球治理的未来

导论　艰难时代的全球治理

在柏林墙倒塌和苏联解体之后，许多人期望由民主国家支配的强大自
由主义世界秩序不断巩固，其中包括强有力的国际制度、开放的国际经济
体系及对人权的承诺。然而，事后看来，2001 年秋天所发生的两个事件摧
毁了主导整个 20 世纪 90 年代的自由主义期许。

2001 年 9 月 11 日，对纽约世界贸易中心的袭击及对其的回应严重摧毁
了这些自由主义期许。一方面，双子塔的坍塌表明，许多人认为的有助于
维持西方主导地位的自由主义秩序受到巨大而强烈的抵制。另一方面，美
国政府为发动战争做了大量准备工作。之后，美国转向单边主义，甚至表
示愿意为打击新的敌人而牺牲人权，关塔那摩湾海军基地监狱的建立就是
一个例子。更糟糕的是，美国与部分盟友一起，以打击恐怖主义和传播民
主的名义发动了伊拉克战争。这种发动战争的方式被广泛认为是不合情理、
疯狂和狭隘的。

这还不是事情全部。在"9·11"事件后不到三个月，发生了第二次冲
击，这次冲击虽然并非暴力，但影响更为深远。高盛集团时任首席经济学
家吉姆·奥尼尔（Jim O'Neill）创造了"金砖国家"（BRIC）这一术语，并
且预测到 2050 年，西方经济体特别是欧洲经济体将出现相对衰落，与此同
时新兴经济体将不断崛起。原来的"金砖四国"（巴西、俄罗斯、印度和中
国）及后来加入的南非，这些国家为共同迎接挑战而将"金砖国家"制度
化，以便会晤、协调和建立机制来制衡西方主导地位。这些新兴大国在强
调主权就是不干涉内政的传统理解上被视为是团结一致的。可以说，这种
理解与现行的国际制度和规则有所不同，而使这些国家成为某些国际制度

趋势的主要反对力量。

结果，自由主义的世界秩序与国际制度似乎比十五年前更为脆弱。联合国安理会现在似乎无法在类似叙利亚危机这样十分紧急的情况下采取行动，多哈全球贸易谈判陷入僵局，为避免再次发生金融危机而采取的国际措施远未达到大多数专家所认为的那种必要水平。2014 年，俄罗斯出兵克里米亚。2015 年，欧元区危机则使欧盟濒临失败。截至 2016 年底，"伊斯兰国"已导致欧洲各国首都的街头暴力行为死灰复燃、恐惧氛围再度笼罩，英国公投退出了欧盟，美国民众则自 20 世纪 20 年代以来首次选出了一位公开表示支持孤立主义外交政策的总统。

当然，仍有一些论调认为自由主义的世界秩序将持久不变。例如，约翰·伊肯伯里（John Ikenberry 2001，2011b）一直强调第二次世界大战后国际秩序的开放性与适应性。他认为这种秩序比早期秩序更不易受到权力转移的影响。并且，从法律和被作为国际正当性手段的规范这些角度进行评价，有学者认为法治、民主和人权的"三位一体"仍占据上风，因此可为自由世界的宪制化提供规范性素材（Kumm 2009）。制度主义学者认为国际法和国际组织仍很强大。总而言之，国际制度在过去二十年中可能已发生变化，但整体上，国际制度并没有失去相关性（Keohane 2012）。尽管国际组织权威不断增加的进程可能已放缓，但这种权威仍然处于历史高峰水平（Hooghe et al. 2017）。各国仍能签署《巴黎协定》等新的重要条约。在过去十年中，在一些危机后果日益严峻的同时，国际金融制度也在不断强化（Fioretos 2016）。此外，新的组织形式特别是跨国组织（Abbott et al. 2016）不断形成，且日益迅速扩大。

最近，这些关于世界政治的自由主义（或制度主义）视角[①]和地缘政治（或现实主义）视角之间的辩论是否只是国际体系两种意象（imaginaries）之间的又一轮争斗？这些辩论是否真的每四十年循环一次？第一次辩

3

---

① 通常，我使用"自由的"一词指代一种规范性立场，因此"自由的"也是某种政治秩序的标签。在谈到国际关系理论时，我使用"现实主义"、"制度主义"和"批判理论"三个术语。这三个术语各有更为理性主义或更为建构主义的版本。

论始于爱德华·卡尔（Carr 1964）的开创性论著，卡尔讨论了所谓的理想主义者、20 世纪 30 年代自称的现实主义者以及在 1939 年被驳斥的理想主义。四十年后的那一次是肯尼思·华尔兹与罗伯特·基欧汉（Keohane & Nye 1977；Keohane 1984）作为主要旗手所进行的更复杂辩论。① 这次辩论导致制度主义兴起，现实主义处于守势。现在，又过了四十年，我们又回到原点了吗？现实主义者是否又在发起攻势？

与世界政治的两个意象之间长期斗争的观点相反，我将在本书中论证，世界政治现在嵌入一个包含等级制和权力不平等的规范与制度结构之内，从而内生地产生论争、抵制和分配性斗争。因此，本书旨在反驳制度主义和对世界政治合作性解读（cooperative reading）之间看似随意而又牢不可破的关系。虽然 20 世纪 90 年代的自由派乐观主义确实处于困境，但如果用强调主权国家间权力分配关系的现实主义理论来解释欧盟危机或"伊斯兰国"崛起则同样站不住脚。此外，任何世界政治理论都需要考虑到，在一些全球治理安排衰落的同时，另一些治理安排则日益深化。

本书提出的全球治理理论能够理解在全球治理中衰落与深化并存的复杂性，有利于读者理解全球治理的现实。本书的第一部分勾勒了全球治理体系的轮廓，第二部分阐述和探讨了与全球治理动态变化相关的假说和因果机制。本书具有四个方面的知识贡献。第一，本书将全球治理重建为建立在规范性原则和反思性权威（reflexive authority）基础上的政治体系。第二，本书确定了全球治理体系的核心合法性问题，并带有一种宪制主义思路。第三，本书通过识别内生动力与探究因果机制来解释国家和社会性论争（state and societal contestation）的兴起。第四，本书识别了全球治理体系中的斗争导致衰落或深化的条件。

---

① 许多学者将厄恩斯特·哈斯（Ernst Haas 1964）关于欧洲一体化进程的研究和卡尔·多伊奇等人（Karl Deutsch et al. 1957）关于跨大西洋安全共同体的著作视为复兴制度主义的突破之作。

一　全球治理

"全球治理"既指跨越国界的权威行使，也指超国家、共同认可的规范与规则，而二者在共同利益或跨国问题的基础上获得正当性。这一定义首先承认全球治理是在国际和跨国制度中进行的。[①] 我们所谈的全球治理既可以是具有严格政府间性质的联合国安理会所授权的军事干预，也可以是标准普尔（Standard & Poor）这样的私营和营利组织为金融市场中的借贷人所发放的信用评级。第一，全球治理涵盖多元化的治理行为体。因此，我们可以从概念上对其进行区分，如政府的全球治理（即世界政府）、政府间的全球治理（如联合国等政府间机构），以及没有政府的全球治理［即纯粹的跨国机制，如国际会计准则理事会（IASB），这一委员会通常规范企业行为并间接影响国家］。

第二，这种对全球治理的理解包含协商一致的规范和权威的行使两个方面。戴维·莱克（David Lake）最近的研究认为，"如果全球治理这一概念要具备有用性（to be useful），它应被限定于用来描述至少拥有一定程度的跨境权威的行为体及其关系"（Lake 2017：11 - 12）。虽然莱克强调权威的行使是治理的核心（参见本书第二章），但所有行为体共同认可的规范与规则也不应被排除在外。那么，治理就包括了两个组成部分：共同目标与规则要素（Rosenau 1995：14 - 15）。因此，世界贸易组织（WTO）的争端解决机构（DSB）对索赔者的权威性裁决与《世界反对酷刑宣言》（The Universal Declaration Against Torture）一样，都是全球治理的组成部分。

第三，行使权威和宣布协商一致的规范可被视为一种交往行为（communicative act）。特别是权威的行使，伴随着对其正当性和应被遵守的宣示。全球治理就是治理全球性事务。从这个意义上说，不论是由国家还是由非

---

① 前者指的是政府间制度（参见 Young 1994），后者是指的是至少一组主体中有私营行为体参与的跨境制度（参见 Risse 2013）。

国家行为体所应对的问题，其涉及的都是公共权威。全球治理涉及一种"公共性"要素（Bernstein 2014：125）。从这个意义上来说，《苏德互不侵犯条约》并不应被视为全球治理，因为该条约是秘密签署的而一直未对外公开。但是，大国之间以确保和平为目的的军备控制条约，就属于全球治理的范畴。同样，跨国公司之间关于某种产品价格的闭门谈判也不符合全球治理的要求，而私人评级机构合理地创造金融稳定手段的活动则在全球治理之列。然而，从这个定义并不能得出，全球治理活动始终为全球共同利益服务。在许多情况下，公共正当性（public justifications）并不能反映特定治理安排的建立动机。因此，这种正当性并不一定是真实的。

　　第四，"全球治理"定义并不预设其背后的社会目的。国家干预主义者和新自由主义的政治方案都依赖于治理。某种治理选项总是包括对另一种治理形式的摒弃。因此，全球治理使得某些行为体的信念和利益优于其他行为体，其分配性后果总是能够反映社会性权力格局（societal power constellations）。因此，权力和等级制是治理中不可或缺的要素。

　　第五，并非所有全球治理安排都需要真正适用于全球范围。一方面，世界上仍有部分地区根本不参与任何国际安排。同样，许多被视为全球治理组成部分的制度，例如世界贸易组织，也并非真正的全球性制度。另一方面，有充分理由将区域性组织，如欧盟或《北美自由贸易协定》（NAFTA）等治理安排纳入全球治理之中。

　　因此，全球治理是否用词不当？我们是否应该使用更多更为单纯的词语，如跨国法律秩序（Halliday & Shaffer 2015）、国际治理（Slaughter et al. 1998；Abbott & Snidal 2011）、跨国治理（Macdonald & MacDonald 2017）、复合治理（Kahler 2016）或超越民族国家的治理（Zürn 1998）？我坚持使用"全球治理"一词有两个原因。首先，这一词语已经固定下来，并且采用替代词的尝试均已失败。① 其次，在某种意义上，这一术语内涵广泛，它包括国际、跨

---

① 谷歌学术统计显示，"全球治理"的使用频率几乎是"国际治理"的 5 倍，"跨国治理"的 13 倍（2015 年 2 月 10 日）。这与 20 世纪 90 年代有所不同，当时，"国际治理"是最为常用的术语。

国和区域治理，不论其监管目的如何，也不管它是以共同认可的规范形式还是以行使权威的形式出现。因此，这一术语的意涵表达得更为全面。

对全球治理的这种理解回应了下列批评者的观点：全球治理概念难以捉摸，过于技术性及是可调和的（harmonistic）（例如 Offe 2008）；全球治理与新自由主义和"第三条道路"紧密相关（Eagleton-Pierce 2014）；全球治理把迷惑性的"美国利益"当作共同利益（Scheuermann 2014）；全球治理是"昨日之梦"（Mazower 2012：427）。本书的目标是利用"治理"概念的潜力，而非陷入技术统治、新自由主义霸权、隐性美国统治或理想主义的陷阱。

二　全球治理体系

国际政治领域由共同但有争议的规范与规则构成，其中至少包含一些层级结构，这也是第三波全球治理研究的共性结论（参见 Coen and Pegram 2015）。本书通过重构全球治理体系来促进当前的全球治理研究，这一全球治理体系由权威关系的不同模式所构成，这些关系模式内生地产生冲突、论争与抵制。在这样一个体系中，行为体的权利和义务来自其在新兴规范秩序中的位置（Bartelson 1995），而非其在主权平等的国际体系中的位置（参见 Waltz 1979；Mearsheimer 2001）。主权平等的国际体系缺乏规范性，而全球治理体系则基于诸多普遍性的规范原则（normative principles）和一套更为具体的规定性（prescriptive）制度。尽管全球治理体系包含规范性，但它并不必然是公正或和平的。全球治理体系体现了等级制与规则的关系，包含很难被描述为公平或公正的国际制度，其中也存在暴力与冲突。它不一定优于无政府状态，但至少与其不同。因此，这种规范性（normativity）在世界政治中发挥作用的说法并不意味着这样的世界就必然是一个美好世界。

全球治理体系不仅是对不同问题领域进行规制的制度总和，它还涉及制度之间的相互作用，以及这些制度与其所嵌入的规范秩序之间的关系。它选取来自体系内外的行为体的输入（inputs），把责任分配给不同政治层次上的相关制度，并将这些过程转化为治理（Easton 1953；Almond and Powell 1978）。全球治理体系产生跨国与国际层面的规制以及其他治理活动，如议程设置、监督、裁决和执行。所有这些输出（outputs）都基于全球共同利益的正当性，因此期望对所涉及的国家及其社会起到最低限度的遵从促进作用（Franck 1990）。虽然其中大多数输出都带有规制的意图，但也会影响国家之间及国家内部的成本与收益分配。

到目前为止，大多数全球治理研究都聚焦于对特定问题领域国际机制的分析，并增加了对非国家行为体相关性或某一具体治理安排"新颖性"的见解。① 本书中，全球治理理论通过详细阐述体系内互动所产生的最为重要的特征而超越上述分析。这种做法通过考察政治系统与世界社会②的其他 7 功能系统之间的分化来处理不同领域的边界问题。虽然一国的政治系统主要由其领土边界划分，其次由领土内的功能系统边界来界定，但对全球治理体系的界定却主要依据它与其他全球功能系统（如经济、科学、艺术和体育）之间的差异，其次才是与国家政治系统的差异（Albert 2016）。

全球治理体系由三个截然不同但又相互关联的"层次"构成。这些层次包括一般性和跨领域的规范性原则，一系列密集的、包含不同权威和合法化类型的特定政治制度，以及体系内不同权威范围之间的各种互动方式（参见图 0-1）。

20 世纪 90 年代成型的全球治理体系主要建立在三个不同的约束主权的规范性原则之上。首先，除国家行为体之外，全球治理规制的正当性还要迎合社会行为体，包括个人。从这个意义上说，基本权利的正当性（Forst 8 2011）至少在修辞上被制度化了。换句话说，全球治理体系存在两类支持者（参见 Buzan 2004）：主权受到约束的国家和有权向国际权威发表意见的

---

① 大多数实证研究侧重于具体的全球治理安排、参与者、内容和有效性。而巴尼特和芬尼莫尔（Barnett and Finnemore 2004）的研究具有部分例外性。法律研究（例如，参见 Krisch 2010）和规范理论（例如，参见 Held 1995）研究则更关注全球治理的整体性。

② 依我的理解，世界社会指的是全球交易意识的发展和体系内特定功能的分化。例如，可参见阿尔伯特（Albert 2016）、瑞斯·斯密特（Reus Smit 2013）、肖尔特（Scholte 2002）。

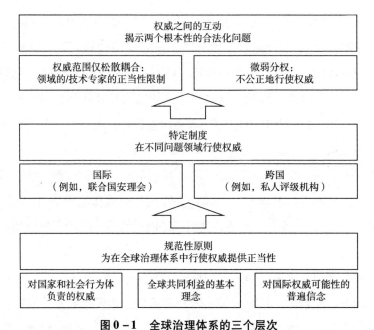

图 0 - 1　全球治理体系的三个层次

来源：感谢戴维·科恩（David Coen）和汤姆·佩格拉姆（Tom Pegram）的帮助。

社会行为体。其次，全球治理涉及对全球共同利益基本概念的预设。全球规制以全球目标和全球共同利益为理由，进而约束参与国和社会行为体的自主权，即使在某些情况下实际上只是部分人的利益得到了保护。尽管这些正当性理由很多时候只是策略性和虚伪性的，但如果不存在全球共同利益的预设，那么普遍的实践则变得毫无意义。最后，人们普遍相信国际权威存在的可能性。当国家和非国家行为体遵从一些可能违背其自身利益的义务，并且当这些义务在参照全球共同利益和个体权利获得合理性之时，该体系就不再是无政府状态的了。因而，全球治理体系至少包含着一些等级制要素。

　　全球治理体系的第二个层次包括一系列具体制度，这些制度主要从上述规范性原则获得合法性并在不同领域行使公共权威。这些制度可能是国际性的，例如联合国安理会（UNSC）或国际货币基金组织（IMF）；也可能是跨国性的，如国际会计准则理事会。绝大多数制度在对一些国家和社会行使某种形式的权威时违背了国家同意原则（state consent prin-ciple），例如，联合国安理会要求一国停止边境战争的决议，就包含未经对象国同意的指令。

权威关系基于遵从，而不是基于强制或说服。国际和跨国权威也是如此。然而，全球治理体系的权威具有特殊性。第一，人们普遍认为国家谋求主权，并且只有在极特殊的情况下才愿意放弃主权。为何通常争取自治和主导地位的社会行为体会接受权威呢？第二，与一些个人之间的权威关系（例如神职人员）不同，全球治理制度并非在国家诞生前产生，而是在其之后诞生的。第三，作为全球治理权威针对的对象，国家比任何国际组织都要拥有更多资源。在这种背景下，我提出了一种对全球治理体系研究有益的权威概念。我认为，国际和跨国制度主要是以反思性方式（reflexive manner）行使权威。与传统的权威解释不同的是，反思性权威通常不被内化，但它允许行为体在任何时候对权威行使的影响进行审查；它由需求和请求而不是命令构成，并嵌入在特定领域的知识之中。那些遵从反思性权威关系的行为体能够自行决定何时审查权威，仔细考察遵从的影响，并要求改变权威关系。

此外，国际和跨国权威不仅以政治权威的形式出现（例如联合国安理会），而且经常也以认知权威的形式出现，这些权威主要产生具有行为影响的解释，而非产生要求行为体直接服从的决定。特定类型的认知权威，即政治指定的认知权威（PAEA）在全球治理体系中具有独特的相关性。在这些情形下，各国委托其收集和解释与政治相关的信息。例如，经济合作与发展组织（OECD）评估各国劳动力市场或教育等领域的政策水平。这些评估并不包括直接请求或命令，但隐含的期望是其建议能被采纳。虽然全球治理体系中的权威关系大多是反思性的，但它们仍极其重要，并需要进行合法化。

三　合法化问题

全球治理体系的第三个层次是不同权威范围的相互作用，包括这些权威范围与国家和非国家行为体的关系。权威范围可被定义为一个或多个权威管理的问题领域。权威范围间的相互作用产生了全球治理最为重要的体系性特征。根据自由主义的规则标准进行衡量，这些特征表明了全球治理体系中的体系性缺陷和严重的合法化问题。

国际和跨国权威需要进行合法化。只要政府间层面受到每一成员国同意要求的限制，对国际和跨国权威的论争就只可能由社会行为体发起。当在权威支持者之外所做出的权威决策通过这些支持者的代表的（假定的）合法性而获得其自身合法性时，那么即便由社会行为体发起的去合法化行为也是罕见的。随着国际和跨国权威的兴起不断破坏国家同意原则，这种情况发生了变化。现有国际制度在规范性标准下受到评估，并且它们需要通过参考共同规范来证明其自身正当性。社会行为体不再是反对国际和跨国权威的唯一参与者：国家甚至国际组织现在也采取论争和去合法化策略。因此，国际和跨国权威往往受到严重合法化问题的影响，而这些问题由不同权威范围相互作用产生的体系性特征所引发。

10　　首先，全球治理中不同权威范围只是松散耦合地联系在一起。国际和跨国权威往往以领域界定范围，并只负责一系列有限问题，就像世界贸易组织管理国际贸易，而世界卫生组织（WHO）负责全球卫生问题那样。对不同权威范围之间（例如贸易和卫生制度之间）的冲突管理充其量只处于初步阶段。现代民族国家已经建立了一些元权威场域（sites of meta-authority）来处理这种矛盾，例如政府首脑、议会、最高法院和公众舆论，全球治理体系则只能使用非正式元权威（如霸权国或 G7/G20 峰会），而这些元权威都是弱势和高度排他性的。当前全球治理体系的这些特征是严重合法化问题的根源。由于权威范围仅在全球治理体系中松散耦合且仅限于特定领域，因此在合法化模式中引入了技术专家偏见。大多数国际和跨国权威确实使用了技术专家的合法化叙事，有时也用法律叙事的要素进行补充。然而，许多国际制度行使权威的深度增加和类型扩展日益加重了这些合法化叙事的负担。这是因为在全球治理体系内的一些决策，例如，国际货币基金组织的紧缩计划或上文提到的联合国安理会授权的军事干预措施不可能仅基于技术专家判断。

全球治理体系的另一个核心特征是微弱分权，这导致了更严重的合法化问题。国际制度内部的核心决策者是其秘书处，以及更重要的是来自最为强大民族国家的行政代表。某一国际制度行使的权威越大，强国就越关心它们在其中的影响力。因此，最具权威性的国际制度，如联合国安理会、国际货币基金组织和世界银行，都有正式机制来顾及强国的特殊利益。因此，拥有权威的国际制度不仅在全球和国家层面之间引入了等级制，而且还在不同国家、代表和社会之间进行了分层（stratification）。国际制度将国家间不平等制度化了（参见 Hurrell 2007；Viola et al. 2015；Zürn 2007）。这就导致了全球层面的微弱分权，因此在没有司法监督的情况下，代表强国的官员有时能够将立法、行政和执行能力结合起来。例如，在通过国际和平决议时，联合国安理会及其常任理事国同时承担立法和执行职能，能够在此基础上进行授权和干预。所有这些都证明了"它们是自身合法性的唯一法官"的说法（Zemanek 2007：505）。

与技术专家偏见一样，缺乏分权成为第二个合法化问题。这一问题破坏了现代性中任何合法性信念的基本条件：非任意性。因此，行使权威往往会导致违背"同样情况应同等对待"规制理念的决定和解释的出现。鉴于全球治理体系存在严重的合法化问题，由社会行为体发起的政治化快速增加以及新兴大国质疑诸多全球治理安排的现象也就不足为奇了。因此，全球治理体系深受争斗之困扰。

四　行为后果

基于全球治理体系的层次和组成部分，本书将提出一系列假说和因果机制，以解释全球治理的近期特点和未来发展。我的目标是形成一个实证理论，以超越对全球治理的后国际主义（post-internationalist）负面描述，并且区别于一般性的国家立场分析。本书的主要观点是，当前全球治理体系的特征已经内生地引起了对国际权威的论争。体系内的紧张局势加剧了冲突和对变革的诉求（参见 Sørensen 2011），这是动荡的原因（Rosenau 1990），并可能导致全球治理陷入僵局（Hale et al. 2013）及衰落（Overbeek

11

et al. 2010)。然而，与此同时，论争可能导致制度调整、再合法化和全球治理的深化。该理论的基础模型如图 0 - 2 所示。

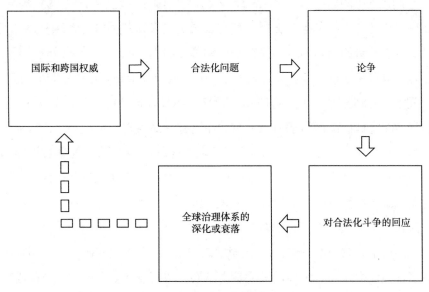

图 0 - 2　因果模型

这一模型基于"权威—合法化关联"（authority - legitimation link），这一关联指出具备权威的国际制度需要合法化。如果国际和跨国制度行使权威，但不能建立在充分的合法性基础上，那么针对它们的抵制就会日益增强。因此，权威—合法化关联解释了全球治理体系中社会和国家论争的动态变化。

（1）社会行为体的论争。它往往以政治化的形式出现，并涉及非国家行为体对国际制度的抵制。在跨国层面，它主要以反全球化抗议的形式反对新自由主义政策；或者在国家层面以民粹主义的形式反对开放边界和民族国家之外的公共权威。然而，抵制只是政治化的一个方面。它还包括为特定政策目的而利用国际制度的情况，例如环境非政府组织对国际制度的利用，以及对全球治理的直接支持。实际上，政治化可能导致对某个应对特定问题的国际制度意见极化，动员对该问题支持或反对力量，以及使该问题在社会中能见度日益增长。政治化的一个更重要影响是国家行政部门认为国际层面上的共识空间正在减少。

（2）国家行为体的论争。当国家要求改变或消除国际权威时，国家行为体的论争就会产生。虽然国际权威的兴起在很大程度上是各国通过将权威授权给国际制度而推动的，但各国却以反思性的方式进行授权。因此，在认可的同时，各国也会挑战国际和跨国权威。一旦国际制度做出对其不利的决定，既成大国便经常对其创立的国际制度发起质疑。然而，国家的回应并非无政府范式中传统合作理论所提出的脱离并退出，相反，它们通过建立更接近其当前利益的新制度，来影响或取代旧的制度。该策略被称为"论争性多边主义"（contested multilateralism）（Morse and Keohane 2014）。基于本书第七章中所解释的理由，我将其称为"反制度化"。

此外，在过去二十年中，很多七国集团（G7）之外的国家都获得了权力和影响力。它们越来越多地质疑现有制度，认为这些制度偏向西方的利益和观念。虽然大多数新兴大国都在挑战现有制度，尤其强调"主权"，但它们并没有表现出完全脱离或退出全球治理体系的想法。它们的表现不是对国际制度的普遍拒绝，而是要求在现有制度中拥有更多发言权，并利用僵局以及反制度化来改变国际制度。 13

五　衰落抑或深化

论争能够产生不同后果。这些后果是所选的去合法化实践和权威持有者相应回应的结果。根据挑战的力度、挑战者可用的替代方案以及权威持有者适应能力的差别，政治化和反制度化导致全球治理出现碎片化和衰落。然而，这种情况也可以为决策创造空间，最终可能使全球治理得到深化。

一些面临去合法化挑战的国际制度，做出深化全球治理的回应以便重新获得合法性，即再合法化努力。很多国际经济制度都曾是反对新自由主义和跨国公司隐性统治的抗议活动的目标，而它们也做出了如提高透明度这样的回应（Woods and Narlikar 2001）。一般而言，增加跨国行为体参与国际组织的机会可被视为国际组织提高合法性的一项策略。然而，许多人认为这种改革不仅是象征性的，而且在任何情况下都相当有限。权威持有者也可能进行更为实质性的修正以应对去合法化。国际货币基金组织的投票权改革就是一个例子，二十国集团（G20）峰会的启动也是如此。同样，分析者也将世界银行的一些改革，如采掘业审查程序（Weidner 2013）解释为对政治化的实质性回应。此外，许多被指控侵犯人权的国际组织现已将人权条款纳入其参照规则来恢复合法性（Heupel and Zürn 2017a）。换句话说，社会性的政治化和反制度化可能导致实质性改革，其目标是克服制度缺陷并深化全球治理。

然而，在其他情况下，论争导致全球治理的衰落。新兴大国现在能够在国际谈判中制造僵局。在了解到新成立的世界贸易组织能够通过争端解决机构获得权威之后，印度和巴西坚持要求达成对其更为有利的农产品交易协议。欧洲和北美之间的双边贸易协定，如《跨大西洋贸易和投资伙伴关系协定》（TTIP）及欧盟和加拿大关于《综合经济与贸易协定》（CETA）双边贸易协定等的谈判，可被看作是对这种僵局的回应，因此，它也是既成大国的反制度化。反过来，这种反制度化策略可能因政治化程度的提高而失败，最终国际贸易体系可能会被严重削弱。同样，就军事干预而言，西方的反制度化导致公然的双重标准（意愿联盟），新兴大国抵制的增加以及联合国安理会权威政治化程度的加重，这些因素结合在一起都会削弱干预内战的能力，即使这些战争（如叙利亚内战）造成了严重的人道主义灾难。结果就是，在制度僵局阶段之后，全球治理出现衰落（Victor 2011；Hale et al. 2013）。

总而言之，全球治理体系的赤字表明内部的紧张或矛盾，从而助长了冲突和变革的需求。这些情况不仅可能导致动荡，还可能导致全球治理的衰落。与此同时，权威持有者能够通过实质性的制度改革进行回应，改善其缺陷。结果就是全球治理安排呈现深化与衰落的并行状态。

六　理论建构与因果机制

全球治理理论建立在三个理论基石之上：功能分化的全球政治系统概

念，韦伯的统治社会学和历史制度主义（HI）。本书从元理论（meta-theoretical）上来说基于科学实在论（scientific realism），其指引着本书第二部分的实证考察。

全球治理理论重构了一个不同于世界社会其他（子）系统（如经济或科学系统）的全球政治系统。政治系统的制度核心可以通过一种众所周知的表述来把握，即其所展现出的"权威模式"（patterns of authority）（Eckstein 1973）。为实现这一目标，本理论利用了韦伯的统治社会学，并使其适用于全球治理的背景。彼此竞争的国家不再是最终和绝对的权威；它们嵌入在一个全球治理体系之中，该体系中存在彼此相互作用且类型不同的公共权威。公共权威模式取决于认可关系（relationships of recognition），并表明对合法化的需求。

全球治理体系的内生动力所产生的行为影响是使用历史制度主义概念推导出来的。历史制度主义假定：在任何解释中，反应序列、事件的时机及路径依赖是决定性因素。本书特别把路径依赖的概念从自我强化的动力扩展到自我破坏的过程之中，换言之，制度动力来自反应序列中对特定制度的挑战（参见 Hanrieder and Zürn 2017）。通过这种方式，由制度缺陷而产生的去合法化和论争过程将被带入历史制度主义的研究范围之中。 15

在元理论意义上，全球治理理论建立在科学实在论的基础上（Putnam 1966，1981；Bhaskar 1978）。不同于社会建构主义元理论的强版本（strong versions），科学实在论坚持现实独立于认知的可能性，因此，科学的调节理念（regulative idea）是对现实所产生的可观察和不可观察方面的真实描述。科学实在论认为科学是一种社会系统，与政治等其他社会系统不同。这个系统的目标是根据某些标准和准则来产生主体间的共同命题。因此，科学实在论并不认为科学进步是一个奇迹，而大多数后现代本体论却这样理解（参见 Putnam 1975：73）。与此同时，必须承认社会现实总是受到认知的干预并且十分复杂。而社会性原因存在多种类型及理由，包括理性、反思性、话语及社会建构结构，而所有这些并不为自然科学所知（Kurki 2007：364）。

与所谓的实证主义（经验主义和工具主义）的元理论不同，科学实在论对解释的理解超越了涵盖律模型（Hempel-Oppenheim scheme）。[①] 涵盖律模型的解释要求一个特定的事实（B）即被解释物（explanandum），可以从另一个事实（A）即解释物（explanans），通过一个一般法则（如果 A，那么 B）推导出来。科学实在论还要求建立机制来将关系置于情境之中，并将 A 和 B 连接起来，以便让我们真正理解发生了什么（Hedström 2005；Kalter and Kroneberg 2014）。这些机制通常揭示不可观察的事物（抽象概念），例如无法直接观察到的合理性或适当性。在实在论的科学理论中，它们被赋予了本体论地位，被认为不只是得出（可检验的）假说的工具，而且还应与现实情况相符（参见 Wendt 1999：64）。虽然实证主义的原始版本完全否定了不可观察物的作用，但对其的工具性理解是波普尔式批判理性主义的典型例子。在国际关系学（IR）中，支持肯尼思·华尔兹和理性制度主义的大多数版本则将理论的不可观察或假定视为纯粹用于发展可检验假说之目的的工具。在全球治理理论的背景下，戴维·莱克（Lake 2009：3-4）最清楚地重复了这一立场："所有理论都基于一套简化的假定，这样有助于使复杂的现实更易理解……但要注意，这些并不是对现实的经验性描述，而只是我们能够根据其解释力接受或拒绝的假定。"虽然科学实在论与批判理性主义共享感知外现实（reality outside of perceptions）的理念，但科学实在论却赋予了不可观察事物或假定的另一种地位。它们也必须与现实相联系，以便提供一种对产生经验性关联因果机制的理解（例如，参见 Putnam 1981；Chakravartty 2007）。例如，虽然对理性行为体作为真实行为体的不可信批评被批判理性主义者所忽视（"只要我的预测是正确的，我就不在乎它"），但从科学实在论者的角度来看，这些批评则是正确的。

从科学实在论得出的两点关于理论建构的意涵对笔者全球治理体系的解释十分重要。首先，适当的概念和复杂因果关系的模型化相当重要。这

[①] 以普遍定律来涵盖待说明的事件或现象，或使用更普遍的定律来涵盖待说明的定律，此种科学说明的模式称为涵盖律（模式）。1948 年由亨佩尔（Carl Gustav Hempel）与奥本海姆（Paul Oppenheim）提出。——译者注

种观点认为，糟糕的概念化使得对假说的实证支持变得毫无价值。因此，为谨慎地阐释本书理论中的概念性支柱，全球治理体系三个层次中的每一个都将在不同章节中进行讨论。其次，科学实在论暗示了从纯粹基于变量的因果推理形式转向关注机制的形式。因果机制被普遍定义为"将指定初始条件与特定结果联系起来的周期性进程"（Mayntz 2004：241）或"一种产生某种效应或达到某种目的的过程"（Gerring 2008：178）。

我对因果机制的理解，既包括将社会事实之间的关系置于具有更广社会背景的事件序列之中（复合机制），也包括将两个宏观现象联系起来（关联机制）的微观过程。复合机制是指包含复杂序列或事件链的周期性进程，从而缩短自变量和因变量之间的距离（参见 Bennett and Checkel 2015）。关联机制指的是连接两种线性关联的微观过程。尽管复合机制的两个组成部分之间的每一个近似联系都至少间接地表明两个变量之间的可概括关系，但它们不能被视为不变的（Waldner 2015）。在社会化的世界里，根据浴缸模型（bathtub model），这些关联大多指的是受到至少最小限度自由度约束的社会选择。① 这就意味着这些关联机制依赖于行为体有意或无意的选择才能生效。

因此，这种因果机制的使用是指将特定的初始条件和特定结果以及关联序列中各个步骤的微观过程联系起来的一系列社会现象。这些事件和选择的因果链需要足够紧密才能变得直观易懂（Mahoney 2012：581）。建立由触发因素和最终效应之间的一系列事件组成的因果机制，以及序列组成部分之间的概然性联系，则是理论建构上的一种"分析性叙事"方式（Büthe 2002）。"因此，每一次产生重大社会变革的机制都可能是各种机制相结合的结果。"（Bunge 1997：417）全球治理理论将广泛使用这种因果机制概念。

在这一背景下，本书第二部分的主张是，政治化和反制度化均可通过可识别的因果机制导致全球治理的衰落或深化。我将讨论并从经验上解释

17

---

① 我忽略了一种特殊情况，即由进化机制所提供的关联。

四种这样的因果机制：两种通过社会政治化发挥作用，另两种则通过反制度化发挥作用。这四种因果机制对理解论争中的全球治理理论具有决定性作用。所有这些都是权威—合法化关联的具体形态。

前两种机制指出，如果存在特定的政治机会结构（political opportunity structures），国际权威的兴起会导致政治化的兴起。不断上升的政治化往往涉及合法化叙事的扩展。例如，与《关税及贸易总协定》（GATT）变更为世界贸易组织相关的国际权威兴起导致了西雅图的街头抗议活动。作为回应，权威持有者强调其程序的公平性和透明度。这种合法化叙事的暂时变化最终导致全球治理的衰落还是深化则取决于调整是实质性的还是象征性的。在大多数情况下，调整只是象征性的，它增加了衰落的可能性（经由政治化的破坏）。然而，如果国际和跨国权威的社会性挑战者在政治体系（行政、立法或司法）中找到强有力的联盟伙伴，那么则有可能出现实质性改革和全球治理的深化（经由政治化的强化）。

反过来，国家论争往往是由国际制度的程序规则与国家间权力分配之间的不匹配而引发的。在这种情况下，反制度化是首选策略。如果强国失去控制权，拥有"一国一票"规则的国际权威制度就会催生反制度化。例如，美国于 1983 年 12 月正式宣布，除非联合国教科文组织进行重大改革，否则美国打算在一年内退出。与此同时，美国表示将加强对联合国和其他国际制度的参与。这种类型的国家论争往往导致全球治理的碎片化和衰落（既成大国发起的反制度化）。另外，如果国际制度限制弱国权力的增长，具有制度化不平等特点的国际制度将激起由弱国发起的论争。关于国际货币基金组织投票权的辩论就是一个很好的例子。在大多此类情况下，反制度化是新兴大国的首选策略，并且会引发某种形式的制度调整。一般而言，反制度化表明旨在改变而非取代全球治理体系的策略。它表明了一种反对态度，而非不同政见。

可以肯定的是，当前学界对 20 世纪 90 年代以来世界政治的发展有着不同看法。一种认为，自第二次世界大战以来的制度发展被认为是美国及其盟国（自由主义的利维坦）随情况变化的持续调适（参见，例如

Ikenberry 2001)。在这种观点中，现行制度与第二次世界大战后出现的制度基本相同。然而，本书提出的核心论点是，20世纪90年代引入了一套较以往不同的新治理体系。它更具侵入性，拥有更为严格的规范性原则，并且带有更多的权威和等级制。引发对国际制度论争的不只是这些新特点，也并非仅是新兴大国的崛起。对当前全球治理体系的部分攻击实际上来自既成大国内部，甚至直接来自既成大国政府，因为它们担心这些制度正脱离其控制。

另一种观点则强调权力分配的变化。随着苏联的衰落，第二次世界大战后的秩序瓦解了。随后短暂的美国单极格局现在已被一种多极化形式所取代（例如 Layne 1993；Schweller and Wohlforth 2000）。这种观点认为强权政治取代了制度化秩序。相反，我认为权力斗争已经嵌入全球治理体系之中。许多对现状的批评者是非国家行为体。尽管它们接受全球治理的普遍理念，却对当前的国际和跨国制度发起挑战。同样地，诸多反作用力在这个结构内发挥作用，而非从外部施压。因此，我们需要一种全球治理理论，以使我们能够理解国际权威中的论争和部分倒退，同时解释全球治理的持续深化。

七　章节安排

在谈论全球治理理论之前，我们需要解决四个问题。全球治理体系如何运转？它为何出现？它产生了何种影响？它的前景如何？带着这四个问题，导论的余下部分概述了本书的结构。

（1）全球治理体系：本书的第一部分是理论部分。这部分识别了全球治理体系的核心制度特征及其行为影响。这些内容构成了一种制度主义理论，能够解释全球治理体系所产生的抵制与挑战。第一章至第四章系统阐述了全球治理体系的核心特征，并为第四章提出的内生变化因果模型做准备。

在第一章，我使用理性重构（rational reconstruction）方法识别出全球

19

治理体系的三个规范性原则。这些"不可观察的"因素有益于得出可检验的假说，但它们也需要在实证经验上"讲得清道理"，例如在世界政治实践中能够被追踪。它们提供了全球治理体系的规范性基础。那些主要关注理论中行为影响的读者则可以跳过这章。20 世纪 90 年代，在这些规范性原则基础上出现的全球治理体系伴随着权威的行使。第二章的关键论点是，反思性权威的概念在理解全球治理体系中最为有用。这些权威的相互作用具有两个主要特征：全球治理体系中的权威范围只是松散耦合的，而且其分权充其量是微弱的。这章提出了本书理论的核心概念。

在第三章，对七种不同合法化叙事进行了区分。由于全球治理体系中权威范围的松散耦合，有人认为权威持有者只能利用技术专家和法律叙事。而由于微弱分权，国际和跨国制度的非任意性和公正性认知遭到破坏，合法化问题更加严重。这两种缺陷导致全球治理体系容易受到去合法化的影响。在第四章，前面章节的论点被整合到一个理论框架之中。权威—合法化关联和反应序列的概念将被用于阐发可检验的命题，主要以四种因果机制为形式。第四章将第一章至第三章的理论探讨转化为可检验的全球治理理论。

（2）全球治理体系的兴起：本书的第二部分是实证部分。首先提出问题：是什么促成了全球治理体系的兴起？根据第五章中的论证，直到 20 世纪 90 年代才发展起来的全球治理体系是一个涉及四个组成部分及其过程的结果：第二次世界大战后国际制度主要是通过美国政府在关键节点（critical juncture）上的选择而建立起来的；它的路径依赖、自我强化与复原能力一直延续到 20 世纪 70 年代中期；接下来是自由化的深化以及对其回应；最后是苏东国家集团的崩溃，这种外部冲击为新体系铺平了道路。根据历史制度主义的说法，这一发展序列并非偶然。序列中的后续阶段由先前的阶段预先确定。全球治理体系的发展阶段得到了国际权威数据库（International Authority Database）中的数据支撑。

20 　（3）全球治理的论争：在本书第二部分的其余部分，从理论中得出的命题被用以解释社会性的政治化和反制度化，以及它们如何导致全球治理的深化或衰落。第六章探讨了全球治理体系中政治化的动因。这章表明，国际权威的兴起使其政治化成为可能。反过来，国际制度的政治化往往导致合法化叙事的扩展。然而，合法化叙事的扩展往往是机会主义的，而非通过实质性的制度改革加以支撑。在这种情况下，全球治理可能衰落。本章使用半自动内容分析方法进行验证。

第七章分析了关于全球治理的国家论争。国家论争主要以反制度化形式进行。一旦这些制度做出令其不满的决定，传统强国便对其创建、塑造的国际制度发起论争。然而，应对措施并不是国家单边主义。相反，作为常用手段，它们会建立一种更接近现有利益的新国际制度，以影响或取代旧制度。此外，七国集团之外的许多国家在过去二十年中都获得了权力和影响力。它们日益质疑偏向西方利益与观念的现有制度。新兴大国并非普遍拒绝国际制度，而是要求能够在现有制度中发出更大声音，并采用不同策略实现这一目标。如果传统强国对这些要求做出回应，则可能深化全球治理。本章主要使用结构化的聚焦比较方法进行验证。

正如第八章所表明的那样，社会政治化也可能引起全球治理深化。许多国际组织通过制度改革来回应侵犯人权的指控。当社会挑战者能够与全球治理体系内的合作伙伴建立联盟时，其实现改革目标的努力就尤其有效。本章基于比较过程追踪方法进行分析。

（4）全球治理的未来：除了深化全球治理的情况之外，我们还有一个理由相信全球治理不一定会因其目前的缺陷而消失。第九章考察了当今世界的社会－经济和社会－文化背景条件，并认为具有世界主义意图的全球规范秩序并非完全无法实现。本章讨论并评估了对全球化世界进行设计的一些重要主张：民主国家政府间模式（intergovernmental model of democratic states），世界多元主义（cosmopolitan pluralism），最低限度世界政府（minimal world state）和世界主义民主（cosmopolitan democracy）。我认为，政府间模式并不是最符合未来经济和社会需求的模式。与此同时，尽管世界多元主义和最低限度世界政府所预设的经验条件仍远未实现，即便当前存在对世界主义的反对趋势，也仍可以观察到在这一方向上的发展趋势。

21

第十章对全球治理理论加以概括，总结了研究结果，并确定了未来的研究领域。我认为对一些最紧迫问题的分析需要进行国际关系学的范式转换。通过取代旧的和平与战争范式，从 20 世纪 60 年代开始占主导地位的合作范式需要得到超越无政府状态的全球政治范式的补充。与基于国家利益的信念以及无政府体系权力分配的国际关系理论不同，全球政治范式把紧张局势和斗争看作是全球政治特征的后果，而不是把秩序看作是具有不同权势的独立单元间斗争的一种附带现象。

从这个角度来看，欧洲的右翼民粹主义者崇拜普京并非偶然。唐纳德·特朗普作为不属于政治建制派的代表，成为美国总统也不足为奇。这些政治力量要求关闭国家边界，将政治权威带回国家层面。相反，世界主义者则要求开放边界，并要求国际合作和寻求国际权威以解决去国家化的问题（denationalized problems）。这场争斗可能会在未来许多年内形塑 21 世纪的政治。在这一新分歧中，最重要的争论对象之一将是全球治理体系。

第一部分

全球治理体系

"全球治理的概念一直由于不易把握而声名狼藉",托马斯·韦斯 23 (Thomas Weiss) 和罗登·威尔金森 (Rorden Wilkinson) 这两位支持全球治理研究的学者做出了相当冷静的判断 (Weiss and Wilkinson 2014: 207)。这种难以把握的状况部分出于全球治理谱系的原因。这个术语本身源于 20 世纪 90 年代学术理论与实际政策的结合。当詹姆斯·罗西瑙 (James Rosenau) 和厄恩斯特-奥托·泽姆皮尔 (Ernst-Otto Czempiel) 在 1992 年出版关于"没有政府的治理"概念性著作之时,瑞典政府正好启动了以政策为导向的全球治理委员会 (参见 Commission on Global Governance 1995)。对这一概念的兴趣还因治理概念在其他背景下的兴起而得到加强,如行政科学或世界银行的改革努力。

与这一谱系背景相称的是,"全球治理"一词很早就具有两种不同含义。一种含义意指克服相互依存和全球化造成的问题和成本的处方性策略 (prescriptive strategy)。[1] 从这个角度来看,重点在于具体的全球治理安排及其对解决特定问题的贡献。另一种含义将全球治理视为一种分析性概念,以分析世界政治为其理论上的追求目标。詹姆斯·罗西瑙 (Rosenau 1990, 1992, 1997) 无疑是在早期阶段使用"全球治理"一词最为重要的倡导者。为超越劳伦斯·芬克斯坦 (Lawrence Finkelstein 1995) "国际组织 +" 的全

---

[1] 梅斯纳尔和努舍尔 (Messner and Nuscheler 2003) 清晰表述了对这一术语规范含义的赞同。另参见门德洛维茨 (Mendlovitz 1975) 和瓦普纳 (Wapner 1995) 的研究。

球治理公式，罗西瑙走向了另一个极端，并将全球治理定义为"包括通过控制、追求目标以产生影响的各层次人类活动，从家庭到国际组织的规则体系，甚至包括被卷入相互依赖的、急剧增加的世界网络的大量规则体系"（Rosenau 1997：145）。虽然这个定义可能过于笼统，但它已经包含了一种超出特定问题领域进行分析的视角。这一视角表明全球治理通过规则体系和行使权威来制定全球规制。

24 　在本书中，"全球治理"一词的使用是分析性的。全球治理被定义为包括由民族国家之外协商一致的规范和规则，以及因共同利益或跨国问题而跨越国家边界所行使的权威。全球治理发生在一个嵌入于规范性原则的政治体系之中，它不仅由在不同问题领域制定单独规制的制度总和组成，还涉及这些制度之间的相互作用、制度之间的关系及其所嵌入在内的规范秩序。这种全球治理体系的概念旨在使全球治理研究超越按领域对国际制度进行分析的方式。

　在接下来的三章中，我将通过三个层次的讨论来界定全球治理体系：构成体系基础的规范性原则、被制度化的权威模式及其合法化，以及这个体系最突出的特征和缺陷。在第一章，我详细阐述了国家所被嵌入的全球治理体系中的规范性原则。第二章将论证全球治理体系以一种特殊的权威类型为特征：反思性权威。第三章继续研究全球治理体系中的合法化叙事，以及体系特征如何引发结构性的合法化问题。而在第四章，这些要素被放入一个历史制度主义的框架中，以便提出一套关于社会和国家对国际权威发起论争，以及全球治理的自我破坏和强化机制的假说及因果机制。这一部分的目的是形成全球治理体系的实证理论。

第一章　规范性原则

　　全球治理体系包含普遍性和跨领域的规范性原则。行为体的权利和义 25
务来自这些原则，而不是来自它们在一个主权平等的国际体系之中的成员
资格。然而，讨论这些规范性原则与理想主义无关。这种讨论既不假定规
范性原则决定行为体的行为，也未说明这些原则的规范属性。[①] 它只认为不
管其真正动机如何自私或卑鄙，行为体都必须考虑这些规范性原则。

　　规范性原则的存在与无政府状态前提背道而驰。它预设了一些作为
世界政治基础的理念特征，与由对其领土拥有排他性主权的国家组成的
国际体系概念不相容。显然，这并不是第一次有理论试图挑战基于主权国
家的无政府国际体系的理念（参见，例如 Bull 1977；Ruggie 1993；Wendt
1999）。尽管我同意英国学派和建构主义学者的观点，即威斯特伐利亚体系
主权原则中至少包含一些规范性要素，而本章提出的论点具体包括三个方
面。首先，这些规范性原则被认为是不同于世界社会其他制度的政治性制
度的构成要素（另见 Reus-Smit 2013：18；Albert et al. 2013）。其次，在全
球治理的政治系统中，规范性原则发挥的作用不同。例如，虽然赫德利·
布尔（Hedley Bull）认为社会"受一套共同规则约束"（Bull 1977：13），
但全球治理体系的规范性原则主要是为社会实践提供规范性嵌入的前提条
件，并被用于许多不同目的（Habermas 1996）。最后，这些规范性原则，特 26
别是更为具体的规则，经常遭到论争（参见 Wiener 2014）。

---

① "规范性"一词具有双重含义。"规范性"可用来描述已知集体中占主导地位的规范性（内
　部观点的重建），也可用来从外部角度批判性地反思主导规范的规范性（同时参见 Forst
　2015：第一章和第八章）。

在方法论方面，这一论证方式则建立在一种特定形式的"理性重构"之上，其目的是通过确定社会实践中的隐含假定，揭示构成现有实践基础的规范性。这些所谓的预设条件是使言语行为和活动具有意义而必须存在的社会前提条件。它表明规范的社会文化条件和社会建构。该方法常用于规范理论（参见 Gaus 2013；Patberg 2016），旨在从参与者的角度解释现实实践所隐含假定中的规范性内容（Patberg 2016：92）。以往的理性重构以理论为对象，而于尔根·哈贝马斯（Jürgen Habermas）却是第一位使用该方法揭示社会实践规范性基础（normative footings）的学者（Habermas 1996）。然而，在大多数情况下，规范理论学者通过应用两个过滤条件（filters）来确定这种预设：一是预设必须能在社会实践中找到；二是与理想言语情境（ideal speech situation）中或在无知之幕（veil of ignorance）后的一致性相容。

在使用该方法时，作者在本书里仅应用了第一个过滤条件。这些预设因而（仅）包含些许且破碎的社会理性，它们主要具有描述性地位，并且本身并不具备规范上的正式性。预设的这种事实性作用最好被描述为关于实践规范内核的直观共同知识，这才是秩序发挥作用所需的必要条件（参见 Adler and Pouliot 2011）。从这个意义上说，被重建的规范性对理解社会的运转具有事实性作用。这种预设可被看作是一套更宏观的不可直接观察的理论概念的一部分。

全球治理体系依赖于三个规范性原则或不可观察的原则，每个原则都制约着威斯特伐利亚主权原则。威斯特伐利亚主权原则意味着"在政治领域中存在最终和绝对的政治权威……而在其他领域则不存在最终和绝对的权威"（Hinsley 1986：26）。全球治理体系的规范性原则从三个方面制约了主权理念：它通过表明需要一起实现共同利益的理念来质疑所有政治团体都是领土分割的隐含性理念；它通过表明个人权利和非国家行为体之权利独立于国家的理念来质疑政治权威的观点；它通过表明国际权威的可能性来质疑除国家之外没有其他权威的观念。

本节的其余部分将讨论这三个预设的内容及其"经验适当性"。其目的

是要表明，全球治理体系的假定似乎比"无政府国际体系"或"国际社
会"的概念更适于理解 21 世纪的世界政治。

一 全球共同利益

根据定义，治理活动涉及共同问题和共同利益才具有正当性，但其真
正目的未必是为共同问题和利益服务。全球治理活动因而带有规范性外衣，
即它被认为对国际或跨国共同体有益（参见 Zürn 2008）。然而，"共同利
益"是一个备受论争的概念，即使是在领土范围内的国家共同体背景下也
是如此。批判理论家认为它是一个隐藏统治阶级利益的术语，并以此规范
他者。因此，克劳斯·欧夫（Offe 2002）尖锐地提问："共同利益是谁的利
益?"为祛魅这个概念，我们有必要思考共同利益的不同含义，并精确地指
出共同利益术语的参考对象，例如，哪个群体的利益。

全球共同利益的独特之处在于，这一概念可被归于超越民族国家或是
国家社会的共同体。参考单位必须是成员整体，而非单个成员的利益。因
此，共同利益的概念是指超越帕累托最优概念的结果，例如，如果不给至
少一方造成损失，就无法改变这些结果。也就是在必定有一方受损的情况
下来改善某些人的状况。当然，这就需要一种集体性或身份认同来适用这
些结果，甚至允许采取违背某些成员国利益的措施。这种集体性或身份认
同不一定是排他性的（其他身份不重要）或主导性的（全球共同利益支配
国家利益）；而是它只要出现就有效（另见 Risse 2015）。正如于尔根·奈尔
（Jürgen Neyer）所说，"超国家的正当性通常不是为克服民族国家的限制，
而是为将外部效应内化"（Neyer 2012：187）。

通过依赖以共同利益为导向的规范和规则的正当性，全球治理的概念
预先假定了共同利益的可能性。只要国际协议被定性为实现全球安全或保
护全球环境等目标的重要步骤，它们就会提及全球共同利益的概念。其他
经常提及的利益还包括国际和平、全球卫生和根除全球性流行病、避免全
球变暖，以及确保金融稳定。虽然这些具体的指涉（references）可能完全

脱离了行为体证明正当性的动机，但即使完全自私的治理行为体也会使用全球共同利益的理念来掩盖其自私性，而这仍是一个相关的社会事实。投机取巧地利用特定的正当化行为，其前提则是人们普遍相信存在一种全球性的共同利益。如果大部分人都认为这些利益不存在，那么提及这些利益也就很难有意义了。

假定全球共同利益的预设与当前的世界政治相关，这是否合理？自 19 世纪以来，国际法的发展被描述为从更多承认和保护国家利益转向承认共同体利益。在一篇颇具影响力的文章中，布鲁诺·西玛（Bruno Simma）发现了一种"从双边主义到共同体利益"的趋势（Simma 1994）。例如，将和平视为共同体利益的过程，可以说是随着战争的工业化及和平运动的兴起才开始的，并引发了 1899 年和 1907 年的《海牙公约》。然而，直到几十年后我们才能把和平的制度化认定为一种共同利益，而联合国条约的签订标志着和平最终达到了这种地位。

更广泛地说，国际会议上发布的演讲和文件表明从 20 世纪 60 年代开始，全球共同利益的语言就占据了主导地位。通过分析联合国大会的发言内容发现，全球和平、全球卫生和全球发展被充分提及，而民主国家和威权国家都在使用"合法性"一词（Eisentraut 2013；Binder and Heupel 2015）。作为国际治理的书面成果，每项国际条约的开端部分都有一长串应服务的共同目标。以《关于各国探索和利用包括月球和其他天体在内的外层空间活动的原则条约》为例，该条约是一组不受国家控制的所谓"人类共同空间"条约之一。除外层空间条约之外，海洋法、南极条约也属于这一组协议，都是体现共同利益原则的典型（Wolfrum 1984）。其主要利益所涉及的不是民族国家，而是全人类。条约在一开始就指出：

> 本条约缔约国，
> 鉴于人类因进入外层空间，展示出伟大前景，而深受启迪，
> 确认为和平目的发展探索和利用外层空间，是全人类的共同利益，

深信探索和利用外层空间应为所有民族谋福利，而不论其经济或科学发展程度如何，

希望在和平探索和利用外层空间的科学和法律方面，促进广泛的国际合作，

深信这种合作将使各国和各民族增进相互了解，加强友好关系……

（联合国，"条约汇编"，第610卷，第8843号）

这是一个很典型的序言。国际权威数据库（参见第五章）编码的34个国际组织中有27个在各自序言中不仅指出条约的具体目标，还至少在言辞中提出被称为"共同利益取向"的更广泛目标。[①] 这意味着大约80%的国际组织在其创始文件中提到了全球共同利益，而非仅是其成员国的共同利益。

此外，国际组织的多数决定制暗含着对共同利益的承认。如今，大部分国际组织都能对某些议题进行投票（参见 Blake and Payton 2008）。多数决定制只有在相关集体相信它们所需成就之事有时不能兼容所有成员的利益时，才具有道德正当性。多数决定制基于这样一种信念：个别成员有时需要为共同利益做出牺牲。

提及全球共同利益时，还附带一个额外的概念性构想（conceptual baggage），即假定存在一个能够提出这些正当性的公共领域。此处，我们将遵循约翰·鲁杰（John Ruggie）对全球公共领域的定义：全球公共领域是一个潜在可用的，

围绕全球公共产品的生产而组织的话语、论争与行动领域。它由非国家行为体和国家之间的相互作用构成。它允许直接表达和追求各

---

① 下列关键词被用作"共同利益"的指标：为我们人类的全面进步、安全、稳定、和平、进步、繁荣、充分就业、工作标准和生活水平的提高、（个人）自由、政治自由、法治、共同福利、社会发展、经济发展，正义、人道、为子孙后代保护自然资源、环境保护、可持续发展、文明、全民教育、促进和保护各国民众的健康。

种类型的全人类利益，而非仅是那些由国家筛选、解释、推动的利益。
（Ruggie 2004：519）

同样，我们可以很容易地找到支持这种假定的证据。媒体广泛报道全球性会议，这些会议参与者包括众多代表社会利益、观摩谈判的非国家行为体。自1995年以来，约有2000个不同的跨国非政府组织参与过世界贸易组织的部长级会议，而联合国气候变化大会的参与人数则更多。

总而言之，在正当性层面上，为实现互动和服务于参与国的利益，全球治理不只包括国家间的简单协调或合作。更进一步，全球治理的正当性预示着至少存在一种基本形式的共同利益和一些超越个体国家利益的取向。当然，这并没有否定，这些共同利益的确切内容可能存在着根本冲突。由于国际规制机构经常公开声称在处理国际社会的共同问题时追求带有规范性的政治目标，这种假定似乎是现实的——即便任何具体的正当性理由都可能是纯粹机会主义的。使用这种策略的前提是存在共同利益和公共领域的理念，进而国际机构才能在这些公共领域中提出正当性理由。关于共同利益意义的斗争以其存在的可能性为前提。这一预设似乎比无政府假定更为适当，因为对该假定而言在全球范围内的所有正当化努力（justificatory efforts）都不具意义。当然，这个进程始于第二次世界大战之后，从20世纪60年代开始共同利益已成为为国际制度正当性辩护的主要形式。

二　个人权利和对非国家行为体授权

全球治理体系中制约主权平等的第二个规范性原则是对个人权利和非国家行为体授权的承认。对非国家行为体的权利与义务的承认既有程序性的，也有实质性的。在程序上，全球治理的正当性目标不再只是国家和政府，还包含个人和社会。实质上，承认个人和社会群体是治理的受益者，在某种程度上已成为对国家在全球治理体系中确立成员身份的要求。

（一）个人与社会作为正当化对象

一般来说，界定治理概念的核心步骤（move）是分离产品（治理）和生产者（政府）（Rosenau 1992）。与此同时，全球治理涉及各国以及（国内或跨国）社会行为体，包括个人。这与威斯特伐利亚主权理念不同，在威斯特伐利亚主权中，规制的对象与其需要征求同意的行为体只能是国家。例如，可以通过对比作为"二战"后国际制度良好范例的国际贸易体制与基于世界贸易组织的全球治理制度来说明这种演变。在《关税及贸易总协定》机制下，国家是最终和独家治理对象（addressees）。《关税及贸易总协定》向各国或成员政府发出不增加关税或以非歧视性方式实施关税政策的指令，其目的是影响国家或政府行为，以解决保护主义相关问题。国家或政府不仅是规制实施主体，也是被规制的对象。然而，这已经发生了变化。现今，考虑到针对产品的规制，公司不得不改变自身行为，而非像关税问题那样由国家或政府决定。这种情况在国际环境协定中更为明显。这些法规的最终治理对象是各国社会内部的消费者和公司。它们必须改变其产品和行为，来减少例如二氧化碳的排放。尽管国家充当国际制度和治理对象之间的中介，但最终是社会行为体，如消费者和企业必须改变行为（参见 Parson 2003）。

因此，这些国际权威的正当化行为也面向国家和社会行为体。只有在全球治理的正当性确实是面向政府和民众的情况下，人们才默认，一种针对个体自主性丧失的正当化权利——最基本的权利（Forst 2011），而其在全球治理背景下是由国内社会团体和个人所持有的。这种说法暗示着，至少一些基本的个人权利和社会授权——与只为国家利益服务的政府间合作不同——在理念上已被纳入全球治理的范围之内了。

要证明这种"假定"的合理性显然并不难。最近的研究也令人信服地证明了这一点。最为根本的是，乔纳斯·塔尔伯格（Jonas Tallberg）及同事已表明国际组织为非国家行为体打开了大门。联合国经济及社会理事会（ECOSOC）是第一批为非国家行为体提供机会的国际机构之一。多年来，非国家行为体的数量从 1948 年的 1 个增加到 2012 年的约 3500 个（Tallberg

31

et al. 2013：4）。他们在 50 个国际组织中的跨国代表性样本中测量到的指数从 1959 年的约 0.2 上升到 2010 年的约 0.8（Tallberg et al. 2013：6）。从那时起，这一趋势就未曾变化。换言之，20 世纪 50 年代和 80 年代国际组织并未让非国家行为体获得参与机会。这种情况从 20 世纪 90 年代开始迅速改变。如今，国际组织普遍都为非国家行为体提供接触的渠道。

这种变化也反映在国际组织的沟通之中。马蒂亚斯·埃克尔－厄哈特（Matthias Ecker-Ehrhardt 2017）分析了国际组织的公共传播问题。他的研究显示，随着时间的推移，国际组织公共关系（PR）活动水平不断提高，特别是 1995 年之后这些活动明显增加。更有说服力的是，这些公共关系活动的目标或对象不仅是国家，还有专家和非国家行为体。随着时间的推移，作为国际组织活动对象的非国家行为体的比例在 2014 年大约增长了三分之一。这一研究支持了全球治理体系中双重支持者的理念。

同样，克劳斯·汀渥士（Klaus Dingwerth）、亨宁·施密特克（Henning Schmidtke）和托比亚斯·魏泽（Tobias Weise）研究了 20 个跨地区国际组织的官方年度报告（2018，待发表）。他们十分令人信服地表明，自 20 世纪 90 年代初以来，国际组织使用民主话语（rhetoric）的频率已经大大增加，并主要面向社会行为体，而非面向国家。事实上，他们的研究表明，被跨国抗议活动所针对的国际组织通常以民主话语进行回应。

这里要提到的最新例证是 2016 年 10 月，安东尼奥·古特雷斯（Antonio Guterres）竞选联合国秘书长时的提名过程。文森特·波略特（Vincent Pouliot：2018，待发表：1）在一个案例研究中写道："联合国为十几名候选人组织了公开听证会和公民大会，启动了竞选网站，允许个人直接向被提名者提问。联合国安理会和联合国大会主席签署了一份罕见的联名信，以提前确定提名程序。"一位内部人员爱德华·拉克（Edward Luck）对这一变化发表评论："现在确实存在一种期许，即治理和政策制定中的公务应以公开透明的方式进行"（Pouliot 2018，待发表：21）。

（二）个人权利作为有限主权的要素

就国家的外部承认而言，最根本的是在某一特定领土内垄断武力。首先在法国和英国，由于不同权力持有者之间的激烈竞争，皇室垄断势力占了上风。这种对武力的垄断还伴随着税收垄断，而税收垄断反过来保障武力的垄断，使其不受来自被控制领土内外的侵略者的攻击（参见 Elias 1976；Giddens 1985；Tilly 1985）。在威斯特利亚版本的主权中，随之而来的治理某一领土的能力是外部承认的物质基础。这是对特定领土行使最终权威的基础，也为主权被理解为"一种能够使国家成为相互承认共同体中参与者的社会地位"奠定了基础（Strange 1996：22）。

随着时间的推移，个人权利在世界政治中的作用开始逐渐增强。随着民族主义在 18 世纪和 19 世纪兴起，外部承认首先得到了内部承认的补充，即领土国家具备政治共同体之合法而必要的组织形式才能将自身定义为一个国家。虽然领土国家能够建立在原生民族文化和共同体的基础上，但通过同化政策和"想象的共同体"的象征性表述，它积极促进了民族身份的兴起（Anderson 1983）。其结果是民族边界（national boundaries）和领土国界（territorial state boundaries）相重合的观念占据了主导地位（Gellner 1983），从而领土国家就转变成了民族国家。因此，现代主权国家地位与这种双重要求联系在一起：外部承认国家有效治理的能力，以及内部承认国家的实践对民族合法（民族自决权）。

随后在 20 世纪，承认的基础进一步转移，治理能力成为次要标准。作为承认的基础，国家的有效治理逐渐被民族的自决权所取代。直到 1946 年，英国政府拒绝在短时间内放弃其殖民地，并认为这些殖民地缺乏有效的政府，无法实现治理目标。英国政府援引国际联盟的文件来支持其观点，国际联盟制定了"独立能力"的标准来限制殖民地独立建国。直到 14 年后，联合国才通过决议，认为自治权利并不取决于是否具有治理能力。"政治、经济、社会或教育准备不足绝不应成为推迟独立的借口。"（《给予殖民地国家和人民独立宣言》，第 1514［XV］号决议，1960 年 12 月 14 日）虽然控制领土的物质能力仍然在背后发挥一定作用，但自决原则已成为外部国家承认的决定性标准（Jackson 1987，1990）。

然而，在更深层次上，有两种情况直到最近仍未改变：国家是承认其他国家的主体，且一旦得到承认，国家便成为俱乐部的永久成员，并很难被排除在外。可以说，随着冷战的结束，这方面也发生了一些变化。在某种程度上，履行实质性国际规范和规则对一国获得承认具有日益决定性的作用（Franck 1992），承认成为一种条件性概念，而不再一劳永逸。此外，人们可以质疑，在多大程度上仅靠国家（双边）和政府间组织（多边）在这方面能够做出决定。在某种程度上，非国家行为体和社会似乎也在发挥作用。例如，在南非种族隔离政权垮台的过程中，外部不承认的过程可能始于非国家行为体的诉求，如果政府与"受蔑视"的政府互动，它就更需要证明自身的合法性。因此，国际社会已转变为一个拥有多种支持群体的世界社会。1989 年之后，按照这种观点，对国家的承认并不仅是来自国家互动，而且越来越多地涉及跨国社会；此外，这种承认不是永久性的，而仍以某些标准作为条件（参见 Zürn 1998：332 – 3）。如果发生严重违反基本责任（duties）的情况，主权实际上可被中止。

个人在世界政治中日益增长的相关性也表现为集体自决规范在全球的传播。大卫·阿米蒂奇（David Armitage 2007）令人信服地表明，自决作为组织原则从 17 世纪开始在全球范围内已经传播了五波。这一进程始于《威斯特伐利亚条约》在欧洲核心地区确立的主权。随着 18 世纪末和 19 世纪初美洲主权的兴起，产生了 17 个新主权国家；第一次世界大战的结束和《凡尔赛条约》推动了 20 个新国家的产生，第二次世界大战后持续到 20 世纪 60 年代后期的大规模非殖民化浪潮，以及 1989 年柏林墙的倒塌，推动了一些东欧主权国家的产生。在每一种情况下，被压迫者的斗争都以主权原则为指导，这是一场争取个人普遍权利和反对外国限制的斗争。因此，主权的扩散也表明个人权利相关性的增加（Reus-Smit 2013）。

总之，个人和非国家行为体已被纳入全球治理的概念范畴之中。全球治理将其认可为正当性目标，表明了最小正当性权利。另外，国家在成为俱乐部完全认可的成员之前，至少要认可某种程度的人权保护并使之制度化。这表明了对个人和社会作为治理受益者的承认。坦率地说，随着时间的推移，关于个人权利及其在世界政治中角色的斗争已达到一定水平，也就是认为对个人权利和社会权利的假定似乎比绝对国家权威的概念更为符合实际。

三 国际权威的可能性

与前两个假定本质上相关的是对国际权威可能性的信念。如果存在对某一共同利益和对个人权利的内在接受，那么就要求国际公共权威确定、证实和监督促进共同利益和国家之外行为体权利的规范和规则。

根据威斯特伐利亚主权原则，缔约国不受任何外部权威的约束。因此，任何国际规制都必须以同意原则为基础，但国际法仍是一种弱工具。国际法仅限于协调国家对外活动而不干预国内事务，而且在任何情况下，国际法都次于国内法和宪法。从经验上讲，欧洲国家体系中核心国家的实践至少在 18 世纪就接近于这种理想，甚至可能一直延续到第二次世界大战结束。19 世纪下半叶被引入的国际组织，主要被作为协调不同国家（外交）政策的手段。此时同意原则居于主导，很少要求各国执行未达成共识的决定。

"嵌入式自由主义"时代和联合国系统的演变已带来诸多变化。国际条约在国家议会中的批准比以往更频繁。并且，如今国际法中的重要内容也涉及国家与其公民之间的关系，人权法的兴起就是一个例子。国际法学家将这一发展称为从"协调法"向"合作法"的转变（参见，例如 Schweisfurth 2006）。虽然同意原则在理论上占据主导地位，但一些国际组织引入了多数决定制，从而在实践中创造了要求（某些）国家执行其尚未商定之决定的可能条件。1945 年以后，一些欧洲国家制定的新宪法突出了国际法的地位。例如，意大利宪法原则上同意"限制主权"，只要这种限制有利于国家之间的和平与正义。尽管如此，将国际制度概念化为一种不具自身政治权威的、领土国家的工具似乎仍然是正当合理的（参见，例如 Kahler 2004）。

主权原则最大的例外是欧洲共同体及后来的欧盟。随着时间的推移，在国家之外出现了强大的制度，它们日益发展出自己的政治权威（Haas

1964）。虽然这种发展并不适用于欧盟的整体制度构成或其中的所有政策领域，但欧盟却成为一种真正的政治体系，至少能够部分地促使成员国放弃否决权。随着《单一欧洲法案》和《马斯特里赫特条约》的签订，欧盟现在无疑被视为一个政治权威场域，而不能将其简化为欧洲国家的工具。

过去二三十年里，这种变化在全球层面动摇了同意原则的地位，从而确实使人们能够谈论同意原则的衰落了（Krisch 2014）。按照这一观点，国际制度有潜力并且有望在必要时行使权威，以促进全球共同利益并保护某些个人权利（参见 von Bogdandy et al. 2016）。

通过研究国际规制的数量与质量水平，全球治理理念和国际权威成为可能的前提能够得到证实。一个由国际和跨国规则、解决方案和建议构成的密集网络已经形成，而其质量和数量前所未有。截至 2010 年 3 月 25 日，在联合国登记的国际协议数量从 1960 年的总共 8776 项增加到 63419 项。如果我们只考虑在联合国正式起草和签署的最重要多边协议，那么我们所获得的具有比较意义的数据是，从 1969 年的 942 项此类协议增加到 2010 年的 6154 项。[1] 以条约的年度批准数量衡量这些规制的增长速度，可以发现长期以来其已远远超过了国家立法的增长率（参见 Beisheim et al. 1999：327 - 54）。[2] 这些发展表明，国际权威的可能前景已被嵌入全球治理体系的原则之中。

总而言之，全球治理的概念表明世界政治中的实践与基于威斯特伐利亚主权的国际体系的理念不同。全球治理体系不是威斯特伐利亚式的无政府状态，而是建立在三个限制主权原则的规范性原则之上。首先，这表明了一种假定，即存在全球共同利益，它超过了单个国家利益的总和。否则，用这些术语来证明全球治理的正当性就没有道理。其次，全球治理体系将个人权利和社会权利作为世界政治规范结构的一部分。如果自主权被国际制度削弱，那么，获得正当性权利不仅适用于国家，也适用于个人。与此

---

[1] 参见 http：//treaties. un. org/Pages/Home. aspx？lang = en。

[2] 最近，增长率明显放缓（Pauwelyn et al. 2014）。这一转变发生在全球治理体系建立及可能产生反作用之后。

同时，国家必须在国内达到最低内部标准，才能被视为公认的成员国。最后，为使这些基本准则实质化，全球治理概念就得包含一种关于国际权威的可能性，即国际权威可能违背国家作为终极权威独家持有者的威斯特伐利亚理念。因此，这一概念表明民族国家以外的权威范围的存在，而不必要求在法律上接受国际法的至高地位（参见 Krisch 2010）。这里讨论的所有三个假定似乎并不牵强，而是很容易被作为当前世界政治实践的前提条件。这样就削弱了威斯特伐利亚的主权理念，也就是说，国家既不是绝对的，也不是最终的权威——它们需要承认一些超越自身的规范。

第二章　反思性权威

37　　除基本的规范性原则之外，一个政治体系还需要具备产生"治理"的制度。这种政治体系的制度内核能够通过其"权威模式"来理解（Eckstein 1973）。权威模式是理解任何政治体系的关键。它们在本书也被用作发展全球治理体系理论的核心构成。当国家和社会行为体在未被强制或说服的情况下，尊重跨国或国际制度所制定的、与其所声明利益背道而驰的义务时，那么它们就处于权威关系之中了。这些全球治理体系中的权威关系已被嵌入基于共同利益、个人和社会权利，以及国际权威的可能性等预设条件的理论框架之中。权威关系影响构成单元的自主性，并以参照共同利益的方式证明合法性（参见 von Bogdandy et al. 2010a）。

　　在挖掘"权威"作为分析全球治理体系的关键概念方面，马克斯·韦伯（Max Weber）的基础性论述被用来表达包含在"自愿从属"概念中的矛盾之处（第一节）。在此基础上，我在第二节和第三节中提出了"反思性权威"的概念，与当前在国际关系学中占主导地位的其他两种概念形成对比。在全球治理背景下，国际和跨国制度权威持有者在许多方面比它们的支持者（国家）内部的某些行为体更为弱势。第四节继续区分两种类型的反思性权威：认知权威和政治权威。最后，第五节将分析全球治

38 理中不同权威之间的相互作用，以识别出全球治理体系的主要特征。按照完全宪制的政治统治体系的标准衡量，全球治理体系还存有一定缺陷。简而言之，由于得不到元权威的协调及缺乏适当分权，全球治理只是一个松散耦合的权威范围体系。

一 作为政治领域核心概念的公共权威

权威的行使，包括行为体 A 让行为体 B 去思考或做其不想或不会做之事的所有情况（Weber 2013a：211）。如果行为体 A 既包括行为体（actors）也包括结构（structures），那么权威的定义范围则变得更广（参见 Barnett and Duvall 2005）。在任何情况下，权力都能以不同的形式呈现。行为体会被迫做一些其实际上并不愿意做的事情。在这一情况下，由于恐惧不服从的后果，行为体改变了其行为。权力还包括通过说服来改变行为体信念，从而影响其行为。在这一情形下，遵从者之所以做某事，是因为其被有力且合理的理由所说服。上述这两种逻辑，即后果性逻辑和适当性逻辑（March and Olsen 1998），或者说，讨价还价和争辩的逻辑（Elster 1995，1999），已经主导了近几十年来国际关系学关于合作和制度的思考方式。

相比之下，权威概念表明了作为一种权力形式的遵从逻辑（logic of deference）。这一概念基于对带有特定来源的决定或解释的接受。它基于对权威的某些特质的信念而遵从，并据此调整其信念与行为。自古以来，权威的行使一直是政治权力研究的核心。从亚里士多德（Aristotle）对这一主题的早期论述和罗马共和国的个人声誉（auctoritas）概念来看，公共权威的维护者与挑战者之间的相互作用总是构建着政治的核心。[①] 尽管长期以来，在国际关系研究中权威都未能得到关注，但在这种背景下，对公共权威概念进行详细研究对于理解全球治理具有必要性。

在现代社会科学中，对这一概念的基础性论述可能仍然是马克斯·韦伯在其统治社会学（sociology of domination）中所进行的界定（参见 Simmerl

---

① 参见弗雷迪（Furedi 2013）令人印象深刻的权威"社会学史"。弗雷迪将这一概念从古老起源追溯到中世纪教会和国王的相互争夺，以及资产阶级为建立人民主权而从传统强权中脱离出来的野心，再追溯到无政府主义者反对任何限制自治的斗争、元首崇拜（Führer）及批判理论对现代性的自我批判。

and Zürn 2016）。他将权威和统治定义为：

> 某组人群将遵守某些特定命令（或所有命令）的可能性。它因而并不包括对他人行使"权力"或"影响"的全部模式……因此，每一种真正的统治形式都意味着一种最低限度的自愿服从，也就是服从的吸引力（基于不可告人的动机或真正接受）（Weber 1978［1925］：212）。

39

这种服从的吸引力需要得到解释。许多知名的社会理论家都已指出权威概念中的重要矛盾之处。例如，马克斯·霍克海默（Max Horkheimer 1987a［1936］）提出"被肯定的依赖"（affirmed dependency），而皮埃尔·布迪厄（Pierre Bourdieu 1990）则将同样的现象称为"与被支配者的共谋"。用格奥尔格·齐美尔（Georg Simmel 2009［1908］：130 – 131）的话来说，权威"在很大程度上预设了……这些对象相对于权威的自由；甚至是在这些对象被权威压迫的时候，权威也不只是基于单纯的强制和顺从"。对别人命令的遵从听起来自我矛盾，并激发了异常来源理论的发展。事实上，在权威研究领域，专制人格（Adorno et al. 1950）和米尔格拉姆服从实验（Milgram 1974）仍是权威研究中最常引用的著作。然而，这些关于无意识服从的社会起源的开创性理论并不能帮助我们理解在许多现代社会和全球政治体系中权威关系的普遍性和部分有效作用。

当涉及国际关系和全球治理时，这一服从的吸引力概念变得更加令人费解。为何美国政府应有意愿遵从世界贸易组织？为何希腊政府应服从评级机构？有四种解释能够说明为什么在全球治理中服从或遵从的吸引力是令人奇怪的。一是，人们普遍认为各国争取主权，并且只有在十分特殊的情况下才愿意放弃主权。为何通常争取自主性和独立（如自由主义所言）或争取优势和主导地位（如现实主义所言）的社会行为体在没有被强迫、激励或劝说的情况下就接受其从属地位呢？二是，全球治理中的权威仍未成熟。到目前为止，大多数国际组织是第二次世界大战后国家互动的产物，而跨国权威主要从20世纪80年代才开始发展。与某些个人之间存在的权威关系比如神职人员不同，全球治理制度并不是在大多数国家诞生之前出现的；相反，它是在之后才出现。而国家并非天生就存在于全球治理的权威实践之中。三是，国家和受其管辖的社会已经建立了诸多机制来质疑国际领域中的任何类型的义务，并在政府内外以议会、大学和智库的专业知识形式出现。四是，全球治理中权威所针对的对象——国家行为体比任何国际组织拥有的资源都多。包括欧盟在内的所有国际组织，其工作人员数量比欧洲任何一个大城市的政府职员人数都要少得多。这又与传统权威关系不同：在传统权威关系中，权威相较于遵从自己的个体而言拥有更多资源和更大能力。与制度和个人之间的权威关系相比，似乎"被肯定的依赖"或"与被支配者的共谋"的概念对全球治理制度而言更为相悖。

二　公共权威概念的构成

长期以来，权威关系只隐含在部分国际关系之中。例如，一些有影响力的学者——他们与现实主义思想松散地联系在一起——认为国际体系是一种基于硬实力和软实力不断发展的霸权格局（参见 Triepel 1938；Kennedy 1989；Modelski 1987）。二战后在美国发展起来的古典现实主义，也考虑到了国家间的等级制和社会认可的作用（Carr 1964；Morgenthau 1967；Herz 1981）。然而，肯尼思·华尔兹的新现实主义理论对国际体系是一种无政府状态的严谨分析推翻了这一传统（Waltz 1979）。此外，许多帝国主义理论强调在帝国体制中，对等级结构的共同认可的重要性（Doyle 1986；Münkler 2005）。[1] 然而直到最近，在分析国际制度与国家、社会、个人的权威关系时，公共权威这一概念才进入了国际关系理论的制度主义阵营，[2] 以及国际法的研究范围。[3] 随着全球治理的兴起，国际关系中以不同形式呈现的权威

---

[1] 特别是依附论学者，他们把重点放在地方精英的选举上，将此看作不平等体系运行的必要条件（参见 Galtung 1972；Senghaas 1972；Wallerstein 1974，1980）。

[2] 早期著作可参见鲁杰（Ruggie 1975）、布尔（Bull 1977）和泰勒（Taylor 1978）。

[3] 阿明·冯·博格丹迪（Armin von Bogdandy）及其同事们的工作是具有突破性的（von Bogdandy et al. 2010b；von Bogdandy and Venzke 2014；von Bogdandy et al. 2017；Goldmann 2015）。另参见近期克里施（Krisch 2017）和布莱克（Black 2017）的著作。

变得显而易见。①

    这些最近的研究通常遵循两种权威概念中的一种。第一种可被称为"契约性权威"（contracted authority）。它将国际领域的权威关系构想为后来权威持有者与其支持者之间社会契约的结果。这种关系取决于为双方带来的利益。第二种方法可被称为"社会性权威"（inscribed authority）。它将权威关系构想为社会化进程的后果。前者与理性主义存在广泛联系，后者则对国际制度带有一种建构主义式的理解。对此，在对国际关系学中占主导地位的这两种解释进行批判的基础上，我提出了第三种类型，并将其称为"反思性权威"。它将全球治理中的权威视为认知基础的衍生物，其中包括对权威的长期监督。

（一）契约性权威

    根据这种理解，权威的基础是订立契约。这其中，完全自主的行为体就一项条约达成协议，而该条约对所有签署者都有利。这种自由主义的权威概念以理性为基础，主要集中在制度和法律领域，并可追溯到霍布斯和洛克的思想（例如 Enoch 2014；Schmelzle 2015）。在国际关系学中，这种观点主要与戴维·莱克（David Lake 2009，2010）影响深远的著作有关，也与艾利克斯·库里（Alex Cooley 2005）和利斯贝特·霍赫（Liesbet Hooghe）、加里·马克斯（Gary Marks）、托比亚斯·伦茨（Tobias Lenz）及其同事等人（Hooghe et al. 2017）的著述有关。这种权威概念的最重要元素是命令、合法性和利益。

    "如果 B 认为 A 的命令是合法的，并且相应地有义务遵从，那么就会涉及权威……虽然权力在其效果而非其原因中得到印证，但权威则在 B 承认

---

① 参见阿凡特等人（Avant et al. 2010）、巴尼特和芬尼莫尔（Barnett and Finnemore 2004）、比尔斯特克和霍尔（Biersteker and Hall 2002）、格兰德和波利（Grande and Pauly 2005）、卡勒和莱克（Kahler and Lake 2003）、里特伯格等人（Rittberger et al. 2008）、祖恩（Zürn 2004）、祖恩等人（Zürn et al. 2007）。其他方法赋予国际和跨国组织独立角色而不将之称为权威，但仍视政府为背后的负责人、协调人或管理者（Abbott et al. 2015；Cooper et al. 2008；Genschel and Zangl 2014）。

A 所命令的义务达到一定合法性程度之时才成立。"（Hooghe et al. 2017：8）从这个角度来看，命令的合法性来自何处？就研究对象而论，韦伯提出的一些合法性来源，如魅力、宗教和传统被排除在外。这种观点认为，所需研究的重点是基于成文秩序的"法理权威"。这意味着社会契约是合法性的来源。

这种权威概念建立在理性利益的基础之上。莱克十分明确地指出："无论是主导国还是从属国，它们在等级关系中比在严格的无政府关系中更易履行契约。"（Lake 2009：93）这一观点既适用于契约达成之时刻，也适用于对契约的遵约。根据这一观点，权威的授予是谈判出来的，并允许一个行为体在符合双方利益的范围内行使权威。因此，权威由占主导地位的行为体获得，并且只在契约对双方都有利的情况下才生效。

莱克将美国与加勒比盟国的双边关系视作一个理想案例加以分析（Lake 2009，2010）。根据他的分析，较弱小的伙伴国在某些领域承认美国的领导地位，以换取保护和公共物品的供给。因此，权威表达的是一种命令权，而这种权利的获得是基于明确双方利益的社会契约的结果。

这种契约主义的权威概念具有许多优点。第一，它是一种权威的关系性概念，强调相互承认，从而避免任何将权威视为行为体基于某种能力属性的概念。第二，它建立在确定的微观机制之上。特别是如果被理解为建立在相互承认的基础上，权威不仅作为一种赋能和限制行为体的结构而存在，而且它还受到行为体及其行动的影响。因此，这种契约主义的理解可以很好地对国际权威的兴起及对其论争加以解释。

最初的契约性权威是二元的（Lake 2009），几乎没有为国际或跨国组织的权威留下空间。在二元版本中，A 和 B 都是国家。占主导地位的国家 A 使用契约作为工具，以便对 B 行使权威。契约与国际制度实际上是国家互动的附带现象。而奇怪的是，权威概念的引入却主要是为了丰富全球治理和国际以及跨国组织的研究。权威概念的最新版本已经转向三元的理解。在三元版本中，契约可能导致的结果是权威的集中或对国际

42

制度的授权。这在霍赫及其同事（Hooghe et al. 2017）的"衡量国际权威"项目以及戴维·莱克的超国家主义著作（Lake 2017）中最为明确。在任何情况下，国际权威的契约主义版本都不会忽视第三方机构行使权威背后的利益。它对任何特定的国际组织或第三方可能反映潜在权力格局持开放态度。

契约主义者对国际权威的理解存在两个重要缺陷。第一，正如波略特所说的那样，契约性权威的基础在于过度的自愿主义（voluntarism）（Pouliot 2017）。契约的视角似乎假定，权威在任何时候都完全依赖于合法性。合法性或相互承认一旦消失，权威就会消失。沙曼将这一观点进一步发展，并指出："假如各方能够自由地讨价还价、交易或中断谈判来满足其自身利益，这表明各方基于一种形式上平等的'横向'市场互动，而非是以上级与从属的关系为前提的互动。"（Sharman 2013：190）因此，契约主义的国际和跨国权威概念变得与无政府状态下的合作一样，忽视了全球治理制度中的权威、支配和等级制度的形式。

43　　这就引出了我的第二个反对意见。用不去界定遵从概念的方式解决权威的社会性悖论问题。如果对某一权威的承认可以完全被解释为一种涉及预先界定利益的契约，那么被接受的是谈判的结果而非权威关系本身。换句话说，在这个概念中，行为体根据契约内容遵守契约，而非在不考虑内容的前提下遵从权威。这一视角缺乏对权威持有者的特殊认知角色的重视。而所有经典的权威人物——神学教父、黑格尔的主人概念或现代法官（参见 Kojéve 2014）——都有一种大致可被描述为"知道更多"的认知成分。

（二）社会性权威

基于社会化的权威解释优先考虑个人所处的社会秩序。在这种观点看来，权威是一种由行为体激活和再现的习惯关系。这种观点的现实支持者强调，即使是现代关系也并非基于自由和自主性，而是基于反映生产关系和社会资本分配的社会化，或者用福柯式（Focaultian）术语可表述为一种沉积化话语（sedimented discourses）。① 在国际关系研究中，与这种观点相关的一些具有影响力的著作包括：巴尼特和芬尼莫尔（Barnett and Finnemore 2004）、伊恩·赫德（Ian Hurd 1999，2007）、黛布拉·阿凡特等人（Deborah Avant et al. 2010），以及伊曼纽尔·阿德勒（Emanuel Adler）和波略特（Pouliot 2011；Pouliot 2016a）的著作。除这些作者的研究之外，一些后结构主义和后殖民主义的解释也认同这种观点（有关概述请参阅 Simmerl and Zürn 2016）。

巴尼特和芬尼莫尔（Barnett and Finnemore 2004：5）将权威定义为"某一行为体使用制度和话语资源来诱导他者遵从的能力"（也可参见 Avant et al. 2010：99）。乍一看，这种关注权威持有者能力的定义似乎已经脱离了对关系性权威的理解。然而，当我们把遵从的基础——合法性带回视野之内，权威的关系性则再次回归。伊恩·赫德最为明确地阐述了合法性在权威关系中的作用。他声称："当个体根据规则内化其内容并重新配置其利益时，该规则对个体来说将变得合法（并因此具有行为意义）。当这种情况发生时，遵从就会成为习惯性的（存在于默认位置上的意义）……"（Hurd 2007：31）按照这一理解，权威是关系性的，它基于一种共同理解，而且这种共同理解使得行为体成功被其社会化后而使权威具有合法性。

这种内化过程是如何发生的？在社会性权威概念中，合法性是习得的。行为体被社会化到某一实践之中；它们因而知道自己的立场和人们的期望，它们关于对或错的信念来源于对社会的共同理解。它本质上是预先存在的习惯和实践，行为体适应这些习惯和实践，以便于它们更好地扮演自身角色（参见 Adler and Pouliot 2011；Pouliot and Thérien 2017）。这些也是权威关系和分层进行自我复制所产生的机制。

44

---

① 参考霍克海默（Horkheimer 1987b［1936］）、阿多诺等人（Adorno et al. 1950）、布迪厄（Bourdieu 1991）、巴特勒（Butler 1996）。黑格尔对主人与奴隶间关系的分析是这种思考的基础（Kojéve 1975：48-89）。在事关生存的斗争中，主人主导并强化奴隶的从属地位。然而，这种关系仍然是相互依赖的：主人依赖奴隶的认可和工作，而这反过来又是奴隶获得解放的来源。从马克思到批判理论，再到后结构推理，这种论证性的比喻方式是批判思维的基础，就像社会契约之于自由主义理论一样。

社会性权威概念具有诸多优点。最为关键的是，它不需要将权威关系简化为共同利益。毫无疑问，虽然许多权威关系都符合权威持有者及其从属双方的利益，但这一概念超越了单纯利益。尽管主人和奴隶之间的关系确实包含了相互承认因素，因而并不只是基于强制，但这种权威关系是否也符合奴隶的利益值得商榷。需要强调的是，这种关系的基础是对不平等的共同理解。社会性权威这一概念的目的正在于此。此外，社会性权威还将合法性纳入"等式"之中，并因此相当重视遵从概念。

然而，在对全球治理中权威关系的分析上，这一概念也有其不足之处。第一，社会性权威概念过于依赖习惯。在建立全球治理制度之前，国家和许多其他全球治理行为体都已存在。各国实际上已经发明了一些全球治理制度，而非先被其社会化。当法国和英国加入国际货币基金组织时，它们要么认为有必要在这一领域建立全球治理制度，要么是受美国强迫而加入。这并不是因为国际体系结构使其社会化。有充分的理由认为，社会化是国际制度兴起的后果，而非其前因（Checkel 2005；Zürn and Checkel 2005）。此外，国家和非国家行为体挑战国际制度或其具体行为的意愿和能力，对社会性权威这一概念来说，实在是太普遍了。在国际领域所观察到的国际权威的论争程度太过普遍，说明权威不仅是基于一个内化习惯的概念（参见 Zürn et al. 2012a）。这个概念没有充分说明全球治理中的变化和论争，因为它过于偏向社会行动等式中的结构一侧。

社会性权威概念十分强调内化，表明了它的第二个弱点。完全基于内化的社会性权威概念似乎忽略了全球治理中权威关系的某些特征。对反思性跨国和国际权威的遵从往往没有被内化，而是长期受到审视的。虽然有时国家需要接受国际组织的指导，但它也十分密切地观察着国际组织的行为。这并不排除内化本身，内化可能是一种关系的长期后果，但不是全球治理中的必要部分。即使在那些遵从权威的情况下，随着时间的推移，权威所假定的规范可能会被内化，也可能不被内化。例如，向国家交税，即使国家作为权威得到承认，甚至被内化，但也仅得到勉强接受而不会被转化为内在的交税愿望。如果强调内化是维持权威关系的微观机制，就忽视了全球治理制度的具体特征，并且低估了其不稳定性和论争的程度。①

三 反思性权威

基于契约性权威、社会性权威概念以及对两者的既有批判，我的目标是发展出一种由反思性和请求组成的公共权威概念，而它建立在认识论基础之上（Zürn 2017；Zürn et al. 2012a）。我对公共权威概念的理解表明，权威建立在行动逻辑之上，而非基于适当性逻辑或后果性逻辑。公共权威既不基于特定论据，也不通过激励操纵从属偏好来迫使其遵从，而是因为权威本身值得遵从。这就引出了反思性权威的概念，它包括两种类型：制定决策的政治性权威和做出解释的认知性权威。

（一）反思性及其认知基础

一般来说，当前全球治理中的权威关系并不能产生长期实践。在这种背景下，权威的概念化取决于其所具有的反思性。反思性权威关系包括开明但有批判性的从属者，它们基于自身的局限性而承认权威。因此，反思性权威对权威持有者及其支持者都有好处。在这方面，我遵循由约瑟夫·拉兹（Joseph Raz 2006）提出的"服务性权威观"（service conception）。②

反思性权威关系中的反思性具有双重性。一方面，它说明了一种对权威的价值进行持久反思的因素，这与内化概念背道而驰。虽然反思性权威不需要从遵从者的角度对具体判断或决定进行精确审查，但它受到长期监督和使权威具有吸引力及可信度标准的审查。例如，大多数人都会相信诺贝尔奖得主的气候变化模型，而不去检查所有参数和方程式，因为这样做

46

---

① 需要澄清的是，关于社会性权威微观机制不足的评论并不是笼统的。这些机制形成一种背景化的叙事，涉及全球治理制度、国家以及有组织的非国家行为体之间的权威关系。这些评论并不排除一个事实，即世界社会中的许多权威关系都建立在内化习惯之上。
② 这也符合迈克尔·巴尼特和玛莎·芬尼莫尔（Barnett and Finnemore 2004：21）研究的出发点："国际组织的权威……在于它们有能力将自己表现为非个人的、中立的，为他人服务而非行使权威。"参见圣丁（Sending 2015）。

过于耗时。与此同时，权威的资质和声誉则会不断受到审查。由于总是有可能遭到质疑和被重新设计，因此，权威关系本身就是问题的一部分。反思性权威长期处于被观察的状态之下。

另一方面，对权威的认可并不完全来自基于利益的理性主义概念；相反，对权威的承认源于对理性局限性的反思。因而特别是在没有预设利益的情况下，反思性权威就会发挥作用。通过提供信息和新视角，权威可塑造偏好。正如弗兰克·弗雷迪（Frank Furedi 2013：52）所言："只有在共同体被迫面对那些它们所相信、信任、遵循或服从的问题带有不确定性之时，它们才需要权威概念。"在反思性权威中，对外部权威的承认是基于对自身理性和信息来源局限性的一种了解。① 反过来，权威要么提供更佳的观点，要么提供更公正的观点，要么两者兼而有之。②

反思性权威依赖于识别从属者局限性和权威优越性的认知结构。因此，与国际权威的契约性概念相反，反思性权威强调知识秩序在构成权威关系和遵从背景方面发挥的作用（另见 Sending 2017；Venzke 2013）。然而，反思性权威的概念并不依赖于"权威持有者确实更接近真实情况"的假定。相比之下，它表明社会进程的相关性，而高超的知识或公正的观点在这一进程中得到确立。关注知识生产的社会进程突出了科学在其中的作用。社会进程的"科学化"概念（Weingart 1983，2008）表明了科学在这一进程中的重要性。

科学已证明其在历史进程中的有效性，同时也形成了一些获得声誉的机制（例如大学排名、引文索引等），这些机制告诉我们哪种科学观点更准确。因而，那些质疑权威者通常也需要质疑科学。例如，对转基因食品持批评态度的人往往不会质疑那些表明这些产品无害的科学研究水准。相反，他们质疑科学是否合理地考虑了伦理价值的影响，以及科学是否能够考虑到"未知

---

① 反思性权威类似于尤利西斯面对危险诱惑时自我约束的逻辑，这种自我约束也是具有反思性的，因为它长期监督其自身的反思性（参见 Elster 1986）。

② 约瑟夫·拉兹（Raz 2009）提出了五个更加细致的接受权威的理由：权威相较于其从属者更明智；权威有更稳定、更少偏见的意志；权威防止采取适得其反的行为；权威降低了交易成本；权威更适合做出决定。

中的未知因素"。因此，大多数质疑权威的策略都涉及对主导知识秩序的认知挑战。例如，很多挑战国际制度的跨国运动同时也质疑新自由主义思想。

（二）请求

大多数关于社会性权威和契约性权威的说法都将"命令"置于行使权威的核心。韦伯在谈到权威时也经常提到"命令"。然而，反思性权威并不只适用于"去做 X 的命令"，也包括"考虑 Y 的请求"。请求可间接地以解释行为含义的形式出现，也可直接以要求的形式出现。在这两种情况下，权威都谈不上是命令。因此，大部分国际权威分析者都避免发表这样的言论，如"世界贸易组织命令美国政府降低关税"或"世界卫生组织命令法国增加卫生投入"。

相反，反思性政治权威请求采取某些行动，来作为追求国际或全球目标的手段。当世界卫生组织直接请求接种新疫苗时，各国并不将此视为命令。在国际权威提出间接要求方面，一个典型例子就是对高中质量进行评价的国际学生评估计划（PISA）。在这一案例中，跨国和国际制度的权威基于实用主义哲学中的"次要原因"（secondary reasons）。特别是，人们在做出决定时如果存在主要原因不确定的情况（如"这家餐馆的食物是否好吃"），次要原因便具有决定性（如"如果是米其林星级，它一定好吃"）。[①] 48
然而，这种对认证方案的遵从既不包括事后自己的判断（"尽管有推荐，但食物很普通"），也不可能在负面体验增加后转向另一种认证方案。因此，不同反思性权威可能会相互竞争，并允许从属者在其间进行选择。

此外，在反思性权威概念中，起决定性作用的并不是所感知的"跟随义务"。人们通常不会因为觉得自己有义务而接受餐厅指南的建议。次要原因不会产生遵从的"义务"。事实上，各国通常遵循国际组织的解决方案，它们认为权威有所助益（good service），而不是因为它们觉得有强烈的顺从义务。如果国家确实感到有遵从的义务，它们就会帮助其他国家实现共同

---

① 参见莱格（Legg 2012）关于国家在落实人权方面的自由裁量权的次要原因。

利益或对未来的本国政府负责而不破坏其声誉。

由于权威的反思性概念侧重于请求，因此国家在无视国际组织方案的同时仍试图确保对权威的认可。例如，在转基因食品标识的案例里，欧盟接受了必须为其转基因生物（GMO）政策而支付罚款，从而肯定了世界贸易组织的权威，但并未按照规定改变其政策。

（三）长期化和合法化

诚然在某些情况下，权威关系确实可能自发出现，例如在危机情况下，但这种权威关系在未来也不会忘记其自发基础。假如剧院发生火灾，一些人可能会在没有预先安排的情况下为他人协调安全出口。假如这样一群人碰巧在飞机上，当出现紧急情况时乘客也很可能会向其寻求指导。因此，任何权威关系都不倾向于一次性，而是至少在一段时间内持续下去。这种转变可以采取"物象化"（objectification）或"制度化"的形式。权威以这些方式成为一种等级制形式。

如果作为权威关系基础的知识秩序成为一种占主导地位的世界观或意识形态，它便超越了直接参与的行为体而能够接触到外部受众，那么权威关系就被物象化了。① 于是，权威持有者代表着"物象的"和"非特定"的观点被人们广泛接受。具有公众号召力的科学家就是很好的例子。在被外部受众广泛接受达到一定程度时，物象化表明了社会压力和胁迫。假如一个行为体拒绝来自被视为"物象的"且无可置疑的"权威"的见解，那么社会排斥和将其视为异类的风险便会产生。从属的自愿性就会减弱。

当第三方依赖于那些承认权威的对象时，物象化的权威能够转化为间接胁迫。例如，对消费品进行测试的机构最初可能只影响正在阅读杂志中评测报告的消费者。尽管评测报告不具任何约束力，但消费者经常遵循这种评测建议。与此同时，认知性权威可能通过影响消费者的行为，间接地

---

① 在这种情况下，"物象化"并不意味着某事物成为客观真理，而是对许多行为体将其视为主体间真实存在的权威关系之普遍化论述。

引起消费品生产者的遵从。如果评测者具有高可信度并且对消费者的选择具有明确影响，那么其有关优质产品的认知则通过第三方（即大部分消费者）的压力演变成对生产者的"间接约束"。

权威长期化（perpetuation）的另一种形式是制度化。当决策和解释被预先委托或集中时，权威关系就被制度化了（参见 Hooghe et al. 2017）。政府是权威长期化形式的理想类型。国际组织也可被视为制度化的权威。由于国际制度的建立涉及沉没成本，一方退出就会产生违背承诺而导致的声誉损失。在权威被制度化之时，从属的自愿性（voluntariness）也会降低。

当权威被物象化或制度化时，它就变成一种等级制形式，并且需要合法化。因此，每个权威都倾向于使其实践合法化，以激发对其的合法性信念（参见 Weber 1978 ［1925］：213；Barker 2001；Geis et al. 2012）。合法性信念与合法化过程之间的区别表明权威与合法性之间的密切关系，而非通过将权威定义为合法权力来混淆这种关系。上述权威与合法性之间的关系概念表明反思性权威与契约性权威、社会性权威之间的又一重要区别。与融合主义观点相反，融合主义观点或多或少地将权威等同于合法性（权威是合法权力），反思性权威的概念则将长期的权威表达与权威的行使区分开来（参见第三章）。

通过对权威的概念性总结（参见表 2-1）可知，反思性权威的概念不同于契约性权威和社会性权威。在反思性权威关系中，权威持有者向支持者发出请求而非命令，而支持者往往对权威持有者进行密切的监督。反思性权威建立在接受知识秩序的基础上，这种知识秩序产生了权威关系。虽然在某些条件下反思性权威可以转化为习惯，特别是对那些缺乏信息和监督能力的支持者而言，但这不是定义的一部分。而反思性权威的概念与"流动权威"概念一致（Krisch 2017）。流动权威主要揭示了跨国和国际制度的形式（或总体状态），而反思性权威则着眼于其社会基础。原则上，对跨国和国际权威的基本认识的不断论争，对这些权威的有意长期监督，以及为在承认权威的情况下保持回旋余地而制定的策略，是反思性权威的特征，而这些特征促生了流动性。

表 2 - 1　契约性权威、社会性权威和反思性权威

	契约性权威	社会性权威	反思性权威
命令（包括强制）或请求	从契约中派生的命令	内化的命令	请求
行动逻辑	基于利益的服从	基于社会化的适当性（习得能力）	反思的遵从
施动者或结构	行为体利益	社会化结构	基于认知基础的行为体
融合或区分	融合	融合	区分

四　全球治理中的两种权威类型

基本权威类型可被区分为做出决策的权威和提供解释的权威。做出决策的权威可称为政治权威，而做出解释的权威则可称为认知权威。认知基础均适用于政治权威和认知权威。承认一个以共同利益的名义提出请求的制度具有正当性或客观性，这既取决于知识的建构（即政治权威），又取决于对有效信息生产的认可（即认知权威）。两种类型的反思性权威都建立在认知的建构之中。

（一）政治权威

以政治权威为例，规定、规则和规范被视为对某一特定群体具有"约束力"。政治权威的基础是承认需要有某个制度被授权做出具有集体约束力的决定，以促进共同利益和防止混乱。因此，政治权威有权在短期内做出违反成员特定利益的决定。政治权威建立在一种认知框架之上，它允许对共同利益做出共同解释。政治权威也许有权执行规则，但其影响力并不只依赖于武力。

在跨国和国际层面，近几十年来出现了新的制度化政治权威。特定领土完全由国家政府管理的原则已不再适用。国际制度通过多数制投票形式或通过霸权国的非正式主导地位做出决定，从而规避了一致同意原则。多

数决定制和强国行使主导权能够避免单个国家的否决权并克服阻碍，从而提高国际制度的执行能力。当今，所有国际组织（至少有一个大国参与）中大约三分之二有能力以多数投票制做出决定（Blake and Payton 2008；Breitmeier et al. 2006）。此外，各国日益将权力直接授权给国际组织。由霍赫和马克斯开发的权威指数在过去几十年中呈现显著上升。78 个国际组织的标准化授权指数从 1975 年的 23.5 已上升到了 2010 年的 33.2（Lenz et al. 2015）。

新的国际制度行使政治权威时，会通过制定规则减少民族国家的回旋空间，并且直接或间接地管理国内事务。强国企图利用这种权威在其领土之外施加影响；与此同时，它们往往试图限制权威对本国事务的影响。因此，强国时刻评估着国际组织，并不再一味效忠特定国际组织，甚至创造条件来扩大其选择范围。"反多边主义"（counter-multilateralism）[52]（Morse and Keohane 2014）和"蓄意的碎片化"（Benvenisti and Downs 2007）代表了这样一种策略，即各国承认权限重叠的"多重"权威，以便向权威施压，使其不采取违背各国自身利益的行动，进而保留了转移效忠对象的选择权。

就像联合国安理会那样，政治权威偶尔有强制执行决定的权利，但多数时候它们不具执行能力。即便是欧盟也曾长期不具有制裁能力。虽然反思性政治权威的对象通过遵从能获得好处，但它们通过保留替代方案并对退出的选项持开放态度，从而保持住流动性。

（二）认知权威

另一种基本类型的权威可被称为认知权威。认知权威为他者的行为提供解释。认知权威基于专家知识和道德完整性（moral integrity）。权威人士的观点和立场之所以被采纳，是因为他们看起来同时具有知识性和非党派性。认知权威基于知识和专业资质（knowledge and expertise）分布不均的假定，而共同的认识论框架能够确定认知上的差距。认知权威不需要在任何情况下都以事实和细节来说服人们。因此，起决定作用的不是具体论证的质量，而是机构或个人的总体声誉（Haas 1992）。这就是基于声誉的治理（Schuppert 2010：94）。

具有纯粹认知权威的制度无疑在全球治理中发挥着重要作用。这尤其包括具有影响力和"可靠"的非政府组织，如环境领域的绿色和平组织，它们积极制定并监督规范。随着时间的推移，其中一些非政府组织的权威已被具体化。虽然并非所有非政府组织都行使权威，但活跃的跨国非政府组织获得了巨大发展。如今，它们的数量大约是 1975 年的 8 倍（United Nations Department of Economic and Social Affairs 2009）。自 1975 年以来，对国际组织的开放度增加了 3 倍（参见 Tallberg et al. 2013：68）。因此，近几十年来全球治理中认知权威不断增长的说法似乎是合理的。

认知权威也可被制度化。认知权威可被其他权威正式赋予这种地位。我们可将其称为政治指定的认知权威。如果组织机构从政治权威那里获得授权可对事实和规范做出权威性解释，这就意味着权限的委托和与之相关的制度化。政治指定的认知权威是指那些不做出有约束力的决定，但往往有权做出十分有影响力的解释的跨国或国际制度。在全球治理背景下，政府间气候变化专门委员会（IPCC）或经济合作与发展组织在教育政策（国际学生评估项目）方面的作用就是两个例子。根据构成这些政治上认可的认知权威的知识类型，我们可以区分出基于理性的（法院或道德委员会）、基于模型的（经济委员会和自然科学委员会），以及基于排名的（如 PISA 等）政治指定的认知权威中的几种类型。在这些情况中，由于政治指定的认知权威将知识秩序物象化和制度化，因而相较于纯粹认知权威，其对合法化的需求不断增加。

在全球治理体系中，政治指定的认知权威似乎发展得尤为强劲。在跨国和国际层面，政治指定的认知权威成为过去二十年来关注的焦点。作为评级机构的国际会计准则理事会（Büthe and Mattli 2011；Botzem 2012），政府间气候变化专门委员会（Beck 2012）和环境政策领域的国际评估机构（Mitchell et al. 2006），教育政策领域的经济合作与发展组织（Martens and Jakobi 2010），以及国际法院（参见 Alter 2011，2014）都是政治指定的制度，而这些制度在过去二十年中变得更具影响力。

总之，全球治理体系中的权威关系主要是反思性的。随着时间的推移，政治权威和认知权威不断增长。[①] 然而，尽管政治权威和认知权威都受到长期监督和重新审视，权威仍能发挥重大影响。

五　权威之间的关系

将全球治理视为一个政治体系，不仅需要对权威与其支持者之间关系的描述，还需要我们考虑全球治理中不同权威间的关系。虽然反思性权威的概念有助于理解国际制度与国家之间，以及与世界社会其他行为体之间的关系，但最后一节强调了不同全球治理权威之间关系的两个特征。这为下一章辨识全球治理诸多制度的主要合法化问题奠定了基础。

一般来说，国家被嵌入一个包含规范性原则和权威关系的更为宏大的政治体系之中。它们的权利和义务源于其在新兴规范秩序中的地位。因此，全球治理体系并不是一个国家间完全互相分割的无政府体系。全球治理体系与西方国家内部的政治统治体系也有很大不同。目前的全球治理体系既非无政府状态，也不是宪制统治，它包含了一些等级制的要素。

以无政府状态作为讨论国际体系特征的基本假设，已在国际关系学中被广泛接受。相比之下，用西方国家内部政治体系作为另一个参考点，可能会被批评为既老套又带有理想主义。如果将世界国家作为一种规范性表达，那必然会遭受批评。然而，如果目标是描述性地评估全球治理体系与其他政治体系之间的区别，那么这些指责就变得毫无意义了。反复提及全球治理安排的新颖性和特殊性可能是流行的做法，但它提供的洞察力有限。而建议对每一个全球治理安排进行单独分析的主张，则忽视了全球治理的背景和结构。正如孟德斯和范思科（Mendes and Venzke 2018，即将出版）雄辩地指出：

54

---

① 第五章将详细介绍基于国际权威数据库（IAD）中反思性权威的发展。

现实当然是混乱的。尽管引起人们对这种混乱局面的关注可能十分重要，但不厌其烦地提及一种或另一种政府安排的新颖性和特殊性，最终不会有任何启发作用。如果认为每个制度或机制的存在都依靠自身的逻辑和合理性，就有可能降低对其进行批判的可能性。

有人可能会补充道，这种做法可能会有破坏不同制度可比性的风险。宪法秩序的理想首先提供了一个比较的尺度，其次提供了批判的衡量标准（参见第三章）。事实上，在全球治理体系中寻找我们在西方世界所熟知的相同制度安排将是带有误导性的。在将全球治理体系与无政府状态和宪法秩序的概念进行比较时，相反我们将重点考察不同权威之间相互作用所依据的认知和规范原则。这些原则可能促成相当不同的制度形态。

这些原则是什么？宪法秩序理想包含两项任务：宪法构成包括最终权威在内的政治统治；但宪法也同时限制最终权威（参见 Krisch 2010：第四章）。因此，宪法秩序不仅能限制政治决策，也能够创造新的制度和法律。①从宪法基础的双重功能，即基础性和限制性上，我们能够得出两个识别全球治理体系主要特征的标准。

基础性方面涉及权威之间富有成效的协调。受制于宪法的政治制度可能对所有问题采取行动，因此，它包含了在不同权威冲突时做出最终决定的元权威。这种政治制度可被描述为一种统治体系。这种全体系的政治统治通常得到制度化力量的支持。政治统治这一术语的使用是包含一切的、系统性的，并涉及认可使用武力来执行规则，而"权威"一词则相对局限。权威指的是具体问题，而不一定涉及（但可能包括）对规则执行的认可。虽然中央银行拥有权威，但现代国家凭借其对合法使用武力的垄断和对制度化场域的协调行使元权威。元权威一旦形成，便可在不同权威产生分歧的情况下做出最终决定，而一旦这些元权威能够在必要时使用武力来执行其立场时，我们就可以称之为政治统治了。只有

---

① 这代表了对宪法秩序的基本理解，参见格林（Grimm 2012：47）包含七个要素的定义。关于全球背景下的宪法秩序的有效讨论，也可参见库姆（Kumm 2009）和克里施（Krisch 2010）。

这样，我们才能找到"做某事的许可"和"授予此类许可的权利"（Raz 1990：2）。[①]

宪法秩序的政治统治体系的限制性在于分权。虽然不同国家权力分立的轨道不同、起点各异，但分权是所有现代国家的必经之路（参见 Möllers 2013：第一章）。然而，随着时间的推移，分权的含义已经趋于一致。这意味着分权的核心是不同政治权威通过分离出不同政策职能来进行相互制衡，并以此避免出现不受限制的支配者。正如麦迪逊所言，"立法、行政和司法的所有权力都集中在同一个人手中……便是暴政"（Hamilton et al. 1982：293）。通过划定政治规则来构成政治统治是总体政治纲领的一部分。虽然概念含义已经趋同，但分权原则的制度性规定却存在很大差别，例如总统制和议会制、比例投票制和多数投票制、中央制和联邦制（参见 Ackerman 2000；Linz 1994）。

考虑到这两个基准条件，目前的全球治理体系可被描述为只是一个不同权威范围松散耦合的体系，且仅发展出了一种微弱分权。56

（一）松散耦合的权威范围

权威范围可被定义为由一个或多个权威所管理的领域。一般而言，这些领域的边界是社会建构的，并围绕着一组服务于相似社会目的之共同制度组织起来。[②] 在很多方面，权威范围遵循功能分化的逻辑（参见 Fischer-Lescano and Teubner 2004）。作为对全球化日益复杂化的回应，世界社会的每个功能体系都根据自身的逻辑创建各自的规制体系，而未能考虑关注更为广泛的问题。将制度分化视为对世界社会中日益增加的功能分化和更加频繁的国际交往的回应，这与主流观点形成了鲜明对比。主流观点则为国

[①]　关于规则和权威之间的区别，可参见达斯和迪特霍夫（Daase and Deitelhoff 2015）基于奥努夫和克林克的研究（Onuf and Klink 1989）。

[②]　罗西瑙（Rosenau 1997）首次提出了"权威范围"的概念。同时参见波利与格兰德（Pauly and Grande 2005）和祖恩（Zürn 1998）。这也与机制复合体的概念有相似之处（参见 Victor 2004；Keohane and Victor 2011）。

际制度和国际法日益碎片化而悲叹不已（例如，参见 Benvenisti and Downs 2007；Raustiala and Victor 2004：300 - 2；Urpelainen and Van de Graaf 2015）。本书认为，与碎片化的观点不同，不是制度本身的差异，而是这些不同权威范围之间的关系才对全球治理体系具有决定性作用（Zürn and Faude 2013；另见 Fischer-Lescano and Teubner 2006：66）。我们能区分出四种理想的关系类型。

不同的权威范围可以恰好相互分立（第一种）。在这种情况下，每个规则仅在一个权威范围内产生效应，且不同范围易于并行存在。然而，在全球治理中并不存在不同权威范围之间的巧妙分立。大多数规制能够在其他问题领域产生影响。例如，世界贸易组织在未考虑对健康和环境等方面有害影响的情况下已然使国际贸易自由化。同样，联合国安理会制定了违反嫌疑人基本人权的反恐政策。因此，权威范围的界限模糊又有争议，至少部分地取决于与其他权威范围的互动。由于参与行为体的利益竞争、不明确的界限（含糊不清）或由于认同与信念之间的冲突，交叉点冲突（interface conflicts）可能会在不同权威范围间出现。如果不同的权威范围相互重叠、相互冲突或相互矛盾，那么我们就会从独立的权威范围转向相互依赖的权威范围，从而产生协调需求。

57　　相互依存的权威范围之间的去中心化协调（第二种）是在每个权威范围都以自利方式适应其他权威范围的情况下进行的，并且只在必要情况下发生。在这种情况下，不同权威范围相互竞争，每个范围的目标是击败其他范围并扩大自己的权威范围。它或多或少带有一些"无政府状态"的体系特征，并由权威范围作为组成部分。世界贸易组织与环境权威之间的冲突就是一例。如果这种协调形式占主导地位，那么它就描述了一种竞争性的权威范围体系。

相反，在一种合作的权威范围体系（第三种）中，权威通过非等级制方式相互调整来协调它们的行动（参见 Gehring and Faude 2014）。全球基金（Global Fund）与世界卫生组织之间的协调，或联合国与欧洲法院（ECJ）之间关于恐怖主义嫌疑人除名程序的互动就是例子。

国内政治体系提供的解决方案是发展元权威，以协调具体权威（第四种）。最高法院、议会、公共服务部门和政府首脑经常在国家政治制度的背景下协调特定权威。

以国内政治统治体系为参照点，我们现在能够清楚地看到全球治理体系的一个主要特征。由于不同权威范围是相互依赖的，并且它们之间的边界存在争议，因此可能导致不同权威范围之间的交叉点冲突。从这个意义上讲，不同权威范围无疑是耦合的。但是，当前全球治理体系并没有一个制度化的场域来最终决定这些范围间的协调。元权威几乎不存在。因此，当前全球治理体系不是一个国内政治统治体系，而只是由松散耦合的权威范围组成。虽然谈论全面的制度碎片化似乎太过牵强（Benvenisti and Downs 2007），但全球治理体系确实存在缺乏集中协调的制度架构。如果权威范围发生冲突，它们必须通过竞争或合作来自发地解决冲突。

总而言之，全球治理体系可以说主要由松散耦合的权威范围组成。近几十年来，不同类型的专业公共权威的重要性日益上升，特别是在国际和跨国层面以及国家层面。它们聚集在权威范围内，这些权威范围以去中心化的方式进行协调。因此，我们从以领土分割界定的国内宪制统治过渡到松散耦合的国际和跨国权威范围，如图2-1所示。

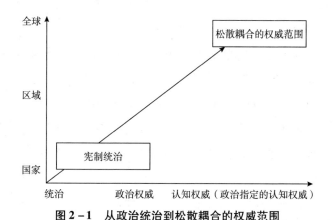

图2-1　从政治统治到松散耦合的权威范围

来源：Zürn, M.（2017），"From Constitutional Rule to Loosely Coupled Spheres of Liquid Authority. A Reflexive Approach," *International Theory*，9/12：261，85，279。

（二）微弱分权

58　　基于领域之间的关系，全球治理体系的特征是松散耦合的权威范围。另一个问题是不同权威如何在一个权威范围内相互作用，以及它们是否能够相互制衡以防止在问题领域中出现不受限制的主导权斗争。在这个维度上，本书使用的标准来自形成现代国家的"分权"原则（参见 Ackerman 2000；Möllers 2013）。

　　分权类似于法治。[①] 这两种规范概念都旨在两层意义上实现平等。首先，行政和立法都必须受到法律的限制，就像相关集体的其他成员一样。"法律适用于选区的某些成员而不适用于其他成员"，违背了法治思想。因此，分权是确保行政和立法遵循其自身法律的手段。其次，在法治下，法律必须在同类案件中得到连贯一致的应用。良好运转的分权能够确保平等。

　　毫无疑问，我们看到全球治理领域存在一些分权，最重要的是随着国际法院的兴起而产生的分权。在不同文化背景下，几乎所有的法院都做出
59　了个性化的决定和解释，并声称它们不是在制定法律，而是在保护特定的行为体（Shapiro 1981；Möllers 2013：100）。因此，法院（应该）具有制度性的规则来保护其免受"政治"影响。而所有这些内容也都大体适用于国际法院（von Bogdandy and Venzke 2012）。

　　的确，研究国际法院的文献表明此类法院的数量显著增加。1960 年，全世界只有 27 个准司法机构；到 2004 年，这个数字增长到 97 个。[②] 这些机构相当活跃（Alter 2014：4），它们在某种程度上控制着超国家的规则制定者。在某些情况下，判决甚至超越了其权威范围。最为著名的是，欧洲法院裁定联合国恐怖主义嫌疑人的除名程序为非法的判例。更

---

①　参见塔马纳哈（Tamanaha 2004）。论述国际法治的文献，参见祖恩等人（Zürn et al. 2012b）、赫德（Hurd 2015）和诺尔特（Nolte 2016）。

②　参见 http：//www－PICT－PCTI. org/Matrix /Matrix XiToro. html ；也可参见阿尔特（Alter 2009）、博格丹迪和范思科（von Bogdandy and Venzke 2014）。

重要的是，国际法院控制着国家规则的执行者，它们经常通过提及分权观念背后的一些规范性原则来做到这一点（Mendes and Venzke 2018，待发表）。

在分权理论中，与在具体案件中发挥作用的法院相对应的另一极则是立法机关，它制定一般的规则与措施。正是这种权力——议会权力——与民众的意愿联系最为紧密，并向各种影响敞开大门。行政部门介于单个决定和解释（法院）与制定一般性规则（议会）之间，也介于免受公众意愿影响（法院）和接受社会影响（议会）两者之间（参见 Möllers 2013：第二章）。行政部门需要足够的独立性才能做到公正，但行政部门也要对选举负责。

然而，在实践中，国际立法机构由行政官员主导。在大多数情况下，成员国大会填补了立法职能。如今，世界上大约三分之一的重要国际组织拥有国际议会机构（IPI）[1]（参见 Rocabert et al. 2017），其成员由各国议会的代表组成。权威持有者与支持者之间的区别十分模糊，政治过程由少数国家的行政官员与国际秘书处合伙操控。这种情况偏离了分权的理念。

一方面，国际行政机构没有充分独立于最重要的规制对象——各国自身。几乎所有在全球范围内达成的规则，其执行实施都需要参与国的资源。几乎所有国际规范的管理都因此带有偏见。即使在可能存在"自上而下"强制实施全球规范的特殊情况下，如同联合国安理会的情况，实施这些计划也需要成员国提供资源。根据《联合国宪章》第七章为任何干预提供军事资源时，联合国安理会常任理事国是最为重要的行为体。权威持有者与一些权威接受者的结合（fusion）使得类似情况不太可能得到相同对待。另一方面，同一国家的行政部门在制定国际规范方面也起着决定性作用。关于新条约的大多数谈判和联合国范围内任何规范的发展主要由少数强国主

60

---

[1] 国际议会机构是"由直接或间接选举的成员组成的公共、跨国和社团机构"（Rocabert et al. 2017，即将出版：1）。

导，而联合国大会则显得势单力薄，并未发挥重要政治作用。因此，立法程序通常由同样控制执行实施过程的国家主导。①

总而言之，全球治理体系中的分权是微弱而不完全的。虽然并非完全没有分权，但正如国际法院的兴起和正式授权的存在所表明的那样，在大多数领域的制度安排中，规则制定者与规则执行者之间在事实上无法被区分开来。而在大多数情况下，来自最为强大国家的代表发挥着决定性的作用。

六 结论

总结对全球治理体系中权威模式的探索，可以发现三个特点。首先，反思性权威是全球治理发挥作用的主要机制。反思性权威是一种权威形式，不同于命令的概念，但仍会产生很大的影响。反思性权威提出带有行为影响的请求和解释，两者都是在支持者和外部观察者的长期审查下进行的。反思性权威基于行为体对其理性限度的认识，因此需要第三方或特定专门知识。对于政治权威和认知权威来说都是如此。其次，在全球治理中拥有执法权的政治权威仍不存在，而元权威（构成规则体系）仅在初步意义上存在。因此，根据宪法秩序统治体系的标准进行衡量，全球治理体系存在缺陷。全球治理体系可被描述为一种松散耦合的权威范围体系，并且在这些范围内仅存在微弱分权。

最后，"没有具有体系性权威的施动者，就不能发展出正式的上级和从属者关系"的说法是错误的（Waltz 1979：88）。相反，等级制可能在限定领域的权威范围内得到发展，因此它介于无政府状态（根本没有等级制）和宪法秩序（公认的元权威）之间。在国际和跨国制度的权威达到一定程度之时，上级和从属者的制度化以多种不同形式得到发展：国际制

---

① 正是这样，国家间的分层由于全球政治体系的兴起而被制度化。分层被概念化为与权威互动的概念，而不是取代权威。

度和国家之间的关系（小范围等级制）；制度内国家之间的分层化关系（例如否决权）；私营权威与政府间的关系（例如，评级机构可通过其对投资者的权威向政府施加压力）；以及国际制度与个人行为体间的关系（直接国际权威）。

所有这些形式的权威（见图2-2），包括相关的分层过程和一些等级制，都涉及权威关系形式。这些形式不能简化为强制或说服。这些不同类型的权威既可在权威范围松散耦合的背景下运行，也可作为宪法秩序与制度化的元权威体系中的一部分而存在。

61

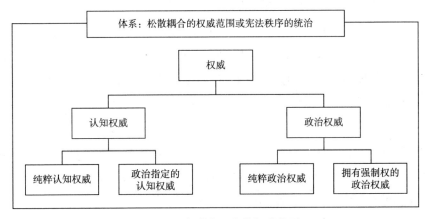

图2-2　全球治理中的权威类型

第三章 合法化问题

62   全球治理体系中的政治权威和认知权威常常影响其面对的政府和非国家行为体的自主权。因而，带有权威的全球治理安排需要对政府和非国家行为体都具有合法性。我将此称为"权威—合法化关联"。这种关联既有规范性意义，也具有实证意义。从规范性方面来说，所有自由主义观点都同意通过规则限制个体行为体的自主权需要正当性的说法。几乎所有社会行为体似乎都认同这种规范性见解。在这方面，政治哲学家的规范性观点得到了社会实践的支持。用约翰·列侬（John Lennon）的话说，政治哲学家可能是梦想家，但他们并不是唯一的梦想家。相应地，本章据此认为，基于实证经验，跨国和国际权威的兴起改变了世界政治，并且也促使合法性问题和规范性问题凸显出来。

权威—合法化关联意味着，国际制度在成员国未达成共识的情况下没有能力采取行动，也没有或者最多只有很少的合法化需求。只要政府间层面只限于发展一个临时互动模式，需要征求每个成员国同意并满足其利益，那么两阶段（two-stage）的合法化过程就足够了。超出成员层次的决定通过其代表的（假定的）合法性就能得到合法化。随着国际和跨国权威的兴起，情况发生了变化。当前，这些权威制度限制了成员的自由，因而需要援引共同利益和规范性原则来证明其正当性。在本章中，我将讨论全球治理的合法化需求和合法化策略。本章的主要观点是，全球治理体系的合法性在

63   结构上具有不确定性。两个明确合法化问题存在其中：权威正当化中的技术专家偏见和权威行使中的公正性缺失。

这些合法化问题触发了一系列因果机制，经由增加的政治化或反制度

化，导致全球治理的衰落或深化。我将在第四章从理论上探讨这些因果机制，并在本书的第二部分进行实证检验。本章将介绍权威与合法性之间的区别，并用合法化概念将二者联系起来（第三章第一节）。在此基础上，对共同社会目的之公正追求已被发展为经验合法性信念最重要的来源。由此，国际权威必须制定真实的合法化叙事，并表现出公正感以被视为合法（第三章第二节）。基于前两节的讨论，第三节将讨论最为相关的合法性叙事。在第四节中，我认为由于权威间的松散耦合，大多数合法性叙事很难应用于全球治理制度之中。这导致了国际和跨国权威在正当化过程中的技术专家偏见，使其在实践中易受去合法化的影响。第五节继续识别了全球治理体系中的另一种体系性合法化问题，而这个问题源于制度化的不平等和微弱分权：权威行使中任意性和偏袒性的内在倾向。

一　权威—合法化关联

社会科学中的不同领域都广泛接受公共权威与合法性紧密联系的观点。在规范性方面，权威的行使一般需要正当性，根据雷纳·福斯特（Rainer Forst 2011）的说法，它使得具有正当权成为最基本权利。阿明·冯·博格丹迪等人（Armin von Bogdandy et al. 2010a）从法律角度提出了类似观点：国际公共权威具有限制自由的法律能力，因而使得正当性成为必要。根据这一观点，罗德尼·巴克（Rodney Barker）从实证的角度提出，宣称合法性（即合法化），是任何政府的决定性组成部分（Barker 2001：24）。而关于国际组织，多米尼克·召姆（Dominik Zaum 2013：8）写道："国际组织需要进行合法化，为它们的角色和实践提供合法性，并为其在更广泛的社会背景下提供基础。"总的来说，行使公共权威需要合法化，而合法化指的是产生合法性信念的社会过程——它可能是有理有据的正当化，也可能是直截了当的操纵。因此，权威的兴起"通常伴随着唤起和培育合法性信念的长期尝试"（Weber 2013b：450，作者翻译）。这就是我所说的"权威—合法化关联"。

64

区分"合法性信念"和"合法化过程"十分重要。这有助于区分权威和合法性，同时仍可通过合法化过程的概念使二者保持密切联系（参见Nullmeier et al. 2012）。然而，这种权威和合法性之间的概念分离与社会科学中的某种习惯用法相悖，它对权威的理解往往被定义为"合法的权力"。同样在国际关系学中，许多观点都是基于合法性和权威之间的密切联系，以至于"合法的权威"成为一种赘言（pleonasm），使得这两个概念实际上难以区分（参见，例如Ruggie 2004）。赫德直截了当地阐述了这一观点的关键含义："'合法权威（legitimate authority）'这个词就是多余的。"（Hurd 2007：61）同样，迈克尔·巴尼特和玛莎·芬尼莫尔将国际组织视为独立于创建它们的国家的"权威的自主场所"（Barnett and Finnemore 1999：707），其影响来自"它们所体现的理性—法律权威的合法性"。霍赫等学者也将权威定义为"为集体做出合法和有约束力决策的能力"（Hooghe et al. 2016：16）。

这种融合主义观点（"权威就是合法的权力"）引出了两种反直觉含义。第一，如果合法性和权威是同一枚硬币的两面，那么一个制度拥有的权威越多，它的合法性就越强。从规范的角度来看（外部视角），这是荒谬的，因为只有不受约束的主宰（unconstrained master）才会享有充分的合法性。但从实证角度来看，它也存在问题。这种观点是一种内部视角，因为制度有时会获得新的制度能力（institutional competences），而未必会被所有受影响的行为体视为更具合法性。第二，融合主义的观点不能区分权威持有者和制度化权威。例如，有人可能将权威持有者（某特定政府）的具体做法视为不合法，同时仍然原则上承认该权威（政府）。对融合主义观点的第二种反对意见基于在概念分析上对不合法权威的存在可能性的需要。[1]

与融合主义观点相反，合法性通常可被描述为"一种广义感知或假定，

---

[1] 参见阿尔特等（Alter et al. 2016）、彼得斯和卡尔森·谢弗（Peters and Schaffer 2013）以及马尔默（Marmor 2011）的研究，他们在论证权威和合法性分离方面具有相似性。另外，参见达斯和迪特霍夫（Daase and Deitelhoff 2015），他们认为，合法权威的概念妨碍了对反抗统治的理解。

即一个实体的行为在某些由社会建构的规范、价值观、信念和定义系统中
是可取的、合理的或适当的"（Suchman 1995：574）。因此，公共权威的合
法性是指对制度行为的接受度：在其支持者（内部合法性）和外部观察者
（外部合法性，参见 Tallberg and Zürn 2018，准备发表中）中适当地行使权
威。这些受众（即支持者和观察者）的观点和信念被视为一个过程的结果：　65
一方面，权威拥有者和其他支持者（通常是蓄意的）试图通过增强人们对
权威得到恰当行使的信念，使政治制度更具合法性。这个过程被称为合法
化，用韦伯的话来说，就是刺激和培育合法性信念的长期努力。正是在这
种意义上，公共权威的行使通常伴随着权威持有者的合法化叙事。另一方
面，如果行为体试图破坏政治制度的合法性，那么就可以称之为去合法化。
合法化和去合法化过程提供了权威与合法性之间的关联。

由此可见，合法性与权威有关，但不等同于权威。在萨克曼（Such-
mann）的定义中，合法性指的是一个实体的行为。同样，戴维·比瑟姆
（David Beetham 1991：3）认为，如果某事物是"根据合理的规则获得和行
使"的，我们就将其称为"正当的或合法的"。这两个众所周知的定义指出
了权威与合法性之间的决定性差异。权威和合法性都是基于跟随的意愿，
但认可的过程存在不同层面（Zürn 2012a）。第一个层面是指为实现某些目
标和共同利益而原则上认可权威。第二个层面的认可是关于权威的适当行
使。如果没有第一个层面的认可，就不会有权威的制度化，也不会有一开
始的权威集中或对国际组织的授权。虽然公认的权威能够推进共同利益，
但也并非总能如此。权威可能是实现共同利益的必要条件，但肯定不是充
分条件。只有当权威得到恰当行使且符合其创建的社会目的时，权威才能
实现共同利益。第一个层面的权威认可是指对社会目的之承认和对能力的
事前（ex ante）接受，而第二个层面对合法性的承认则是指行使权威的实
践和事后（ex post）接受。例如，19 世纪后期的无政府主义者质疑欧洲许
多国家的权威（他们认为国家根本不应拥有权威），而大多数共产党人在支
持强大国家的同时却质疑某些政权的实际合法性（他们质疑的是行使权威
的具体内容）。简而言之，合法性信念涉及对权威行使的判断。从这个意义

上说，合法性的概念内生于权威概念之中。合法性信念是在一个持续的合法化和去合法化过程中形成的。

长期以来，学界很少关注国际和跨国权威的合法性信念和合法化进程（参见 Tallberg and Zürn 2018，概述部分）。[1] 在全球治理背景下，国际关系学者对合法性问题的论述，迄今为止占主导地位的一直是规范性做法。借鉴政治学理论，国际关系学者就全球治理中的民主赤字以及对国际组织合法性的替代评估展开了辩论，辩论重点是评估国际组织的管辖权时应采用的规范标准问题——最常提及的是民主——以及制度在多大程度上满足这些标准，也就是它们在多大程度上值得认可（*Anerkennungswürdigkeit*，马克斯·韦伯语）。正是这一系列文献引发克拉克（Clark 2005：12）所提的"国际合法性讨论的真正复兴"。[2]

直到最近，我们才观察到将重点更多放在跨国和国际权威合法性及合法化的实证研究。首先，关注民意（public opinion）的学者将公众支持或信任作为国际组织合法性的指标，并探讨了导致公民接受或反对的因素（Norris 2000；Hooghe and Marks 2005；Ecker-Ehrhardt and Weßels 2013；Maier et al. 2012）。其次，一些人明确提出，协商一致的规范标准（如透明度、问责制或参与）是行为体合法性信念的核心。如果国际组织不能利用规范上可接受的合法性来源，它们就有可能失去社会认可，从而失去政治上的有效性（Zürn 2004；Buchanan and Keohane 2006；Bodansky 2013）。最后，日益增多的文献探讨了国际组织如何通过旨在提高或降低对它们自身的接受程度的交往实践和策略来实现合法化或去合法化。与传统的国际关系学方法相比，这些研究通常关注与更广泛行为体（包括公民）相关的国际组

---

① 通常在国际关系学科中，合法性不时被当成一种专业术语（Carr 1964；Claude 1966；Franck 1990；Risse et al. 1999），但并未深入应用到对国际权威的研究中。

② 第一种规范合法性研究集中在全球治理能否民主化以及如何进行民主化的输入问题上。根据这一观点，国际组织的合法性基于能否达到参与、透明度和问责制的民主标准的能力（参见 Held 1995；Zürn 2000；Buchanan and Keohane 2006；Held and Koenig-Archibugi 2005；Scholte 2011；Steffek 2003；Keohane et al. 2009）。另一种研究则探讨了与全球治理输出方面相关的规范价值，评估了国际组织在多大程度上产出有助于提高效率、正义和公正程度的结果（例如，参见 Pogge 2002b；Buchanan and Keohane 2006）。

织 的 合 法 性 （ Bernstein 2011 ； Brassett and Tsingou 2011 ； Nullmeier et al. 2010 ； Zaum 2013 ）。

总之，到目前为止，对全球治理合法性的实证研究尚未引起其所需的系统性关注。然而，在跨国和国际权威有权做出具有约束力的解释和决定的情况下，合法性至关重要。为了被认定为是合法的，权威还必须行使权限，服务共同利益，并得到承认。而这就涉及合法性问题。

二 合法性来源：对共同社会目的之公正追求

合法性不只是公正秩序或正义的代名词；它不是社会目的本身。合法 67 性不是基本或实质目标（如民主、和平或正义）；相反，它是一种制度上的"德性"，依赖于其背后的某些共同目标或社会目的，这些共同的目标或社会目的是合法性的来源（参见 Forst 2015：第 8 章）。特定权威关系中的合法性来源并不必然需要在规范意义上或从任何外部视角得到承认。这些来源只需要在权威关系中得到支持者的承认，即其合法性的内在信念。

那么，是什么决定着与国际权威有关的合法性信念呢？简单来说，这个问题有三种宽泛的备选答案（参见 Tallberg and Zürn 2018，待发表）。根据第一种观点，合法性信念是受众关注的国际权威客观特征的直接产物。在对这些特征进行理性评价的基础上，公民和精英决定国际权威合法与否。关于国际组织民意的多数现有文献都基于这一假设（例如 Gabel 1998 ；Rohrschneider 2002 ；Chalmers and Dellmuth 2015）。根据第二种观点，合法性与国际权威的特征无关。相反，对国际权威的合法性信念是一种对国家政治制度或其他信号（cues）信任的副产品，而这些信号独立于国际权威的决策程序及其决策质量。近期关于欧盟和联合国的研究吸取了这种理解方式（Harteveld et al. 2013 ； Armingeon and Ceka 2014 ； Dellmuth and Tallberg 2015）。

根据第三种观点，合法性信念是社会过程的结果，其中个体的先验信念与合法化和去合法化努力相互作用。因此，合法性信念所依据的信息来自对国际权威诠释上的斗争。这些斗争包括权威维护者关于国际权威合法化以及权威挑战者关于国际权威去合法化的公开策略。该过程引发了一些基于框定、信息获取捷径和信号的判断。这种观点遵循有限理性的逻辑。

第三种观点比其他两种观点更合理。一方面，假定社会行为体拥有知识、时间和能力，能够合理评估国际组织的特征，而不考虑这些特征如何在公共话语中被传播、被论争和被证明具有合法性，这显然是站不住脚的。政治心理学和政治理论的大量文献假设并证明，精英和媒体报道所提供的暗示、框定和有意引导会影响公众的态度（参见，例如 Dellmuth and Tallberg 2018，待发表）。尽管国际组织的客观特征设定了某些参数（parameters），但国际组织的论争和正当化会影响这些特征如何转化为合法性信念。另一方面，假定合法性信念完全与国际组织及其程序和政策无关，似乎也是不合理的。虽然个体对政治制度的信任可能很重要，但这并不能解释同一群受众对不同国际组织合法性信念的看法变化。因此，合法化和去合法化的过程对合法性信念的发展演变具有决定性作用。

然而，这种合法化和去合法化过程受到社会建构的规范、价值观、信念和定义体系的约束（Suchman 1995）。更具体地说，合法化通常涉及这样的主张：公正地追求社会目的是权威被制度化的首要原因。对集体规范而非具体利益的公正追求，是任何有望成功的合法化策略的必要基础。因此，任何合法化努力的公式均包含两个组成部分：公正性和社会目的。

公正性包含非任意性，但它不限于此，还包括一种最低限度的公平感，即一视同仁。当然，既有权威及其所代表的目的和程序反映了权力关系，并确实具有分配效应（distributive effects）。然而，行使权威和应用规则必须公正，才能被视为合法。假如统治者被认为完全是自私的，那么合法性信念便会立即消失。假如权威的实践被视为服务于有关社会的特殊利益，合法性也会逐渐消失。我们以穆巴拉克政权为例。只要领导权被视为一种特定的埃及式的或纳赛尔主义的，能够避免倒退回伊斯兰主义和西方狭隘主义，那么合法化努力便大体都会成功。然而，一旦长期存在的纳赛尔主义政权已经堕落为一个为小规模统治阶级自私特权服务的机构，那么，合法性信念的消减就将加速。至少在现代社会，合法性权威首先要具备规则应用中的公正性。

在此背景下，戴维·比瑟姆（Beetham 1991）认为法律平等是任何合法秩序的必要基础。在这种观点中，"（透明）法治是合法权威的基本条件"，并且使"对法律规则的信念……成为最普遍存在的合法性信念形式"（Weber 1968：19，作者的翻译）。虽然我同意这样的观点，即在现代性中，所有形式的合法性都有一个共同必要条件，但我并不认为法律性（legality）理念能够恰当地把握住合法性概念，相反，合法性是关乎规则应用的更为抽象和普遍的公正性概念。例如，一些权威可能通过表明吸纳专家参与和需要在做出决定时不被冗长的法律程序所束缚而产生合法性信念。因此，合法性信念的公正性要素可以通过参照行使权威所依据的不同程序而产生——合法律性就是其中之一，科学的"客观"程序则是另一种要素。不管怎样，公正行使权威的信念是强大合法性信念的决定性因素（Tyler 1990）。避免给人留下有偏向甚至任意行使权威的印象是合法性的必要条件。虽然公正是必要的，但它不足以产生合法性信念。

公正必须结合社会目的，而社会目的则包括共同目标和实现目标的程序。公共权威必须通过产生这样的信念来将其活动合法化，即它们以公正的方式为共同利益服务而不违反社会主导信念。这种观点反映在比瑟姆的优雅表述中："特定的权力关系之所以合法，并不是因为人们相信其合法性，而是因为这种关系能够在他们的信念中得到证实，它才具备合法性。"（Beetham 1991：11）因此，对合法性的实证研究需要主要关注的不仅是对特定制度的直接接受和支持，而且是在共同体内广泛认同的价值观，以及权威在实践中服务于这些价值观的程度。它允许以一种外部视角来评估权威的实践，并据此认定某个政府现实中的不合法性，即便它在民众中享有很高的接受度。

作为合法性来源，权威需要创造一种信念，即它们在实践中以公正的方式追求潜在的社会目的。换句话说，公正性加上一种或多种共同利益构成了实证合法性的来源。合法性策略旨在创造这样一种印象，即行使权威的基础是参与和代表性、问责制和透明度、结果的公正性、法治、个人权利、专家知识、传统、强有力的领导者、财富，以及可增加集体自尊的相对收益等来源。这份清单并不完全覆盖世界历史上的所有地区和时期。不管怎样，合法性信念不应与民主合法性相混淆。从实证上讲，还有许多其他合法性信念来源，其中大多可以部分互相替换（参见 Möllers 2012），但它们通常被并行使用。一种划分合法性来源的方法是区分决策制定水平（程序）和决策效果（绩效）。根据这种区分，共同利益的实现（如社会福利）和做出决定的方式（如民主参与）都可作为合法性来源。① 两者都可用于构建合法化叙事。

三　合法化叙事

来源是合法化过程的原材料。然而，公共权威的合法性很少仅基于一种合法性来源。在实践中，不同合法性来源在叙事中共同作用，将权威与对社会目的之公正追求联系起来。这种不同合法性来源的共同作用（bundling）促成了合法化的叙事或策略。② 合法性来源提供了一些理由，而这些理由被嵌入并组合在正当性的叙事之中（另见 Forst 2015：第 3 章）。合法化叙事通常不仅包括单一主张或参考，而且是不同来源的组合。叙事包含着将说理和欺骗混合到一起的故事，从而为某种规范秩序提供解释或为其做辩护（参见 Koschorke 2012）。

---

① 这当然类似于弗里茨·沙普夫（Fritz Scharpf 1970，同时参见 1999）提出的输入和输出合法性之间的区别。为解释黑箱中发生的过程，维维安·施密特（Vivien Schmidt）提出实际产出的合法性（throughput legitimacy）一词（Schmidt 2013）。然而，通过摆脱对体系理论表述上的束缚，我们避免了关于什么是投入和什么是实际产出的复杂讨论。同时参见塔尔伯格和祖恩（Tallberg and Zürn 2018，待发表）。另外，参见哈伯斯塔姆（Halberstam 2009），他认为"话语权"、"权利"和"专业知识"三个来源是一种包罗万象的分类。

② 严格地说，叙事仅指话语层面。有时，制度改革或某些政策措施被用作权威辩护的尝试。在这种情况下，"合法化策略"一词似乎更为恰当。然而，我通常更喜欢"叙事"这个词，因为它提出了一个开放问题：某种特定正当化是真实的还是仅出于策略的考量。

　　与此同时，权威挑战者也编造和使用这样的叙事来试图消除权威的合法性。合法化和去合法化叙事是对真实世界的解释，并以权威的受众为对象。它们是由权威的维护者或挑战者根据权威的目的和所涉及的群体信念来构建的。它们是对权威进行评价性交流的模式，并在为其辩护或发起挑战所援引的标准方面有所不同（参见 Gronau 2015）。叙事至少需要"最低限度的连贯性"，在这个意义上，话语的合理性、象征及影像表现，要与实际制度改革相匹配（Gronau 2015：479）。去合法化叙事在连贯性方面的要求更低，但显而易见的自相矛盾也会限制其成功发挥作用。

　　虽然所有叙事都带有部分"虚构"内容，但合法化叙事必须与权威的社会目的及其实践在某种程度上相一致。与此同时，我们也可以预料到现实世界中与这一标准有关的许多差异。因此，可根据权威实践、规范性的合理来源（外部观点）与支持者信念（内部视角）之间的关系来统筹合法化实践。 71

　　理想的情况是，权威实践的合法性不仅基于支持者的信念，也与规范理论相兼容。① 因此，规范理论家的外部观点及合法性来源的内部视角，与观察到的权威实践和正当性相一致（外部观点～内部视角～实践）。在这些情况下，规范性概念已经形成（至少某些）解释力：自主性、自决权和平等等理念力量在社会世界与规范性理论世界中具有同等相关性。

　　这与以下情况不同：权威的实践和正当性符合基于社会规范和价值的合法性信念，但这些规范和价值不是现代规范理论的直接衍生物，因此与外部观点不一致，但在社会中仍被广泛认同（外部观点≠内部视角～实践）。在这种情况下，合法性指涉的是"就嵌入相关支持者真实社会身份的理由而言的制度合理性"（MacDonald 2012：57）。基于这种观点，即合法性可能并不等同于正义，但仍是一种制度上的"德性"，以从属者的观点和动机为出发点去确定政治上可接受的标准（Williams 2005）。

---

① 为填补"从规范理论的角度来看是可辩护的"这一概念的含义，就必须与具体的规范推理联系起来。在剩下的部分中，我所采用的这些论据在自由主义规范理论的背景下得到了广泛的发展，并被认为是规范上可辩护的（参见 Rawls 1971；Habermas 1996）。

最后，权威—合法化关联的因果解释力表明，即使是那些既不符合支持者信念又在道德上站不住脚的做法，也常常通过叙事被合法化了。在这种情况下，权威持有者和维护者构建了一种合法性叙事形式，假装以道德或伦理为合法性来源，而实际上并非如此。为此目的，权威持有者有可能操纵支持者，例如通过敌人意象（enemy images）策略性地建立对外来者的排斥来进行合法化（实践≠内部视角≠外部观点）。

然而，合法化叙事的第三种类型似乎最不稳定，其合法化和去合法化的全部叙事都可能失败。权威持有者和维护者选择的合法性叙事可能受到权威从属者和观察者的挑战与质疑。对合法化的论争的结果是开放的。因此，产生合法性的效应并未嵌入合法化叙事的概念之中。合法化叙事可被大致划分为以下类型。

（一）参与叙事

72

这种合法化叙事的基础是所有受规制影响者，或者至少是所有受规制约束者的平等参与机会。[1] 参与可以基于直接形式，也可间接地通过代表进行。反过来，代表制则可以按照功能领域或领土来组织。纵然包容性参与的形式可以是多方面的，但这些形式都是民主决策的必要组成部分（Dahl 1989）。民主的协商性理论指出这种叙事的另一个组成部分：公共话语和论争。它基于这样一种信念，即先定利益的汇集必须与一种恰当的集体公开审议过程相伴而生（Habermas 1996）。

这种叙事通常还包括问责制和透明度。[2] 完全问责制包括为权威制定其需要接受问责的标准，监督其结果，并在权威未能实现目标时予以制裁（参考 Grant and Keohane 2005）。然而，即使是完全问责制也不应与民主相混淆。问责制并不要求所有受决策影响者都参与，它只让决策者在选举、

---

[1]　所有受影响者和所有政策针对对象之间的差异表明了规范民主理论中的一个主要分歧（参见 Karlsson Schaffer 2012）。

[2]　问责制和透明度并不被视为独立的叙事类型，因为它们在某种程度上是大多数叙事中的一部分。

法律或其他方式基础上对其他人事后负责。问责制是一种控制手段，而非参与手段。然而，反过来，如果没有问责制，参与又是无效的。因此，问责制往往是参与叙事的组成部分之一。

不同行为体的参与能够确保问责制：被指定为独立监督机构的内部行为体、组织内的所有参与者（主体）、权威行使的所有受影响者（利益相关者），甚至外部行为体（Hirschmann 2015）。国际组织往往直接对成员国负责，间接对非国家行为体和社会负责。在任何情况下，问责制都以某种最低限度的透明度为前提。没有透明度就不可能有问责制。选举问责制在这种叙事中发挥着重要作用。西方民主国家——以及欧盟，在某种程度上，其强大的议会和议会选举制度——常常把这种叙事称为自我合法化。在这些情况下，外部和内部的观点以及实践会有一些趋同。

（二）法律叙事

合法化的法律叙事基于对基本权利的保护和法治。由于权威通常会削弱个人的自主权，特别是从自由主义的角度来看，似乎决定性的一点是权威持有者不能过度行使权威而侵犯个人权利，并且通过制度条款（institutional provisions）来防止这种后果。因此，保护和促进个人权利的决策程序能产生对合法性的信念（Hayek 1960）。可以说，法治是这些程序中最为重要的内容。

在名义上，对法治的补救是少数被普遍接受的合法性来源之一（Tamanaha 2004）。然而，法治有许多不同定义，包括轻（thin）法治［通常无法与"以法治理"（rule by law）区分开来］到重（thick）法治（包含对个人权利的承认）。除了最简约的版本之外，所有关于法治的论证方式大致如下（参见 Carothers 2006）。法治首先意味着"法律权威而非人的权威"。因此，处于权威地位者应在公共规范的约束框架内行使其权力，包括限制滥用公共权力谋取私利。其次，法治要求"法律的确定性和可预测性"。这要求必须事先明确界定规范和规则，并使其对所有人可及（accessible to all）；它还包括裁决程序和对违反规范后果的说明。最后，这种法治概念包括"法律平等",即法律以相同方式对待所有法律主体,不得对具有社会或政治权力的人士赋予任何差别化或特殊的个人特权(Chesterman 2008;Hurd 2011)。[①]

虽然法治不等同于保护个人权利,但它们往往相辅相成,并共同强调法院的作用。然而,问责制在法律叙事中却发挥着不同作用。虽然问责制是约束大多数"享有权威"个体以保护个人权利的关键机制,但是法律机构中的问责制却往往被最小化了。在这种叙事中,法院和法官必须从问责机制中解放出来,以便自主和公正地做出判决。这反映了一种普遍想法,即正是法律体系的独立性和自主性才可能产生合法性效应。在全球治理领域,国际法院的捍卫者经常使用这种叙事方式。

(三)公平叙事

这种合法化叙事将重点从程序转向结果,旨在通过公平的结果来证明权威行使的正当性。如果一个权威在一定程度上被视为负责公平分配资源和利益,那么这个权威的合法性就可能会增加。公平可基于需求、美德或平等分配(参见 Tyler et al. 1997),而对这些对公平不同理解的权衡,则是任何关于分配正义的规范性理论的主要内容(Rawls 1971)。

在这种叙事中,对什么是公平结果的确切判断很少被充分解释,这使其复杂程度远远低于政治哲学中大多数理论。无论如何,它指的都是对市场、自然或偶然产生的不平等的某种纠正。因此,基于公平的合法化叙事通常与有能力大幅重新分配机会和财富的权威相关,例如像福利国家那样的能够使用大量可用资源的组织。在全球治理体系中,这样的机构几乎不存在。因此,公平叙事最常被反对一方所使用,其目的是使国际经济制度丧失合法性。

(四)技术专家叙事

这种合法性叙事建立在非偏见的专家知识和了解事实的基础之上。

---

① 详细讨论可参见雷诺德和祖恩(Reinold and Zürn 2014)。

专业知识通常源于科学概念，作为独立的知识探索，它基于系统性方法而不考虑特定的利益。与这种叙事相联系的是对以成功为目标导向的政策的期望，特别是促进共同体福祉。权威从其产出质量和认知基础中获得支持（Scharpf 1991：621 – 8）。上述理念认为对决策和解释的授权促成最具效率或最为有效实现共同目标的政策。在危机情况下，技术专家叙事甚至可能被转化为一种必要性叙事。在这种情况下，做出决策的机构采取了一种例外状态的说辞，即由于别无选择，而需要迅速做出决定。[①]

技术专家的合法化往往伴随着事后"问责"的理念——这一合法化模式的程序性组成部分。这种策略是基于对科学的信任。在现代社会中，技术专家叙事处于核心地位，它取代了更传统的叙事。正如我们将看到的，其对全球治理体系具有特殊重要性。

（五）传统叙事

这种合法化叙事建立在习惯、内化和对过去的借鉴之上。它经常使用符号来再生产出习惯和过去的尊严，因为"现状具有某种合法性光环"的论断依然真切（Snyder and Diesing 1977：25）。与这种叙事相伴的公开正当性通常遵循权威和秩序的保守等式，它可被一种完全现代的方式最好地表达出来：永远不要改变一个运行中的体系。它包括两个论点。一是，长期以来一直有效的东西是好的。二是，由于整个体系很复杂，单一改进可能产生破坏整个体系的不良效应，因而很难取得成功。这种叙事在很大程度上是基于一种损失情绪。宗教的持续相关性也是基于类似的理由。与传统一样，宗教常常指向内化的道德信仰，而非道德上的正当性。

传统叙事经常被保守政府、建制精英群体，以及出于宗教动机反对破坏传统秩序的运动所利用。相对于这些"传统形式"的传统权威，全球治理背景下的传统并不是指某一统治家族的传统权利，而是指"常规习惯"（*eingelebte Gewohnheit*）的既定规范力量（Weber 1968：12）。具有悠久传统

---

① 参见索南（Kreuder Sonnen 2016）关于国际组织紧急政策的有趣分析。

的社会规范享有某种程度上的可信度和尊重，而只因其长期存在。

传统权力以两种方式发挥作用。一方面，传统是社会化和内化的最佳候选（Checkel 2005）。这基本上意味着权威的长期实践已被从反思性范围内移出。另一方面，如果这些实践长期存在，那么"改变事物是危险的"这一观点就会更具吸引力。在这个意义上似乎可以说，传统表明一种建立在过去成功基础上的输出合法性（output legitimacy），而专业知识则建立在对未来成功的承诺上。

传统的特别是宗教的叙事，在使国际权威丧失合法性方面可能尤其重要。虽然在西方世界的绝大部分地区，宗教与政治之间的密切关系已被剥离，但近期特别是在一些其他地区，这种关系得到了恢复。不同于传统，宗教作为合法性的一种来源，不仅无声无息地发挥作用，并且可借助圣人之名引发喧哗和狂热，来反对那些已发生但必须被颠覆的变化。一些最为重要的国际权威已成为这种革命性的、带有宗教动机运动的目标。

（六）相对收益叙事

相对收益的合法化叙事通过其与他者相比的优势来加强集体自尊感。它建立在相对于他者的收益之上。一个"想象的共同体"的产生及对其利用（Anderson 1983）经常以在内部人和外部人之间尖锐划界的形式展开（Walker 1992）。这种叙事通常暗示过去的成就，常常将成功个人化，并强调一种务实心态，因而它凸显了大众与精英之间的鸿沟。成功的保证者大多是某个人或某一政党。这种合法化叙事将任何程序性的考虑认为是对正确和及时决策的不必要外部阻碍。虽然在某些情况下，专业知识可能会发挥重要作用，但这种叙事往往带有反智色彩，并且强调集体自尊。相对收益的叙事很难用规范性理论加以辩护。

多个亚洲经济体的崛起增进了对这种叙事方式的发展。这种叙事将与贫困做斗争、避免公开带有专制主义的统治和少量社会开放结合起来。基恩（Keane 2014）称之为"新专制主义"。中国的叙事则建立在真正的成就之上，专业知识也被赋予了合适地位。民族主义—民粹主义版本的叙事则具有更加个人化和反智色彩，如匈牙利（欧尔班）、俄罗斯（普京）和土耳其（埃尔多安）。除民族国家之外，区域性国际组织也可以援引相对收益叙事。例如，欧盟经常被辩护为防止欧洲在世界政治中话语权下滑的手段。假如尖锐的边界划分形成了共同利益并进行动员，而转移人们对规范上可疑的权威行使的注意力，那么这种利用就变得带有部分操纵性。

（七）操纵叙事

所有合法化叙事都包含实践与正当性在某种程度上的脱钩。所有叙事都将某一权威实践理想化。因而操纵叙事的理念是权威的另一个不稳定来源。不过，我们还是可以辨别以分散对权威目的注意力为目标的操纵合法化叙事。假如权威制度所服务的目标并不为受影响的共同体所认同，而且不能建立在公正的程序之上，那么权威持有者就会系统地试图通过歪曲事实和程序来操纵其支持者，并制造虚假印象。"假新闻"是操纵（去）合法化叙事的一个重要元素。消费、魅力和领袖崇拜也在这种叙事中扮演着重要角色，并通常伴随着对行使权威的信息以及其所处环境的系统性操纵。早期的批判理论（特别是 Marcuse 1991）指出，这种操纵机制是资本主义制度的一部分。同样地，目前关于"后真相运动"的讨论也强调了合法化的操纵性一面。福柯（Foucault 1982）强调给定知识秩序和作为权威来源的认识论，也指向了类似方向。

虽然操纵在创造合法性信念方面可能是成功的，但它并不指明社会目的而是试图将其掩盖。虽然一定程度的隐藏是所有现实世界中叙事所共有的特征，而基于相对收益的叙事和传统叙事则最常带有操纵性。因此，东欧的民粹右翼在进一步建立以相对收益为基础的合法化叙事秩序之前，就必然把目标指向媒体。在极端情况下，操纵叙事可以完全脱离现实。例如，如果一个领导人将政变的威胁作为合法化叙事，而事实上并不存在这种政变的真正危险，这就是一种彻底的操纵叙事。

总而言之，如果公共权威的实践给人一种以公正方式支持共同利益的印象，就能够激发人们对其合法性的信念。因此，任何合法化叙事都会被迫创造出这种印象。如果失败，它就会引起反对和抵制；而从长远来看，这会导致权威的衰落。在此背景下，现在可以指出全球治理体系中存在的两个合法化问题。这些问题是体系性的，发生在全球治理体系的权威间互动层次上，并可从分权化的角度加以识别（参见本书第二章第四节）。这些合法化问题源于观察视角与宪制原则之间的差异，这形成了对实证合法化过程和合法性信念的预期。

四 合法化问题 I ：技术专家偏见

由于全球治理制度并不能轻易地利用上述合法化叙事，这实际上就引出了合法化问题。第一，全球治理制度几乎无法使用操纵叙事。可以肯定的是，国际组织作为权威，旨在以对国际组织有利的方式呈现事态，但国际和跨国权威关系的反思性本质与操纵叙事对立。虽然当前有将人道主义与具有全球影响的名人相结合以增加国际组织影响力的趋势（Cooper 2008；Richey and Ponte 2013），但此趋势距离操纵叙事还相去甚远。

第二，相对而言，全球治理制度就其历史而言是年轻的。此外，参与全球治理制度的社会往往形成了相当不同的，即便不是相互冲突的道德传统。最重要的是，全球权威通常包括不同世界性宗教（以及一些当地宗教）团体。因此，在全球治理的背景下，传统合法化叙事似乎并不是公共权威的优选。

第三，带有明显操纵成分的相对收益叙事对国际组织来说也不可能十分奏效。国际和跨国权威很难建立在划定边界和共同体纽带的基础上，原因就在于它们主要面向的是全球社会。因此，全球性国际组织不太可能使用相对收益叙事或操纵合法化叙事。但可以预期的是，与其他制度相比，区域性制度将强调增强特定区域的重要性。有迹象表明，在目前的情况下，欧盟正朝着这样的叙事方向发展。

第四，对以公平为基础的合法化模式的运用，往往预示着涉及再分配

78

或对弱势行为体能力建设的计划和活动。国际和跨国制度通常是规制机构，但不是（再）分配机构。与能筹集高达其国内生产总值50%的资源的民族国家相比，全球治理制度的物质基础很小。虽然有一些迹象表明，国际制度在分配问题上的作用越来越大，例如在货币事务、气候政策及发展计划上，但国际和跨国制度的主要任务仍然是规制作用。① 出于这些原因，基于公平的合法化策略目前对国际和跨国权威仅具有有限的用途。与此同时，其规制确实具有分配效应，批评者和挑战者可以利用这些效应来实施基于公平的去合法化策略。因此，公平叙事最常用于全球治理安排的去合法化目的。

最重要的是，国际和跨国权威也难以利用参与叙事。由于最终决策必须是可识别和可分配的决策，所有受特定政策影响者和广泛的公众讨论事实上取决于不同主管部门之间的等级性垂直协调。在国家政治体系中，等级性垂直协调通过权威的正式程序进行，例如，通过内阁规则、最高法院或议会，以及通过选区内的广泛公开辩论进行更为非正式的协调。如果各部之间出现冲突，政府首脑作为决策者的作用就是一个典型例子。此外，在许多国家，如果在基本目标之间发生冲突，那么往往由最高法院来判定适当的程度，例如，在自由和安全之间的目标。而在威斯敏斯特体系（Westminster System）中，议会则扮演着这个角色。此外，广泛公开辩论的特点是交换意见，提出关于整个社会的不同观点和立场，并且来自不同领域的参与者为此做出贡献（Neidhardt et al. 2004：11）。

只有在出现重大政治问题时，例如关于自由和安全的相对价值，或者社会是应优先考虑增长还是环境时，才会有更多人参与进来。自由选举、话语意志形成机制、有利于代表广泛利益的政党制度，以及多数决定制，这些机制使领土国家的广大民众的政治参与成为可能。这些机制的效力取决于重大问题。正是由于这个原因，参与合法化叙事的连贯性和真实性在

---

① 另参见根舍和雅克腾福克斯（Genschel and Jachtenfuchs 2014）的杰出研究，他们论证了欧盟如何进入民族国家的神圣之域。关于欧洲跨国团结（transnational solidarity）的社会文化条件的文献，参见库恩（Kuhn 2015）。

很大程度上取决于一个具有元权威制度的存在，换言之，在等级制模式下，公认的解决各权威范围冲突的能力。① 由于民主政治体系中的议会和政府都是由选举产生的代表组成的，而这些代表又是由政党组织的，所以它们是参与合法化叙事的最典型案例。

在民族国家之外，成功的参与合法化叙事的条件在很大程度上是不足的。与国家政治体系不同，全球治理体系由复杂多变、重叠管辖的领域拼凑而成。每个议题领域都有自己的规范和规则，各议题领域成员的组成也各不相同。例如，经济合作与发展组织的成员国与世界贸易组织的成员就明显不同。辩论和讨论几乎完全在各议题领域的公众群体中进行，不涉及某些措施对其他议题领域的副作用。对这些领域的受众而言，互联网、专业媒体、个人交流或在会议上的沟通往往都是互动媒介（Zürn and Neyer 2005：201）。由于仅存在微弱的元权威，涉及重大政治问题的公开辩论几乎不会发生。

在这一背景下，国际体系非正式地产生了一些替代制度，而这些制度有时似乎承担着等级制的协调工作。在二战后及冷战结束后，作为第一个候选制度的美国政府在某种程度上填补了这一角色（Ikenberry 2011a）。在单极时刻（moment of unipolarity）初期，美国总统确定了最紧迫的问题和优先事项，甚至将议题分配到具体机构。然而，单极时期是有限的。在涉及元权威时，美国当然仍是主要行为体。如果全球治理体系中有一个"统治者"，那就是美国政府；但美国在履行与元权威相关的职能方面只能说是糟糕的。全球治理体系中元权威的第二个候选制度是联合国安理会。在联合国大会完全无法承担这一角色之后，联合国安理会通过对和平目标和保护人权等似乎相互矛盾的问题做出决定来实现这一目标。但是由于分配给五大常任理事国的否决权，安理会经常受到掣肘，因而无法发挥这一作用。

---

① 德雷泽克（Dryzek 2006）和麦克唐纳（Macdonald 2012）认为，在非等级制环境中，规范上可接受的参与是可能的。事实上，在领域内部环境中，协商和参与可以很好地发挥作用。然而，为刺激除直接受影响群体之外的广泛参与，有必要就相互冲突的目标的相对价值展开政治斗争。

因此近年来，七国集团、八国集团、二十国集团作为第三个候选制度高调将自己定义为核心协调者，为其他国际制度指明方向，并处理现有国际制度未充分处理和分配的紧迫问题（Zürn 2012b：740）。然而，这些尝试仍然有限。此外，许多其他行为体也对俱乐部模式产生了抵制，因为这些制度的成员资格不仅受到限制且高度排他。这些制度成员将自己任命为协调者，却没有履行这一职能的授权。

美国政府，联合国安理会，以及 G7/G8/G20 作为三大候选制度，基本上扮演着不同领域和层次间协调者的角色，它们都具有两个特征。一是，它们完全脱离于受到其最大影响的社会。通过有限的非正式渠道，社会行为体能够使这些制度对其要求做出回应。二是，这些制度首先不是为了协调而建立的。它们可能是新兴秩序中的一个新元素。因此，全球治理被一种缺乏主体的奇特现象所困扰：有事发生，但没人承担（Offe 2008）。这种情况限制了强调多数决定制和问责制的参与合法化叙事的使用。

相反，国际和跨国权威往往采取非多数决定制（non-majoritarian）的制度形式。采用非多数决定制的制度机构可被定义为这样的治理实体，"它们（a）拥有并行使某种独立于其他制度的专门公共权威，（b）既不由人民直接选举，也不由选举产生的官员直接管理"（Stone Sweet and Thatcher 2002：2）。从理论上讲，非多数决定制的主要任务是限制和控制公共权力，并执行立法机构制定的规范。① 在这种民主统治的概念中——它符合国内政治体 81 制中的分权概念——作为规范制定者的议会与行政部门一起，被认为是最重要的多数决定制度，它们代表着政治制度的基础性组成部分。在这种制度设计中，非多数决定制度主要具有限制功能。

然而，在全球治理的背景下，这些非多数决定制超越了限制功能。它们设定规范并构建对现实的解释；它们行使政治和认知权威。政治权威通常强调对成员国的责任。然而，参与合法化叙事很难得到利用。国际和跨

---

① 参见普鲁贝塔（Preuß 1994）的编著，特别是其中斯蒂芬·霍姆斯（Stephen Holmes）和乔恩·埃尔斯特（Jon Elster）的研究。

国制度、中央银行和宪法法院以及监督机构在为其权威辩护时，主要表现为技术专家叙事，有时则是法律合法化叙事。总的来说，其合法化叙事主要包括有效性、财富、卓越的知识等概念，有时也包括人权保护。

政治指定的认知权威比国际政治权威更为频繁地强调专业知识的重要性。法律认知权威的制度表达，如国家和国际法院，还构建了合法化的自由主义模式；换言之，保护个人权利和法治。一般而言，权威范围的合法性取决于结果及其适应新环境的能力。在此方面，它表明了实验主义（experimentalist）治理的概念（Sabel and Zeitlin 2012）。

出于所有这些原因，作为只具有松散耦合权威范围的全球治理体系，其与技术专家和法律合法化叙事之间的联系，初看起来是一种合乎逻辑且顺畅的发展。在这种观点中，只有完全分权化的政治统治体系才能运用参与和公平叙事。相比之下，有限的公共权威在合法性方面似乎比宪制国家的需求更低（参见 Majone 1994；Moravcsik 2006；Follesdal and Hix 2006）。这种发展的概括总结，如图 3 - 1 所示。

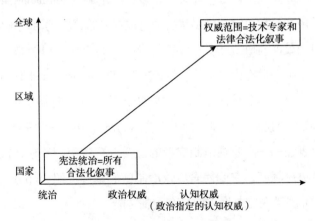

图 3 - 1 短缺的合法化叙事

来源：Zürn，M.（2017），"From Constitutional Rule to Loosely Coupled Spheres of Liquid Authority. A Reflexive Approach," *International Theory*，9/12：261 - 285，279。

然而，仔细观察可以发现，全球治理体系与技术专家和法律叙事之间的联系并不顺畅。相反，图 3 - 1 展示了目前占主导地位的信念体系中的矛盾性。一方面，根据现有调查数据，以参与合法性叙事为核心的民主体制在全世界被视为一种理想型政治秩序。在世界价值观调查（World Values Survey）涵盖的所有国家中，大多数受访者赞成民主。除两个例外国家（哥伦比亚和俄罗斯），有超过80%的人口持有这样的观点。另一方面，那些不完全依靠民主合法性来源的政治制度，如国际和跨国制度、欧盟，以及法院和中央银行，它们在世界上的重要性也在与日俱增。由于这种发展，那些以参与和多数性为理由为自己辩护的政治制度的有效权力就被削弱了。

　　当我们查看调查数据时，会发现这种紧张关系被放大为一个悖论。数据显示，长期以来存在着对这种制度发展的广泛支持，特别是在西方社会。虽然仍然认为民主是优越的规范性原则，但议会制民主国家的人们似乎更偏爱认知权威，而不是与多数人统治有内在联系的国家政治制度，即政党和议会。近几十年来，民主的比较研究发现，公民的政治参与度有所下滑。自20世纪60年代以来，经合组织国家平均选民投票率持续下降，党员人数的明显减少就证实了这一点（Hay 2007：21）。假如事态发展伴随着对政客、政府和议会的低度信任，这种情况将尤为关键。事实上，在众多的公共机构中，美国和欧盟的政党在信心方面的得分一直是最差的，甚至比大企业和媒体还要差。议会的得分也很低，12个公共机构在排名中，往往排在第四名至最后一名之间。

　　与政党和议会相比，宪法法院和中央银行在大多数国家中享有很高的声誉。在许多西方国家，特别是在德国，宪法法院仍然一直排在所有其他国家政治制度的前列。更具体地说，在2008年欧洲社会调查（European Social Survey）涵盖的所有22个国家中，人们对法律制度的信心高于对议会和政党的信仰（Norwegian Social Science Data Services 2011）。欧洲晴雨表（Eurobarometer）的数据结果也是如此。然而，根据该数据，法律机构的得分又被警察和军方的得分大幅超过。①

---

① 各行各业的信心指数也显示出类似的情况。在英国，例如医生、教师和科学家排在最前面。更广意义上，在政治体系中起作用的职业中，法官明显处于领先位置，其正面评价比负面评价多60%；其次是警察（正面评价相较于负面高出26%）。排在后面的是部长、政客和记者，他们的负分比正分高出51%（Hay 2007：35）。

国际制度也获得了高认可度。在西方民主国家，联合国比国家政党和议会享有更大的政治信任（Hay 2007：34）。世界价值观调查的后续调查也表明，世界上大多数人对联合国充满信心（Furia 2005）。在全世界范围内，49.2%的人对联合国持有积极评价（很大程度上或相当有信心）；当去除欧盟成员国受访者时，这一数字仅略微下降至48.1%。在中东地区的得分明显较低（伊朗为38.9%，伊拉克为13.4%）。而在中国（66.2%）和印度（64%）的得分甚至高于那些欧洲国家。

这种对不以参与叙事为基础而使自己合法化的权威的广泛支持，可被称为"民主悖论"。虽然参与式民主需要一个宪法化的政治秩序——特别是由多数决定制的制度机构所控制的治理协调和对权威的授权——但原则上长期支持民主者却特别信任非多数决定制的制度机构，而这些制度机构也往往超出了多数决定制的范围。

当这种悖论变得公开化，其在政治合法化过程中便产生了不稳定动因。因此，反思性权威的合法化也变得更具反思性；在哪种正当性适合哪种政治权威形式的问题上，冲突可能会越来越多地出现。在20世纪的大部分时间里，在有关合法性的问题上，国家政治体系中民主决策标准相对一致，且未产生争议。合法性问题则是这些标准是否以及在多大程度上得到满足的问题。如今，却正是这些标准遭到了论争。在这种反思性合法化的冲突中，不仅是"这个决定是否合法"受到质疑，而且标准本身也是如此：不仅"何物"（何物算作合法化的有效基础）受到质疑，而且"谁"（谁决定这个）和"如何"（我们如何以及在何种条件下能够回答这些问题并将答案制度化）也开始受到抨击（Fraser 2009；Keane 2009）。正是这些问题导致了新分歧的出现，而新分歧似乎部分地补充和取代了左派和右派之间的旧矛盾（参见 de Wilde et al. 2018，待发表）。开放边界、民族国家以外的权威和少数群体权利都遭遇了民粹主义团体的挑战，而这些团体的立场往往基于对多数人的非多元化的理解（Müller 2016）。

无论这些反思性合法化冲突最终会产生什么样的结果，跨国和国际权威都必须面对这样一个问题，即其合法化叙事几乎必然会带有一种技术专家的偏见。由于参与叙事、公平叙事、传统叙事、相对收益叙事和操纵合法性叙事很难被全球治理制度所使用，因此，它们受困于技术专家叙事和某种程度上的法律合法化叙事之中。然而，与反思性合法化冲突的概念一起，这些叙事不断受到挑战：跨国抗议运动视这些制度为全球性（新）自由主义精英的"仆人"。新自由主义精英通过法律与技术专家的专业知识所建立起的知识秩序来隐藏其权力。国家政治体系内的右翼民粹主义政党向国际组织中的律师和技术专家发起挑战，认为其疏远了民众（被认为是"沉默的大多数"）及其情感；而新兴大国的政治精英则批评全球治理制度是西方统治的工具。换句话说，正是对这两种合法化叙事的偏向日益被政治化并不断引起论争。

五　合法化问题 II：偏见化的权威行使

目前的全球治理体系结构还有另一个合法化问题。成功的合法化叙事必须培养这样一种信念，即权威服务于社会目的，并以公正的方式提供共同利益。尽管权威范围的松散耦合限制了可利用的合法化叙事，但微弱分权破坏了国际制度的非任意性和公正性，进而导致偏见化的权威行使。

尽管国际制度给予所有主权国家平等席位，但同时也使不平等长期化（参见 Viola et al. 2015）。在许多国际制度中，规则的制定阶段会保持正式的政治平等，因为任何有关规则内容的决定都需要得到所有国家的同意。这种正式的政治平等有助于较小的国家提高其议价能力，因此可被视为一种平等化力量。然而，史东（Randall Stone）对资源不平等的非正式影响如何能够抵消谈判时的正式政治平等进行了记录（Stone 2011）。有时通过将决策转移到非正式论坛来实现，例如在大国集团（G-groups）里，强国占据主导地位（Vabulas and Snidal 2013），但它们更经常通过正式组织内的非正式进程来实现。例如，世界贸易组织的总干事会议室（green room）里的秘密谈判在规则制定过程中就将特权赋予了少数的强大行为体。

只要国际制度是基于共识而建立的政府间制度，它们对主权平等的影响便是矛盾的，但总体上是积极的。尽管程序性规则和实质性规则都可能反映出这些制度中的权力不平等，但同意原则中所传达的法律平等却发挥着一种平等作用。然而，在国际制度行使权威的情况下，同意原则遭到破坏，并且出现了权力的集中。如果这种动力不能通过强分权来加以制衡，那么有三个原因会导致不平等的制度化。

第一，国际组织越是行使对国家和社会的权威，强国就越希望看到符合其偏好的实质性政策。强国只有在确保这些制度能够维持其特权地位的情况下才能接受国际制度的权威，所以它们经常要求获得特权，例如例外待遇或特殊权利。因此，能够对成员国行使权威的国际制度，如联合国安理会，有可能在实质性内容和程序方面给予强国特权。

因此，国际规则的内容所反映出的权力分配有时达到了破坏法律平等基本原则的程度。例如，在国际刑事法院（ICC）开始运行不久，美国就以第1422号和1487号决议（Deitelhoff 2009）的形式获得了临时性特别权利。据此，在执行联合国任务时犯下罪行的美国士兵便不能被起诉。在设计《渥太华地雷公约》和《京都议定书》时，也为美国提供了相应特权。在《京都议定书》中，美国通过谈判获得诸多有利条件，以至于有关平等待遇的问题被不断提及。美国是人均二氧化碳排放量最高的国家之一，也是世界上最为富有的国家之一，但分配给美国的减排义务却比许多其他国家低得多，这似乎是一种受法律认可的差别权利的体现。如果在宪法规定的分权制下，最高法院可能会以违宪为由撤销此类法律。简而言之，随着国际制度获得权威，强国十分提防国际制度损害其利益。

86　　　与此同时，最为强大的国家要求设置加权投票权和否决权等能确保其特权角色的程序。随着时间的推移，这些制度特权可能会变得尤为根深蒂固，导致政治不平等很难改变，即使基础资源分配格局已发生变化。例如，尽管已经被其他强国超越，但法国依然持有联合国安理会的否决权。虽然，当今联合国安理会肯定不会再以与过去同样方式组成，但考虑到就新成员达成一致的难度、现有常任理事国不愿开放成员资格，以及试图改变现状可能会扰乱既有安排的可能性，这些都给维持现状提供了充足理由。考虑到任何废除否决权特殊地位的企图都可被同样的否决权所挫败，我们已然将不平等制度化了。世界银行和国际货币基金组织提供了将政治不平等制度化的补充案例。在一个存在既定分权的体系里，存在预先确定的机制来改变这种对决策的不对称影响。

第二，国际组织越是对国家和社会行使权威，它就越依赖于最强成员国的资源。尽管这是一种通用机制，但在涉及权威执行决定时，这一点尤其重要。参考联合国安理会可以再次说明这一点。当联合国安理会决议授权进行干预以维持国际和平时，它需要大量物质资源（如资金和军队）来支撑。国际组织本身没有这些资源可供使用，那么这就取决于最强成员国的支持了。

在没有分权的情况下，国际权威对国家资源的依赖导致无法独立地执行决策。因此，国际和跨国权威实施的决策和解释往往具有选择性和偏见性，这种特点至少有两种表现方式：权威依赖于强国意愿采取行动，并且权威在执行针对强国及其盟友的规定时带有偏见。例如，联合国一直依赖各国（如美国及其盟国）的意愿来实施联合国安理会决定的和平执法行动。由于强国只在特殊情况下有意愿干预冲突，那么联合国就只能选择性地执法（Zangl and Zürn 2003）。例如，在缅甸、苏丹、安哥拉和利比里亚的内战中，因为没有强国愿意派遣武装部队参加联合国授权的军事任务，联合国便无法进行军事干预。[①] 鉴于最大的强国美国能够有效决定何时对违反基本规范行为进行制裁或不制裁，联合国的和平执法必然是带有选择性的。这也意味着，国际社会对美国等强国的干预根本不存在。因此，规则并不能由国际权威以一致方式适用于全世界的重要地区。如果没有足够的独立能力来执行决策和解释，公正行使权威便是不可能的。同样，在没有有效分权的情况下，国际和跨国权威的兴起导致了不平等的制度化。

第三，国际组织越对社会行使直接权威，"一国一票"原则就越失去其规范性尊严。这反映在制度权威合法化方式的不断变化上。鉴于全球治理

87

---

① 关于一些驱动干预的选择性因素的解释，参见宾德（Binder 2009，2017）。

存在的"双重选区"（支持者群体），国际制度与社会性规制目标群体之间日益需要在行使权威上建立直接联系。鉴于国家规模存在巨大差异，从列支敦士登等国的几千居民到中国超过 13 亿之多的人口，国家主权平等没有为代表社会利益提供规范上有吸引力的原则（Luban 2004），特别是当国际制度直接行使权威时，这种直接方式强化了人口众多国家应比人口稀少国家拥有更大影响力的主张。从这个意义上讲，由于规范性原因，对权威授权可能会放大国家之间的政治不平等。然而，不同规模国家之间的不平等，只有在伴随着有效分权的情况下，才会产生规范上可接受的后果。

概言之，同意原则越被国际权威取代，国家间的政治不平等就越易被制度化。全球治理中的微弱分权可能导致严重的合法化问题。执行规范可能会变得带有选择性，规则本身有时会违反国家间的法律平等，而行政部门的做法也会破坏表面上的公正性。正如"相似情况应同等对待"观点是合法性的最重要来源，而破坏公正性则构成了最严重的合法化问题。

正如安德鲁·赫里尔（Andrew Hurrell 2007：281）所写："权力不平衡问题并不在于，不受限制的权力将不可避免地导致坦克跨越国界。而是，基础性权力不平衡将……破坏稳定和持续合作必然依赖的程序规则。"国际权威的兴起破坏了主权平等公式的两端：当被嵌入不平等的全球治理体系时，国家并不总是拥有最终权威。

88　　整体上，本章的观点是，在全球治理的背景下，只要国际制度行使权威，权威—合法化关联就将发挥作用。权威的兴起使合法化变得必要。反过来，正是在提供共同利益时的公正行为，才可能使权威行使合法化。它需要真正的合法化叙事来培养这种对合法性的信念。然而，仅具有松散耦合权威范围的全球治理体系限制了国际和跨国权威可利用的合法化潜力。国际和跨国权威或多或少地仅剩下会产生技术专家偏见的合法化叙事可资利用。更有问题的是，作为所有成功合法化必要组成部分的公正性，在微弱分权的情况下难以为继。因此，全球治理体系存在严重的结构性合法化问题。

第四章 理论模型：因果机制与假说

全球治理体系包含一系列制约主权的规范性原则，以及超越民族国家的少数反思性权威。然而，由于合法化叙事中的技术专家偏见和权威行使中的权力偏见，全球治理制度培植合法性信念的能力受到阻碍。由此带来的结果就是，行使权威容易导致国际和跨国制度的合法性潜力承受过重的负担。

因此，全球治理理论的核心是权威—合法化关联。权威—合法化关联表明，行使权威的国际制度需要培养对其合法性的信念。权威—合法化关联表明全球治理体系面临根本性挑战：随着国际权威的兴起和更具侵入性，国家同意原则遭到破坏，社会直接受到影响。因此，合法化问题出现，随之而来的是去合法化进程，然后引发受挑战制度的回应。这些进程的最终结果可能是全球治理的深化、碎片化与衰落。全球治理的深化是指针对全球治理体系缺陷的制度变革。与象征性调整不同，全球治理的深化导致制度实践的重大变化，而全球治理的衰落则表明国际权威水平的下降。最后，如果建立替代制度，就会导致不同国际权威之间的竞争，而这些制度之间交叉冲突的协调失败，就会导致全球治理的碎片化结果。长期而言，全球治理的碎片化将导致全球治理的衰落。

因此，全球治理理论由一系列具体的关系组成：（1）权威等级和类型；（2）全球治理体系的缺陷引起的合法化问题；（3）这些缺陷引发的去合法化进程；（4）对这些挑战的回应；以及（5）这一进程的结果。这些结果在反馈循环中影响权威关系的级别与类型，以及合法化问题（见图4-1）。

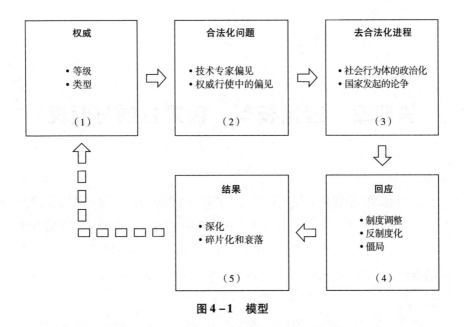

图 4 - 1　模型

在阐释这种行为预期时，全球治理体系的核心特征——如在第一章至第三章所述的，将与历史制度主义的概念相结合。为此，我首先简要介绍一些标准的历史制度主义概念。接下来，通过将反应序列与其他路径依赖过程区分开来，对反应序列的概念进行更为详细的讨论。在这种背景下，我认为权威—合法化关联要么通过社会政治化的途径，要么通过国家的反制度化产生反应序列。根据权威持有者的回应，这些反应序列可能导致全球治理的衰落或深化。

一　历史制度主义

一般而言，历史制度主义是研究政治制度发展的一种方法，它在某些方面不同于理性制度主义和社会学制度主义（参见 Hall and Taylor 1996）。历史制度主义假定所有行动都发生在制度环境中，这些环境构成机会，有时还构成行为体的信念和愿望。因此，任何特定制度都会影响未来选择，反过来，选择又影响制度。在这种假定制度与其环境之间持续相互作用的

91

视角中（参考 Steinmo et al. 1992；Carlsnaes 1992），事件的序列和时机以及路径依赖是所有解释中的决定性因素（Pierson 1994；Mahoney and Thelen 2010；Thelen 1999）。① 历史制度主义为国际关系中制度动力的概念化提供了一些相关概念，如关键节点、不同类型的路径依赖和外部冲击。②

在关键节点期间，结构约束失去意义，"施动者的选项影响到利益结果的可能性大幅增加"（Capoccia and Kelemen 2007：348）。根据索伊费尔（Soifer 2012）的说法，正是许可条件（permissive conditions）（弱化的结构）和生产条件（productive conditions）（有目的和资源的施动者）的共同存在产生了关键节点。如果仅具备许可条件，我们可称之为错失的机会；如果仅具备生产条件，我们通常探讨的则是在现实中遭遇挫败的愿景。关键节点本质上是施动时刻，通常作为历史制度主义描述的起点或分水岭。它们往往由历史制度主义理论范畴之外的事态发展带来。从这个意义上说，关键节点的出现对于历史制度主义理论来说仍然是外生的或偶然的。然而，行为体在关键节点选择某些路径后，这些决定便会产生自己的内生动力。在马克斯·韦伯的比喻中，历史性的决定使历史的列车走上了不同的轨道；在现代社会科学的语言中，关键节点连接着两个间断平衡期（Krasner 1988；另参见 Jupille et al. 2013）。

二战后的格局为全球治理的兴起提供了第一个关键节点。在这一关键节点上，主要决策者至少有两个选择：恢复导致 20 世纪两次世界大战的国际均势体系，或者建立一套管理经济相互依赖和建立集体安全的有效国际制度。在经历过一场彻头彻尾的灾难后，许可条件的放宽成就了显著的机会之窗和制度选择。与此同时，美国放弃孤立主义原则，走上全球领导者的道路，从而提供了生产条件。

随着苏联的衰落，第二个关键节点出现。东西方之间在全球制度中的　92

---

① 比较政治经济学的经典著作一直强调序列的作用（尤其参见 Gerschenkron 1962；Moore 1966）。

② 关于国际关系学中应用历史制度主义的重要文献，参见 Büthe and Mattli（2011）；Fioretos（2011，2017）；Hanrieder（2015）；Jupille et al.（2013）；Rixen et al.（2016）。

相互阻隔突然消失，并打开了新的机遇和许可条件。尤其是在柏林墙倒塌后的头几年，美国政府借此机会做出建构一个全新的、更加制度化秩序的重要决定。在这些决定和俄罗斯明确加入意愿的基础上，全球治理体系应运而生。

历史制度主义的核心概念是路径依赖。关键节点可能导致路径依赖的制度性决策。虽然对路径依赖存在不同理解，但自我强化（self-reinforcement）概念（即通过改变行为体的机会、信念和愿望以支持现有实践的机制）无疑是路径依赖的主要示例（David 1985；Arthur 1994；Pierson 2004）。自我强化代表了向深化方向发展的制度变迁，不应与停滞（stasis）混为一谈（Rixen and Viola 2016：18）。在自我强化的情况下，改变制度设计的成本日益增加。因此，历史制度主义为大多数国际关系理论未做论述的稳定性（stability）提供了解释（参见 Büthe 2002）。自我强化可以解释为何在关键节点出现时所做出的失常决策（dysfunctional decisions）导致形成的状态能够保持下去。众所周知，第一批极其低效的打字机柯蒂键盘（QWERTY）的发明，就是最为著名的例子。

战后制度，尤其是西方世界的布雷顿森林体系产生了自我强化的动力。这些制度在很大程度上是一种意外结果，它们改变了国际经济以及发达资本主义经济体社会中的权力结构，有利于自由主义力量。结果，自由主义的国际制度得到深化，并证明了其对如20世纪70年代的石油危机的抵御能力。

尽管已经最大可能地自我强化和锁定（locked-in），但所有制度偶尔都会面临外部冲击。外部冲击是环境中的剧烈变化。它挑战制度现状（冲击），而不是由所涉制度（共同）产生（外部）。这种外部引发的冲击再次为施动者创造了机会和空间，并可能创造一个新的关键节点。

东西方对抗的结束对二战后的体系构成了重大外部冲击，全球治理体系因此得以兴起。苏联和东欧国家的大部分不良发展均源于国内因素。新（通信）技术的兴起和全球化给苏东国家带来了其无法承受的额外压力。米哈伊尔·戈尔巴乔夫"改革"和适应新世界的努力失败后，苏东阵营便摇摇欲坠。

二　反应序列

路径依赖通常被定义为"一个动态过程，其演化受自身历史的支配" 93
（参见 David 2007：92）。[1] 考虑到制度特性至少在一定程度上调节着制度适
应外部挑战的方式，而这一广泛应用使得路径依赖实际上成为制度发展的
同义词。如果制度只对非制度本身造成的外部挑战做出反应，那么制度调
整一词似乎比路径依赖的概念更为恰当。在这些情况下，制度因素在外生
诱因和制度结果之间发挥干预作用。[2]

相反，狭义的路径依赖意味着制度内生地制造强化或破坏其再生产的
外部反馈（Greif and Laitin 2004）。政治学对路径依赖型制度变迁的研究大
多集中于自我强化机制。在比较政治学中，历史制度主义方法关注的是各
类机制，通过这些机制，政策可长期稳定和深化现有机制，从而重塑社会
和国家行为体的利益和能力（Pierson 1994）。在国际关系学中，建制效应
（set-up effects）、网络效应（network effects）和认知效应（cognitive effects）
被认为是制度产生自我强化的三种最为重要的机制（参见第五章）。

然而，当前全球治理体系的合法化问题指向了另一问题：自我破坏
（self-undermining）过程。这些由相关制度（共同）产生的过程，有可能
破坏维持该制度的必要条件。一般而言，这种路径依赖很难在历史制度
主义（参见 Jacobs and Weaver 2015）或具体国际制度理论中得到发展和
阐述。

然而，作为一种基本的启发式方法，通过反应序列进行制度变革的观

---

① 本节摘自汉里德和祖恩（Hanrieder and Zürn 2017）。
② 凯瑟琳·西伦（Kathleen Thelen）及其合作者（Streeck and Thelen 2005；Mahoney and Thelen
2010）的著作在概念化那些更为精细的变化形式方面尤其具有开创性。层叠（layering），需
在现有规则基础上引入新规则；漂移（drift），因环境变化而带来现有规则影响的变化；以
及转换（conversion），由于策略调整而改变现有规则；参见马洪尼和西伦（Mahoney and
Thelen 2010：15 – 16）。这样一来，变革被概念化且比其他理论更为精细化，因此不会落入
"非此即彼或谬论的陷阱"（Moschella and Vetterlein 2016）。

念在一般的社会科学中是十分成熟的。这是关于结构性危机的著名论点的基础：社会制度由各种条件创造出来，而这些条件随着时间的推移又被这种社会制度所"吞噬"。马克思主义的帝国主义理论、韦伯理论中新教在经济上的成功、新保守主义分析下的需求膨胀以及基于这种解释模式的大量其他危机理论（Elster 1985）均是恰当的例子。这种反应序列的一般逻辑十分适合研究国际和跨国权威的合法化问题。

反应序列可被定义为包含改变机会、信念或愿望以削弱对制度的支持的机制。因此，反应序列应当包括这样一个过程，该过程部分产生于该制度自身，并且有可能破坏维持该制度所必需的条件。因此，该制度内生地制造了挑战及挑战者。①

对国际制度形成负反馈的动力，可能在全球贸易自由化领域最为引人注目。除了动员获胜者联盟（主要是出口导向型产业），全球贸易制度如《关税及贸易总协定》在自由化的失败者中也产生了负面反弹，引发国家论争（Goldstein and Martin 2000；也可参见 Goldstein and Gulotty 2017）。国际制度还受到市民社会团体在全球范围反全球化抗议的挑战，其中，世界贸易组织等国际组织的权威受到社会行为体的全面质疑。总的来说，对"新自由主义制度"不断增加的抵制及其政治化可被视为这种破坏性反应序列的结果（参见 Zürn et al. 2007：139）。

然而，反应序列并不必然以一个制度的衰落而告终。如果制度对挑战做出一定程度的充分回应，那么反应序列的最终结果可能就是制度深化。虽然反应序列的最典型特征是由现有制度特征和实践而触发的直接负面反应，但最终结果取决于行为体的选择，并可能导致所涉制度的衰落或深化。

我们以美国经济史为例。1929 年"黑色星期二"之后的经济和政治危机是由处于政治和经济系统交界点的制度设计共同产生的。资本主义包含着自我破坏的动力，而政治体系并未对这些动力进行充分地管控。由此引

---

① 这与马洪尼（Mahoney 2000）的观点不同，马洪尼认为自我破坏过程只是反应序列的一个亚型（subtype）。他使用这个词为把历史制度主义从自我强化机制拓展到任何一种内生变化的机制中。

发的危机让富兰克林·罗斯福（Franklin D. Roosevelt）当选总统，其政府利用存留的政策空间制定"新政"（New Deal）。结果，美国政治经济体制的合法性和支持率达到了新高度。这类反应序列首先包含一种自我破坏的动力，但它对解决后续危机却具有一种切实的可能性。①

95

表4－1总结了制度发展（institutional development）的类型，强调路径依赖是内生过程，与之对应的是外生的制度调整机制。在路径依赖的过程中，自我强化的动力与反应序列的区别在于直接结果：前者的结果是制度稳定；后者的结果是制度不稳定。

表4－1　制度发展的类型

	自我强化	反应序列	制度调整
路径依赖标准：变革的诉求是否由所涉制度（共同）产生？	是	是	否
现状偏见：变革的过程是否由现有制度调节？	是	是	是
何种直接结果？	稳定化（正反馈）	去稳定化（负反馈）	与没有制度相比，其后果更接近现状
通过哪些因果机制？	• 建制效应 • 网络效应 • 认知效应	• 国家论争 • 社会论争	• 对制度形式的再诠释 • 制度形式的累积
何种中期结果？	深化	• 碎片化和衰落 • 深化	制度变革

来源：Hanrieder and Zürn 2017：106。

三　权威—合法化关联

在阐述了全球治理体系特征和反应序列概念之后，有关全球治理理论

---

① 相反，自我强化过程并不要求做出即时反应或选择。因此，自我破坏过程加上一种反应被称为反应序列。

基石的阐述就完成了。20 世纪 90 年代出现的全球治理体系的特征和制度缺陷触发了两类反应序列：主要以政治化为形式的社会行为体论争和主要以反制度化为形式的国家行为体论争。两者均体现了全球治理体系的合法化问题。

（一）国家论争

全球治理中的国家论争表明国际制度的分配性后果和国际制度是权力载体的事实。在这种背景下，根据制度设计可以划分为两个序列。

制度化的不平等：国际制度由具有一定社会目的的强大行为体创建和塑造，社会目的也预先决定分配问题。此外，国际制度还经常通过分配治理职位（如投票权或理事机构的席位）来为影响渠道划分层级。此外，在执行这些决定时对国家资源的依赖进一步有利于强国。换言之，国际权威通常——但并不总是——将不平等制度化（见第三章）。如果强大的创始者（既成大国或主导国）从一开始就将不平等制度化，且不存在用以管控不平等的分权，那么基础权力格局的转变将引发新兴大国的论争。

权力分配的转变可以是内生的。如果强国仁慈地（而不是剥削地）塑造和使用制度，它可能会使弱国也能从中受益。那么，随着时间的推移，相对权力分配甚至会变得有利于较弱的成员国。弱国权力基础的增加，下一步可能要求修改实质性和程序性规则。然后，这些国家挑战制度化的不平等并且要求进行变革。国际货币基金组织的投票权之争、G7/G8 成员国的规则之争或《核不扩散条约》背景下的核裁军失败都是恰当的佐证。

权威持有者可通过接纳、忽略或抵制新行为体及其诉求，进而对这些去合法化行为做出回应。如果较弱的崛起国的要求得不到满足，那么它们可能会以自身增长的权力为基础，来对抗现有制度，制造僵局，并致力于建立替代性制度。后一种做法可被称为反多边主义或反制度化（也可参见 Morse and Keohane 2014）。反制度化描述了通过使用其他国际制度来挑战现有国际制度的情况和策略。这些去合法化操作和回应之间的相互作用可能会导致全球治理的衰落或深化。

主权平等：在强大行为体未利用其支配地位将不平等制度化的情况下， 97
变革动力可能来自内部制度性权力和一定权威范围内权力之间的冲突。当
这些强国确立了制度规则又无法控制制度进程时，这种机制通常会发挥
作用。

强国通常给予小国一定话语权，让其接受规则的制度化。假如利益或
环境发生变化，这些强大行为体则不再能轻易地改变制度特征。较弱行为
体（如发展中国家）常常利用和保护自己的制度特权，以防强国提出变革
要求。这条路径通往一种情形：制度的最初主要支持者遭遇维持现状者的
联盟，因此，初始支持者再无法在制度内的特定问题领域投射其权力。这
些关键角色往往是那些在一开始就塑造制度的最为强大的国家，但随着时
间的推移，制度规则相对地赋予了弱国权力，而强国则失去了对制度的
控制。

因此，强国并始对现有制度进行去合法化，其目的是重新分配制度权
力。相较于国际体系中的其他行为体和国内行为体，强国往往有能力和机
会选择竞争性制度。全球治理体系中缺乏元权威的事实，允许强有力但不
满的行为体在现有制度中进行选择或创造更好的、与其利益相匹配的新制
度（Alter and Meunier 2009；Morse and Keohane 2014；Raustiala and Victor
2004）。当大多数弱国抵制制度调整时，强国常采用反制度化策略。这一路
径在联合国的多数机构中都很常见，这些机构中的"一国一票"原则促成
主要捐助者和贡献者所不支持的决定和解释得以实施。因此，美国、欧盟
国家等强大成员面对的是一个物质实力弱但却被正式制度授权的赢家联盟，
该联盟保证了制度不会轻易响应强国的诉求。当强国无法通过非正式手段
绕过这些制度框架时（Kleine 2013；Prantl 2005；Stone 2011），它们可能会
通过拒绝支持来回应。即使没有完全放弃其成员资格，① 既成大国也可推

---

① 完全退出在国际制度中是罕见的，但也发生过。比如，美国和英国在 20 世纪 80 年代退出联
合国教科文组织。

迟、减少或冻结其预算出资，同时增加对其他制度的支持。它们转向一些承担与原制度有部分互补功能但又存在相互矛盾的治理任务的国际和跨国制度，从而降低原有制度的相关性。换句话说，它们参与反制度化活动。这样的附带结果就是，产生了更具竞争性的制度环境，削弱了原有制度的地位。因此，这种情况很可能导致全球治理的碎片化或衰落。

然而，反制度化并不一定是制度权力错位的必然结局。日益激烈的外部竞争将给原制度带来压力，而原制度现在必须进行"调整"以适应竞争更为激烈的环境。尽管可能没有完全采用竞争对手正在实施的政策和组织模式，但原制度可能会增加一些新元素作为回应。这就是为何国家论争的后果很少导致制度的全面变革或消亡，而往往通过"层叠"（layering）的方式变得日益复杂化，也就是在僵化而日益不相关的历史内核中增加新的组织要素（参见 Streeck and Thelen 2005）。

这两种国家论争的机制对全球治理体系的发展都具有重大意义。根据不平等制度化的程度，它们的表现各不相同。一方面，新兴国家的崛起并挑战既成大国制度化特权的序列的结果，取决于新兴大国可利用的替代性制度的可得性和既有制度将新兴大国包含在内的功能必要性。另一方面，既成大国感到被正式规则所抑制并被置于少数派之时，替代制度通常可能轻易取而代之。因此，这种国家论争是以制度调整结束还是以衰落告终，似乎取决于权威持有者：它们是否能适应非正式规则，这样即便它们处于少数派地位，也能够在一定程度上使其提议得以通过。

（二）社会论争

反应序列也涉及非国家行为体。为了获得足够的社会合法性，权威持有者和维护者需要加大面对非国家支持者的合法化努力并增强侵入性，同时，日益增强的侵入性使得社会行为体有更多机会接触国际权威。这种机制最常表现为社会政治化。如果国际制度对国家和社会行使侵入性权威，对合法化需求的增加就会导致政治化，而政治化反过来又会引起权威持有者的不同回应。

一方面，国际组织的核心决策者可以像往常一样，坚持以合法化叙事
应对政治化。在这种情况下，权威持有者将成为跨国抗议的持续攻击目标，
并存在失去合法性的危险。人们可称其为"一切照旧策略"（business as u-
sual strategy）。迄今为止，联合国安理会就是一个例子。

另一方面，权威持有者也可以象征性地改变其制度实践和合法化叙事。
在这种情况下，权威持有者通过尝试再合法化来抵抗去合法化。许多国际
经济制度通过提高透明度等方式来回应对新自由主义和跨国公司隐形统治
（Woods and Narlikar 2001）的社会抗议。总的来说，跨国行为体越来越多地
被国际组织接纳，这可部分地被理解为国际组织提高合法性的一种策略
（Tallberg et al. 2013）。然而，这些象征性再合法化策略仅取得了有限成功，
并通常会导致制度衰落。以维持现状为导向的回应通常最终以碎片化或衰
落告终，多哈回合贸易谈判就是个恰当的例子。由于越来越多的国内和跨
国阻力，谈判陷入了僵局，并且国际贸易政策已经碎片化为区域贸易和投
资协定。

此外，权威持有者也可以进行更实质性的改革以应对政治化和去合法
化。分析人士将世界银行的一些改革，比如采掘业审查程序（Weidner
2013）解读为对政治化的实质性回应。同样，关于国际权威侵犯人权指控
的一些制度性回应也可被解释为实质性调整（参见第八章）。在这些情况
下，针对全球治理体系缺陷的实质性改革开始生效，进而导致全球治理体
系的深化。

总之，论争可能导致全球治理的深化；制度调整假如充其量仅是象征
性的，它们将引发制度的碎片化和衰落。

（三）四种因果机制

全球治理理论建立在一个可称为"科学实在论"（参见本书导论部分）
的元理论立场之上。鉴于不可观察因素被认为是世界上的真实力量，这一
背景不仅证明了广泛的概念讨论是正确的，而且还激发了一种研究策略。
这一研究策略补充了基于变量的因果推理形式，其重点是因果机制和路径。

这些机制和路径包括一系列因果律，如推论、规范和话语。

100　　当实证主义传统的社会科学家使用"解释"一词时，他们通常认为"自变量"会导致"因变量"。在本书里，我则使用一种基于因果机制的更全面的因果推理形式。因果机制是指通过一系列步骤将初始条件与结果联系起来的常规过程。根据科尔曼浴缸或船的逻辑（logic of Coleman's bathtub or boat）（参见 Coleman 1990），方法论个体主义者（methodological individu-alists）主要关注将两个相关宏观结果联系在一起的微观机制。一些人则使用这个概念来更普遍地指代包含大量事件序列或事件链组成的循环过程，从而缩短自变量和因变量之间的距离，以使每一步都变得直观而显著（例如 Bennett and Checkel 2015；Mahoney 2012）。根据这种观点，"x 引发序列a，b，c，最后得到 y"（参见 Pierson 2004：87）。

　　此处使用的"因果机制"结合了两种理解。我对因果机制的理解既包括将社会事实之间的关系置于更广社会背景中的一系列事件（复合机制），也包括将两个宏观现象联系起来的微观过程。复合机制（composite mecha-nism）是指由一个丰富的序列或一系列事件组成的循环过程，从而缩短了自变量和因变量之间的距离。通过在变量间理出一个序列而非两者的变量关系，解释就被情境化和本土化了。关联机制（linking mechanisms）是指将两个事件系关联起来的微观过程。在社会世界中，这些关联机制大多是指基于愿望、信念和机会的社会选择。

　　鉴于全球治理体系的复杂性和动态性，掌握不同版本全球治理演变的反应序列既重要又具有挑战性。在这种情况下，以反应序列的形式提出两种途径：国家论争或社会论争。每一个反应序列都可能导致全球治理的衰落或深化。结合去合法化实践及其结果，现在能够找出由不同序列组成的四种因果机制（见表4-2）。

101　　本书第二部分将详细阐述对全球治理理论起决定性作用的四种因果机制，也都是对权威—合法化关联的详细说明。从中推导出的第一个因果机制指出，如果存在政治机会结构，那么国际权威的兴起会导致政治化的兴起。政治化的兴起往往涉及合法化叙事的扩展。这种合法化叙事的暂时

表4－2　四种因果机制

结果 去合法化	衰　落	深　化
社会论争	1	2
国家论争	3	4

改变是否最终导致全球治理的衰落或深化，则取决于这种调整是实质性的还是象征性的。通常，它是象征性的。因此，经由政治化的破坏（Undermining via Politicization）（CMALL 1）指向以下序列：CMALL 1 = 权威的兴起＋政治机会结构→社会论争→合法化叙事的临时扩展→衰落。经由政治化的破坏这一因果机制将在第六章讨论。请注意互动层面上的四种现象都是通过社会选择联系在一起的。该章使用的主要方法是半自动内容分析，这是一种定量追踪因果机制的形式。

在第八章中，我们将探讨社会挑战者通过反对国际权威而推动全球治理深化的案例——CMALL 2。在这些经由政治化强化（Reinforcement via Politicization）的案例中，权威的兴起，包括对个人的直接权威，可能再次导致社会反对和政治化。如果挑战者能够组成一个强大联盟，权威持有者将通过实质性的制度改革进行应对（CMALL 2 = 权威的兴起＋侵犯个人权利的能力→社会论争→联盟→深化）。在同一章的后半部分，我们将研究成功政治化的范围条件（scope conditions），所采用的方法是对 10 个案例进行比较过程追踪，相当于一种被称为"定性比较过程追踪"（comparative qualitative process tracing）的方法（参见 Zürn and Heupel 2017）。

另外两种因果机制是由国际制度的程序规则和国家间权力分配之间的不匹配引起的。它们也具有两种版本。如果在制度化不平等的国际制度下弱国权力得到提升，就会产生国家论争。在这种情况下，既成大国要么通过调整规则做出回应，要么新兴大国采取反制度化措施。在大多数情况下，我们可以观察到某种形式的制度调整。我们可以把这种机制称为新兴大国的反制度化（counter-institutionalization by rising powers）（CMALL 3 = 权威＋制度化的不平等→权力格局的变化→要求制度改革和新兴大国的反制度化威胁→制度改革和深化)。

如果强国对制度过程失去控制,奉行"一国一票"规则的国际权威可能导致国家论争。这种类型的国家论争往往导致碎片化和衰落。这种情况可以被贴上主导国的反制度化(counter-institutionalization by incumbents)的标签(CMALL 4 = 权威 + "一国一票"→制度权力错位→主导国反制度化→碎片化和/或衰落)。这两种机制将在第七章进行探讨。第七章使用的主要方法是定性案例研究。这种方法能够进行一种结构化和聚焦的比较分析(George and Bennett 2005:第 3 章)。

(四)六个命题

因果机制由一系列连续事件链组成。每一种联系都预示事件之间的社会选择,由此也预示一种概然性关系。因此,检验因果机制可能十分困难。如果因果机制由四个部分和三个关联组成,像四个 CMALL 那样,则起因和结果之间的相关性就会在传递过程中丢失。即使单个关联中的每一个都有 80% 的可能性,触发产生特定结果的总体可能性也会降到 50%($0.8^3 = 0.512$)。然而,这一公式表明,我们不应人为地将变量研究和因果机制研究严格分开。分析以下特定关系时,我们有可能从全球治理理论中得出一些命题:(1)权威的等级和类型;(2)国际权威兴起引发的合法化问题;(3)上述合法化问题导致的去合法化实践;(4)对这些挑战的制度性回应;(5)全球治理体系的结果及其对权威模式的影响。因此,我们可以提出一系列假说,而这些假说将在随后章节中得到间接阐述。这些命题试图解释为何关于全球治理的冲突不断加剧,为何全球治理体系中的制度缺陷会内生地破坏全球治理,以及在何种范围条件下可能出现衰落或深化:

(1)高度权威可预期导致政治化;

(2)技术专家的合法化叙事可预期受到挑战。尤其是当政治权威水平上升时,这类叙事则被视为一种不充分的、隐藏了利益和意识形态的合法化;

（3）那些使不平等制度化的国际制度将受到挑战，特别是受到那些权力基础得到增加并要求平等参与的国家的反制度化挑战；

（4）新兴大国反制度化的成功取决于权威挑战者的外部选项；

（5）无法掌控特定制度程序的主导国将试图进行反制度化；

103

（6）假如权威持有者是脆弱的且权威挑战者拥有强大联盟伙伴，全球治理的深化则有可能发生。

在前几章中建构的理论框架不止包含上述六个假说。然而，因为它们构成了全球治理理论的核心，本书其余部分将重点对其进行探讨。这一理论认为，过去十年来，全球治理受到的绝大多数冲击都能够用全球治理体系的内生动力进行解释。任何将日益加剧的紧张局势和冲突等同于对现实主义理论的支持，以及将对相互依赖的平稳而静默的管理等同于支持全球治理的观点都是错误的。20世纪90年代出现的全球治理体系的制度缺陷反而是引发紧张、论争和抵制的原因。尽管如此，所有这些论争都发生在一个给定的制度框架内，并被嵌入一套规范性原则之中。

全球治理的论争

本书第一部分阐述了一种全球治理理论。全球治理理论基于全球治理体系的概念，这一体系由规范性原则、权威模式和合法化斗争所组成。全球治理理论利用权威—合法化关联和反应序列的概念来提出可检验的命题，以四种复合因果机制为主要形式。在本书第二部分，我将通过不同的实证策略探讨这四种因果机制。我将区分由社会行为体论争导致的全球治理衰落（第六章）或深化（第八章），以及由国家行为体论争导致的全球治理衰落或深化（第七章）。每一章都采用不同的方法来支撑这些命题。第六章使用半自动内容分析方法；第七章采用结构化的聚焦比较方法；而第八章则建立在比较过程追踪方法的基础上。

实质上，我提出以下主张：超越民族国家的政治权威和认知权威的兴起增加了其政治化的可能性。如果国际制度行使权威的方式过度透支了现有的合法性，那么可预见的是对国际制度的抵制将日益增强。国际权威的合法性因此受到质疑，引发合法化和去合法化的斗争。这些斗争可能导致全球治理安排的衰落或深化。其结果既取决于权威持有者实质上适应新需求的能力，也取决于权威挑战者建立质疑现状联盟的能力。

在探究全球治理理论的推断之前，第五章简要介绍了全球治理体系的兴起。根据国际权威数据库的数据，全球治理体系的兴起有两个决定性的历史时刻。第一个关键节点出现在 1949 年左右，当时战后制度的

105

106　建立使国家间合作得以深化。第二个关键节点出现在 20 世纪 90 年代初。正是在苏联解体之后，我们才见证了一个新的、急剧上升的且仍不断发展的国际权威的兴起，而第二个节点带来的浪潮也象征着全球治理体系的兴起。

第五章 全球治理体系的兴起：
一种历史制度主义解释

在理解变革方面，国际关系学者最常提及罗伯特·吉尔平（Robert Gil-
pin）所称的"一个特定体系内的常规变革"或系统性变革（systemic chan-
ges），也就是制度安排上的变化（Gilpin 1981）。相比之下，体系变革（sys-
tem change）则更具根本性。它表明了构成行为体和原则的改变。最近一次
出现这样的转变是在 20 世纪 90 年代，即从或多或少基于威斯特伐利亚主权
与政府间主义的国家间合作体系转变为全球治理体系。全球治理体系的不
同之处在于它拥有双重支持者，也就是国家和社会行为体都具有权利和义
务。此外，全球治理体系由规范性原则、制度化权威模式以及合法化叙事
构成，并且嵌入世界社会之中。我们如何解释这种向全球治理体系的转变？
什么推动了这一发展？

通过对这些发展演变的详细描述，本章旨在解释全球治理体系如何产
生，而非对其进行严格检验。因此，本章无须与基于阶级关系和经济利益
的权力转移、观念变化或国家间权力分配的其他解释或叙事进行比较。相
反，本章尽可能地更倾向于整合这些观点。在开始之前，我将提供有关国
际权威发展的数据。这些数据显示，20 世纪 40 年代末和 90 年代初是全球
治理体系兴起的关键时间点。

一 国际权威的实证模式

国际权威模式是什么样的？反思性权威在全球治理体系中真的正处于

108 兴起阶段吗？本章旨在表明：随着时间的推移，特别是在 20 世纪 90 年代的加速期，能够观察到国际公共权威的兴起。为此，我将使用国际权威数据库所汇总的数据。这个数据库记录了国际组织根据其制度设计所行使权威的程度。之所以这样操作，是因为任何权威关系通常都包含一种长期化要素。而相应地，制度化则是世界政治中最为重要的长期化形式。

因此，我们置身于一类丰富的专题文献之中，这些文献以独立性（例如 Abbott and Snidal 1998）、集中化（Koremenos et al. 2001）、国际制度的法制化（Abbott et al. 2000）以及向这些制度授予权限（Nielson and Tierney 2003；Pollack 2003）为关注重点。在这种理论背景下，学者们近来展开了数据收集工作，以考察区域组织（参见 Haftel and Thompson 2006；Goertz and Powers 2014）或一般国际组织（Green and Colgan 2013；同样参见 Green 2014；Tallberg et al. 2013）的不同特征。最重要的是，霍赫等人（Hooghe et al. 2017）已收集了 1950～2010 年间 74 个国际组织的权威数据。他们的项目区分出两种权威类型：一种是成员国直接参与并将权威集中（pooling）到一个国际组织机构，另一种则将权威委托（delegation）给独立的国际组织机构。

与这些研究相一致，柏林社会科学中心的一个研究小组开发了国际组织权威数据库。该数据库以反思性权威概念为基础，并使用以下操作化定义：当直接和间接的接受者在原则或实践中认可某个制度能够做出足以胜任的判断和决定，且这些判断和决定至少对全球治理体系中的某些成员具有约束力时，国际和/或跨国制度就具有了权威。基于反思性权威的理论概念，其操作化定义由制度设计层面上权威接受者的认可和权威持有者的胜任能力构成。这些数据来自对法律文件的仔细分析，包括国际组织的创始条约（founding treaties），修正案及从 1948 年开始的程序性议定书等。衡量胜任力（competence）的标准是制度自主性与范围的乘积，其中范围是指国际组织规制的问题领域数量，自主性指的是委托和集中的总和，而认可则是根据成员国的义务和约束程度来测量的。

在国际权威数据库中，[1] 我们把这些测量归纳为：

$$权威 = \sqrt{范围 \times 约束性 \times （集中 + 委托）}$$

这意味着，权威是一个由对制度所做出的解释与政策的认可之深度所构成的
函数，而该制度拥有受委托或集中的权限，且其职能具有一定的广度或范围。

　　我们收集了 34 个国际组织（和 230 多个国际组织的具体机构）在政策
周期衍生出的 7 个政策功能的政治和认知权威数据。[2] 它们包括（1）议程
设置；（2）规则制定；（3）监督；（4）规范解释；（5）决策执行；（6）评
估；（7）知识生成。[3] 这些功能侧重于国际组织的不同活动，反映了国际组
织在做出决策或解释时行使权威的观念。我们使用创始条约和其后续的所
有变更来评估正式的权威。为此，我们开发了一个编码工具，根据三步逻
辑为 7 个政策功能收集信息。首先，国际组织是否有权授予这些功能？其
次，如果有的话，谁来履行这些功能（国际组织机构、成员国、其他行为
体，包括非国家行为体）？最后，如何来履行职能及它有多大"权威"？可
能的权威值范围是从 0 到（理论上可能的）10.25。[4]

　　在不同时期和情况下，国际组织的权威各不相同。根据我们的测定，
欧盟、联合国（包括联合国安理会）和国际货币基金组织无疑是最具权威

110

---

[1] 国际权威数据库是柏林社会科学中心许多学者（先前）共同努力的成果。该团队由马丁·
宾德（现就职于雷丁大学）、克萨韦尔·凯勒（现就职于德国国际合作机构）、奥特姆·洛
克伍德·佩顿（现就职于阿尔弗雷德大学）、亚历山德罗斯·托凯和迈克尔·祖恩组成。该
项目的数据基于对国际组织主要官方文件的编码。更多详细信息，请参见祖恩等人的研究
（Zürn et al. 2015）。

[2] 我们采用与塔尔伯格（Tallberg 2013）、霍赫（Hooghe 2017）等人类似的筛选策略，并得出
了一种共同样本。这样使参与学者能够将各自的分析汇集起来，从而在后期得到对国际权威
更为全面的了解。

[3] 这些功能来自公共管理文献（例如参见 Anderson 1975；Jenkins 1978；May and Wildavsky
1978）。部分研究已经将类似的功能用于国际政治和国际制度的研究，例如，布拉德利和凯
利（Bradley and Kelley 2008）、阿博特和斯奈达尔（Abbott and Snidal 2009）、阿凡特等人
（Avant et al. 2010）的研究。

[4] 当在理论可能的最大值上应用这一公式时，可以得出这个数值。权威$_{it}$ =
$\sqrt[2]{范围_{it} \times \sum（约束性_{ijt} \times 自主性_{ijt}）}$，参见本章中的公式，其中 i 代表国际组织，j 代表政策
功能，t 代表年，由此得出的最大总权威得分为 $\sqrt[2]{5 \times 21} = 10.246$。

性的国际组织。然而，在这三者之外，全球治理体系之中还有其他相当重要的国际组织，这其中包括世界银行、世界贸易组织，以及非洲联盟等区域组织（见图5-1）。

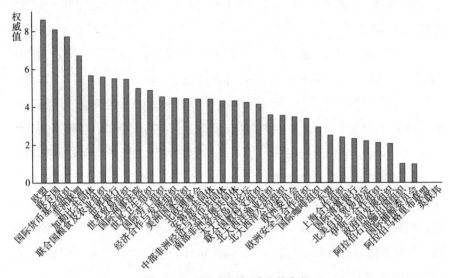

图5-1　国际组织权威值的变化

来源：国际权威数据库（IAD）（Zürn et al. 2015 未出版）。根据每个国际组织的历史最高值进行排名。

从国际权威的历史发展来看，国际制度权威的全面增长确实是一个持续过程。在这一过程中，两个增长阶段可被识别：第二次世界大战结束至1970年，以及自1990年至今。显然，1945年和1990年是两个关键节点（见图5-2）。

我们如何解释这个模式的长期演变趋势？针对体系变革，我提出一种主要基于历史制度主义的解释。从这个角度看，全球治理体系的兴起首先是由二战后形成的制度影响及对这些影响的回应两方面的互动序列产生的。因此，故事从二战后的安排开始，因为它孕育了大转型的种子。随着东西方之间的铁幕落下，这一发展获得了额外的、外部诱发的推力，最终使全球治理体系落地生根。

这里的解释使用了第四章中介绍的历史制度主义概念：关键节点、自

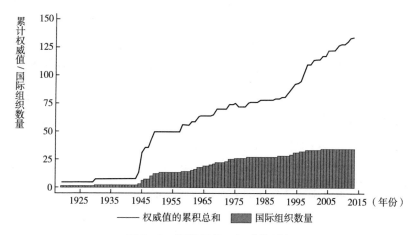

图 5 - 2　国际组织：权威的时变

来源：国际权威数据库（IAD）（Zürn et al. 2015 未出版）。根据每个国际组织的历史最高值进行排名。

我强化的路径依赖、反应序列和外部冲击。这些要素在 20 世纪 90 年代共同塑造了全球治理体系，形成了一个包含超国家权威的后无政府状态国际体系。以这种方式，世界社会产生了一个由规范性原则、反思性权威和特定合法化叙事所组成的政治体系。这样，一个不同于 1648 年以来世界政治史上其他体系的全球治理体系就应运而生了。

　　本章的其余部分将为全球治理的兴起提供一种历史制度主义阐释，并　　111
以一个普遍性的"反应序列模型"作为结束，该模型描述了从二战后秩序
到 20 世纪 90 年代全球治理体系的发展进程，以及从 2001 年开始出现的日
益激烈的论争。①

二　二战结束作为关键节点

　　在第二次世界大战的最后几年，反法西斯同盟的领导者开始规划战后

---

① 伊肯伯里（Ikenberry 2011a）和黑尔（Hale 2013）等人为此类解释提供了重要基础。然而，
　 他们并没有系统地应用历史制度主义框架，也没有将反应序列理论化。最重要的是，根据他
　 们的解释，这种导致僵局的反作用只针对政策，而非权威。

世界。在这方面最广为人知的是，1944 年 8 ~ 10 月，美国、苏联、中国和英国的专家在敦巴顿橡树园（Dumbarton Oaks）举行的会议。在这座风景如画的宅邸里，会议成果是一份关于联合国相当详细的计划，包括在建立主要大国享有特权地位的联合国安理会的前提下同时获得世界其他国家支持的策略。大约在同一时间，在经济领域建立布雷顿森林制度的计划也在不断演进。这些计划共同标志着开放边界的自由经济秩序的建立和巩固，并希望以此来避免世界经济再次陷入 1929 年"黑色星期二"之后的混乱。美国放弃了孤立主义立场（Ambrose 1983），转而致力于在其领导下建立制度化的世界秩序。这种秩序被视为一种既能满足当时生产力最高的经济体的利益，又能输出美国例外主义背后政治理念的手段（Kolko and Kolko 1972）。此进程产生的后续成果是 1945 年的《联合国宪章》、1948 年的马歇尔计划和 1949 年的《北大西洋公约》。

英国已接受了自身作为次要伙伴的角色，而斯大林和苏联却有自己的打算。两大阵营的形成，造成了事实上的东西方分裂。随着这些事态的发展，美国最终将国际体系分为两个层级：一个是接受美国领导的西方；另一个是由东西方关系和两个超级大国之间的冲突所主导的全球层级。在西方世界，美国能够在布雷顿森林体系的框架内以有利方式管理发达工业化国家的经济相互依赖关系。而在全球范围内的情况则不同。尽管《联合国宪章》完全禁止国家间使用武力，但由于东西方集团之间的分歧和阻隔，联合国仍然相对弱势。自由主义西方和社会主义东方之间在很大程度上以不受管制的形式展开竞争。

（一）嵌入式自由主义

第二次世界大战前，国际上存在一些协调跨境交通和通信的机制。大多数相关国际组织都是在 19 世纪下半叶创立的，如国际邮政联盟（International Postal Union）、管理不同铁路系统的协议，以及跨境航运委员会（Rittberger et al. 2013）。由于仅涉及有限的分配冲突所导致的协调问题，这些机制相对容易达成，而贸易规则、货币和金融市场等具有搭便车动机和长期分配影响的问题领域在国际层面则很难进行规制，因此这些领域在很长一段时间内基本得不到管理。

这种情况在第二次世界大战后发生了变化。对管理经济相互依赖而言，国际贸易机制、货币和金融事务规制体制至关重要。这些制度按预期将防止始于 1929 年"黑色星期二"所引发的世界经济危机中贸易保护主义恶性循环的重演（Kindleberger 1986）。在没有这些制度的情况下，各国政府的短期利益则易导致保护主义竞赛和货币贬值（Keohane 1984）。

美英两国为协调贸易和货币政策以降低关税和避免货币贬值而建立的《关税及贸易总协定》、国际货币基金组织和世界银行，形成了"三位一体"的合作。美国代表哈里·德克斯特·怀特（Harry Dexter White）和英国代表约翰·梅纳德·凯恩斯（John Maynard Keynes）是这套体系的设计师。1947 年，国际贸易体制在关贸总协定的基础上形成，它要求各国取消工业品贸易的任何配额，并降低关税。最为重要的是，它确立了"最惠国原则"，即任何缔约方给予另一缔约方产品的任何好处、优惠、特权或豁免权必须给予所有其他缔约方。成立于 1944 年的国际货币基金组织通过一种以美元固定汇率为基础的货币自由兑换制度来支持自由主义的国际经济，而为保障价值，美元也受到黄金储备的约束。世界银行则是为加速在世界欠发达地区的发展项目和进程而成立的。

根据"间战期"的教训，美国的领导，加上欧洲国家跟随的强烈意愿，才能建立减少交易成本的制度，从而促进合作（Keohane 1984）。尽管这些制度为国家利益服务，并在没有重要社会行为体参与的情况下以行政多边主义（executive multilateralism）的方式运转，但它们植根于这样一种社会性目的：民主福利国家的全球扩张需要一定的国际环境以保障繁荣（Katzenstein 1985）。

这些国际制度所依据的社会目的可用"嵌入式自由主义"一词来恰当表述。"嵌入式自由主义"可被理解为对自由贸易和开放边界的基本关注，但"嵌入式自由主义"又牢牢地嵌入国家政治体系之中，并可缓冲全球市场引发的冲击和不平等（参见 Ruggie 1983）。在"嵌入式自由主义"原则基础上建立的国际制度促进了所有工业国之间相对没有限制的贸易，同时允许各民族国家在政治与社会发展方面存在重大差异（参见 Hall and Soskice 2001）。因此，"嵌入式自由主义"概念指的是自由化国际市场和民族国家市场干预的一种特定组合形式。

"嵌入式自由主义"的国际制度曾促进民主福利国家的发展，其中一些国家，例如瑞典，拥有超过 50% 的国内生产总值可供自由支配。而其他国家，像瑞士仍然保持着 30% 左右的较低水平（Esping-Andersen 1990）。正是这种差异表明了嵌入（embeddedness）的两个决定性元素和含义：它允许在自由世界市场竞争中缓冲失败风险（福利的嵌入），也允许国家福利制度的自由选择（自由主义国际机制被嵌入民主国家的体系之中）。

从国际关系理论角度看，就其影响范围而言，这一秩序的成就是历史性的。民主、国际制度和相互依赖在这一安排中互相强化，最终导致民主福利国家之间的稳定和平（Russett and Oneal 2001）。这些"嵌入式自由主义"的安全效应在很大程度上是其成功的主要原因。在感知到来自苏联威胁的背景下，在"经合组织世界"（OECD world）的范围内建立一个跨大西洋（部分也是跨太平洋）的安全共同体第一次变得可能（Deutsch et al. 1957）。因此，这一历史性和解符合稳定的国际环境、统一的西方和反对"苏联威胁"的政治精英的利益，也符合允许福利国家开放市场中出口产业以及改善劳工条件的利益。以上这些组合带来了一个社会民主的时代（Scharpf 1987）。

（二）对使用武力的限制

19 世纪以前，一国的领土完整主要取决于其自身的防卫能力，因此战争成为 17 世纪和 18 世纪国家间进行冲突管理的主要形式（参见，如 Holsti 1991）。长期以来，在安全领域建立成功管理相互依赖体系的努力均以失败告终。直到拿破仑战争后，禁止武力和不干涉内政原则才逐渐取得了一定效果。此后，在政府间事务中确立和逐步加强禁止使用武力的规定成为国际政治历史中的特征之一。通过对官方宣言内容的定量分析就能说明这一发展。除了两次世界大战发生前夕和战争期间遭受挫折之外，有可能观察到这一规范的相对逐步强化（参考 Kegley and Wittkopf 1989：471）。它与不干涉国家内部事务原则一起代表了威斯特伐利亚体系的基础。在这一发展历程中，最重要的几个阶段是 1815 年的维也纳会议、国际联盟的建立、1928 年的《凯洛格—白里安公约》以及联合国的成立。 115

1945 年，《联合国宪章》首次明确全面禁止国家间使用武力的原则。只有在以下两种情况下使用武力才是正当的：一种是在遭受攻击时的单独或集体自卫，另一种是联合国安理会为确保国际和平而授权使用武力的决议。尽管关于禁止在政府间事务中使用武力的规范在进一步发展，但由于东西方的分裂，通过安理会决议执行制裁的机制仍在很大程度上受阻。相反，北大西洋公约组织和华沙条约组织两个军事集团的出现，导致冷战双方内部均呈现出制度化的等级制。

尽管存在这种阻碍，在冷战阴影下联合国体系的管理能力还是得到了初步发展。特别是在两个超级大国有意避免世界其他地区冲突升级之时，联合国体系的总体设计和《联合国宪章》所载规范引发了一些制度上的创新。最重要的是，在支持休战及和平条约中发挥作用的维和部队确立了一种能够展现联合国体系对国际和平负责的雄心壮志。联合国还有一些处理卫生、环境尤其是发展援助等问题的特别机构和组织，从而为包括这些新问题领域在内的国际规制铺平了道路。

由于两个超级大国拥有否决权，东西方的竞争几乎没有受到联合国的影响。在欧洲中部垂下铁幕的战后安排从未在官方层面达成一致，但双方的适应性行为结果相当直接地反映了权力格局。在苏联拥有核武器后，核僵局的危险引发诸多危机，世界濒临核战争边缘。朝鲜战争（1950～1953 年）、柏林危机（1961 年）、古巴导弹危机（1962 年）以及后来的赎罪日战争（1973 年）均表明，核战争可能因危机失控而在无意间触发。

在这种情况下，目标是确定有助于规避升级的战略和手段，并允许最低限度的合作，以避免最坏的结果：核战争（特别参见 Schelling 1960；也见 Snyder and Diesing 1977）。在这一背景下，对核威慑进行了重新思考并发现了相互确保摧毁（MAD）学说存在的可信性鸿沟（credibility gap）。如果苏联夺取了西柏林，美国为什么要冒着生存危险进行第一次核打击？对这个问题的回答是在升级阶段（escalation ladder）的每一步中都实现取得优势的目标，因此，形成了新的灵活反应学说（doctrine of flexible response）（Stromseth 1988；Daalder 1991）。而这种战略上的变化有助于为集团间进一步合作和缓和关系铺平道路。

事后看来，战后秩序可以说是在关键节点下所采取的一种制度选择。它嵌入在美国所提供的社会性目的以及东西方之间正在形成的体系竞争之中。美国意识到这一模式需要保持宽容，并尽可能地提供了有利条件（Ikenberry 2009）。随着战争结束在即，战胜国联盟的成员国拥有了巨大的制度空间，而旧体系则被摧毁。人们普遍认为需要建立一个新秩序，而位于顶端的美国及其盟国则被视为开创这一秩序的最适当行为体。与关键节点的通常情况一样，决策者自身将局势视为一场危机，认为必须迅速采取行动，与此同时也受其他行为体的严格制约。在危机中，结构性约束的"客观"放松与决策者对紧迫性的主观认识之间常常出现差距。主要战胜国之间日益扩大的分歧则被视为主要障碍。

与此同时，西方内部的嵌入式自由主义秩序也相对顺利地发展起来了。综上所述，从1945年到1950年，我们能够看到权威的第一波兴起，这也反映在国际组织数量的同等增长上（见图5-2）。然而，新秩序是一个政府间秩序。虽然在这一时期建立的一些国际组织如今是最具权威性的国际组织（见图5-1），但总体而言，国际制度自身获得的权威相对较少。此外，在很大程度上，它们仅包含"简单国际规则"，这些规则一开始只针对国家，且侵入性不强，而且对其影响进行评估也相对容易。因此，在这一时期，国际权威的兴起与国际组织数量的增加具有同步性。

三 二战后制度的自我强化

在很长一段时间内，布雷顿森林体系是十分成功的。布雷顿森林体系支持了西方工业国家近三十年的稳定增长。它促进了资本主义经济一体化，增强了领先的西方国家的经济实力，并加强了出口导向型产业在国内政治中的作用。此外，布雷顿森林体系对于防止贸易保护主义升级和经济衰退期间货币贬值具有重要作用。与此同时，联合国体系在管理安全事务方面仍然相对薄弱。联合国仍然依赖于超级大国的双边协议，而这些协议——特别是在1962年古巴导弹危机之后——仍以一种雏形状态缓慢地发展。美苏"红色电话"（red telephone）的设立象征着建立危机管理制度以避免误解和不必要升级的意愿。

尤其是，国际贸易机制随时间不断深化。从本质上讲，早期的关贸总协定降低了对制成品征收的关税。而随着时间的推移，降低关税增加了非关税壁垒的重要性。东京回合谈判（1973～1979年）开始应对反倾销、政府补贴、政府采购和许可证批准程序（licensing procedures）等非关税壁垒。而在乌拉圭回合（1984～1994年）中，上述非关税壁垒也减少了。国际贸易机制通过内生的收益递增发展出自我强化机制，进而形成了路径依赖。历史制度主义已经确定了许多自我强化的潜在内生来源。它们可分为三类：建制效应、互动效应和认知效应（参见Zürn 2016a：201–211）

制度一旦创立，便会形成一些机制，为其自身提供支持和保护。制度的组成成员共同承担了制度创立的成本（Williamson 1975）。此外，在试图改变一个制度时，还需要克服一些否决点（veto points）（Tsebelis 2002），同时，改变现状也涉及解决集体行动问题（Olson 1971）。此外，如果制度附带一个组织和行政机构（政治领域经常如此），制度就会产生既得利益。因此，建制效应一开始便存在。在其开创性著作《霸权之后》一书中，罗伯特·基欧汉实际上就提出了建制成本的观点（Keohane 1984）。他在书中表明，即便使之成立的范围条件消失，国际制度仍可能存在。尽管由于条件变化可能无法复现协议的内容，但较低的交易成本却能够确保持续合作的有效性。虽然建制成本并不能解释经济制度的深化，却能解释尽管在20世纪70年代和80年代出现了严重经济危机和在范围条件改变的情况下，为何国际经济制度还能继续存在。虽然联合国在很长一段时间内无法兑现承诺，但即使是在危机时期联合国依旧提供了对战争、和平和发展负责的组织框架与志向。

除了基于建制成本的适应力，制度还通过互动机制进行深化和自我强化。互动效应通过网络效应（例如，如果某个软件被许多人使用，同样也会吸引更多人使用）、制度嵌入（即制度间的相互支持）和权力强化（即加强那些支持制度的受益者的实力）的形式出现。就二战后的自由主义制度而言，互动效应的最重要形式是权力强化。相较于反对者，这些制度增强了支持者的权力。特别是在几十年前，当对先进工业品的开放，与对农产品和一些简单工业品的持续保护同时进行时，那些生产力强、在生产高技术产品方面有比较优势的经济体受益最大。因此在这一时期，这些制度的主要受益者不仅是美国和英国，还有日本、德国、法国和加拿大。这种制度效应增加了这些政府的国际影响力，并允许通过更多轮的贸易自由化来推动关贸总协定的进一步发展（Ruggie 1994；Lake 2009；参见 Hale et al. 2013：3）。

更重要的是，在国内政治层面上，随之而来的是现有制度的深化。海伦·米尔纳（Helen Milner）关于最强工业化国家内部以出口为导向产业的强化的著述就证明了这一点（Milner 1988）。随着贸易在比较优势基础上进行部门间产业重新配置，出口商不断拓展业务，跨国公司为取得规模经济而兴起。这种有益于比较优势行业的重新调整，其结果是国内反对自由贸易的势力日益减弱，而倡导经济开放的势力不断增强（同时参见 Lake 2009：31）。因此，二战后的十年见证了这种互动效应。在所有工业化国家中，相较于专注国内市场的企业，出口导向型企业的主导地位得到巩固。这种情况也有助于建立国际资本霸权（Cox 1987）。

最后，对自由主义机制的认知强化是通过学习（人们了解到制度有效）、适应性期望（adaptive expectation）（人们习惯制度后就希望避免新的适应需求）和本本主义（local bookkeeping）（人们只看到这个制度的好处而不问是否有更好的替代选择）等过程来实现的。这些认知机制在二战后的秩序中可能不那么重要，但它们确实发挥了作用。

　　在超级大国关系中也发生了类似自我强化的制度化合作过程。20 世纪 60 年代后期，两个超级大国在危机管理领域的早期和解行动仍在继续。随着越南战争的持续和双方明显的经济困难，两个超级大国都感到它们之间的无限竞争不仅极其危险，而且代价高昂。在诸多军备控制条约中，最重要的是 1968 年的《核不扩散条约》，以及在贸易和环境等其他领域的制度合作，均为缓和的重要成果。1975 年的《赫尔辛基最后议定书》则达到了这一发展阶段的顶点，不仅表明国家主权和领土完整原则，而且要求"尊重人权和基本自由，包括思想、道德、宗教和信仰自由"和"诚实地履行国际法规定的义务"。这一协议也使东西方关系最终实现了制度化。

　　从 20 世纪 60 年代开始，我们能够看到国际秩序的稳定化和部分深化。此时的国际秩序以主权为基础，在不具备集中化世界政府的情况下，制度化合作仍存在可能性。国际权威数据库显示，在 20 世纪 50 年代至 70 年代末，国际权威小幅度上升，一部分是由日益增加的国际组织所推动的，而另一部分是国际制度深化所带来的变化（见图 5－2）。这种稳定和部分深化主要是自我强化动力及由建制效应、互动效应和认知过程产生的路径依赖而取得的结果。从这个意义上说，这一时期的制度发展应被视为在关键节点所做出决定的路径依赖。此时，自我强化的动力甚至在东西方关系背景中发挥了作用。换言之，东西方机制作为国际机制随之出现。

四　反应序列与跨国规范倡导

　　对"嵌入式自由主义"的最初抵制来自新独立的南方国家。本质上，它们要求对本国"幼稚产业"（infant industries）给予更多保护，并在体系范围内进行再次分配，这最终要求建立一个"国际经济新秩序"（Bhagwati 1977；Cox 1979）。"国际经济新秩序"一词来源于联合国大会 1974 年通过的《建立国际经济新秩序宣言》，其中涉及贸易、金融、货物和与债务有关的广泛问题。这一争论所带来的实际变化仍然有限，但其他方面的演变则更为重要。

　　在某些方面，布雷顿森林体系可以说过于一帆风顺。"嵌入式自由主义"不仅推动了自由化的不断深化并提高了技术发展的速度，二者的相互作用还推动了全球化进程（Beisheim et al. 1999；Held et al. 1999）。从 20 世纪 70 年代末开始，由于跨境交易激增，一些领域仅依靠国家政策已越来越无法实现预期效果。国家政策的有效性在一些政策领域受到挑战。在这些领域里，国家法规的管辖空间范围不仅不再延伸到社会交易的实际边界（如环境外部性的增加），而且国家干预措施会降低生产的竞争力（例如，全球性生产商资助国家福利制度的意愿下降）（Zürn 1998）。因此，尤其是具有高敏感度的金融市场和迅速增长的直接投资限制了有效的国家市场干预和社会保障方案。① 这两方面的发展都与跨国金融资本的重要性日益增强、国家出口产业的相对衰落以及跨国阶层的崛起相一致（van der Pijl 1998）。

此外，自由秩序的深化包括不断加强国际机制，要求各国开放边界以允许货物、资本、劳动力、文化等方面的自由交换，但在用于改变或纠正国际层面市场后果的措施方面，自由主义秩序仍很薄弱（Streeck 1995）。正如弗里茨·沙普夫（Fritz Scharpf 1999）所言，消极一体化战胜了积极一体化。除全球化的结构性压力之外，这种国际制度政策内容的不平衡分布（skewed distribution）给国家增添了制度性压力，迫使其削弱社会保护机制。因此，战后自由主义的悖论在于其攻击了自身的制度缓冲机制。它在那些拥有福利国家传统、社会为弱者提供根深蒂固的支持的工业化国家中产生

---

① 应该补充的是，福利国家的弱化，特别是"逐底竞争"的概念，在实证上仍然是有争论的。许多研究观察到福利支出在没有重大变化的情况下继续存在，尤其是在经济开放程度提高的情况下，福利国家的功能也能够充当一种风险保险（Garrett 1998；Rieger and Leibfried 1997；Rodrik 1997），并允许政府采取经济上有效的干预措施（Krugman 1994；Barro 1996）。因此，不同种类的资本主义可能会选择不同的适应策略，甚至导致规制进一步差异化（Hall and Soskice 2001）。然而，许多强调福利国家稳定性的研究都是在全球化新浪潮开始后的较短时间内进行的。最近的研究表明，国家福利支出确实在一定程度上有所减少（Busemeyer 2009；Elkins et al. 2006；Höpner and Schäfer 2007；同样参见 Bergh and Karlsson 2010；Dreher et al. 2008）。也有学者雄辩地指出，实际支出水平是一个糟糕指标。更有价值的指标可能是个人应享社会福利。例如，虽然失业支出水平确实有所上升，但几乎所有七国集团国家中的个人受益者所获资金都有所下降（Pierson 1996；Anderson and Pontusson 2001）。总的来说，虽然直接的"逐底竞争"肯定不会发生，但一个似乎公平的评估是，维持福利国家稳定水平的相对成本将会随着时间的推移而增加。

了输家，这就破坏了其自身的成功基础。与此同时，活跃的全球性公司在世界各地不断增加投资，利用穷国低廉的劳动力成本。当自由化的自我强化动力继续下去，并将"嵌入式自由主义"推向新自由主义时，这种反应序列开始产生反作用力。

因此，可以预见，除了在国内反对福利国家收缩的斗争之外，还出现了对干预市场的共同国际政策的需求。自 20 世纪 80 年代以来，人们能够正面观察到要求改变国际制度（新自由主义）片面性的诉求。因此，国际规制进入经济和安全领域之外的新问题领域之中。人权规制和国际环境协定就是其中最为明显的例子。

20 世纪 70 年代末以来，许多重要的人权公约得到通过，如《消除对妇女一切形式歧视公约》（1979 年）、《禁止酷刑和其他残忍、不人道或有辱人格的待遇或处罚公约》（1984 年）和《儿童权利公约》（1989 年）。此外，许多区域协定也强化了民族国家之外的人权规范。1993 年在维也纳举行的联合国世界人权会议宣布保护人权是联合国的主要任务之一。从数字上看，自 20 世纪 80 年代初开始，人权宣言和公约的数量明显增加（Beisheim et al. 1999：343）。

自 1972 年斯德哥尔摩大会以来，国际环境协定的数量也有所增加。这被许多人视为国际环境政治的起点（Zürn 2002：96）。尤其是《保护臭氧层的维也纳公约》（1985 年）及其后的各项议定书（特别是《蒙特利尔议定书》）的成功预示着对国际环境政治成为未来领域的普遍期望（参见例如 Haas et al. 1993；Breitmeier et al. 2006）。但是，在社会和再分配政策领域强化福利国家的国际机制却成了例外。国际劳工组织（ILO）在众多国际组织中仍然属于一个相对较弱的参与者（Senti 2002）。

这些抑制市场（market-braking）的协议和准则的政治不同于早期促进市场经济（market-making）的国际协议。在通常情况下，非国家行为体是议程设置者，而政府则处于被动地位。环境非政府组织（NGOs）在世界范围内兴起，并要求在自由主义世界秩序中，管理不断增长的外部性。绿色和平组织、世界自然基金会（WWF）和乐施会是其中最有名的非政府组织。在人权领域，一些非政府组织记录和监测世界各地的侵犯人权行为，并将人权问题更为引人注目地纳入国际议程之中。1993 年的联合国世界人权会议就有 700 个非政府组织和 8000 人参加。总体来看，国际制度已对非国家行为体开放（Tallberg et al. 2013）。

这一点值得注意，尤其是因为"嵌入式自由主义"是通过一种特殊的国际决策方法创建的，并可用"行政多边主义"的术语来描述（Zürn 2004）。这一术语旨在传达一种决策模式，即政府代表在国际上协调政策，而不受议会和公众的制约。因此，一方面，行政多边主义指的是一种对所有有关国家开放的决策体系，它包含普遍的行为原则，产生广泛互惠的预期，并被视为是一个不可分割的体系（Ruggie 1992）。另一方面，战后的多边主义强烈地以政府为中心，对公众充满"敌意"。这个方面长期以来一直被忽视，"嵌入式自由主义"的规则是在没有立法机构的全面参与以及国家和跨国社会行为体的体系性参与的情况下，由各国在国际上进行谈判，并在国家层面进行实施。它在很大程度上依赖于民主福利国家已知的社会影响渠道。当然，它的国内政策层面由经济利益集团主导，并且在很大程度上将民众排除在外。① 随着新的抑制市场机制的发展，行政多边主义已到达极限。

国际制度扩展到新的问题领域和机制创建中的政治变化，可被视为反应序列的一部分。随着战后机制的深化，自由化变得片面并开始破坏其自身的减震器。由于工会的削弱，自由化进程反而得到加强，这反映出工业生产相对于服务业崛起所呈现的下滑态势。然而，与此同时，由于边界日益开放，人们对全球相互依赖关系的认识不断提高。作为对此的反应，进步运动跨国化并进入世界政治领域，并要求参照全球规范来制定弥补自由化市场缺陷的抑制规制。在某种程度上，这种规范倡导者的成功（Liese 2006）取决于规范扩散（Keck and Sikkink 1998）及非国家行为体一侧

---

① 也可参见基欧汉和奈（Keohane and Nye 2000：1–41），他们在这方面提到了国际政治的俱乐部模型。有关将公众排除在政策制定之外所产生的影响，请参见卡尔佩伯（Culpepper 2011）关于"无声政治"（quiet politics）的文章。

（Risse 2000；Deitelhoff and Müller 2005）的说服行为和争辩过程，以及国家领导人经常落入的华丽辞藻陷阱，特别是当辞藻和实际行为之间严重脱钩之时（Risse et al. 1999；Schimmelfennig 2003）。

对这些努力取得的成果，评价不一。许多人认为，国际环境机制和全球人权条款是无效和薄弱的。然而，另一些人则指出了相反的事实，并认为如果没有这些国际规范，情况将大相径庭。无论如何，新规制在一定程度上改变了国际规则的性质。这些规制更具侵入性，并且经常将社会视作规制的最终对象。然而，这些新的国际制度尚未成为权威持有者。这是由于大多数新规制以国际公约和跨国协定的形式（有时不具约束力）存在，并未在国家之外获得更多权威。

这些发展反映在图 5 - 2 之中。一方面，我们看到，国际组织的数量在 20 世纪 80 年代停滞不前。对新国际治理领域的无条件支持已减弱。另一方面，我们看到既有国际制度的权威持续增长，尽管其速度有所放缓。20 世纪 80 年代的典型情况主要是国际制度对不断增加的批评做出的回应，而非采取新的举措来巩固普遍的国际合作。

五　柏林墙倒塌与全球治理体系兴起

苏联的解体可被看作是本章所描述的路径依赖叙事的另一阶段。随着东西方的缓和，特别是 1975 年《赫尔辛基最后议定书》的签署，"个人权利"被引入苏联集团。从长远来看，"个人权利"的引入强化了反对派势力。戈尔巴乔夫的改革部分地回应了反对派要求更大自由的诉求，也部分回应了全球化及其对僵化的苏联经济所施加的压力。而这一改革失败直接导致了苏联解体。

然而，把苏联的衰落主要看作是二战后制度秩序的影响，该观点似乎有些夸大其词。因此，在本书里，苏联的解体被划归为一种外部作用力量，它通过释放世界政治中功能分化的动力，使向全球治理体系迈出最后一步成为可能，从而创造了一个新的关键节点。

无论如何，冷战的结束从根本上改变了世界政治。在冷战背景下，两个国家集团之间的分歧将欧洲从中部一分为二，并阻碍了联合国安理会发挥作用。它通过区分两个势力范围形塑了世界政治。两个集团中只有一个拥有推动全球化和全球治理的动力。这个结构的解体创造了新的机会和许可条件，特别是在美国和欧洲（包括德国、法国和欧盟）内部。在这一关键节点上，所谓的西方世界领导人所做出的决策为全球治理体系的出现铺平了道路。

这种转变在欧洲最为显著。为使德国统一能够融入欧洲一体化之中，科尔政府屈服于法国的压力，接受了货币联盟。除深化欧盟之外，欧盟的扩大也非常引人注目。欧盟经过一段时间才意识到联盟扩大所能带来的机遇。"共产主义阵营"的崩溃出乎意料。欧盟在保持其货币联盟计划正常进行的同时，还要努力应对突如其来的德国统一。然而，最终欧盟还是扩大了规模。

冷战结束后，一股加入欧盟的热潮立即开始出现。对大多数东欧国家来说，加入欧盟被视为经济富足和独立于俄罗斯的保障。1993 年，为回应这一诉求，欧盟制定了哥本哈根标准。根据该标准，一个国家必须接受人权、成为民主国家、运行自由市场经济，并愿意在成为欧盟成员国之前采用整个欧盟法律体系（共同体法律）。这样，欧盟就对这些国家的自由化改革施加了巨大压力。这可被视为当代史上最成功的外部干预国内事务的案例（例如，参见 Kelley 2004b，2004a）。在只不过十年的时间里，尽管西方内部和俄罗斯对此都发出过批评之声（Schimmelfennig 2005），但许多先前的东欧社会主义国家被纳入欧盟，部分国家还加入了北大西洋公约组织。

最终，八个中欧和东欧国家（捷克共和国、爱沙尼亚、匈牙利、拉脱维亚、立陶宛、波兰、斯洛伐克和斯洛文尼亚）以及两个地中海国家（马耳他和塞浦路斯）于 2004 年 5 月 1 日加入欧盟。就人口和国家数量而言，这是欧盟最大的一次扩张。此后，在 2004 年时被视为尚未做好准备的罗马尼亚和保加利亚，于 2007 年 1 月 1 日加入欧盟。2013 年，克罗地亚紧随其后。当时，欧洲一体化显然是全球一体化的垫脚石而非绊脚石。虽然从长远来看，这一举措阻碍了俄罗斯改革，但大多数人认为，欧盟东扩的目的是使东欧加速融入开放的全球体系。

124

从全球层面看，20 世纪 90 年代，非国家行为体深度参与了大量的全球性会议（参见 Brozus 2002），促成了一系列新的国际协定的达成。三个全球协议可能最引人注目，因为它们都突出了新全球治理体系中的规范原则。

一是，1992 年乌拉圭回合贸易谈判促成 1995 年世界贸易组织的成立。新协定不仅对贸易产生了重大影响，以至于现在的贸易体制以补贴、产权、产品管制和许多其他非关税贸易壁垒为规制目标（Kahler 1995），而且还包含了剥夺各成员否决权的争端解决进程。只有在成员一致做出决定的情况下，争端解决机构或上诉机构的决定才能被驳回，这表明向国际机构让渡权威的情况显著增加（参见 Zangl 2006）。目前，世界贸易组织已经有 160 个成员。

二是，《联合国气候变化框架公约》下的《京都议定书》（1997 年）规定了工业化国家减少温室气体排放的约束性义务。当时，《京都议定书》被视为从臭氧保护机制向人类未来更大挑战的成功延伸。《京都议定书》"认识到发达国家对目前由于 150 多年工业活动而造成的大气温室气体排放量负有主要责任，并根据'共同但有区别的责任原则'要求发达国家承担更大责任"。① 190 多个国家是议定书的缔约国，许多发达国家已同意在两个承诺期内对其温室气体排放量进行具有法律约束力的削减。然而，作为主要排放国之一的美国并没有批准该议定书。尽管这些承诺显然不足以有效应对气候变化，但在 20 世纪 90 年代，许多人认为这是建立一个有效和强有力的国际机制以应对全球变暖进程的第一步。整个谈判过程凸显了全球共同利益叙事的重要性，包括欧洲国家表现出率先行动的意愿。

三是，国际刑事法院是以 1998 年 7 月美国投反对票的背景下通过的《罗马条约》为基础的（Deitelhoff 2006）。国际刑事法院有权起诉犯种族灭绝罪、危害人类罪和战争罪的个人。在很大程度上，国际刑事法院遵循前

---

① UNFCCC, Kyoto Protocol, http：//unfccc. int/kyoto_ protocol/items/2830. php, last accessed November 9，2016.

南斯拉夫国际刑事法庭（International Criminal Tribunal for the former Yugosla-via，ICTY）的模式（参见 Bothe and Marauhn 2000）。国际刑事法院旨在补充现有的国家司法制度，因此，只有在满足某些条件时，它才能行使管辖权。尽管如此，它在国际制度和个人之间建立起一种关联，从而表明了个人和非国家行为体的权利。国际刑事法院于 2002 年 7 月 1 日《罗马条约》生效之日起开始运行。目前，有 123 个国家既是《罗马条约》的缔约国，也是国际刑事法院的成员国。[①]

除此之外，联合国安理会开始在世界政治中扮演更加积极的角色。1989 年伊拉克入侵科威特后，安理会的作用首次得到证明。美国总统老布什（George H. W. Bush）精心建立了一个多国联盟，使安理会将伊拉克列为侵略者，并授权这一干预联盟将伊拉克赶出科威特。老布什本人很好地表达了对这一行动的期许："到目前为止，我们所知道的世界是一个分裂的世界——一个由铁丝网和混凝土、冲突和冷战组成的世界。现在，我们能看到一个新的世界即将出现。一个存在着新世界秩序真实前景的世界。"（Bush 1991）安理会行动的成功似乎表明，禁止使用武力和建立集体安全的最后步骤已经完成。

但联合国安理会的行动并未就此停止。在随后几年中，安理会确认人道主义灾难和内战是对国际和平的威胁，并在其中一些情况下以军事手段进行干预（Chesterman 2004）。索马里、海地、波斯尼亚和阿富汗就是众所周知的例子。因此，联合国安理会建立了一个旨在从外部加强国内和平的执行机制（Zangl and Zürn 2003）。就科索沃而言，西方国家试图获得安理会的另一项授权，即在内战中维护和平的授权。由于俄罗斯的传统盟友塞尔维亚是此类干预的对象，因此它显然意味着决议草案不会在安理会得到通过。最终，北约在未得到安理会授权的情况下介入这场战争。这一行动被一些人解释为对"保护的责任"（R2P）规范的期许。即使直至今天，

---

① ICC, Rome Statute of the International Criminal Court, https：//www.icccpi.int/resourcelibrary/Documents/RomeStatuteEng.pdf, last accessed November 14, 2016.

"保护的责任"的有效性和适用性仍然存在争议（例如，参见 Reinold 2012），但这一规范也表明了其对个人和社会权利、对共同利益的影响，以及国际制度前所未有的权威性和侵入性。

六 全球治理体系中的公共权威

上述历史发展反映在国际权威数据库中。图 5 – 2 显示了自 20 世纪 90 年代以来国际权威的异军突起。在过去二十五年中，国际权威的累积值几乎翻了一倍，而国际组织的数量却保持相对稳定。在这种背景下，我们能够说这是一种体系变革：全球治理体系从 20 世纪 90 年代开始出现。

这一全球治理体系由政治权威和认知权威的松散耦合范围（loosely coupled spheres）构成。为了更详细和具体地了解该体系的组成部分以及认知权威和政治权威的相对相关性，国际组织权威的总体发展可以按照国际权威数据库中政策阶段的编码进行分类。国际公共权威在政策周期的不同阶段发挥作用（见图 5 – 3）。

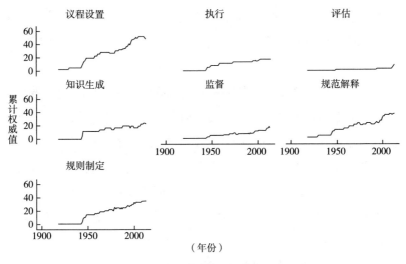

图 5 – 3 不同时期政策阶段中的权威变化

来源：IAD Zürn et al. 2015，未发表。

（一）政治权威的发展

127　　政治权威指的是国际组织做出决定的能力，而这些决定必须带有得到遵守的目标。政治权威可表现为请求的形式，但也能以更深层次的权威形式出现，包括执行决定的权利。与国际政治权威关系最密切的政策阶段是谈判或决策阶段（规则制定）。根据图 5 - 3，随着时间的推移，规则制定方面的权威已经显著增加，现在其权威值在所有功能中已经排在第三位。在这一政策阶段，我们可以看到，多数决定制的政策制定方式在国际制度中已占很大比例。通过避免单一国家否决权和克服决策阻碍，多数决定制与强国行使主导权提高了国际制度的行动能力。如今，约 50% 的国际组织和 2/3 至少有一个大国参与的国际组织具有通过多数决定制进行决策的可能性（参见 Blake and Payton 2008）。对国际环境机制的仔细研究可以支持这一普遍性结论：58% 的案例都包含了正式多数制投票的可能性。同时，这种可能性实际上很少应用，其应用率只有 20%（Breitmeier et al. 2006：第 4 章）。

　　然而，即便多数决定制在实践中的应用不多，但它确实对否决者（veto player）施加了压力，并提高了寻求妥协的意愿。国际制度有可能就各国事

128　实上倾向于协商一致的决策来制定多数规则。其目的是平衡两个相互矛盾的目标，即维持国际制度采取行动的能力和促进各国执行措施的意愿。

　　因此，通过取消个别国家的否决权和克服阻碍，多数决定制增加了国际制度制定规则的能力。一些最为重要的国际组织都可能通过多数决定制进行表决，如联合国安理会、世界银行和国际货币基金组织都是众所周知的例子。在重要国际组织中，通常多数投票与选票的加权同时存在。大国显然希望国际组织具有有效性，并要求突破这种基于协商一致进行决策的限制，因为它们不希望被人口较少的小国阻碍。同时，大国也不想被大部分小国所利用，因此常常要求采用加权投票方式，以便在大多数情况下，大国联盟能够轻易占据上风。

　　决策执行（执行）是政策周期的另一个阶段，并处于政治权威的核心。根据测量，我们甚至可以观察到国际层面的执行能力有所提高（见

图5－3）。这表明对违反国际规范者实施实质性制裁的意愿有所增强。

除国际组织之外，跨国制度也在一定程度上行使政治权威。在这些情况下，私人行为体（private actors）有能力约束尚未同意规则或解释的当事方，由此行使部分权威。除了经常提到的习惯商法（*lex mercatoria*）之外，体育法（*lex sportiva*），即国家体育组织商定的一套跨国规则，在最近几十年中得到了拓展和加强。信息法（*lex informatica*）是另一个私人行为体在制定和执行公共规则方面发挥重要作用的案例（Bartley 2007；Schuppert 2012）。上述没有政府参与的治理的存在，部分原因是各国乐于减少工作量；部分是对未能产生适当规制的政府间政治失败的回应；还有一部分原因是策略上的后果所致，尤其是商业行为体通过制定它们自己的标准来防止公共监管。然而，私人行为体行使的政治权威仍然有限。

（二）认知权威的发展

认知权威建立在专家知识和公正性的基础之上。认知权威的解释被考虑在内，是因为它们看起来既充满知识而又不带党派色彩。认知权威尤其与反思性权威和全球治理体系理念相似，它反映了知识在全球治理中的特殊作用。

图5－3反映了国际组织之中政治指定的认知权威的显著增长。政策周期中那些与认知权威最为密切相关的阶段，在国际组织中的相关性日益增强。特别是在规范裁决、议程设置和知识生成的政策阶段，我们可以看到强劲的增长。

首先，如果国际规范不再只适用于国家边界之外，也适用于管理主权领土范围内的活动，那么对监督的需求总体上更大。缔约国的自我报告和相互观察通常不足以保证条约的遵守。因此，日益需要独立的行为体处理和提供关于遵约的信息。这些信息可由作为条约保障条款的一部分而设立的自治组织提供。国际货币基金组织（代表全球金融体系）和国际原子能机构（IAEA，代表《核不扩散条约》）（Dai 2007：50－3）就是这类组织中的两个突出例子。除这些机构外，近年来，国际秘书处在规制监督方面的作用也得到显著强化（参见 Siebenhüner and Biermann 2009）。

然而，这方面更为重要的（但在图 5-3 中没有反映）是作为纯粹认知权威的非政府组织变得日益重要，特别是跨国市民社会组织与受违规行为负面影响的行为体之间的合作。它们一起从事非正式的独立监督（参见 Hirschmann 2015）。例如，对人权是否符合国际标准的监督早已被非正式地移交给了某些人权组织。

其次，在争议案件的规范解释方面，也可以注意到国际司法机构的数量大幅增加（参见 Alter 2014）。在所有政策阶段中，规范解释的权威值总分高居第二位（见图 5-3）。在国际责任类型不断增加的情况下，国际和国内规制之间的冲突以及不同国际规制之间的冲突也在增加。建立类似法院的程序是应对这种冲突的一种可行方案。此外，部分法院表示保护个人权利是其职责，并受理个人或针对个人的诉讼。欧洲人权法院（ECtHR）和国际刑事法院就是最为著名的例子（von Bogdandy and Venzke 2014）。

最后，各国在议程设置、知识生成和政策评估等领域与非国家组织展开竞争。随着国际规制的对象已经达到包含社会行为体的程度，评估现有规制的有效性并将新问题领域列入国际议程的组织范围得到拓展。事实上，在所有政策阶段中，议程设置获得最高权威分值。国际秘书处和跨国非政府组织则成为越来越多地承担这些治理功能的行为体。一方面，通常隶属于国际组织秘书处的政治指定的认知权威日益重要。另一方面，那些具有纯粹认知权威、能够识别国际问题并呼吁国际规制的非政府组织显然也具有更大意义。透明国际（Transparency International）在《反腐败公约》制定过程中的作用（参见 Metzges 2006）就是一例。无论如何，这些由知识机构和议程设置者中的认知权威所产生的规范压力削弱了各国政府反对国际规范制定过程的能力（参见 Meyer 2005）。

制度化的认知权威主要以政治指定的认知权威的形式出现。如果组织机构获得委托从政治权威角度权威性地解释事实和规范，那么这意味着授予权限行为（delegation of competences）和相关制度化行为的发生。政治指定的认知权威是指那些不做出具有约束力的决定，但有能力做出往往十分重要解释的跨国或国际机构。在全球治理方面，政府间气候变化专门委员会和经济合作与发展组织国际学生评估项目在教育政策中的作用就是两个例子。根据国际权威数据库的判断，在全球治理体系中，这类权威似乎增长强劲。从20世纪90年代起，所有通常履行政治功能的政治指定的认知权威，都表现出强劲的增长速率。

此外，非政府组织，特别是企业和市民社会组织，为解决具体问题而制定治理安排的所谓自我规制（self-regulations）也在增长（关于跨国治理的概述，参见 Hale and Held 2011）。在这些情况下，私人行为体行使公共权威，部分具备约束那些未同意规则或解释的当事方的能力。此外，森林管理委员会、地毯标志基金会（RugMark）等面对消费者的认证体系得到了广泛发展，行业行为准则的数量在20世纪90年代成倍增加（参见 Kolk and van Tulder 2005；Scherer et al. 2006）。

特别是在1989年之后，公私伙伴关系，例如监管因特网地址分配的互联网名称与数字地址分配机构（ICANN）和减少疟疾倡议，也可被视为私人行为体在全球治理中重要性提升的表现（Beisheim et al. 2008；Beisheim and Liese 2014）。总体而言，这些规制意义重大，并在20世纪90年代得到增长（参见 Abbott and Snidal 2009）。它们一起表明了权威的领域范围（sectoral spheres of authority）朝着松散耦合的方向发展。

在此背景下，公平来讲，政治权威的增长和政治指定的认知权威的急剧上升均发生在20世纪90年代。这是随着二战后秩序构建而建立的制度和苏联解体之间相互作用的结果。

七 释放功能分化

全球治理不同组成部分的兴起，可被视为国际社会意识形态差异水平的降低，以及向超越国界的世界社会功能分化推动的共同结果。冷战结束最直接的结果之一是减少了联合国安理会中的分歧和矛盾，而对全人类责任感的日益增强和全球层面自我监管的兴起则意味着全球治理正朝着世界社会的方向发展。从这个角度看，全球治理构建了一个政治系统，而这一系统是功能分化走向全球的更广泛社会进程的一部分。

研究古典社会分化的理论家分析过民族社会的情况。在他们看来，现代性与前现代社会的区别在于，家庭、宗族和地区群落之间的分割化（segmentary）以及以阶级、种姓、种族等级为标志的分层化（stratificatory），被作为"主导组织原则"的功能分化所取代。功能分化指的是经济、艺术、政治等功能系统，这些系统遵循各自的逻辑，追求整个社会赋予的特定任务。例如，在经济系统中，财富生产由利润逻辑驱动。

早期分化理论家对现代性进行了概念化，认为现代性是从地域分割化居首要地位向功能分化居首要地位的一种转变，从而隐含地表明社会地域性组织的内在局限性（Durkheim 2012；Parsons 1967）。如果社会组织主要遵循功能逻辑，那么空间限制则是次要的。空间限制可能暂时阻碍功能逻辑的全面发展，但从长远来看，这些组织也要屈服于不同功能系统的需求。

从这个角度来看，威斯特伐利亚体系一直是一个不稳定结构，其衰落由它所依据的原则决定。无政府状态的国际体系建立在两个组织原则之上：一是，领土单位之间的分割分化；二是，这些领土单位之间的竞争。从长远来看，后一个组织原则破坏了前者。为了在竞争激烈的体系中生存，现代化的压力长期存在。如果没有社会现代化中持续的专业化和劳动分工形成的生产性经济，国家就有可能在竞争中落后。换言之，无政府状态的国际体系实际上包含了华尔兹（Waltz 1979）所设想的演化机制。然而，长期成功的决定性标准不是华尔兹期望的军事力量，而是经济生产力及其成就。像苏联这样的军事强国无法生存下来，但像瑞典这样军事弱小而经济成功的国家却仍是体系的一部分。这种国家间生产力竞争的副作用：由于不同功能系统超越国界的需求不断增长，进而相互依存度不断增加，从长远来看，国家间的竞争破坏了国家政治制度的自主性。

与其他功能系统相反，政治系统有监管其他所有系统的志向。尽管杰出的分化理论家对政治系统（参见 Luhmann 1984；Stichweh 2013）的目标和"控制能力"（Mayntz et al. 1988）持有怀疑态度，但政治系统对合法使用武力的垄断（韦伯）和公开性（哈贝马斯）都使其具有特殊性。就地域分割的国家间冲突可被安全化而言，政治系统似乎确实能够对其他功能系统施加控制（Buzan et al. 1998）。因此，在 20 世纪的大部分时间里，国家政治系统仍然在很大程度上控制着其他功能系统的发展动力。只有在政治系统所容忍的范围内，其他功能系统，如经济和科学，才能超越国界。通过将政治逻辑嵌入社会的各个方面，甚至极权政治系统在 20 世纪曾试图控制其他功能系统，并将其完全置于国家社会的牢笼之中。作为回应，自由主义政治系统也建立了机制来控制其他功能系统。在超级大国间竞争的背景下，政治系统使体育运动违背其自身逻辑并抵制奥运会，通过禁止出口军民两用产品来约束东西方的经济交易，以及为扶植柏林而不顾一切限制地分配财政资源。随着对功能分化的限制解除，这些政治强加的限制也将随之解除。①

冷战结束后，由于国家间分割化竞争的约束影响减弱，功能分化的力量得到了充分发挥。结果，不同功能系统间的关系发生变化。现在，经济、法律、艺术、体育和科学等功能系统的全球驱动力能够完全占据优势，而国家政治系统已没有充分的理由（或手段）来限制这种发展。就功能系统全球化并产生适得其反或消极的影响来说，对在全球层面进行再规制的需求变得日益迫切。② 这种需求部分地由政府和自我规制解决，但在部分领域还无法得到满足。

国际金融体系可以作为一个例子。③ 20 世纪 80 年代特别是在 20 世纪 90

---

① 在卢曼看来，当 18、19 世纪的政治体系在国际规模上与其他功能体系有着不同的演变趋势且全球通信成为可能之时，世界社会就已经发展起来了。

② 在乌尔里希·贝克（Ulrich Beck）看来，这个问题更为严重。他认为，功能分化与工具理性的结合将会产生核灾难、气候变化等不确定性，进而给整个体系带来自我危害的风险（Beck 1996：54 – 55）。因此，他预测这些功能分化的副作用将成为反思现代性中的社会历史动力。

③ 最著名的分化理论家：埃米尔·涂尔干（Emile Durkheim）、马克斯·韦伯（Max Weber）、塔尔科特·帕森斯（Talcott Parsons）、尼克拉斯·卢曼（Niklas Luhmann）和杰弗里·亚历山大（Jeffrey Alexander）。他们都没有把金融体系视为其理论中的独立功能系统，认为金融是经济系统的一部分。直到最近才有关于金融体系的讨论。这凸显了在充满分裂的世界中如何正确划分不同功能系统的问题，而这个问题长期困扰着分化理论（参见 Luhmann 1984）。

年代，国际金融体系的发展使得功能系统与整个社会脱钩的观点活跃起来。在这种情况下，金融体系的内在逻辑使其偏离了必须为整个社会利益履行职责的功能。事实上，在撒切尔和里根的自由化计划发布后（参见 Helleiner 1994），全球金融体系便已经能够主要在《巴塞尔协议》（Basel Accords）的背景下，通过一些薄弱的自我规制形式来防止任何对其体系运行的严重外部干预。直到最近的全球金融危机之后，政治规制的呼声才日益高涨。然而，世界各地政治领导人随后的努力仅取得了有限成功（Mayntz 2014）。

总之，全球化改变了不同功能系统之间的关系，这有利于那些能够轻易超越国界的功能系统的发展，尤其是经济功能系统。尽管苏联解体增加了全球治理的内在动力，但引发的功能分化也决定了全球治理体系的形态：在不具备约束其他功能系统的可能性的情况下，全球治理体系基本上是一种松散耦合的权威范围。通过利用关键节点，政治行为体能做出有利于全球治理体系的决定，但它却是一个充满缺陷和缺乏整体远见的体系。

134 　可以确定的是，政治动机将回归主导地位。国内政治系统或全球体系反弹的可能性也无法被排除在外，而且随着未加限制的功能系统在运转中所耗费的成本日益增加，与之相关的问题呈现政治化甚至安全化的可能性变得更大。正如我们在 2008 年以来对跨国恐怖主义和经济危机的回应中所看到的那样，国家至少能够部分地夺回先前被其他功能系统领域所掌握的控制权。此外，由于右翼民粹主义运动重新确立了国家边界的相关性，2016 年有可能会被视为一个临界点。

八　结论

对全球治理体系兴起的历史制度主义解释是以一种详细的描述方式呈现的，而非一套可证伪的假说和实证检验。然而，这种解释可用模型的形式来概括，并可被理解为描述因果关系的示意性陈述。目前这个模型把论争中的全球治理理论——它只关注模型中的最后几个步骤——嵌入一种更广的世界政治视角之中。上述历史制度主义的解释强调内生制度动力，同时也承认外部力量的重要性。图5-4总结了这一论点。

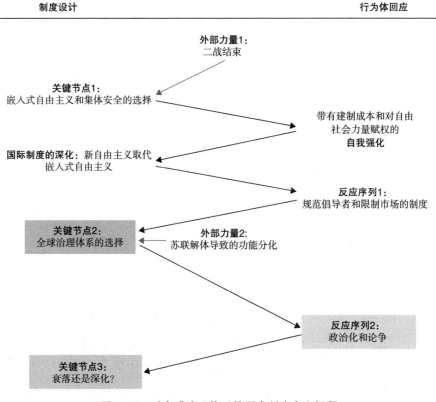

图5-4 对全球治理体系的历史制度主义解释

在历史制度主义的阐释中，全球治理体系在20世纪90年代发展起来，是20世纪40年代选择"嵌入式自由主义"路径依赖序列的结果。二战后的格局提供了一个关键节点，致使美国领导下的"嵌入式自由主义"和集体安全制度化。后来，"自我强化机制"加强了这一制度设计。然而，自由主义国际制度的加强，却削弱了减震器的作用，从而弱化了"嵌入式自由主义"的理念。因此，对新自由主义的抵制迫使各国不仅接受促进市场的国际制度，而且也接受限制市场的国际制度。因此，全球治理制度获得了更多的权威，变得更具侵入性，并不可逆转地挑战了威斯特伐利亚的主权原则。当苏联摇摇欲坠和功能分化能够充分发挥其潜力时,外部推动加速了整体的动态变化。这些发展共同创造了一个新的关键节点。正如约翰·伊肯伯里所指出:"美国单极的崛起和对国家主权规范的侵蚀以及全球体系的深刻变革,不仅破坏了旧秩序的基础,还使秩序和世界政治的基本条件陷入争议之中。"(Ikenberry 2011a:7)

135 作为在这种情况下做出的决定之结果,全球治理体系应运而生。它由松散耦合范围的政治权威和认知权威组成。大体上,国际组织的权威显著提高。因此,这种全球治理体系产生了新的反应序列。它包含着破坏其接受度和可持续性的严重缺陷,进而导致抵制和对变革的要求。这些变革诉求以社会和国家论争的形式出现。然而,这些新的反应序列并未以论争告终。全球治理权威有可能通过回应这些诉求和提高国际权威的合法性来应对挑战。在某些情况下,这种回应所发挥的作用将推动全球治理的深化;而在其他情况下,其后果则是全球治理安排的衰落(参见 Hale et al. 2013)。这里出现的明显问题是这些不同发展方向的范围条件以及发挥作用的因果机制是什么。

  在接下来的章节中,本书将阐述第四章所讨论的全球治理体系特征所衍生出的因果机制和假说。在此过程中,图 5-4 中的最后两个框将成为焦点:"反应序列 2"指的是社会和国家对国际权威的论争。"关键节点 3"将决定全球治理体系是深化还是衰落。这两个框是全球治理理论的核心因变量。除了本章的详细描述外,第六章至第八章将详细讨论从本书理论所推导出的行为影响。

第六章　超国家权威的政治化

国际制度已被众多所谓反新自由主义全球化的团体政治化了，例如，
课征金融交易税以协助公民行动协会（ATTAC）或占领运动（Occupy），
这些团体在跨国层面采取行动，还有一些国内层面的抵制者旨在防止国
家主权受到损害，例如，对欧洲一体化进行的全民公投或对侵入性贸易
协定的抵制。所有欧洲右翼民粹主义政党，从法国国民阵线（Front
National）到德国另类选择党（AFD），再到英国独立党（UKIP），都一致
要求政治上的再国家化。然而，目前国际制度的政治化只有一部分是以
抵制全球治理制度的形式出现的。许多跨国非国家行为体以积极方式与
国际制度公开对话，例如，呼吁在国际上大幅强化气候政策措施（参见
Hadden 2015）。同样，它们多次呼吁国际货币基金组织和多边开发银行加
强干预，以应对 2007 年后的金融危机。此外，各种非国家团体，包括市
民社会组织和利益集团，都寻求长期参与国际制度的机会，以便对其内
部议程和政策制定产生影响，并使这些制度在政策执行阶段可追责。公
众对国际制度的抵制与更为频繁的利用都是政治化过程的表现。因此，
政治化是一个由要求更多国际权威（再合法化）与挑战现有权威（去合
法化）所构成的双向进程。

国际制度的政治化是一个相对较新的进程。外交政策的政治化由来已
久，而国际制度政治化的历史则相对较短。一方面，两次世界大战、越南
战争和德国实行东方政策（Ostpolitik）之前的公共辩论都是外交战略和决
策成为政治辩论焦点的例子。因而，世界政治长期以来处于政治辩论的中
心。另一方面，国际制度的政治化是一个相对较新的现象。尽管历史学家

指出，国际联盟曾面对"耀眼的关注和受到动员公众的压力"（Pedersen 2007：110），这对内部谈判和外部运转产生了决定性影响，这种政治化是由少数寻求在国联议程上推动具体议题的个体和志愿组织所推动的。相似地，20世纪70年代的反种族隔离运动和第三世界运动可被视为当前国际制度政治化发展的前奏；但在当时，基本上并未将带有投票效应的国际制度政策和程序广泛政治化。相比之下，国际制度的政治化意指日益增多的行为体，如个体公民、非政府组织、政党、游说团体和政府机构等（重新）以国际制度为目标而开展行动的一种进程。

因此，在本章中，我认为，将国际合作视为纯粹的行政、法律或技术问题的观点忽略了当今世界政治中的一些决定性特征。国际制度不仅被政治行为体，也被社会行为体视为行使公共权威、需要合法性的政治制度。在此背景下，我提出两个宽泛的主张。第一，国际制度的政治化可归因于第五章所述的权威模式。国际制度行使的政治权威越多，就越会吸引更多关注和更多参与讨论的行为体，并且意见也将越发两极分化。第二，就其影响而言，政治化是一把双刃剑。一方面，政治化导致合法化努力的扩展，包括参与叙事和基于公平的叙事。通常，合法化叙事的扩展伴随着实质性改革而推动全球治理的深化。另一方面，政治化也可能导致严重的合法性差距，从而在整体上损害权威。如果对政治化的回应是一种带有友好或不友好的忽视态度，那么这种情况可能导致僵局和国际权威衰落。

上述两个主张遵循权威—合法化关联的第一条阐释。经由政治化的破坏（undermining via politicization）（CMALL 1）是第一个从模型中衍生出来的因果机制，本章对其进行了实证检验。本章分为五个部分：首先，讨论了政治化概念的含义（第一节）。之后，探讨权威导致政治化的因果机制（第二节）。本节以一组假说作为结束。随后本书运用这些假说解释欧盟（第三节）和其他国际制度（第四节）的政治化。最后，尽管回应和制度改革似乎仍然较为少见，但这一节阐释了政治化如何可能导致国际经济制度捍卫者暂时地扩展其合法化叙事（第五节）。

139

一　何谓政治化？

一般而言，政治化是指将一个议题或制度转移到政治领域或政治范围内的要求或行为，也就是使先前非政治性问题成为政治性的（参见 Zürn 2013：13－16）。因此，政治化的逻辑结构可被理解为："一个行为体（x）想要移动对象（y）到达某一特定位置（b）。"为给出一个可操作定义，有必要阐明政治化核心含义的上述三个组成部分，但阐释的难度略有不同。其中，最根本的问题是界定政治的范围，从而决定对象需要被转移到的位置。之后我们才能讨论政治化问题，进而政治化的对象和主体才会相对容易识别。[①]

首先，将对象转移到政治领域的概念都以功能分化为前提条件（Alexander 1990）。在对象被转移之前，首先必须对范围或功能系统进行区分。那么，政治范围如何能与其他功能系统区分呢？通过借鉴两个长期存在的政治思想传统，我们至少能够区分政治思想中"政治"的两种主要含义。政治能够通过"能做出约束性的集体决定的能力"来定义，代表人物有马克斯·韦伯、卡尔·施密特（Carl Schmitt）、戴维·伊斯顿（David Easton）和尼克拉斯·卢曼等人；也能够通过就形成集体意志和处理集体问题的正确路线进行公开辩论来定义，而这一传统的支持者包括亚里士多德、阿历克西·德·托克维尔（Alexis de Tocqueville）、于尔根·哈贝马斯和约翰·鲁杰。

科林·海（Colin Hay 2007：79）为这两种不同理解提供了一种联结，通过将政治范围描述为"选择领域"（realm of choice）或者更准确的"公共选择领域"来分析哪些问题和制度最常被从自然和必然领域转移到政治领域。因此，只有当辩论的前提是有可能做出改变现状的具有约束力的集体决定或解释时，辩论才是政治性的。不仅私人问题可被纳入政治范围，　140

[①]　本节部分内容引用了笔者的研究成果（Zürn 2016b）。

曾属于经济、法律、行政或技术领域或功能系统的问题和制度也可以被纳入政治范围之内。

因此，政治化就可被定义为将某件事转移到公共选择领域，从而预先假定有可能就这一问题做出具有集体约束力的决定。全面政治化由三部分组成：（a）一个日益显著的问题，涉及（b）关于这个问题的两极分化观点，以及（c）参与行为体和受众不断增加（参见 de Wilde and Zürn 2012；de Wilde et al. 2016b；Hutter and Grande 2014；Hutter et al. 2016；Rauh 2016；Zürn 2014）。埃德加·格兰德和斯温·赫特（Grande and Hutter 2016：31）通过一个简明公式表述了这三个组成部分："政治化 = 显著性 ×（行为体增多 + 极化）。"

此外，政治化能够在三个不同层面上进行：微观层面的个体意识、中观层面的组织动员和宏观层面的公开辩论（参见 Ecker-Ehrhardt and Zürn 2013）。意识（awareness）表明人们对某个问题具有更大兴趣，或者像调查数据和实验所显示的那样，认识到政治制度能够做出决定。这就是微观部分，它能够通过分析个体进行观察。社会动员是指随着时间的推移，用于影响政治制度决策的资源数量的增加。这一要素表明，作为政治化的核心组成部分，社会抗议、政党和利益集团处于中观层面。公开辩论是指对共同利益的不同观点和向政治制度提出的对立诉求。而这些宏观观察通常发生在大众传媒层面。

什么事物被移入政治范围？迈克尔·托马斯·格雷文（Michael Thomas Greven 1999：78）在关于政治社会的描述中相当明确地指出："原则上讲，任何事物都可能成为政治沟通的对象，也就是说，可被政治化。因此，只有通过政治决策才能消除这种偶然性。"换言之，除决策外，非决策之事（non-decisions）也可被政治化（参见 Bachrach and Baratz 1962）。政治化可基于（在非决策层面上）国际规制中认知的差距（perceived gap），也可基于（在决策层面）对现有规制认知上的合法性赤字（参见 Habermas 2007：430）。

此外，不仅是（非）决策，决策程序以及执行决策或权威地解释决策的制度本身也可能成为政治化的对象。如果不仅是一项决策而是整个决策实体都牵涉其中，那么制度秩序（政体）的规范框架就会受到政治化的影响。如果决策过程受到质疑，我们则可说是政治的政治化；如果单是决策或非决策受到质疑，那么我们可称之为政策的政治化。

最后，谁将这些问题移置到政治范围？政治化的主体或施动者实质 上是参与政治进程的所有个体或团体，如政客、专家、利益集团代表，或有能力组织政治抗议的那些人。有时，知名人士也可能成为政治化的推动者。例如，知名人士能够将某些事情引入政治空间或进行政治干预。虽然本章侧重于非国家行为体，但政府机构的活动也可能引发国际制度的政治化。例如，作为国内政党竞争产生的副作用，各国部长们在成员国内部对欧盟制度进行的虚伪的指责，也可能导致欧盟政治化（Gerhards et al. 2009）。

政治化的含义是由个人或集体行为体将一个议题或一个制度带入政治范围。其操作化定义描述如下：

> 如果（个人的）意识、（社会团体的）社会动员和（大众媒体中的）公开辩论表明它们被视为公共选择领域，（非）决策、决策过程或决策制度就被政治化了，如果某件事被政治化了，人们应该会看到这件事日益突出，参与范围越来越广，而且论争也越来越多。[1]

根据这一定义，政治化指标的多维空间就能被建立起来了（见表 6-1）。3×3 矩阵中的每一个单元格均可表示对政治制度的抵制及这些行为所运用的优先政策目标。

---

[1] 这也非常符合巴里·布赞、奥利·维夫和贾普·德·维尔德（Barry Buzan, Ole Waever and Jaap de Wilde 1998：29）提出的定义：“政治化意味着使一个问题公开化、具有选择性；它是一个需要做出决定并因此需要承担责任的问题，与一些无法改变的（自然规律）或不应置于政治控制之下的问题（例如自由经济、私人领域及专家结论）形成对比。”同样，埃里斯·杨（Iris Young 2004：377）将政治化定义为“调节或改变人们集体组织起来的共同社会条件中某些方面的活动，以及他们试图说服对方加入这种集体行动或决定其方向而开展的交往活动”。

表 6 – 1　政治化的指标

	显著性	论争（极化）	行为体的扩展
微观 （信念）	相对于其他议题、决策过程或制度的重要性	对议题、决策过程或制度的不同看法	重视问题、决策过程或制度的具有不同特征的个体
中观 （动员）	相对于其他动员目标的重要性	被动员的行为体/团体代表不同立场	多种不同类型行为体/团体的动员
宏观 （公开辩论）	通常在媒体中被提及（相对于其他事务）	媒体言论/主张的两极分化	辩论参与者的增加

来源：Zürn 2016b。

142　　　在对政治化进行衡量时，显然很难提供填满所有九个单元格的数据并难以区分不同类型的政治化。由于现实的原因，任何关于政治化的研究都存在顾此失彼的情况。然而，这些决定不仅取决于分析者的风格，还取决于研究的目标。

二　政治化的原因与效应

为何国际权威的兴起会导致国际制度的政治化？为何一些国际制度比其他制度更为政治化？为何我们可以预期，在具有最严重合法性赤字的国际和跨国制度中这一进程表现得如此突出？

全球治理理论的因果模型能够被用来回答这些问题。权威—合法化关联于是可以呈现出不同的版本。为理解政治化的动态变化，我从探讨经由政治化的破坏（CMALL 1）开始。这种因果机制首先假定，假如权威的兴起使现有的合法化叙事负担过重，在其他条件不变的情况下（ceteris paribus），那么国际权威的兴起则会导致政治化的兴起。其次，这一理论还使我们能够对政治化的影响做出预判（见图 6 – 1）。

CMALL 1 代表了一种反应序列。因此，选择内生于模型之中，而模型中列明的三个步骤并非注定发生。该机制可以在三个箭头中任意一处停止。每一个步骤都表明一种或然关系，这些关系可被表述为几个假说。CMALL

1 将通过评估有关六个假说的证据来进行详细解释。假说 1 到假说 3 阐述了 CMALL 1 中的第一个箭头，假说 4 阐述了第二个箭头，假说 5 和假说 6 阐述了最后一个箭头。

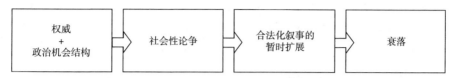

图 6 - 1 CMALL 1：经由政治化的破坏

首先，根据第五章中的操作化定义，权威是由对某一制度的解释和决策的认可程度所构成的函数，而这样的制度需要拥有一定授权的广度或范围下的委托或集中资源的能力。假如一个国际或跨国权威制度相较过去行使更多权威，这个制度就会涉及更广的问题领域，其投票规则会朝着多数投票制方向发展，国家也会向国际组织授权或增加其约束力。因此，国际组织做出的决策和解释日益相关且具有侵入性。如果出现这种情况，我们可以预期更多的意识、动员和围绕这些决策及解释所进行的辩论。越具权威性则越容易政治化是一个简单的公式。因此，我们可以预期会有更多关于政策的冲突。由于决策通常具有比解释更高的约束性或"强制性"，我们还可以预期具有政治权威的制度输出的结果将比具有认知权威的制度更加政治化。最后，一个制度的合法性赤字越多，我们可以预期其政治化程度就越高。因此，我们应能预期，例如，在未得到所涉及诸方全部参与的情况下扩大维和后，联合国安全理事会作为一个具有权威和重大制度缺陷的国际组织产生了最多的合法化冲突。

● 假说 1：一个国际或跨国制度的权威越大，非国家行为体对其政治化的程度就越高（"权威转移假说"）。

● 假说 2：政治权威的政治化程度高于认知权威。

● 假说 3：国际或跨国制度在技术专家和权力偏见方面表现出的治理赤字越多，国家和非国家行为体对其政治化的程度就越高。

从全球治理的理论中，我们可以得出这三个关于政治化来源的假说。然而，为了完整地解释政治化程度，还必须考虑到其他变量。将权威政治化首先需要调动资源（McCarthy and Zald 1977）和适当的政治机会结构（Kitschelt 1986）。从这个意义上说，国际或跨国制度权威取决于条件变量或干预变量的存在，如公民投票、危机、拥有资源的社会团体和被动员的意识形态（de Wilde and Zürn 2012；Schmidtke 2016；Grande and Hutter 2016；Hutter and Grande 2014）。这些资源和机会可放在国家和跨国层面进行考虑。

144

政治化也有其后果。随着政治化的兴起，合法化叙事也将扩展，有两点原因。一是，技术专家权威的挑战者指责权威持有者没有考虑到其他的合法性标准，例如，参与叙事或公平叙事所强调的那些标准。这种指责也意味着，他们将主流技术专家叙事范围之外的议题和标准引入到了关于权威的公众辩论之中。二是，如果政治权威的程度和类型使现有的合法性不堪重负，权威持有者则会考虑采取新的合法化做法来应对挑战。

- 假说4：政治化程度的提高导致在合法化进程中叙事范围的扩展。

然而，合法化叙事的改变最终导致全球治理衰落还是深化，则取决于改变是实质性的还是象征性的。如果改变仍然是象征性的，并且在长远来看，合法化叙事再次回归以技术专家为主的状态，那么我们则可预期持续的权威—合法化鸿沟，这可能导致全球治理的僵局和衰落。相反，实质性的回应则预示着全球治理的深化。

- 假说5：合法化叙事的扩展是对去合法化的实质性回应引发全球治理深化的必要条件，但并非充分条件。
- 假说6：如果权威持有者不回应或只象征性地回应去合法化，那么可以预期全球治理的僵局和衰落。

这些主张和机制与一些国际和跨国关系理论相悖。第一，国际关系学和国际制度的大多数理论质疑国际制度自身拥有权威的观点（Waltz 1979；Keohane 1984）。他们认为国际体系是无政府状态的。第二，即使国际关系领域有权力和权威的行使，它仍被广泛视为一个由行政和技术专家主导的社会领域。亨利·基辛格认为外交政策和国际谈判从公开辩论中的撤出是在国际关系中一个可取之处（Kissinger 1957）。在这种思路下，安德鲁·莫劳夫奇克（Andrew Moravcsik）虽然承认欧盟在某些领域行使权威，但坚持认为这只发生在人们不关心的政策领域，因此不需要（民主）合法化（Moravcsik 2006）。总的来说，即使国际制度行使权威，也常常被视为行政、法律和技术专家治理的场所，而不受公共和社会压力的影响。这些对世界政治的解释，没有预见到国际制度的政治化。

上述主张和假说也补充了那些针对欧盟制度和国际制度再国家化进程的分析。这些研究指出，在受欧洲和国际一体化影响的人口中，不断变化的冲突结构将增加右翼民粹主义的风险（Kriesi et al. 2012；Hooghe et al. 2002；Hooghe and Marks 2009；Kitschelt 1997；Burgoon 2009；Scheve and Slaughter 2004；Mayda and Rodrik 2005）。有人认为，全球化的赢家和输家能越来越多地定义自己的身份，创造出一种动员潜力，国家政治精英则可在需要时对其加以利用。由于缺乏围绕社会经济备选方案展开的政党政治竞争，这些冲突越来越多地发生在以身份考虑为标志的文化层面（Hooghe and Marks 2004）。因此，在围绕超国家权威的政治冲突加剧时，民粹主义和国家的立场将会强化，从而将极大地限制国际谈判并阻碍全球治理。

政治化概念的使用能够修正再国家化的观点。虽然有关国际权威稳健性的争论具有两面性，但国际制度的政治化不仅表明反对全球治理者日益增多，而且表明对全球治理态度的两极分化，其中也包括加强支持全球治理的势力。同样，政治化并不自动等同于对欧盟这一政治体系的抵制，而是只要求在超国家层面上改变一些政策。因此，政治化既可能导致衰落，也可能带来深化。国际权威的政治化可能意味着国内民主的空心化；同时，国际权威的政治化也可被视为民族国家以外权威民主化的必要（但当然不是充分的）条件（Zürn 2014b）。

145

在本章的剩余部分，从因果模型中得出的六个假说的合理性将得到进一步探讨。首先，在第三节和第四节中，我将探讨政治化的原因。接着在第五节中，我将转而探讨政治化的影响。这些探讨基于二手文献分析、定性考察和半自动内容分析方法。

三　欧盟的政治化

在民族国家之外，与欧盟相比，没有任何制度有如此多的机制来克服国家否决权并更能侵入国内社会。从这个意义上说，欧盟似乎不仅是一个能轻松检验权威转移假说的案例，而且也是追溯 CMALL 1 中将权威上升与政治化联系起来的那部分的良好起点。

长期以来，欧洲一体化进程主要是一项精英推动的事业。在建立初期，欧洲一体化的创始人们的行动主要出于外交政策考虑（Milward 1992）。《罗马条约》将经济利益置于首位，这推动了各国首脑、跨国产业利益和超国家公务人员之间的谈判。然而，在相当长的一段时间内，决策过程和决策内容并没有完全公之于众。毫无疑问，几十年来，人们一直在谈论欧盟的民主赤字问题，权威持有者对这些指责的回应不只是建立和加强欧洲议会，还有许多其他——往往主要是象征性的行动，以显示布鲁塞尔机构与民众之间的亲近。尽管欧盟已经做出这些努力，但在大多数欧洲人看来，布鲁塞尔依旧遥不可及。在《单一欧洲法案》出台之后，虽然欧洲经济自由化的任务经常由各国政府承担，但大多数人仍将欧盟与泛滥的官僚政治联系起来。

特别是自 20 世纪 90 年代初以来，欧盟超国家政策的范围和深度不断扩大，对仅由遥远的行政机构和技术专家机构主导的独立决策形成了反向运动（counter-movement）。随着时间的推移，社会对超国家层面的要求在范围和强度上大大增加，欧洲一体化进程吸引了大量媒体报道，舆论两极分化，甚至在几个阶段引发公开抗议。事实上，这一政治化进程终结了构成精英及其不透明决策过程的社会基础的"宽容性共识"（Hooghe and Marks

2009）。这就挑战了评估欧盟的传统标准。不再把产出经济效益作为评估的关键指标，而是将欧盟视为一个行使权威的政治机构。因此，欧盟需要以一套更为详尽的合法性来源来证明其公共权威的正当性。欧盟及其决策已经从技术专家的必要性领域转移到公共选择领域。

我想表明两件事：欧盟政治化与欧洲制度权威的兴起大致同步，它遵循的路径与全球治理的论争理论一致。我们先简单回顾一下文献，之后进一步展示我们的研究结果。

（一）当前的研究情况

在 20 世纪 90 年代之前，政治化的概念（至少含蓄地）首先被引入欧洲一体化之中。早期的新功能主义理论已提出过假说，作为"外溢"效应案例，日益突出的"欧洲问题"将是一体化进程的意外后果之一（Haas 1958：11 – 19；Schmitter 1969）。在 21 世纪初，政治化的概念被重新提出。当时研究多层治理的学者们用这一概念来解释针对一系列有争议的欧盟条约所进行的公投。这表明，人们不再将对欧洲一体化的"宽容性共识"视为理所当然（参见 Hooghe and Marks 2009；Zürn 2006）。虽然早期新功能主义对政治化的解读主要关注政治化作为促进欧洲一体化进程的一种手段，但最近的用法则更多强调了政治化给一体化带来的挑战。

后一种意义上的欧盟政治化成为充满活力的研究领域（参见 de Wilde et al. 2016b）。目前存在三种趋同的发现。第一，我们可以说，有关文献对政治化发展的阐述有着相当高的一致性。直到 20 世纪 90 年代初，"宽容性共识"一词一直被用来描述欧洲社会对欧盟制度的态度。很少有这样一个从社会科学中产生的准则受到如此少的质疑。相当引人注目的是，当前关于"宽容性共识"终结的结论似乎也获得了共识（参见 Schmitter 2009：211 – 12）。

第二，在解释政治化时，权威转移假说得到了有力支持。例如，保罗·斯塔森（Statham 2010：295）将一项关于欧洲公共领域形成的研究结果总结如下："我们发现，在政策领域决策权越是转移到欧洲层面，或者说随着时间的推移，对（欧盟）的关注和批评就越多。"（另见 Koopmans and

147

Statham 2010）

最近的一些研究通过考察受欧盟权威影响的差异来检验权威转移假说。亨宁·施密特克（Henning Schmidtke 2016）挑选了受欧盟权威影响程度不同的国家进行了分析。他提出一种带有解释性框架的理论。"这个框架将权威转移视为政治化的驱动力，并将特定国家的经济和社会文化背景视为两个潜在的条件变量，而这两个变量决定了在国家层面权威转移所产生影响的强度和方向。"（Schmidtke 2016：67）与这一发现相吻合，埃德加·格兰德（Edgar Grande）和斯温·赫特（Swen Hutter）证明，在大众媒体中显示的政治化程度上，就成员国资格的辩论引起的政治化程度通常高于针对主要条约和联盟扩充的辩论（Grande and Hutter 2016：40）。各国加入欧盟并接受共同体全部法律而不提出任何异议的过程，显然涉及最高程度的权威转移；扩大欧盟的权威在程度上位居第二；与更多的成员国分享权威则位居第三。①

第三，尽管大势所趋，但在时间和空间上存在着显著的差异。对国家间差异的解释通常关注动员的来源和政治机会结构（例如 Leupold 2016；Hoeglinger 2016；Grande and Hutter 2016）。这些研究表明了动员资源的作用，以及特别是政治机会结构的重要作用，它们也符合权威转移理论。将各国政治化共性的驱动力作为"颠倒的第二意象"式的解释因素（Gourevitch 1978），并没有否认特定的"动员潜力"与"机会结构"的存在对于政治化的必要作用。

（二）欧盟政治化的定量评估

为支持这些研究结果并显示欧盟权威和欧盟政治化的同步上升，我使用了一个测量指数。它汇集了 1990 年至 2011 年间欧盟在媒体上的能见度、对欧盟成员国资格的舆论极化以及欧盟六个创始成员国在公共领域对欧盟

---

① 尽管大家普遍支持权威转移理论，但有一些案例研究指出，欧盟在一些孤立领域中的权威很少被政治化。赫钦格等人（Herschinger et al. 2013）的研究表明，在国内安全问题领域，具有重要权威的跨政府制度几乎没有政治化。同样，尽管欧洲投资银行拥有重要的权威，但它几乎没有被政治化（Hilgers 2014）。在这两种情况下，制度形式似乎都起到了保护作用。

议题的动员等指标。① 该指数由克里斯蒂安·劳赫（Christian Rauh 2016）编制，综合了政治化概念的三个组成部分，使我们能够就欧元区危机之前和期间的政治化程度得出跨时间段的结论。首先，为了测量欧盟的媒体能见度，我们采用了文本挖掘的分析方法。为进行大规模比较，我们对比利时的《回声报》（L'Echo）、德国的《法兰克福汇报》（Frankfurter Allgemeine Zeitung）、法国的《世界报》（Le Monde）、意大利的《晚邮报》（Corriere della Sera）和荷兰的《新鹿特丹商业报》（NRC Handelsblad）中提及欧盟的文章进行了（半）自动分析。能见度是指提及欧盟的所有文章的平均占比（在1.6%到8.2%之间变化）。在微观层面上，公众对欧盟的两极分化则在欧洲晴雨表中个人对欧盟成员国态度分布的相应方差（variance）和峰度（kurtosis）中能够获得。② 行为体的增加是通过分析乌巴和乌戈拉（Uba and Uggla 2011）关于"欧元抗议"的统计数据而得到的。该数据涵盖示威、集会在内的所有事件，而在这些数据中，欧盟及其行为体不是要求的来源就是被要求的对象（另见 Imig and Tarrow 2001）。各个指标在各时间段的值都进行了 z 标准化处理，并汇总成月均指数。③

图 6-2 的数据显示：随着时间的推移，政治化趋势强劲，但短期内也出现了剧烈波动。1992 年和 1993 年《马斯特里赫特条约》获得批准，2004 年欧盟东扩，2005 年《宪法条约》失败，这些事件导致了特别明显的政治化高峰。

此外，该指数的比较视角表明，2009 年至 2011 年，金融危机和货币危机导致欧盟社会的政治化达到最高水平。在由安格拉·默克尔（Angela Merkel）和尼古拉·萨科齐（Nicolas Sarkozy）提出"反思期"以及随后通过《里斯本条约》之后，政治化指数在 2008 年夏季至 2009 年秋季显著上升。

149

---

① 本节摘自劳赫和祖恩（Rauh and Zürn 2014）。欧盟六个创始国为法国、联邦德国、意大利、荷兰、比利时和卢森堡，作者数据样本中未包含卢森堡媒体。——译者注

② 这两个要素都需要避免因孤立的极端立场而造成扭曲。更大差异可能只由少数但极端的立场而产生。然而，如果更大的方差伴随着较低的分布峰度，则表明极化的广度在增加，因此与极化的一般水平更相关。同时参见唐恩和威尔逊（Down and Wilson 2008：32）。

③ 关于政治化指数的详细论述和讨论，参见劳赫（Rauh 2016）。

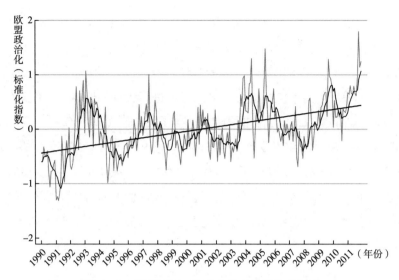

图6-2 欧盟五国一体化中公共政治化的时变

来源：Rauh, C., and Zürn, M. (2014), "Zur Politisierung der EU in der Krise," in M. Heidenreich (ed.), *Krise der europäischen Vergesellschaftung?* (Wiesbaden: Springer Fachmedien Wiesbaden), 121-145。

注：该图标记了 z 标准化指标的平均值来分析欧盟议题中的公众能见度、两极分化和动员。灰线表示月值，黑线表示六个月内的移动平均值。此外，还提供了一个简单的普通最小二乘（OLS）的时间趋势。

这反映了条约批准过程中能见度的提高，爱尔兰公投的失败和德国的宪法申诉引发公众关注；但这也反映出，在全球流动性紧缩的背景下，有关政府救助破产银行措施和金融市场重组的讨论日益欧洲化。这不仅表现在媒体对宏观层面的关注日益增强，更表现在微观层面上日益加剧的舆论两极分化，以及中观层面上对欧盟议题的积极动员。这类动员的例子包括 2009 年 3 月法国在欧洲国家元首和政府首脑会议期间举行的罢工，以及一个月后由德国工会联合会（DGB）组织近 10 万人参加的欧洲社会公约（European social pact）的示威。这些事件强调，政治化并不自动等同于对欧盟作为一个政治体系与日俱增的抵制，也同样是对超国家层面政策变革的诉求。

2010 年春季，欧盟六国（指欧盟六个创始国）的政治化程度短暂下降。然而，在这一年中，金融危机日益演变成欧洲货币危机。2010 年 3 月，关于希腊预算赤字的零星披露以及葡萄牙信用评级的下调，引发了人们对欧元区其他国家也将受到影响的担忧。这一年内，欧盟增强了关于适当政治响应和进一步制度改革的政治讨论。

在媒体关注度增加的同时，就欧盟一些议题举行的公开示威活动在2010年下半年也有所增加。不断高涨的超国家政治诉求再次表现为工会组织的抗议活动。2010年9月29日，有5万多人在布鲁塞尔举行示威，反对将紧缩政策作为应对危机的唯一可能的超国家回应，同时在几乎所有欧洲国家的首都均发生了示威行动。

在接下来的2011年，该指数显示欧盟政治化程度进一步上升。随着对金融市场进行重新规制辩论的持续，特别是关于欧洲评级机构、交易税、金融机构的资本化水平及货币联盟制度架构四个方面的讨论，政治化指数在2011年10月举办的欧盟领导人峰会马拉松式的会议期间达到最高点，也就是在刚刚通过财政协定不久的两个月后。应当指出的是，政治化的三个组成部分：能见度、两极分化和行为体的增加，均在此期间再一次增强。

当然，有关金融和经济危机对欧盟社会政治化长期影响的评估，在现阶段仍然是暂时的。然而，无论是危机期间的短期模式，还是对先前话语机会的长期比较，如对《马斯特里赫特条约》的批准或就《欧盟宪法》的辩论，均显示在欧盟六国公众中政治化程度已达到前所未有的程度。似乎可以得出这样的结论：根据假说1，随着时间的推移，权威的兴起伴随着政治化的增长。与假说2一样，欧盟较高的政治化似乎也是由于相当程度的政治权威的存在而引发的。

（三）定性解释

欧盟在金融危机和经济危机期间的事态发展为其政治化的两面性提供了一个教科书般的案例。一方面，它涉及对缺乏正确政策的抗议，另一方面，涉及对具有有限合法性的超国家制度过度扩张的抗议。它们被一连串的事件联系在一起，这些事件体现了国际制度政治化的典型特征。首先，这一进程是由欧洲和国际层面的规制缺陷所引发的。其次，其后果是超国家制度的权威得到增加，从而为进一步政治化奠定了基础。再次，这次危

151

机所特别导致的欧盟政策对社会各阶层的重要性相较以往变得更加明显。最后，危机因此造成了政治论争的局面，为改变欧洲政治和社会一体化进程提供了风险和机遇之窗。

在第一阶段，根据《马斯特里赫特条约》，经济和货币联盟将于1991年将货币政策集中在欧洲层面。货币政策完全由欧盟机构（European institutions）掌握，由欧洲中央银行领导，独立于成员国和其他欧盟层面的行为体（《欧洲联盟运行条约》第130条）。欧洲央行管理委员会由各国央行代表组成，以多数投票制为决策程序。同时，欧洲央行的行动范围受到宪法"无救济"条款的限制，该条款排除了欧盟和其他成员国对成员国债务的任何责任（《欧洲联盟运行条约》第125条）。此外，欧盟对成员国的预算政策只具有十分有限的监督权，以维持加入时规定的债务限额（《欧洲联盟运行条约》第126条）。欧洲央行的总体架构很大程度上是政府间谈判的结果（Moravcsik 1998：379-471），它超越民族国家，创造了前所未有的政治权威。然而，事实证明，中央集权的货币政策与分权的财政政策相结合的妥协方案是不足的。这种制度设计导致了债务危机，这是因为生产率增长慢的国家无法使其货币贬值，同时也阻碍了诸如财政平衡计划等常见的解决办法。

因此毫无疑问，在第二阶段，危机很快就引发了将更多权威转移给欧盟机构以消除规制缺陷的要求。受到功能主义者对欧洲一体化的影响，这些要求得到了相当程度的满足（Schimmelfennig 2012：502-504）。最好的例子就是所谓的一揽子"六部立法"（Six-Pack），这是欧盟委员会提出的一系列立法倡议，以在希腊赤字公布一年后收紧《稳定与增长公约》。在2011年秋季，欧洲议会和理事会通过了这些措施，使国家预算即使在规划阶段也会受到超国家控制。此外，关于制裁的决策程序已发生变化：制裁已不再依赖于成员国的主动许可，而只有得到有效多数（qualified majority）投票表决才能阻止制裁程序。2011年秋季通过的财政协定也体现了类似的目标。除了实际的马斯特里赫特标准之外，财政协定对成员国实施了平衡预算，要求国家建立宪法规定的债务刹车机制，并使这些财政政策措施受欧洲法院的约束。此外，可以同时购买政府债券和对银行进行资本重组的欧洲稳定机制（ESM）不是建立在国家否决权的基础上，而是允许个别成员国的要求被有效多数票否决。欧盟机制进而在决策权方面得到了强化。

在第三阶段，这些与危机有关的措施使超国家权威对社会广大阶层产生了切实可见的影响，并提供了完美的政治机会结构。当然，对"债务国"的社会尤其如此。紧缩政策意味着个人幸福感的大幅下降，这可以很明显地归因于超国家层面的决策。没有什么比国际货币基金组织、欧洲央行和欧盟委员会的"清算"监管三驾马车更具象征意义了。三驾马车的政策导致养老金和工资的大幅削减。日益增长的贫困在雅典显而易见，而这一点在高贵的马德里也无法忽视。但在"捐助国"也是一样，尤其在讨论财政转移的可能性时，个人和集体福利也受到超国家决定的巨大影响，公众也因此给予其极大关注。

最后，欧盟制度的政治权威因合法性不足而受到质疑。欧盟制度行使直接政治权威情况的增加，这与社会利益代表被削弱和碎片化形成强烈对比（Scharpf 2009）。欧盟委员会控制国家预算的权力以及上述欧洲央行权力的扩张就是很好的例子。缺乏合法性的另一个原因可能是，以牺牲国家议会或欧洲议会民选代表的权力为代价，为国家行政官员（自我）赋权。在危机期间多次发挥重要作用的首脑外交，出现在尤斯图斯·利普修斯（Justus Lipsius）大楼外的黑色豪华轿车，闭门谈判以及于清晨所公布的"别无选择"结果不太可能预示着包容性和代表性的决策程序。当欧盟对社会各阶层的福祉进行深刻干预并因此在公众中引起争议时，那么仅仅基于实际限制和专业知识的结果导向的合法化已不足以获得公众的同意。

这种政治化进程的研究为权威转移假说提供了进一步的支持。最根本的是，随着时间的推移，欧盟行使的权威越大，就会更为政治化。我们看到的显然不仅是对欧盟日益增加的抵制，而且还观察到对更多欧洲规制的额外要求以及对欧盟权威、合法性的普遍质疑。此外，与假说2一致，欧盟越发明显地行使政治权威而非"仅是"认知权威，政治化的几率就越大。

153

最后，在支持假说 3 方面，在高度权威的情况下，合法化赤字愈加明显。然而，在不同国家背景下，国际权威政治化的具体程度和类型取决于动员资源的能力和政治机会结构的干预作用。

四　其他国际制度的政治化

难道欧盟的政治化不是一个受极高权威驱动的特例吗？我们切实见证了国际制度的政治化，还是这种国际和跨国组织的权威水平仍然低于政治化开始的门槛？权威程度相对较高的国际制度是否比其他制度更为政治化？拥有政治权威的国际制度是否比那些主要行使认知权威的制度更加政治化？严重的合法化赤字会转化为进一步的政治化吗？在回答这些问题之前，我先简要回顾一下有关这一主题的文献，然后再对不同国际制度进行定性分析。

（一）当前的研究情况

总体而言，对国际和跨国制度政治化的研究不如对欧盟政治化的研究那样完善。当涉及国际和跨国制度在公共媒体中的显著性、行动扩大和论争方面的定量测量时——这三方面在欧盟政治化研究主题中占主导地位，现在仅有两项成果，并都涉及国际税收政策（Rixen and Zangl 2013；Schmidtke 2014）。这些研究成果得出的结论认为，权威转移假说比其他假说更好地解释了结果。一些案例研究也得出了类似结论（Binder 2013；Viola 2013）。

然而，大量存在的跨国抗议研究与政治化的概念性研究是同源的。这些由多纳泰拉·德拉·波尔塔（Donatella della Porta）、迪特尔·鲁希特（Dieter Rucht）和西德尼·塔罗（Sidney Tarrow）等学者发起的研究表明，有许多迹象显示社会抗议正在跨国化（della Porta and Tarrow 2005；della Porta 2007；della Porta and Caiana 2009；Gronau et al. 2009；Pianta and Zola 2005；Rucht 2013；Tarrow 2001, 2005）。类似地，最近出现了一种"新跨国主义"兴起的趋势，即"在过去十年中，跨境论争不断涌现"（Tarrow

2005：7）是国际主义的结果。反过来，国际主义则代表"国家、非国家行为体和国际制度紧密的三角关系结构"（Tarrow 2005：27）。此外，德拉·波尔塔和塔罗（della Porta and Tarrow 2012）将针对国际制度的跨国运动视为社会抗议跨国化中最新和最为重要的行动。事实上，德拉·波尔塔（della Porta 2011）用政治化的概念来把握这些发展演变（同样参见 Steffek and Hahn 2010 and Steffek et al. 2007）。[①]

此外，弗兰克·努尔迈耶及其同事（Nullmeier et al. 2010）的开拓性研究分析了受影响行为体的合法性主张，并将一些被作为合法性诉求对象的民族国家与国际组织进行了比较。研究表明，欧盟、八国集团和联合国都是关于合法化的辩论中的常见对象，其受关注程度与国家政治制度相差无几，而这些辩论的具体程度和强度则受到对这些组织制度能力看法的强烈影响。

总的来说，现有关于国际和跨国制度政治化的研究要么直接支持本章第二节提出的假说，要么至少与其兼容。虽然权威转移假说已经适用于较低级别的权威，但它却需要超过某种最低权威水平才能生效。大多数国际制度在1989年之前都无法达到这个最低水平，而当今许多制度的权威水平仍然低到不足以实现政治化。

（二）定性分析

这一部分的研究重点将放在不同治理功能上。[②] 根据调查结果，我们认为观察到的模式与权威转移假说（假说1）相符，认知权威的政治化程度低于政治权威（假说2），制度治理赤字的程度在这一过程中具有相关性（假说3）。

规则制定：通过多数决定制进行规则制定的国际制度行使政治权威。多数制投票在全球治理中发挥着重要作用。多数制投票增加了国家实施措施的可能性，即便这样做与这些国家最初的意愿或意图背道而驰。

---

① 但是，杰格（Jaeger 2007）将全球市民社会的兴起视为部分非政治化的动力。
② 本节引自祖恩等人（Zürn et al. 2012a）。

　　当国际制度的权威取决于多数决定制时，决策过程中的透明度和公平性就成为社会行为体和决策中处于少数状态国家最关心的问题。信息披露一直是世界银行跨国宣传的优先事项。贷款接受国（receiving states）、非政府组织和全球正义运动的部分成员（della Porta and Tarrow 2005）不仅通过展示世界银行的项目及政策对当地社区产生的巨大影响来证明其需求的合理性，同时也关注成员国之间投票权的不平等，并指出了银行对贷款接受国的巨大影响力（Nelson 2009）。然而，一直以来对国际权威的批评都已远远不止于缺乏透明度问题本身，而且反复强调公平性来让那些受权威决策影响的群体能够平等参与谈判进程。联合国安理会缺乏代表性，常任理事国的否决权又进一步加剧了这种情况，这一点尤为明显而受到了社会行为体和政府的谴责（Binder 2013）。将一些区域排除在世界贸易组织"绿屋"预备谈判和平行谈判的关键进程之外的做法，也引发了对更具代表性的决策程序的反复呼吁（参考 O'Brian et al. 2000；Krajewski 2002）。

　　监督：监督和核查正越来越多地由不受国家直接控制的机构执行。总的来说，如果国际规范不再仅适用于国家之间，而且开始管理主权国家领土边界内的活动，那么监督的必要性将会增加。每当涉及这些边界内的问题（Kahler 1995）时，缔约国的相互监督往往不足以保证遵约。因此，对处理和提供有关条约遵守情况信息的独立行为体的需求正在稳步增加。国际条约体系的秘书处（Biermann and Siebenhüner 2009）和自治组织可提供此类信息，例如世界卫生组织或国际原子能机构是两个突出的例子（Dai 2007：50 - 3）。这些组织是政治指定的认知权威。非政府组织也能更多地或非正式地发挥监督机构的作用。大体上看，乔纳斯·塔尔伯格及其同事已经表明，自20世纪80年代以来，非政府组织参与国际政策进程的机会显著增加（Tallberg et al. 2013）。

　　但是，这种强化监督的趋势是否引发了这些机构的政治化？监督和核查往往涉及政治指定的认知权威。可以预期，这些制度比制定规则的制度的政治化程度低。虽然有关政治化的突出事例表明监督和核查国际规则执行情况的权威是重要的，但其政治化的总体水平确实有限。例如，国际原子能机构，

156

因其在监督遵守《核不扩散条约》和平利用核能方面的专业知识而得到广泛认可。2005 年，诺贝尔委员会表彰了国际原子能机构，认为它不仅能"防止核能被用于军事目的"，还能"确保以最安全的方式和平利用核能"（The Nobel Peace Prize 2005），从而对其进行肯定。然而，尽管国际原子能机构名声显赫，却也屡遭批评。2006 年，在揭露引发全世界公众关注的 1986 年切尔诺贝利事故健康影响和环境后果的若干报告发表之后，绿色和平组织和一些反核非政府组织发起运动，抨击国际原子能机构"粉饰人类历史上最严重核事故的影响"（Greenpeace International 2006），并呼吁对其进行更有效的监督。2011 年 3 月，日本发生地震和海啸，在最终导致灾难性的福岛核事故之后，国际原子能机构再次因为淡化这场灾难的影响而受到指责。

西方公众普遍认为，联合国秘书长、联合国人权事务高级专员办事处（OHCHR）、世界粮食计划署（World Food Programme）等联合国机构和行为体是最为可靠的有关人道主义危机的信息来源。这种认识对西方公众如何在达尔富尔冲突等复杂问题上进行判断产生过巨大影响（Ecker-Ehrhardt 2010）。与此同时，这些联合国机构因提醒全世界注意某些危机（如索马里或科索沃）而未能关注另一些危机（如卢旺达或缅甸）而屡遭指责。同样，联合国人权委员会（UNCHR）及后来的联合国人权理事会（UNHRC）常被批评采用双重标准和有选择地处理侵犯人权问题。例如，把重点放在以色列而忽视巴勒斯坦人民的遭遇（参考 Terlingen 2007），或者通过避免处理大国侵犯人权问题来迎合其利益。公开批评国际权威的事例必然带有选择性，但这些事例为论争治理理论的基本主张提供了支持，即权威的行使导致政治化。与此同时，认知权威的政治化程度低于政治性较强的权威，并且它针对的目标是具体后果而非制度性缺陷。

规范解释：关于规范解释，最重要的是国际司法或准司法机构的数量大幅增加。目前约有 100 个活跃的国际司法机构（见第五章）。如果我们仅考察完备的国际法院的数量，那么现在至少有 24 个常设国际法院。80% 的国际法院拥有广泛的强制管辖权，84% 的国际法院授权非国家行为体——超国家委员会、检察官和（或）私人行为体提起诉讼。这些国际法院在单个诉讼案件中共做出了 37000 多项有约束力的裁决，其中 91% 是在柏林墙倒塌后做出的（Alter 2014：4）。

与一般权威转移理论的观点相似，社会行为体使这些司法权威和活动政治化，而其政治化程度介于政治权威和纯粹认知权威之间。尽管市民社会一直是国际刑事法院制度化的驱动力之一，且国际刑事法院的法律权威普遍受到肯定，但国际刑事法院在乌干达、中非共和国和纳米比亚等国的一些调查却遭到了严厉批评（例如 Baines 2007；Glasius 2008）。这些国家指责国际刑事法院的原因是其有选择性地关注内战中的"失败者一方"。内战受害者也对国际刑事法院提出了严厉批评，认为国际刑事法院将重点放在被指控犯有战争罪的高级别官员身上，缺乏与外部社会的联系，以及调查工作进展迟缓，使他们对获得正义的期望落空（例如 Clarke 2007）。实际上，一些非洲国家甚至计划退出国际刑事法院。前南斯拉夫问题国际刑事法庭和卢旺达问题国际刑事法庭等特设法庭也遭到类似的批评（例如参见 Spoerri and Freyberg-Inan 2008）。

世界贸易组织争端解决机构也是如此。市民社会行为体极大地利用了这一机会，参加选定的小组会议或向该机构提交"法庭之友"（*amicus curiae*）简报；这是公众意识和动员的有力迹象（例如 Eckersley 2007）。然而，与此同时，也有证据表明，市民社会行为体参与世界贸易组织争端解决机构程序的意向有所减弱。这是因为，事实证明，由于市民社会行为体的专业人士参与其中，特别是在涉及世界贸易组织上诉机构程序的后期阶段，它们发现利用世界贸易组织争端解决机构的效果低于最初预期（例如 van den Bossche 2008）。总而言之，可以再次看到，在规范解释上权威性的提高也伴随着大量公众意识的政治化和基于规范正当性的论争。与此同时，法院作为政治指定的认知权威的实例，其政治化程度低于政治权威。

强制执行：只有少数国际制度有能力强制执行其决定，从而行使最强有力的政治权威。然而，我们能够看到，对违法者实行物质制裁的做法已经有所增加。例如，强行法（*jus cogens*）已扩展到包括禁止危害人类罪、种族灭绝罪和种族隔离政策。同样，联合国安理会根据《联合国宪章》第七章中使用强制措施的比例也从 1989 年之前的低于 4% 上升到 1989 年之后的 40%（Johansson 2009）。此外，世界银行（以及国际货币基金组织）越来越多地采用条件性贷款的方式，即受援国须满足某些条件才能获得贷款，如进行具体的经济或政治改革（Mosley et al. 1995）。在这些执法权的案例中，高度政治化和重点强调制度上的缺陷的情况将会出现。

确实存在着相当多的证据表明国际制度取得执法权的权威引起了高度政治化。鉴于联合国安理会拥有使用武力的合法性，社会行为体曾多次抗议联合国在缅甸或达尔富尔等地不采取行动的做法，它们认为这是一种不适当的选择性权威行使（Binder 2013）。世界银行或国际货币基金组织结构调整方案中的附加条件也是如此，这些方案一直是非政府组织开展活动和全球正义运动的焦点（Park 2010）。正是在这些高级别权威的案例里，全球治理体系的制度缺陷被直接触及。联合国安理会和布雷顿森林体系下的会议经常因制度化的不平等、缺乏代表性和缺乏分权而受到诟病。

另一种执行形式是国际权威直接执行政策（Abbott and Snidal 1998：12 – 13）。例如，冷战结束后在东斯拉沃尼亚、科索沃或东帝汶建立的过渡行政权威就是这样一种权威。在这些情况下，联合国拥有影响深远的行政、立法和司法权力（Caplan 2004）。同样，我们预期会发生高度的政治化，且这种政治化重点强调合法化问题。

社会行为体确实反复在执行权威问题上展开论争，并强调其合法性关切。例如，2005 年末，苏丹难民在联合国难民事务高级专员开罗办事处举行了为期三个月的抗议活动（Moulin and Nyers 2007）。难民不仅要求根据《日内瓦公约》获得援助和正式承认其难民地位，而且坚持要求难民署将其诉求纳入相关决策之中。

同样，由于在冲突后被迫接受国际行为体的规则，过渡政府成为受影响公众论争的对象。文献中的主要例子包括帝汶人（Timorese）对联合国东帝汶过渡当局（UN Transitional Administration in East Timor，UNTAET）的不满。东帝汶过渡行政权威被指控未能让当地居民充分参与和融入政府结构的重建之中。同样，当地社区和国际倡议者也对联合国科索沃临时行政当局特派团

159

提出质疑,并指出包容和问责制的问题(例如 Chesterman 2004;Ford and Oppenheim 2008)。

对这种定性分析加以总结,我们能够表明权威假说(假说1)得到了证实:更高程度的权威导致更高程度的政治化。对具有高度权威的国际制度提出的挑战不仅针对其政策,而且针对其合法性以及是否适当行使权威的问题。特别是像联合国安理会、国际货币基金组织和世界银行这样的制度,因为不透明、技术专家的狭隘和权力偏见而备受批评(假说3)。不同类型的权威会导致不同的政治化方式和程度,这似乎也是事实:与认知权威的行使相比,政治权威的行使引发了更为强烈的政治化,甚至比政治指定的认知权威行使所引发的政治化都更为强烈(假说2)。

五　政治化的影响

为了探索因果机制的最后步骤——根据高度权威和政治化会导致合法化叙事的扩展(假说4),从而导致权威持有者必须做出关键决定的情况(假说5和假说6)——我进一步分析最近发表的文献,然后提供一项我们的研究来聚焦这些问题。

(一)当前的研究情况

对政治化的研究迄今主要集中在原因上,而对结果的研究较少。然而,国际制度的政治化可通过不同方式影响国家政治层面和国际层面(参见Zürn 2014)。关于对国内政治体系的影响,似乎最重要的是厘清两个方面的复杂关系:一方面,国际制度的政治化,另一方面,国内政党体系内部整合主义者和分化主义者之间出现的新分歧(Grande and Hutter 2016;Grande and Kriesi 2013;Kriesi et al. 2012)。精英与大众之间日益扩大的鸿沟在很大程度上是由对国际制度的不同判断所驱动的(参见 Hooghe 2003;Teney and Helbling 2014;de Wilde et al. 2016b)。

在超越民族国家的层面上,政治化可能影响决策内容(政策)以及决策过程（政治）。到目前为止，关于政治化对政策的影响的研究很少。其中，罗拉·维奥拉（Lora Viola 2013）认为，政治化对世界卫生组织的政策变化至关重要。克里斯蒂安·劳赫关于政治化对欧盟政策影响的实证考察（Rauh 2016）非常令人信服地表明，欧盟委员会的消费者保护政策在政治化指数较高时，将会更加有利于消费者。

在谈到国家之外的政治影响时，首先必须指出，政治化赋予某些非国家行为体权威，并使其在自由主义的国际舞台上更加游刃有余。这样一来，政治化就增加了不少国际制度的亲西方偏向（Ecker-Ehrhardt and Zürn 2013）。同时，西方的市民社会组织是那些最为积极要求获得参与机会和寻求公平的组织。如果没有政治化，它们就不可能扩展合法化叙事。

与此同时，政治化或对政治化的恐惧似乎对国际和跨国权威的合法化实践产生了影响。例如，罗卡贝特等人（Rocabert et al. 2017，待发表）证明，高度的政治权威将增加创建国际议会制度的可能性。换言之，被视为强大且具有侵入性的国际组织正是那些制定合法化策略的国际组织，这些策略往往利用了超越技术专家叙事的合法性来源。同样，汀渥士等人（Dingwerth et al. 2018，待发表）考察了"民主说辞"作为国际组织话语层面合法化实践的使用数量，并表明这一数量在观察期内有所上升，特别是在20世纪90年代增长尤为迅猛。在描述其角色和工作内容时，许多组织超越技术专家叙事，使用了一些参与和自由主义的措辞。最重要的是，媒体能见度和对国际组织的抗议与民主说辞的使用成正相关关系。政治化似乎引发了合法化叙事的扩展。

这些研究在一定程度上支持这样一种假说：具有高度权威的、政治化程度更高的国际组织倾向于制定超越技术专家叙事的合法化策略（假说4）。同时，采用参与叙事和法律叙事似乎并不一定产生实质性变革。 161

（二）定量分析

国际组织的合法化叙事何时以及如何改变？[①] CMALL 1 预测国际组织合

[①]　本节引自劳赫和祖恩（Rauh and Zürn 2015）。

法化叙事的变化是国际组织权威性提高及其产生的社会政治化的作用。为检验这一命题，我们采用时序逻辑（temporal logic），追溯了全球经济治理的三个核心制度：国际货币基金组织、世界银行和世界贸易组织的长期变化。① 这是为表明，尽管这些组织在很长一段时间内几乎只使用了技术专家的合法化叙事，但在对它们的抗议和政治化达到高峰水平之时，这些组织也补充了公平叙事和参与叙事。② 然而，当政治化抗议活动从顶峰下降时，这些新叙事则又失去了相关性。

我们采用文本挖掘的分析方法，来观察驱动抗议的替代叙事是否渗透到精英阶层的话语之中。为能进行大规模比较，我们借助（半）自动方法对大量文本进行了分析。③ 为此，我们设计了一个对各种在线数据库（如 LexisNexis、ProQuest、Wiso 等）所提供的报纸报道全文进行解析、清理和标注的流程管道（processing pipeline）（Rauh and Bödeker 2013）。这种相当灵活的解决方案消除了有限采样问题，并且能够对报纸出版和数字化的相关完整语料库中的文章进行有关政治化影响方面的分析。

对我们的目标而言，哪家媒体重要呢？我们考察的媒体来源要具有国际影响力，较少因受到特定国家影响而带有偏见，并实际上已得到全球决策精英的认可。这些媒体为精英话语提供了一个相对分散的论坛。因此，我们的数据收集策略侧重于选取那些拥有国际受众和占有全球商业新闻重要份额的知名报纸。作为精英交流的跨国媒体，所有文章都应以英文发表。我们选择了 3 家 1992 年至 2012 年主要的国际商业报纸。这类出版物为我们提供了有关全球经济治理相当敏感的话语，并可能会被超国家决策者注意到且产生影响。基于这些关切，我们最终确定的样本，包括《金融时报》

162

---

① 虽然初步分析是为追踪整个机制——因此包括《北美自由贸易协定》在内以增加权威上的差异性——但本节重点是政治化是否导致合法化叙事的扩展以及这种变化如何持续。在这一分析中，重点关注的则是在一定时期内被强烈政治化的国际组织的时变（temporal change）。

② 这些叙事曾在第三章进行过讨论。我们把这些叙事转换为合法化以指导整个分析过程（参见 Rauh and Zürn 2017，附录一，待发表）。

③ 关于该方法的介绍，参见格里默尔和斯图尔特（Grimmer and Stewart 2013）以及劳赫和波德克（Rauh and Bödeker 2013）。

（英国伦敦，2012 年每日发行约 426000 份）、《纽约时报》（美国纽约，
1086798 份）和《海峡时报》（新加坡，365800 份）。我们将国家级新闻报
纸《卫报》和《华盛顿邮报》作为对照组，以了解话语在面向更广公众的
全国性语境中的演变。

　　在精英阶层的话语中，技术专家的合法性显然在所有三个被研究的组织
中占主导地位。虽然可追踪到替代性叙事——如提及公平分配和更平等的代
表权，但它们充其量只发挥了边缘作用。虽然三个国际组织的三类叙事所占
比例各不相同，但却非常相似。在世界银行和国际货币基金组织的案例中，
涉及公平的合法化叙事所起的作用略大于在世界贸易组织中所涉及案例中的
作用。而在世界贸易组织中，参与问题似乎比其他两个案例更为重要（见
图 6－3）。观察对照组，《卫报》和《华盛顿邮报》显示出强烈（《卫报》）
或适度（《华盛顿邮报》）的差异模式（见图 6－7）。平均而言，以公平为基
础的叙事在世界银行的案例中占主导地位，而在世界贸易组织和国际货币基
金组织的案例中大体与技术专家叙事不相上下。

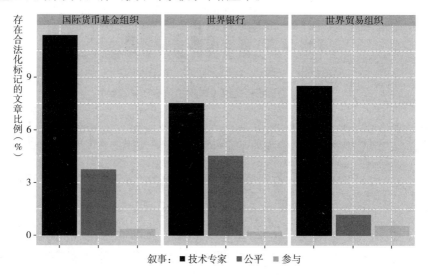

图 6－3　技术专家、基于公平和参与叙事的总体表现

来源：Rauh, C., and Zürn, M.（2015），"Legitimation Dynamics in Global Governance：Civil
Society Evaluations of the IMF, the World Bank, and the WTO in the International Business Press,"
Paper Presented at Legitimacy and Legitimation in Global Governance Workshop, April 16－17, Stockholm。

为检验假说，我们需要超越静态的案例比较而选取一种时变的视角。在这方面，最重要的问题是政治化时机问题。这些数据大体证实了这种观点，即1999年的西雅图抗争标志着一场针对全球经济治理制度的强大反全球化运动的诞生（见图6-4）。国际货币基金组织和世界银行的政治化浪潮一直持续到2005年。可能是由于多哈回合中的矛盾，世界贸易组织经历了第二次但较弱的政治化，这一阶段一直持续到2010年。尽管在剧烈时期之后，政治化又一次降到了低值，但当前水平还要比西雅图抗争前高一些。

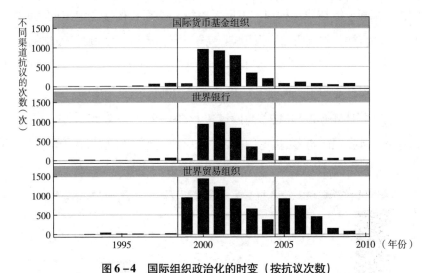

图6-4 国际组织政治化的时变（按抗议次数）

来源：Rauh, C., and Zürn, M. (2015), "Legitimation Dynamics in Global Governance: Civil Society Evaluations of the IMF, the World Bank, and the WTO in the International Business Press," *Paper Presented at Legitimacy and Legitimation in Global Governance Workshop*, April 16-17, Stockholm。

在此背景下，我们才有可能探讨政治化影响的问题。第一个问题是，政治化是否通过精英话语中市民社会组织的存在而引发合法化叙事的扩展？理论上的预期是，在政治化发生之前，技术专家的合法化叙事尤其强大。事实上，在政治化兴起之前，精英报纸的文章中经济治理类国际组织几乎具有充分合法性，其叙事强调非政治程序、有效决策、公正的专业知识和绩效标准，如稳定和开放的市场、经济增长和自由化。换言之，长期以来，权威持有者及其捍卫者主导的合法化叙事一直是技术专家叙事。尽管在遭到抗议之前，技术专家的叙事完全主导了世界贸易组织的合法化实践，但在 2000 年之前，国际货币基金组织和世界银行就已部分地使用了其他合法化叙事。

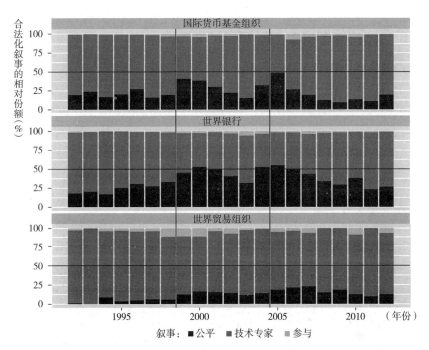

图 6 - 5　合法化叙事的年相对份额

来源：Rauh, C. , and Zürn, M. （2015）, "Legitimation Dynamics in Global Governance: Civil Society Evaluations of the IMF, the World Bank, and the WTO in the International Business Press," *Paper presented at Legitimacy and Legitimation in Global Governance Workshop*, *April 16 - 17*, *Stockholm*。

　　随着政治化上升，替代性叙事从 1999 年之后真正进入公共辩论中（见图 6 - 5）。以减贫、财富公平分配以及某种程度上的环境和人权问题为重点的公平叙事随后进入国际报纸的精英主导话语之中，特别是在关于世界银行和国际货币基金组织的讨论中。就世界银行而言，这一比例约为 50%；而国际货币基金组织则接近这一比例。在精英阶层对世界贸易组织的论述中，1999 年后公平叙事有所增加，但仍处于较低水平。同时，尽管这一时期参与叙事的总量明显低于公平叙事，侧重于平等代表国家和市民社会组织不同利益的参与叙事在世界贸易组织中则发挥了更大作用。客观而论，

165

1999 年以后参与叙事和公平叙事均上升，而这种情况也再次完全符合预期。

在证明这一点后，我们就可以回答第一个问题的第二部分了：这种上升是源于市民社会组织在精英话语中出现次数的日益增加吗？总体而言，在我们的精英报纸语料库中，服务于公共利益的市民社会组织的存在是相当低的，在 87011 篇报纸文章的整个语料库中，服务于公共利益的市民社会组织在直接国际组织语境中仅找到 1207 次。① 正如预期的那样，市民社会组织进入这一精英阶层的公共领域平均机会相对较少。此外，这种机会严重偏向西方的市民社会组织，并局限于大型跨国组织团体。超过半数的公共利益市民社会组织与出现频率最高的 5 个组织相关。特别是，作为一个由 17 个动员消除贫困和社会正义的成员组成的联合会——乐施会占据了主导地位，紧随其后的是透明国际、绿色和平、基督徒互援会和世界自然基金会（见表 6-2）。

表 6-2　语料库中出现的几大公益性市民社会组织

市民社会组织	出现次数（次）	百分比（%）
乐施会	319	26.43
透明国际	109	9.03
绿色和平	72	5.97
基督徒互援会	63	5.22
世界自然基金会	59	4.89
全球见证	29	2.40
世界发展运动	29	2.40
人民发展倡议	27	2.24
其他	64	5.30

来源：Rauh and Zürn 2015。

---

① 将其与作为行为体的美国政府进行比较，美国政府在当前的国际组织语境中总共出现 2583 次。

在政治化高峰时期，这些市民社会组织更多地出现在上述分析中的精英报纸之中。这再次符合理论的预期。同时，一些偏差也需要提及。首先，市民社会组织在这一领域的总体参与率仍然相对较低，最高才达到4%。考虑到在所有媒体内容分析中行政行为体的绝对主导地位，尤其考虑到国际制度和这些所选报纸的高度差异化，这些参与率数据表明了一个重大变化以及市民组织在政治化事件中不断上升的能见度。当然，政治化不会像开关一样运转。就国际货币基金组织和世界银行而言，在1999年政治化阶段开始之前，市民社会组织似乎已经在某种程度上存在。此外，政治化并没有产生立竿见影的效果，而可能具有一种延迟效应：公共利益的市民社会组织的数量似乎增长缓慢，并在2003年至2006年才达到顶点。总的来说，在第一次政治化高峰之后，精英报纸上出现的市民社会组织与我们假说的因果机制相符。

我们现在可转向第二个问题：在精英话语中政治化程度再次下降之后，市民社会组织和替代性叙事是否依然存在？在这一问题上，答案大体是否定的。第一，在高度政治化之后，市民社会组织和替代叙事的数量再次下降（见图6-6），替代性叙事的数量几乎与政治化同步发展，而市民社会组织维持的时间稍长，甚至在2005年和2006年出现了一个新的高峰。第二，我们看到三个国际组织出现的一些差异。关于世界银行，政治化的兴起和替代性叙事的出现似乎在精英话语中并行不悖。随着抗议活动的减少，替代性叙事也再次减少，但相较以往却保持在更高的水平上。国际货币基金组织也遵循了这条路径，参与叙事则只存留下一小部分，该叙事在1999年之前根本不存在。就世界贸易组织而言，精英话语中替代性叙事的减少并不像其他两个国际组织中的情况那样明显。

对于面向国家公众的报纸（《卫报》和《华盛顿邮报》）（见图6-7），情况则大不相同。尽管只停留在较低水平，它们对全球经济制度的批评并没有消失。在政治化的高峰时期，公平叙事在所有三个组织中都很显著（最明显的是世界银行），其在世界银行占主导地位，而在另外两个组织中这一比例也达到1/3左右。参与叙事在所有三个国际组织中都很薄弱，甚至《卫报》反映出的情况也是如此。

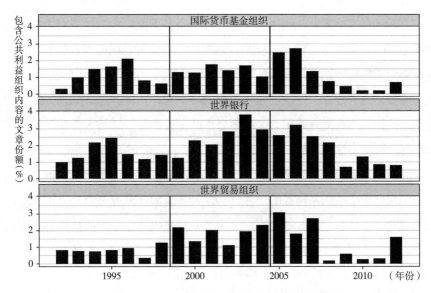

图 6-6　在语料库中市民社会组织的呈现

来源：Rauh, C., and Zürn, M.（2015），"Legitimation Dynamics in Global Governance: Civil Society Evaluations of the IMF, the World Bank, and the WTO in the International Business Press," *Paper presented at Legitimacy and Legitimation in Global Governance Workshop, April 16 - 17, Stockholm*。

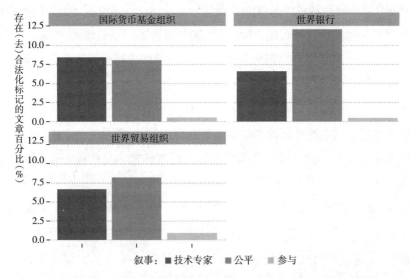

图 6-7　技术专家、基于公平和参与叙事的总体呈现（《卫报》/《华盛顿邮报》）

来源：Rauh, C., and Zürn, M.（2015），"Legitimation Dynamics in Global Governance: Civil Society Evaluations of the IMF, the World Bank, and the WTO in the International Business Press," *Paper presented at Legitimacy and Legitimation in Global Governance Workshop, April 16 - 17, Stockholm*.

这一分析结果可以轻易地用两个引导性问题来进行归纳总结。政治化是否带来了新的合法化叙事？即使政治化消退，这些新合法化叙事是否仍停留在精英话语之中？第一个问题的答案是肯定的，而后一个问题的答案却是否定的。

六 结论

从全球治理的论争理论中得出的社会政治化假说在很大程度上被本章提供的证据所证实。最重要的是，国际或跨国制度行使的权威越多，非国家行为体的政治化程度就越高。这一关于政治化原因的理论核心论断——权威转移假说——是成立的，特别是，如果我们考察的是政治权威而非认知权威，以及在制度的特征会产生合法性赤字的情况下，这种假说是成立的。就政治化的影响而言，政治化程度的上升将导致合法化进程中叙事范围的扩展。然而，这种合法化叙事的暂时改变并不一定会导致实质性改革。在本章分析的案例中，这种变化只会在十分有限的程度范围之内发生。

合法性叙事的扩展是否会导致全球治理的深化看起来是一个未知数。这似乎取决于权威持有者的调整是实质性的还是象征性的。如果这种调整仍然是象征性的，且从长远来看，合法化叙事再次回归以技术专家叙事为主的状态，那么我们则可预期权威—合法性差距将持续存在，这可能会导致僵局和全球治理的衰落。相反，实质性的回应可能表明全球治理深化的可能性。

接下来两章将通过分析差异性来讨论这种偶然性。在这方面，即使是本章所分析的三大国际经济制度也存在一定差异。世界贸易组织的权威持有者和维护者对技术专家合法化叙事只做了很小改变，可以说比世界银行和国际货币基金组织的改变更小。就世界贸易组织而言，很难确定它在过去 15 年中有什么制度或政策变化。在谈判期间，"绿屋会议"① 扮演的决定性作用、部长级会议协商一致的决定以及十分强大的争端解决机构是其不

① 俱乐部成员的秘密行为（behind the green doors）发生了变化（参见第七章）。

变的基本特征。结果，多哈回合陷入僵局并最终失败对整个世界贸易组织产生了深远影响（参见第七章）。有许多迹象表明，世界贸易体系正日益区域化，其治理正从世界贸易组织转向往往是双边贸易和投资条约的形式。然而，这些条约本身在西方世界就十分政治化，最明显的例子就是《跨大西洋贸易和投资伙伴关系协定》。

以国际货币基金组织为例，政治化使精英话语中的合法化叙事发生了明显变化，但近年来替代性叙事有所减弱。市民社会组织的要求没有或充其量很少得到回应。然而，国际货币基金组织经历了一场制度改革，调整了配额和投票权，使中国、印度和巴西等国获得了更大权重。在金融危机期间，这一组织甚至取得了额外权威。

166　　尤其是自 20 世纪 90 年代末以来，世界银行一直对替代性合法化叙事持最开放的态度。在这种情况下，即使在政治化高峰结束后，替代性合法化在某种程度上仍然存在。与此同时，世界银行也进行了一些政策改革和制度改革（参见第八章）。政治化影响在世界银行的案例中看起来最令人印象深刻。就世界银行而言，政治化导致合法化叙事出现了更稳定的扩展、或多或少的实质性改革以及全球治理的深化。

第七章　全球治理体系中的反制度化

国际制度的政治化并非全球治理受到论争的唯一表现形式。近几十年来，170
"全球南方"（Global South）的代表们对不公现象提出的严厉批评和抱怨也变
得更加为人所知。这些呼吁伴随着一种要实现变革的决心。早在20世纪70年
代，国际上就出现了建立"国际经济新秩序"和"世界新闻和传播新秩序"
的呼声（Steffek 2013）。然而，显著的制度变革仍然非常有限。相比之下，当
前的一些变革诉求更加强烈，并且已经引发了部分制度变革。

两个新形势的结合造成了当前国家对国际制度的论争浪潮。第一，国
际制度权威的上升，从而增加了合法化需求。第二，国际权力的分布和性
质正在迅速变化。七国集团以外国家的经济发展动力已将权力从全球治理
体系的传统管理和受益者手中转移出来。当前，"全球南方"的新兴发展中
国家正在全球经济中发挥更大作用，它们日益寻求将市场力量转化为对国
际制度的影响力。因此，既有权威持有者需要更为认真地对待变革诉求。
对许多观察家来说，这些变化表明朝向新国际体系的根本性转变将会发生。
正是这些挑战引发了无数论争和问题。新兴大国想要什么？它们是修正主
义者、满足现状者还是介于两者之间？新兴大国是否会组成超越一般问题
领域划分的集团，直接与既成大国对抗？权威持有者和既成大国如何应对
这一挑战？为什么它们故意削弱一些特定的国际制度？鉴于新兴大国对主
权的强调和既成大国缺乏承诺的现实，国际制度的权威在未来几年是否注171
定衰落？

本章从全球治理理论的角度对这些问题加以探讨。在第一节中，我们
将更详细地讨论第四章所介绍的国家论争的两种因果机制（从权威—合法

化关联中得出）：其中一种很可能导致全球治理的衰落，而另一种则是全球治理的深化（CMALL 3 = 新兴大国的反制度化，CMALL 4 = 既成大国的反制度化）。第二节讨论了全球治理体系中新兴大国和既成大国的概念。在第三节中，我将介绍"论争中的世界秩序"的研究设计（参见 Stephen and Zürn 2018a，待发表），并报告比较案例研究的结果，以表明新兴大国对全球治理体系的有限挑战。在新兴大国的挑战中最相关的策略是反制度化，而非试图彻底变革整个全球治理体系。之后在第四节中我将提出支持 CMALL 3 的证据，以表明新兴大国所针对的主要是制度化的不平等问题。反制度化可能导致全球治理体系碎片化，但更可能引发对现有国际制度进行实质性调整与改革，这取决于既成大国的回应。最后，第五节围绕反制度化不仅被新兴大国所利用也为其他国家利用来展开论述。面对新挑战，假如既成大国失去对国际制度的控制，它们便会削弱由其创建的制度。虽然新兴大国的反制度化有时会带来制度改革，甚至深化全球治理安排，但既成大国的反制度化却往往导致全球治理的衰落。

一　全球治理体系中的新兴大国与既成大国

在全球治理体系中，国家权力的差异通常转化为与强国实质利益密切相关的国际权威。与此同时，国际制度吸纳实力较弱国家的必要性和主权平等的原则，通常会被转化为程序规则，使较弱国家至少具备一定的发言权。因此，国际制度在其运行中既体现了事实上的不平等，也还要表明对法律和政治平等的承诺。长远来看，弱国收益不断增加，以至于既定规则不再符合较强国的（已改变的）利益。

然而，如果国际权威的兴起伴随着制度化的不平等，如联合国安理会、国际货币基金组织的情况，那么长期来看，国际制度的平等化力量将被削弱。制度化的不平等是全球治理理论中的一个关键因素，它强调全球治理体系中嵌入性的分配冲突以及由此带来的分层化。然而，如果全球治理体系中的权力分配发生变化，变得有利于先前的弱国，那么可预想到三种可

172

能的回应：持续的屈从、要求在体系内进行变革以及试图推翻体系。① 持续的屈从意味着国家尽管存有不满，但还是默许了既定形式的制度化，传统权威的概念中暗含了这一点。相比之下，国际关系学者通常期望的是"退出"。如果一国对在无政府体系中某一制度的运行不满，并且拥有其他选择，那么从这个角度来看，退出或不合作是合乎逻辑的选择。然而，在全球治理体系中，这两种回应比较罕见。鉴于全球治理体系的规范性原则，不满更可能转化为发声，而不是屈从（忠诚）或退出。对共同利益的承认意味着完全退出很难成为一种选择，而反思性权威则使彻底服从的可能性微乎其微。

虽然国家在很大程度上是国际权威在全球治理体系中兴起的推动者，但它们以一种反思性方式对待国际权威。它们往往将国际权威视为国家领土之外影响国内支持者的一种手段，并力图尽量减少国际权威对本国自主性的影响。因此，各国同时承认并挑战国际和跨国权威。在某种程度上，一旦对国际权威的决策不满，西方强国将对自己建立和塑造的国际制度展开论争。世界卫生组织可能是这一进程中的典型案例。不过，西方强国的回应不是退出。相反，它们选择发声，其发声内容既包括批评性的沟通，也包括对变革的诉求。在制度层面上，发声首先意味着形成更接近当前利益的新制度，以影响或取代旧的国际制度：这种策略可被称为"反制度化"。反制度化是指利用其他承担类似任务的国际制度而对现有国际制度构成削弱或挑战。② 虽然退出合作计划是国际体系中那些心存不满国家的重要回应方式，但这种不满在全球治理体系中却是由反制度化来表达的。

反制度化具有两种不同形式。一方面，不满的国家能够通过机制替换

---

① 三位一体的遵从（the triad of deference）、对体系的挑战和体系内变革是赫希曼（Hirschman 1970）提出的退出、呼吁和忠诚的更一般化分类中的特例。

② 莫尔斯和基欧汉（Morse and Keohane 2014）使用"论争性多边主义"这一术语。然而，对多边主义的论争由多种行为体以多种形式进行，包括抗议、抵制和退出。相反，"反制度化"这一术语强调国家利用国际制度（单边的或多边的）来改变令其反感的国际制度。

（regime shifting）或论坛选购（forum shopping），"将规则制定过程转移到那些任务和优先事项有利于其关切和利益的国际场合"（Helfer，2009：39）。即使成员国不退出该制度，它们也可能尽量减少对现有制度的支持，同时增加对其他具有类似任务的制度的支持。它们可以转向那些承担部分互补但也相互冲突的治理任务的国际或双边制度，从而降低原有制度的相关性。这种发展带来的结果往往是更具竞争性的制度环境，以及导致原有制度处于更劣势的处境。另一方面，不满的国家也可参与竞争性机制建构，进而超越了机制替换。不满的行为体通过在相同问题领域里建立一个与现有制度并存的新制度，来挑战现有制度的治理权威（Schneider and Urpelainen 2013；Urpelainen and Van de Graaf 2015）。机制替换利用了碎片化，然而竞争性的机制建构则助长了碎片化发展。

有了这些概念，全球治理体系中的制度动态变化（institutional dynamics）就可被理解为多种反应序列。第一，新兴大国并不企图破坏全球治理本身，而主要是针对那些既成大国构建的制度化不平等的具体制度，次要针对那些至少从它们角度来看的成本分配不公平的制度。换言之，新兴大国并非试图从根本上改变或退出全球治理体系，而是要改变具体制度。它们不质疑权威本身，而是质疑权威的具体行使方式。因此，新兴大国预期采用反制度化方式。改变现状的办法不是退出全球治理体系，而是探索对新兴大国更有利的体系。因此，在既成大国和新兴大国之间不会出现跨问题领域的全球性分歧。相反，冲突格局应被嵌入和置于国际权威的具体设计中。

174　　第二，如果既成大国在权威决策过程中享有特权（制度化不平等），那么权力格局的转变将会引发新兴大国的论争和去合法化（新兴大国的反制度化）。像不扩散核武器条约制度、世界银行、国际货币基金组织、联合国安理会和G7/G8集团会议等制度就是很好的例子。制度化不平等现象严重的国际权威是新兴大国反制度化的主要目标。新兴大国提出变革诉求，并威胁进行反制度化。然而，新兴大国反制度化的言论未必是制度权力错位发展演变的终点。原有制度可能会"适应"由其共同创造的新环境。面对缓解制度化不平等的诉求，权威持有者可能会让步，主动进行改革。这一序列的结果很少实现全面的制度变革，而是通过"层叠"方式增加了复杂性，即在僵化且越发缺乏相关性的核心机制上添加新组织要素（参见 Streeck and Thelen 2005）。图 7 - 1 总结了"新兴大国反制度化"（CMALL 3）的反应序列。

图 7 - 1　新兴大国的反制度化（CMALL 3）

第三，"一国一票"原则的主导地位导致既成大国在失去控制的情况下进行反制度化。世界卫生组织、联合国教科文组织和某些破坏世界贸易组织的新贸易及投资条约，以及联合国人权理事会都是典型案例。因此，既成大国反制度化的因果机制往往在以下局面展开，某个制度的主要支持者面对固守的制度现状联盟，而无法再在制度内施加权力影响。这些关键参与者往往是强国，它们起初塑造了制度，但随着时间的推移，强国失去了对制度的控制，因为制度规则为弱国赋权。强国通常会为弱国提供话语权，使其接受规则的制度化。如果利益或环境发生变化，这些有权势的行为体就不再能轻易改变制度特征。较弱的行为体（如发展中国家）则利用和保护其制度特权，来抵制变革的诉求，从而导致反向的权力不匹配。这种情况导致既成大国的反制度化，进而导致全球治理的碎片化甚至衰落（见图 7 - 2）。

175

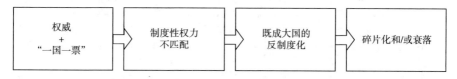

图 7 - 2　既成大国的反制度化（CMALL 4）

在本章的剩余部分，我将在新兴大国实践的比较研究基础上探讨这三个命题，并在"论争中的世界秩序"项目背景下，分析新兴大国在不同制度化议题领域里所进行的实践。①

二　国家权力的面孔

全球治理体系中的反制度化挑战源于国际制度在世界政治中的角色变化以及国家间权力分配的变化。② 世界最大的六个非经济合作与发展组织成员国：巴西、俄罗斯、印度、印度尼西亚、中国和南非（BRIICS）的国内生产总值之和在 1995 年约为七国集团的三分之一。到 2013 年，这一比例上升到近四分之三（OECD，2008）。未来 BRIICS 六国仍有很好的发展预期，这也激发了对其重要性的认知：按照经济合作与发展组织的预计，这种增长趋势将持续下去。因此到 2030 年，BRIICS 六国的经济产出将是七国集团的近 1.5 倍。③ 2008 年，美国国家情报委员会（US National Intelligence Council，2008）对这一趋势加以研究并得出结论："随着其他国家的迅速崛起，'单极时刻'已经结束，并且始于 1945 年的美国在国际政治中占据的优势正在螺旋式下降。"2013 年 1 月，经济合作与发展组织发表了一份关于世界经济长期趋势的新研究，强调了对新兴国家发展的重视。尽管这项研究指出未来几十年新兴经济体的增长将出现下滑，但对这种转变的可视化

176

① 这一研究项目由莱布尼茨学会、柏林社会科学中心、法兰克福和平研究所（PRIF）资助，德国全球与区域研究所（GIGA）作为项目的合作伙伴。项目的完整信息和研究结果，参见斯蒂芬和祖恩（Stephen and Zürn 2018a，待发表）。该项目的其他参与者包括帕斯卡·艾比（Pascal Abb）、马丁·宾德、梅兰妮·康蒂 - 齐默尔（Melanie Conti-Zimmer）、索菲·艾森特劳特（Sophie Eisentraut）、安妮格特·弗洛尔（Annegret Flohr）、安雅·杰茨基（Anja Jetschke）、马尔特·莱尔曼（Malte Lellmann）、奥特姆·洛克伍德 - 佩顿（Autumn Lockwood-Payton）、哈拉尔德·穆勒（Harald Müller）、德克·彼得斯（Dirk Peters）、米里亚姆·普莱斯 - 汉森（Miriam Prys-Hansen）、米兰·罗塞勒（Milan Röseler）、亚历山德罗斯·托凯和克劳斯·迪特尔·沃尔夫。

② 第七章第二节和第三节内容来自斯蒂芬和祖恩（Stephen and Zürn 2018b，待发表；2014）的研究。

③ 根据国际货币基金组织的世界发展指标得出 1995 年数据；根据经济合作与发展组织得出 2013 年和 2030 年数据。有关权力转移的概述，请参见格雷和墨菲（Gray and Murphy 2013）；卡勒（Kahler 2013）；卡佩尔（Kappel 2011）；经济合作与发展组织（OECD 2010）；扬（Young 2010）。

展示仍令人印象深刻。根据这些计算，例如，到 2060 年，印度将占全球
GDP 的 18%，即欧元区规模的 2 倍（参见图 7 - 3）。

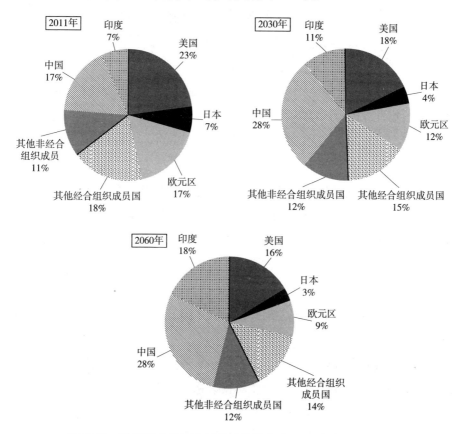

图 7 - 3　以 2005 年购买力平价计算的全球 GDP 占比（PPPs）。

注：全球国内生产总值取 34 个经济合作与发展组织国家和 8 个非经济合作与发展组织国家
的国内生产总值之和。

来源：OECD，2013。

　　但这些经济变化真的预示着世界政治中的新权力分配吗？尽管资源可
能是大多数权力形式的重要背景条件，但权力是一个多元概念，不能仅简
化为拥有物质资源（参见 Barnett and Duvall，2005）。然而，如果我们把经
济领域的变化作为迄今为止国际权力转移最易识别的标志，至少存在三种
不同机制能够将增加的世界经济份额转化为国际制度影响力。这三种机制
贴切地对应着权力的三种面孔（Lukes 2005；关于权力的两种面孔，另参见

Bachrach and Baratz, 1962)。

第一，经济扩张增加一国与其他国家打交道时的可用资源。经济资源可以转化为关系性权力工具，如官僚能力、知识资源、提供物质（反）激励以及旁支付的能力。正如现实主义理论经常强调的那样，它最终也可以转化为军事能力。同样，拥有庞大的经济体量也展现着控制庞大内部市场准入权所持有的杠杆作用，这种议价能力在贸易等经济政策领域特别有意义（Krasner，1976）。这种议价能力和影响力又被经济规模与世界网络中心地位的相关性所强化，不断培育着新兴大国的"网络权力"（network power）（Hafner-Burton et al. 2009）。换言之，经济资源增加强制力。

177　　第二，在世界经济中，占有巨大份额的国家具有体系影响力。在世界经济中占有特别大份额的国家对全球经济具有功能性重要性，即"体系重要性"。这种体系性意义不仅适用于市场规模、银行体系，也适用于非经济发展问题，如气候变化中的有害排放。此外，由于经济全球化的结果增加了溢出动力，体系重要性的门槛也降低了，从而需要各国在决策中进行协调与合作，以便有效地治理。因此，新兴大国已经取得了相当程度的结构性权力。

第三个新权力中心出现的迹象在于非有形的地位和承认领域（Galtung 1964；Paul et al. 2014）。新兴大国不仅表达了改变全球政治运行方式的愿望，而且既成大国和其他全球治理参与者也日益承认其新地位。奥巴马总统曾公开承认印度"并非正崛起而是已崛起"，这便是典型的例子。① 外部承认的同时，从基于新兴大国联盟和网络的扩散也能够看出，一些国家也日益认识到自身作为新兴大国的地位（Flemes 2013）。比如，2003 年后出现的印度—巴西—南非对话论坛（IBSA），2009 年后出现的"金砖国家"（巴西、俄罗斯、印度、中国、南非），以及自 2009 年起出现的"基础四国"（巴西、南非、印度、中国）。最大的新兴经济体正在组建俱乐部，并

---

① 巴拉克·奥巴马：《总统在印度新德里印度议会联席会议上的讲话》，白宫，2010 年 11 月 8 日。参见 http//www. whitehouse. gov/the－press－office/2010/11/08/remarks－president－joint－session－indian－parliament－new－delhi－india。

吸引其他南方国家加入。这些国家将新信念和新想法带到国际制度的谈判桌上。只要这些新信念和想法对其他国家具有吸引力，它们便开始使用软权力了（Nye 1990）。①

这三张权力的面孔能够在不同背景下发挥作用。虽然权力转移理论家认为权力主要是在所有情况下都可供使用的资源，因此认为所谓的"整体权力结构"最为重要，但其他学者对权力在不同领域中的通用性表示怀疑。与权力转移理论家和各种现实主义理论（Waltz 1979；Tammen et al. 2000）相比，大卫·鲍德温（David Baldwin 1979：193）等社会理论家认为，"与任何特定问题领域无关的单一整体国际权力结构的概念实际上是一种毫无意义的权力概念"。鉴于权力的有限可替代性，特别是制度主义者经常指出"问题领域结构"是评估权力关系的相关性背景（Keohane and Nye 2001），因此，当代权力转移的性质及其程度，以及哪些国家具有资格成为"新兴大国"，都需以对制度和问题领域背景高度敏感的方式进行处理（Lesage and Van de Graaf 2015）。

那什么是新兴大国呢？在当前讨论中，新兴大国是指在三个维度上不断增强实力的国家。与早期相比，它们拥有更多可用资源，更根本地影响体系结构，并拥有更多软权力。三个条件必须得到满足：第一，新兴大国对其领土拥有足够稳定和制度化的控制，因此能够坚守并要求更多主权；第二，它们控制的市场规模超过一定标准；② 第三，在过去几十年间，这些国家的经济年均增长强劲（＞4%），而且，预计未来经济增长仍然保持同等态势。

如果严格应用"新兴大国"定义，它可能仅适用于中国、印度，也许还有巴西（后者的增长率明显低于其他两个国家）。其他多数南方国家则达不到市场规模（GDP＝人口×人均GDP）的门槛标准或增长标准。如果把这些要求降低一点，印度尼西亚、墨西哥、南非和土耳其等国也可被视为

①　当然，软权力具有相当宽泛的范畴，既包括通过说服获得的权力，也包括通过权威获得的权力（参见第二章）。
②　最低限度（有点武断地）可以定为8000万人口以上，人均国内生产总值至少达到10000美元。

新兴大国。我们将新兴大国与既成大国做对比。既成大国是指在技术水平和人均占有资源方面排名靠前的国家，它们在国际制度的决策程序中享有特权地位。特别是在经济领域，长期以来，美国、英国、日本、德国、加拿大和法国被认为是具有关键权威的国家。

既成大国的概念可被操作化为七国集团的成员资格，因此意大利也被囊括在内。新兴大国通常被等同于"金砖四国"（巴西、俄罗斯、印度、中国）、"金砖五国"（加上南非）或 BRIICS（加上印度尼西亚）。出于实际目的，本章也使用了这种可操作的模式。然而，很明显，俄罗斯不符合新兴大国标准。它既非新兴大国，也非真正意义上的既成大国。俄罗斯缺乏新兴大国的经济活力和既成大国的经济资产。"金砖五国"把国际制度作为根据自身偏好和价值观塑造全球治理的场所。从这个意义上说，它们是当前全球治理体系的挑战者，而既成大国则是主导者或权威持有者。

三 我们是否正在见证体系变革？

在前文背景下，第一组问题旨在确定挑战的强度。新兴大国所组成的紧密联盟的目的是体系变革、推翻秩序，还是仅仅要求制度适应新的权力分配，即系统性变革？新兴大国是否有体系变革的诉求，还是体系内的变革可使"金砖五国"消除疑虑？体系内变革（changes within a system）是微小而有规律的变化；体系变革（system change）是根本性的变化，而系统性变革（systemic change）指的则是在体系治理中的变化，它介于前两者之间（参见 Gilpin 1981）。

不同理论视角对这些问题给出了不同答案。现实主义者把新兴大国的诉求解释为对体系变革的诉求。根据权力转移理论（Gilpin 1981；Modelski 1987），新兴大国与既成大国之间的冲突具有根本性、危险性和战争倾向性的特点。根据这一理论，新兴大国将结成紧密联盟，以便从根本上塑造有利于它们的国际秩序。因此，新兴大国被视为修正主义大国。为了创建有利的国际秩序，它们甚至不惜发动争霸战争（Gilpin 1988；Organski and

Kugler 1981）。这一理论的预期是新兴大国通过建立联盟来对抗既成大国，在既成大国和"修正主义"大国之间制造了明显裂痕，并体现在不同问题领域之中，类似于第二次世界大战后的东西方分裂。

自由主义者主要看到了对体系内变革的诉求，包括对国际权威的实质性规则进行更为深入的变革。从这一观点来看，新兴大国的目标是加入全球治理体系（Ikenberry 2011a），或者成为主要参与者和利益相关者（Kahler 2013）。同时，自由主义者认为当前的全球治理体系能够适应挑战并接纳新兴大国（Schweller 2011；Gu et al. 2008）。这一观点立场预期新兴大国在本质上有利于全球治理制度。新兴大国不是对国际制度展开论争，而是在现有制度框架内展开工作，并以惯常方式服务其政策偏好。此外，新兴大国的诉求主要根据其政治制度而变化。与威权政体相比，自由民主政体的新兴国家与自由民主的既成大国有可能更为契合。

根据全球治理的论争理论，吉尔平提出的系统性变革可以预期发生。新兴大国在全球治理体系的制度结构内行事，并要求在政策和制度设计上做出改变。与现实主义观点不同，新兴大国并不试图推翻整个体系；与自由主义观点也不同，体系内的重大分配性争斗预期出现，而这些争斗有时导致体系改革，有时导致衰落，其后果取决于新兴大国的偏好和制度现状（类似的论述，参见 Hurrell 2007；Morse and Keohane 2014；Zangl et al. 2016）。

为了检验这些预期，我们系统地研究了新兴大国对国际制度的显示性偏好（revealed preferences），并将其与既成大国的偏好进行了比较。我们将考察新兴大国在国际和跨国规则中所表现立场中的自由主义程度，国际和跨国制度应该在多大程度上行使权威，以及新兴大国寻求进行何种分配上的改变。

虽然国际制度日益受到新兴大国崛起的影响，但新兴大国对全球治理的影响不仅是其得到增强的权力，也是其偏好和信念的产物。偏好是"使行为体能够区分不同替代性选择的合意性（desirability）"的属性；这些偏好间接地体现了更为宽泛的描述性（本体论的）和规范性（伦理的）信念（Frieden 1999；Legro 2005；Zürn 1997a）。

为评估新兴大国的偏好，我们区分了三个维度。从政策内容开始，我们追问行为体在多大程度上主张或反对自由主义政策和原则的制度化。自由主义程度的差异最能体现在系统性和不同情况下的首选政策内容的差异之中。自由主义与经济开放（在资本、货物和劳动力的无障碍交换中不设政治壁垒）和政治个人主义（人权）联系在一起。在某种程度上，自由主义国际制度促进个人权利并减少在物质商品（资本和商品）、劳动力（服务和移民）和思想（文化产品和知识）的跨国交流方面的政治障碍。相比之下，干预主义者则要求和主张在国家或国际层面进行政治干预，以减少自由交流所产生的不良影响——无论是国内还是国际层面的不平等、环境恶化，以及对民族文化和习惯的侵蚀（Corbey 1995；Scharpf 1996b；Zürn 1997b）。

　　转到政治领域，我们要考察的第二点是新兴大国在多大程度上能够在国际制度的决策过程中更好地占据分配地位（distribution of status）。这是一个与特定国际组织是否允许所有受影响的国家公平参与和公平执行有关的问题。最后，我们考察政体层面上支持或反对公共权威转移的程度。一方面，我们试图了解国际制度是被国家需求还是排斥。另一方面，我们的目的是了解受国家欢迎的制度形式。在本章里，我们将单纯的政府间合作与国际权威加以区分。

　　在概念化的基础上，我们对一系列国际制度进行深入研究。这些制度在权威性、自由主义的程度和地位分层化方面各不相同，包括以世界贸易组织为基础的贸易机制、国际货币基金组织、核不扩散条约机制、国际气候机制、联合国人权委员会和世界卫生组织。至于跨越不同议题领域开展工作的国际制度，我们重点考察八国集团/二十国集团和联合国大会。这种结构化的、聚焦的比较案例研究方法（George and Bennett 2005）带来了三个特别重要的发现。

　　第一，总体上，全球治理体系和国际权威本身几乎不会受到新兴大国的挑战。案例研究表明，"金砖五国"与既成大国之间跨越不同问题的长期和象征性的对抗并不存在。我们既没有看到新兴大国对国际制度的普遍排斥，也没有看到新兴大国系统性、跨领域地削减国际权威与规制的偏好。相反，不同问题领域中的冲突点也各不相同。有的是决策过程中体现的制

181

度化不平等引发的冲突，有的是政策内容方面的冲突。在大多数情况下，最有争议的问题是针对某一制度内决策职位的分配。在制度化不平等的所有情况下，拥有特权的行为体与挑战国际权威的行为体意见相左。以联合国安理会为例，五个常任理事国一边捍卫自己所拥有的否决权，另一边却在给予他国同样特权时犹豫不决。核不扩散条约制度也是如此（Müller and Tokhi 2018，待发表）。挑战者包括那些在制度中没有特权地位的国家。同样的模式也适用于集团峰会（G-summits）（Peters 2018，待发表）、国际货币基金组织（Tokhi 2018，待发表）和世界贸易组织中的美国、欧盟、日本、加拿大四方（参见 Zangl et al. 2016）。在所有这些情况下，对改变"执行机构"（executive bodies）成员的诉求一直存在。当这些要求得到满足时，论争就会减少。在所有制度化不平等的案例中，制造冲突线的是特定领域的特权分配，而非西方大国与"金砖国家"之间的冲突。

第二，西方既成大国与新兴大国之间的对抗在遵循"一国一票"原则的制度背景下发生的可能性更大。然而，在这些情况下，只是规制内容（政策）处在矛盾之中。在涉及经济规制问题时，新兴大国往往要求对市场进行更多监管。在国际贸易中，这种分歧也大致存在于既成大国与挑战国之间（Stephen 2018，待发表）。在发展问题上，对"嵌入式自由主义"最直言不讳的支持者是印度和巴西。它们属于西方民主政体，但经济和军事实力却相对有限，因此从权力转移理论的角度来看，它们不太可能成为承担反对既成大国联盟中领导角色的候选国。

同样重要且值得注意的是，这一联盟的决定性因素是更多规制而非更少国际权威。金砖各国倾向于所谓"嵌入式自由主义"，它们主张采用一种带有更多规制但更少新自由主义要素的自由主义版本。这种情况往往带来要求更多国家自由裁量权的诉求，但在某些情况下，它们也寻求更多的国际规制，例如国际货币基金组织在金融市场上的作用。

正是这种对新自由主义的普遍反感为在联合国大会的投票行为提供了一种象征性的凝聚力。在某种程度上，这使"金砖国家"与七国集团形成对立（参见 Binder and Lockwood Payton 2018，待发表）。分析"金砖国家"

在联合国大会的实质性论点和它们在巴勒斯坦问题上的表态，可以看出在这个联盟中，似乎又是巴西和印度扮演着领导者的角色。这一领导角色当然不是来自物质权力分配，而是来自它们作为不结盟运动发言人的长期立场。当前世界秩序中的体系性冲突似乎仍然存在于发展中国家和最富裕国家之间。如果一个有争议的议题引起了这种对抗，那么理念上的共同点就足以让不结盟运动形成一个反对七国集团的联盟。

与这些发现结果相一致的是，只要私人行为体不公开挑战主权，"金砖国家"也不会对私人行为体的制度权威提出质疑（参见 Coni-Zimmer et al. 2018，待发表）。因此，保护国家自主权的准则不仅指引新兴大国对国际制度的立场，也为它们评估私人行为体在跨国制度中所行使的政治权威提供了参考。

总之，"金砖国家"似乎是保守的全球化者（Kahler 2013）。"金砖国家"试图重建国际社会转向新自由主义之前的制度环境，包括国家在这一体系中的主导作用，因此它们是恢复性（restorative）而非革命性（revolutionary）的。然而，"金砖国家"缺乏一致的、共同的全球秩序替代性愿景，而这种愿景会使其在不同议题领域内的立场得到整合。只有这样一种革命性愿景才能创造出一条整体阵线，克服特定制度和政策利益分割，并将不同问题领域串联起来。尽管这种重建以民族国家为中心的"嵌入式自由主义"倾向给予了大量的国家自由裁量权，却没有为这种整体的冲突阵线提供足够的意识形态补给。

第三，不同新兴大国之间由国内结构导致的差异并不大。制度类型在某种程度上解释了与人权有关的政策差异，如联合国安理会和联合国人权理事会的情况。在这些问题领域里，巴西等民主新兴大国的表现与威权新兴大国略有不同（Binder and Eisentraut 2018，待发表；Jetschke and Abb 2018，待发表）。然而，在大多数其他问题领域里，国内结构因素的预测能力十分有限。

大体来说，这些发现与现实主义权力转移理论和自由主义预期相矛盾。首先，如果新兴大国原则上接受现有国际权威，站在现状的一边为其辩护并对抗那些认为需要变革的既成大国，那么这种情况完全颠覆了权力转移理论的预期，很难与权力转移理论兼容。此外，尽管中国和美国分别是这两大集团的核心，我们却很难确定"金砖国家"是不是七国集团这一既成大国集团的挑战者。在我们的研究中，与权力转移理论预期最接近的模式显然是联合国大会中的投票行为（参见 Binder and Lockwood Payton 2018，待发表）。各国的投票结果表明，新兴大国的偏好显著趋同，这与它们在 21 世纪被制度化为"金砖国家"不谋而合。事实上，正如这个统计结果所显示的那样，"金砖国家"在投票上几乎和七国集团一样团结一致。这一发现乍看令人费解。尽管我们不能在具体议题领域的制度中观察到这种对抗，但这一冲突却突然出现在跨议题的联合国大会层面上。从这个意义上讲，许多不同联盟间的小冲突加起来的总和似乎形成了一条完整的体系性冲突阵线。然而，这种"机械降神"（*deus ex machina*）的解释并不可信。但这些观察结果恰恰表明了联合国大会投票的主要象征性意义。

这些研究结果也对自由主义预期和约翰·伊肯伯里（John Ikenberry 2011a）关于自由主义世界秩序的性质、适应性和恢复力的论点提出了质疑。第一，新兴大国通常会对最为"自由主义"（按照我们的定义）的提议和制度提出异议，例如世界贸易组织中的"新加坡议题"、国际货币基金组织的资本流动政策、作为人权保护手段的"保护的责任"、十分具有侵入性的制度和强有力的人权保护机制等。如果自由主义的世界秩序是包容的，那么为何新兴大国会对最具自由主义的提议发起最有力的挑战？也很少有证据表明，新兴大国认为它们对美国的领导地位和行为有发言权，以及拥有"接触和参与的机会"（Ikenberry 2010：514）。此外，新兴大国的国内结构似乎无法解释新兴大国之间的偏好差异。① 184

---

① 俄罗斯是个例外。虽然俄罗斯政府往往以自身在国际制度的角色中界定偏好，但有时表现得像一个修正主义大国。这一"俄罗斯很特别"的发现与所有理论视角都不矛盾。从国际权力分配来看，俄罗斯既不具备崛起的资质，也不具备既成大国的资质。从历史的角度而言，俄罗斯最多可以被归类为衰落大国，其利益往往与既成大国不同；而俄罗斯的制度特权又使其与新兴大国格格不入。

相比之下，研究结果与全球治理理论的行为意涵是一致的。第一，造成冲突的首要因素主要是治理体系的制度结构和分配性偏向。从这个意义上说，正是一种内生的制度动力引发了这些冲突。为满足既成大国要求和保护其利益而做出的有关制度设置的决定，日益不为新兴大国所接受。随着新兴大国实力的不断增强，这种决定日益遭到挑战。虽然新兴大国也许以一些原则化的辞令进行抵制，但支撑它们的根本原因是分配性与制度性利益。虽然"金砖国家"在反对强大的新自由主义秩序上存在一定凝聚力，但在具体国际制度上，这些国家并没有统一的立场。当新兴大国发现自己站在拥有制度规则特权一方时，它们就不再批评现状。从某种程度上说，我们看到享有特权的新兴大国与所有"全球南方"国家保持团结一致，这似乎是由不结盟运动的身份和地区背景所驱动的。在斗争越来越具有象征意义和辩论结果越发无足轻重的情况下，新兴大国支持"全球南方"立场的可能性就越大。在这些情况下，相较于中国，巴西和印度更像是代言者。

第二，这些发现可被解释为否定体系变革意图的证据。国家论争既不针对制度化，也不针对整个全球治理体系，而是针对制度化的平等政治和新自由主义政策。换言之，新兴大国要求的虽然不仅仅是既有体系内的一般性改革，但也并非想要彻底颠覆整个体系——但它们的确设想了体系变革。

作为制度设计和规制内容之争的一部分，既成大国与新兴大国的目标是进行系统性变革，并采用反制度化方式。当前，全球治理体系的危机源于围绕全球治理的实质和内容所进行的斗争，而非新兴大国企图重新建立一个拥有无条件主权的威斯特伐利亚体系。然而，反制度化可能引发变化，也可能最终导致体系变革。在全球治理理论方面，我们发现两种发挥作用的因果机制，而这两种机制都可能导致全球治理体系的深化或衰落。

四　新兴大国的反制度化

185

第一个国家论争机制——新兴大国的反制度化（CMALL 3）——的出发点是国际制度不仅反映最强大国家的社会目的，而且也涉及制度化的不平等问题。最强大和最重要的国家要求在决策过程中发挥特权作用的可能性随着制度行使权威的程度而增加。因此，那些在第二次世界大战后拥有最高权威的国际组织，如联合国安理会、国际货币基金组织、世界银行及与《核不扩散条约》有关的制度，其决策规则使最强大的国家享有特权，这不足为奇。虽然集团峰会仍然是政府间模式，但由于对峰会成员资格的严格筛选，它仍然属于制度化不平等的例子。

尽管存在制度化的不平等，但有利于弱国的权力再分配可能是国际规制的长期结果（Ikenberry 2001；Stone 2011；Hanrieder and Zürn 2017）。只要国际权威以共同利益为取向，即使既成大国仍主宰制度，国际权威仍能更多帮助新兴大国。随着相关国际制度外部事态的发展，某一行为体可能通过不断在问题领域积累权力而使权力转移得以产生或被放大。在这两种情况下，部分或全部既成大国都失去了在这一问题领域的权力，但仍不愿意使该制度适应新的权力格局和要求。而这种权力失配则引发由新兴大国发起的论争。

具有制度化不平等特征的国际制度在行使重要权威时易受批评。这些国际组织被指责为排他性的和只代表西方世界利益，这一点并不奇怪。虽然其中一些去合法化的批评也由社会行为体提出，但"金砖国家"和其他"全球南方"的代表是这种批评最强烈的支持者。除欧盟之外，联合国安理会是最具权威性的国际组织，也是"金砖国家"中三个非常任理事国严厉批评的对象。南非、巴西和印度推动了联合国安理会的改革，并主张对"保护的责任"进行狭义但基于法治的解释（Jetschke and Abb 2018，待发表）。南非最终成为安理会改革最有力的支持者，"包括废除否决权和从区域集团分组中预选同级别新成员的权利"（Jetschke and Abb 2018：18，待发表）。上述新兴大国都要求扩大联合国安理会成员范围和严格控制使用否决权。

同样，国际货币基金组织不仅因投票权分配不公而遭到严厉批评，而且也存在执行过程中的不平衡情况（Tokhi 2018，待发表）。作为长期诉求之一，发展中国家呼吁国际货币基金组织实施更为公平的规制（参见 Zangl et al. 2016）。《核不扩散条约》相关的制度，特别是国际原子能机构也被视为美

186

国的傀儡制度而饱受攻击。这一机构试图永久地改变监视与谴责标准，而忽视了硬币的另一面：核裁军问题（Müller and Tokhi 2018，待发表）。在世界银行的案例中，中国选择了反制度化，推动了新开发银行（NDB）和亚洲基础设施投资银行（AIIB）的成立。福德和斯蒂芬（Faude and Stephen 2016：19）认为，"这是对世界银行内部表决权份额改革不足，无法满足新兴大国的回应，也是许多发展中国家对西方捐助国的援助数额及在援助上附加条件的不满"的回应。最后，七国或八国集团举办的会议被认为是富国俱乐部，缺乏为全球社会做出决策的合法性。从本质上讲，中国、巴西、印度和南非在这方面的批评非常相似。然而，新兴国家选择的策略却不同：巴西、印度，特别是南非的用意是更多参加七国集团会议，而中国则尤其强调七国集团是西方俱乐部而"金砖国家"作为一种反制度化形式才是一种适当的制度回应（Peters 2018，待发表）。

新兴大国的反制度化（CMALL 3）可能导致僵局和碎片化，但也可能推动制度变革。事实上，制度调整是该因果机制的结果，比 CMALL 4 更常见（见下一节）。对新的权力格局做出重大制度调整的案例占比很大。国际货币基金组织从两个方面进行了调整。投票权的改变已经更接近现在的权力分配格局。虽然对这一调整的批准花费了一段时间，但已于 2016 年初开始实施。更值得注意的是，与 2007 年金融危机之前相比，国际货币基金组织的监管活动更加公平（Tokhi 2018，待发表；Zangl et al. 2016）。最明显的是，七国集团现在似乎被降级为二十国集团峰会的筹备会议。正如德克·彼得斯（Dirk Peters，2018：6，待发表）所述：

> 此外，为了应对亚洲金融危机，八国集团财政部长于 1999 年创建了一种新模式，旨在促进作为更广范围内"体系性相关"国家的金融政策协调，也就是二十国集团（Kirton 2013）。二十国集团成员包括八国集团成员国，澳大利亚和"金砖五国"在内的一些发展中国家。在 2007 年之前，二十国集团每年举行一次财政部长会议。从 2008 年开始，由于次贷危机的影响，会议的频率得到增加。此外，二十国集团

187

现在也开始举行国家领导人级别会议。在 2009 年匹兹堡举行的峰会上，二十国集团领导人宣布，他们"指定二十国集团为国际经济合作的首要论坛"，① 而在此之后，七国集团/八国集团峰会仍在继续。从那时起，二十国集团峰会则被视为经济协调的主要论坛，而这一点当时被一些人理解为二十国集团作为国际经济合作论坛将使八国集团失色。

然而，新兴大国的论争也可能导致僵局和碎片化。作为对世界银行管理层忽视其要求的回应，"金砖国家"建立了新开发银行。然而，在这种情况下，人们可能会产生疑问：这些新制度是否已达到改变现有制度（竞争性的）的程度，或者被视为必要和无害的新制度（补充性的）。在为亚洲提供开发信贷方面，这些新制度相较于高度法制化（legalized）的世界银行所要求的附加条件要少得多。

制度调整也未发生在《核不扩散条约》和联合国安理会内。由于在这些特定问题领域缺乏反制度化的机会，新兴大国已经开始阻碍这些制度。因此，观察家们明确了国际原子能机构权威的下降和核不扩散条约机制的衰落（Müller and Tokhi 2018，待发表）。同样，在人道主义干预问题上，俄罗斯等国的投票行为削弱了联合国安理会的作用。它们虽然选择对利比亚问题（第 1973 号决议）投弃权票，但却否决了关于叙利亚的类似决议。在这些情况下，一些新兴大国从一开始就享有特权地位，当它们的要求得不到满足时，就选择对制度进行阻碍。新兴大国的论争是以制度调整结束还是以碎片化结束取决于其自身先前享有的特权程度和反制度化策略的可用性（同时参见 Zangl et al. 2016；Faude and Stephen 2016）。

五 既成大国的反制度化

二战后秩序主要是由美国在西方盟国的支持下建立起来的。这些制度

---

① 《G20 领导人声明：匹兹堡峰会》，2009 年 9 月 24～25 日，匹兹堡，http：//www. G20. utoronto. ca/2009/2009communique0925. html，最后访问时间：2015 年 1 月 10 日。

规范和规则反映了西方尤其是美国的观念和利益。同样，在20世纪90年代"单极时刻"所制定的全球治理安排反映了美国对世界秩序的愿景（Krauthammer 1991）。那么，为何美国或其他强大的既成大国现在要采取行动反对这一秩序呢？

既成大国的反制度化（CMALL 4）为这个问题提供了答案。在这种情况下，一个制度的创立者在程序方面接受了"一国一票"原则，一部分原因是有关制度被认为不具有强大影响力，另一部分原因是既成大国认为自身强大到不必关心形式程序来寻求获得支持和合法性。随着外部变化和问题领域的学习效应，既成大国也常常寻求新政策。然而，这一变化受到大多数实力较弱成员国利用"一国一票"原则的阻碍。如果影响结果的非正式方法失败，既成大国往往会威胁退出，或增加一个与现有制度平行运行的新制度来施压。此外，既成大国还将资源从旧制度重新分配给新制度。这种反制度化形式的结果要么是由僵局导致衰落，要么是制度调整与衰落的结合。

随着时间的推移，当相关国际制度获得权威时，既成大国很可能会进行反制度化。在这种情况下，那些根深蒂固的规则不仅影响成本和收益的分配，而且还侵入国内事务。此时，强国热衷于挑战其反感的实质性结果和程序上的主权平等原则。因此，既成大国的反制度化是全球治理体系中的一种典型策略。它反映了这样一种情况：即使反对国际制度，但通常国家并不轻易选择退出全球治理体系。① 对全球治理体系的反对通常借助反制度化表达意见。

朱莉娅·莫尔斯和罗伯特·基欧汉（Morse and Keohane 2014）在《论争性多边主义》（Contested Multilateralism）一文中展示了西方强国联盟如何将产权问题从世界知识产权组织转移到世界贸易组织的过程。他们还展示了美国和盟国是如何将某些问题从《联合国海洋法公约》的治理范围内转

---

① 人们可能会认为美国对国际刑事法院的抵制是一个反例。然而，请注意，这一摆脱制度的尝试是在其刚形成后立刻发生的。随着时间的推移，美国的政策变得更加温和，并且越来越多地使用反制度化和遵从的政策。

移到非正式的防扩散安全倡议（Proliferation Security Initiative，PSI）网络之中的过程，以及德国和合作伙伴如何将"加强可再生能源倡议"从国际能源机构转移到国际可再生能源协会的过程。这些案例中的操作模式显而易见。拥有充足资源的西方国家与非国家行为体结成联盟，它们对发起某些国际行动和计划抱有强烈兴趣。然而，它们对抗的是强大的在某种程度上具有权威性的国际组织。虽然这些组织分别负责某一问题领域，但它们对诉求却响应迟缓。

例如，在联合国系统内，"一国一票"原则往往促使组织做出主要捐助国不认同的决定。因此，强大的成员国，如美国或欧盟各国面对着一个由制度赢家组成的联盟。这些物质上弱小，但被正式授权的国家能够确保国际制度不易受到强国的影响而屈服于其要求。如果既成大国无法通过非正式手段规避难以应对的制度结构（sticky structures），它们就会诉诸承担部分互补但又存在相互冲突的治理任务的国际或双边制度，从而降低原有制度的相关性（Hanrieder 2014）。它们也就参与了反制度化。在我们的一系列案例中，多哈回合期间的世界贸易组织、从联合国人权委员会到联合国人权理事会的制度变革，以及全球卫生治理的发展演变都属于这一类别。①

第一个案例是世界贸易组织，世界贸易组织是在国际贸易治理中行使重要权威的国际组织。世界贸易组织是 1995 年乌拉圭回合的产物。这些规则具有法律约束力，监督过程部分地委托给秘书处负责。世界贸易组织的争端解决程序导致其决定和解释几乎得到自动采纳。在柏林社会科学中心的国际权威数据库中，世界贸易组织（排名第八，参见第五章）被列为权威得分最高的国际组织之一。同时，缔约方会议在制定规则方面仍具有决定性作用。尽

①　在某种程度上，气候治理的情况也遵循着类似路径。缔约方会议最终接受《巴黎协定》的基础是协商一致方式。鉴于新兴大国通过强调"共同但有区别的责任"原则和要求既成大国履行其承诺来维护发展中国家地位，而（一些）既成大国则通过引入一些当前经济快速增长的主要排放者均是新兴大国的事实来实现变革（参见 Prys-Hansen et al. 2018，待发表；Faude and Stephen 2016）。然而，制度的出发点是不同的。全球气候治理从一开始就是碎片化的。戴维·维克托（David Victor 2004）通过实证案例，首先引入了机制复杂性概念（同时参见 Keohane and Victor 2011；Raustiala and Victor 2004）。鉴于这一出发点，《巴黎协定》体现了制度调整，而非进一步的制度碎片化。

189

管在谈判过程中，非正式机制给予强国特权，但它依然是在协商一致和"一方一票"原则基础上进行决策的（Steinberg 2002；Narlikar 2005）。

到 1999 年，相当多的成员对新一轮谈判能够有所收获深信不疑。这一轮谈判启动了 2001 年多哈发展议程（Hurrell and Narlikar 2006）。发展中世界希望重新审视特殊与差别待遇（Special and Differential Treatment，SDT），而既成大国则希望关注"新加坡议题"，也就是贸易和投资、竞争政策、政府采购的透明度及贸易便利化。① 既成大国进而坚持进一步自由化和世界贸易组织权威化，又不愿意放弃在农业问题上享有的特殊待遇。而彻底实施新加坡议题将意味着世界贸易组织在限制各成员干预全球市场方面的权威得到显著提升。

国际贸易政治对各自为政的利益集团并不陌生。然而，新情况是发展中国家巴西和印度带头组建联盟，并以充满活力和自信的方式提出立场。在既成大国推动进一步自由化的同时，以印度、巴西为主要代言人的"全球南方"却对此发起抵制。至少，它们要求就其主要关切的农业和特殊待遇问题获得补偿。从这个意义上讲，这是在实质性问题上的一种分配冲突，并在经济自由化的价值方面具有相当大的规范性底色。因此，多哈回合谈判持续 15 年之久却毫无结果，这一进程在 5 年多前已经被正确地描述为"长达 10 年的僵局"（Cho 2010）。②

随后，多哈谈判的僵局转化为碎片化。作为对僵局的部分回应，主要经济体正越来越多地转向"双边—区域"协议。这些协议通常被贴上贸易和投资条约的标签，并表明它们就新加坡议题所达成的协议。正如马修·斯蒂芬（Stephen 2018，待发表）所示，自多哈回合谈判开始以来，144 项新区域贸易协定已经缔结；区域贸易协定的兴起始于 20 世纪 90 年代初，在 2000 年之后加速。最著名的协定《跨太平洋伙伴关系协定》（TPP）、《跨大

① 关于多哈谈判期间采取立场的详细论述，参见斯蒂芬（Stephen 2018，待发表）。
② 相反，决策过程中关于既成大国非正式特权的程序冲突引发了制度调整（参见 Zangl et al. 2016）。秘密谈判的非正式四方小组的成员已经发生变化。巴西和印度取代了既成大国中的日本和加拿大。因此，这种案例内变化完全符合本章讨论的两种因果机制之间的差异。

西洋贸易和投资伙伴关系协定》都跟美国有关，也包括东盟的《区域全面经济伙伴关系协定》（RCEP），而这一协定也包含中国。

由于某些既成大国的高度社会政治化，许多新协定可能无法得到批准，但其结果与为缓解制度化不平等而进行的制度调整形成了鲜明对比。既成大国似乎不太愿意对新兴大国的要求做出妥协，而是以反制度化作为回应。

另一个例子是全球卫生治理的发展演变（参见 Hanrieder and Zürn 2017）。世界卫生组织是"国际卫生工作的指导和协调权威"（第 2a 条）。通过涵盖广泛的业务范围，包括准备国际谈判、提供技术支持、协调具体健康技术以及传播传染病领域的专业知识，它行使着相当大的权威（Hein 2016）。根据我们的权威数据库，世界卫生组织的权威性（排名第十，参见第五章）与世界贸易组织类似，但它也以缔约方大会的协商一致决策为基础。与世界贸易组织一样，既成大国推动变革的尝试在某一点上的失败导致了反制度化和碎片化。

在第二次世界大战后的最初几十年里，卫生治理实际上以一个协调制度即世界卫生组织为核心，而后来成立的联合国国际儿童紧急救助基金会（UNICEF）则属于次一级组织。20 世纪 70 年代末，全球卫生的几大主要支持者对世界卫生组织的普救雄心表示不满。20 世纪 70 年代初开始盛行的初级卫生保健（Primary Health Care，PHC）模式备受争议。1979 年在洛克菲勒基金会贝拉吉奥中心的一次会议上，有人提出了选择性初级卫生保健（Selective Primary Health Care，SPHC）作为一种反对世界卫生组织的概念（Cueto 2004）。选择性初级卫生保健的基本原理是，与其等到卫生系统足够强大才能全面满足人们的健康需求，不如将有针对性和高影响力的干预措施作为主导战略。这些干预措施可以是针对具体疾病的疫苗接种或治疗，也可以是改善营养或母婴健康的具体措施。然而，由于世界卫生组织大多数成员国的抵制，改革没有取得成功。

因此，美国等主要捐助国和世界银行等捐助机构越来越多地转向世界卫生组织以外的机构来实施卫生援助。这一转变是世界卫生组织内部权力不匹配的直接后果，主要资助者既不能控制组织政策，也不能控制组织领导人选的选择。随着 1988 年由日本人中岛宏（Hiroshi Nakajima）接任哈尔凡·马勒（Halffan Mahler）的总干事一职，这一不匹配变得更加引人注目（Chorev 2012：156）。日本政府为其候选人争取到了发展中国家的支持。在两个任期里（1988～1998 年），他因严重欺诈、裙带关系和领导不力，遭到了大多数世界卫生组织主要捐助国的指控（Viola 2013）。

192 　　既成大国的反制度化回应表现为建立新实体，如联合国艾滋病联合规划署。到 20 世纪 90 年代中期，世界卫生组织被认为处在"危机"之中（Godlee 1994）。然而，世界卫生组织既未被关闭，也没有全面变革（参见Hanrieder 2015：第 5 章）。相反，随着总干事格罗·哈莱姆·布伦特兰（Gro Harlem Brundtland）于 1998 年上任，世界卫生组织加速了将捐助国项目置于其核心结构和政策之上的进程。世界卫生组织通过共同发起和主导众多卫生公私合作伙伴关系，广泛纳入了符合选择性初级卫生保健理念的项目，如全球防治艾滋病、结核病和疟疾基金。这些伙伴关系建立在独立资金和捐助协议的基础上，因此导致组织层面的碎片化。在这一过程中，由于各组织层级的不同管理，无法制定统一的机构政策和预算。尽管世界卫生组织一直是初级卫生保健（PHC）和全民健康覆盖的官方倡导者，但这种方式在世界卫生组织这样一个主要依靠预算外捐款来运行的组织中被边缘化了。在这种情况下，既成大国的反制度化被证明是成功的，也确实改变了其针对的制度。《关于公共卫生、创新和知识产权全球战略和行动计划的协议》（GSPA）表明了这一趋势（Hein 2016）。从这个意义上说，作为"既成大国反制度化"因果机制的结果，世界卫生组织是一个制度调整与碎片化的混合案例。

　　总之，"既成大国的反制度化"的因果机制基于一种特定格局，即制度的主导者面对固守制度现状联盟，而无法再在制度内施加权力影响。这些制度中的主导者往往是最强大的国家，它们在一开始就共同塑造了这些制度，但随着时间的推移而失去了控制权。因为相对而言，制度规则为弱国赋予了权力。如果利益或环境发生变化，这些强大的行为体将无法轻易改变制度特征。较弱的行为体（如发展中国家）则利用和保护其制度特权，并反对变革的诉求。随着新兴大国的崛起，对变革的抵制变得更加强烈。这种情况通常导致僵局的出现。当相关国际组织具有权威并未给予强国特权时，既成大国的反制度化最有可能发生。在这种因果机制中，反制度化通常将导致碎片化和衰落。

六　结论

各国越来越多地以所谓"反制度化"策略来对抗国际制度。反制度化是一种改变全球治理体系而非脱离全球治理体系的策略。反制度化利用国际制度对抗国际制度。反制度化超越了体系内常规变革，却没有达到体系变革的程度：它是一种系统性变革。改变现有制度的方式包括利用其他制度、建立新制度、形成正式联盟，并对现有制度进行论争。

反制度化有两种形式。既成大国的反制度化首先意味着机制替换和建立竞争性机制。既成大国建立和使用平行的治理论坛，尤其是在主导制度根据"一国一票"原则行使权威时。西方国家通过反制度化坚持将不平等制度化。它们要求建立全球治理体系，赋予其特权，并允许双重标准的存在。这一策略的代价巨大。一方面，随着时间的推移，全球治理体系中的碎片化现象日益严重。因此，发展国际制度的主要原因——交易成本的降低（Keohane 1984）——在某种程度上被逆转了。另一方面，从分配角度来看，一种带有许多平行机会且能够取得成果的复杂制度环境对西方各国有利（Benvenisti and Downs 2007）。然而，这种情况却不利于实现有效全球治理体系的集体努力（Drezner 2013；Faude and Parizek 2018，待发表）。更为根本的是，坚持国家间不平等的制度化加剧了全球治理的合法化问题（参见本书第三章）。虽然占世界人口多数的大国在世界政治中拥有更大发言权不无道理，但当制度化不平等——加上缺乏分权——被用来区别对待相似情况时，就会破坏合法性和任何合法化努力。

在某种程度上，新兴大国也采取了反制度化策略。其目标是改变现有的、带有西方色彩的制度。它们不想只被囊括在内，就像自由秩序理论所

193

表明的那样，而是试图重塑全球治理体系。然而，新兴大国的偏好与信念，与特定国际制度内容之间的"距离"往往没有权力转移理论预期的那么显著。新兴大国并不打算彻底改变现有国际制度，而是希望从内部进行改革。从本质上讲，新兴大国反制度化的目的在于发声，而不是退出或忠于体系。与此同时，人们一直质疑，愈发强大的国际制度是西方统治的工具，并且它们有助于使不平等的利益分配大行其道。这种不安引发各国充满不确定性的回应，也与反对制度化不平等的斗争相一致。

194　　总而言之，通过实质性的制度调整将新兴大国及其社会纳入全球治理体系是可能的。然而，到目前为止，这种情况主要发生在需要新兴大国来解决紧迫问题时，也就是这些国家具有"体系重要性"之时。如果这一条件得不到满足，既成大国往往通过机制替换和创立竞争性机制来回避新兴大国的诉求。虽然这种情况有助于既成大国在分配方面取得成功，在一定程度上缓解了来自国内的政治化压力，但却削弱了整个全球治理的体系。这就导致了对体系有效性和合法性的质疑，前者受到质疑是因为交易成本的增加，后者则是因为产生的结果违背了非任意性和法律平等的合法性基本原则。

第八章　全球治理的深化

针对国际或跨国制度的论争并不一定导致全球治理体系的衰落。如果关键决策者能够做出适当回应，国际权威可能会比之前更加强大。然而，这是一个具有高度偶然性的过程。因此，我们能够看到全球治理安排衰落和深化的并行发展。

一方面，乔斯特·鲍韦林（Joost Pauwelyn）、拉姆西斯·A. 韦塞尔（Ramses A. Wessel）和扬·沃特斯（Jan Wouters）将多边条约作为指标，指出近十年内签署并交存联合国的双边和多边条约数量急剧减少（Pauwelyn, Wessel and Wouters 2014：734）。最重要的是，多边条约在20世纪90年代下降到406项，而到21世纪初期，再次下降到262项。在更为具体的国际条约批准数量上，我们可以观察到类似的情况：20世纪90年代和21世纪初批准多边条约数量急剧上升的势头已然停止，新条约批准的数量正在显著下降（Dai and Tokhi 2015）。

另一方面，新的全球治理制度仍在不断建立，而一些现存制度也在深化。而且，当前危机不一定会对已经存在的全球治理制度产生负面影响。虽然自2010年起，国际权威的增长速度开始放缓，但仍在增长（见第三章）。与新国际条约数量减少的情况相比，国际权威增长速度的下降似乎没那么明显。此外，一部分现存权威似乎通过解决全球治理体系的缺陷来应对当前危机，并推动了全球治理的深化。例如，现有制度通过将参与范围扩大到非国家行为体（Tallberg et al. 2013），或建立国际议会制度（Rocabert et al. 2017，待发表）以应对合法化问题并实施制度改革。就这两项改革的制度指标而言，其 增长始于20世纪90年代初，即便在2010年之后也未中断。

综上所述，我们可以说全球治理体系正陷入困境，其进一步增长的势头已明显放缓；在某种程度上，衰落和僵局正在出现。同时，现有国际制度开始应对论争问题，其中至少有一些变化包含实质性制度改革。第七章已经表明，在特定情况下，国家论争能够引发制度变革。

在此背景下，本章试图系统论证在社会性压力面前进行实质性改革的可能性。本章的目标是研究权威—合法化关联在何种条件下能够在涉及非国家行为体的反应序列中深化全球治理，以及其如何在不同路径中发挥作用。本章将以人权保护领域作为例证展开。在第一节，我将讨论从权威—合法化关联所派生出的另一种因果机制，也就是经由政治化的强化（CMALL 2），从中推导出预期内容并进行检验。第二节介绍了案例研究中的重要领域，即国际组织中的人权条款。随后，第三节将展示一个合作研究项目的结果，并在第四节中提出范围条件。本章结论部分将对研究结果加以概述，并强调不同反应序列下范围条件所能发挥的作用。

一 经由社会压力提高合法性

当受众在原则上或实践上认可某一制度能够做出合格的判断和决定，即使这些判断和决定违背其利益并要求其遵从之时，国际制度才对国家具有权威。国际组织也可以对个人行使权威，直接规范其行为（另见 Bodansky 2013；von Bogdandy et al. 2010b）。在这种情况下，国家失去了在其公民与国际层面之间的中介作用。例如，联合国安理会实施的制裁最初旨在影响国家行为，现在却常以恐怖嫌疑人、军阀、独裁者及其拥护者为目标（Drezner 2011）。同样，在维和任务中，尤其是当国际组织在过渡政府中承担政府职能时，国际组织与个人之间也具有直接权威关系。此外，就世界银行和国际货币基金组织资助的项目而言，尽管由受援国官方进行实施且受援国必须遵守严格的要求，这些要求却对个人有着深刻影响，因此这种关系接近于国际组织对个人的直接权威。在这些情况下，个人而非集体行为体的自主权受到影响。在某些情况下，这种国际组织与个人之间或多或少的直接联系甚至会引发对国际组织侵犯人权的指控。本章其余部分将对这些案例展开分析。

如果权威行使影响到人权，那么技术专家的合法化叙事就不足以满足合法化的要求了。增加法律叙事似乎是回应这种去合法化主张的首选。这种辩护模式基于法律问责、保护基本权利和促进法律平等。因此，国际组织的核心决策者需要克服经常阻碍法律性合法化叙事的障碍。这样，保护和促进个人权利才能具有产生合法性（legitimacy-generating）的效应。

总而言之，CMALL 2 的定义如下：图 8－1 中的第一个箭头指出，直接国际权威的兴起、侵犯人权的能力引发社会不满和对保护权利的要求。不满的行为体将寻求联盟伙伴（箭头 2）。如果它们找到联盟伙伴，并能大幅增加压力，权威持有者将颁布制度条款，以防止侵犯人权行为的发生，且一旦发生，制度将确保侵犯行为被问责（箭头 3）。这种因果机制可被称为"经由政治化的强化"。

同样，CMALL 2 是一种表示反应序列的因果机制。虽然强国和其中的超国家机构可能是权威国际组织的推动者，但除国际权威的主要行政人员和核心成员国的主要行政人员之外的其他行为体也会要求法律化（legaliza-tion）。因此，制度变革是国际组织主要行为体（包括最强大国家的行政人员）与"非核心"行为体（如较弱小的成员国或国内议会、法院、市民社会组织成员）相互作用的结果。[①]

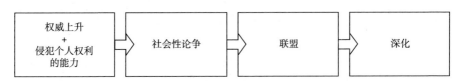

图 8－1　经由政治化的强化（CMALL 2）

来源：参见祖恩和赫佩尔的研究（Zürn and Heupel 2017），其中一个类似的机制被称为"权威—合法化机制"（authority-legitimation mechanism，ALM）。

[①] 从这个意义上说，这种对人权保护兴起的探索可被视为权威持有者和受影响者之间更普遍的"抗争政治"机制的一部分（参见 Tilly and Tarrow 2007；Tarrow 2015）。

假如 CMALL 2 代表一种反应序列，那么选择就再次被嵌入因果机制之中。这三个步骤中的每一个都是概然性的，即每一个步骤都需要特定的条件才能发生。即使我们能够观察到权威上升和新制度条款出现之间存在普遍联系，但国际组织规定保护人权的具体原因却仍取决于具体情况。此外，CMALL 2 涵盖了从国际权威兴起到其颁布人权保护条款的不同路径，也就是因果机制发挥作用的不同类型。这意味着必须考虑到等效问题（equifinality），即同一个给定结果是以多种不同方式产生的可能。

我们将采用定性的过程追踪方法对 CMALL 2 进行检验。定性过程追踪方法是一种旨在探索因果机制的方法（Checkel 2006：363；Bennett and Checkel 2015；George and Bennett 2005：206 - 7）。过程追踪涉及利用案例内部的证据进行因果推断。因此，我们有必要研究案例内部的事态发展，并选择既包括因果机制起点（国际权威）又包括终点（人权保护条款）的案例。[1] 因此，案例选择遵循与传统比较方法不同的逻辑研究方法。[2] 通常，我们在单一案例研究中采用过程追踪方法。然而，我们并不需要拘泥于该方法，因为它往往会削弱研究结果的普遍性。事实上，在通过过程追踪来探索和检验因果机制的问题上，我们最好不要局限于最初经常作为理论直觉基础的单一案例研究。因此，CMALL 2 在 10 个案例研究中进行了检验，这种研究设计可被称为"定性比较过程追踪"方法（Heupel and Zürn 2017a）。[3]

---

[1] 施梅尔芬尼（Schimmelfennig 2015）也提到了这些条件，并将其用于（他认为）有效的演绎性过程追踪。

[2] 从比较研究的角度来看，对起点和终点的选择使理论变得无法辩驳的观点并不成立。检验一种机制意味着要检查理论中所规定的中间步骤的发生程度。正如下文将说明的那样，有一个案例中并不存在这些假定步骤。

[3] "国际组织和保护个人权利"项目由德国研究协会（DFG）资助。除莫尼卡·赫佩尔外，吉塞拉·赫希曼和特雷莎·雷诺德也做出了重要贡献（Heupel and Zürn 2017a）。本章的其余部分以这项工作为基础（Heupel and Zürn 2017b；Zürn and Heupel 2017）。

二 国际组织的人权条款

在像刚果（金）和科索沃这样的国家或地区，维和人员被指控性虐待他们本应保护的妇女。[1] 除了联合国人员在维和活动中的不当行为外，联合国的一些政策也可以说侵犯了人权（Verdirame 2011）。事实上，向对象国实施伤及无辜民众的全面贸易制裁和未经正当程序将个人列入黑名单的做法都侵犯了人权。此外，联合国以外的其他组织也受到侵犯人权的指控。北大西洋公约组织人员被指控犯有性剥削和非法拘留囚犯的罪行。欧盟的黑名单做法也受到批评。此外，国际金融机构也因侵犯生存权和加剧贫困而得到负面评价。

如今，国际组织制定了基于个人权利和法治的规范性标准，但国际组织自身也有可能违反这些标准。如果国际组织越来越多地行使公共权威，独立做出和执行决定，或者至少为这些决定执行设置了严格条件，那么侵犯人权行为就不再仅是国家一方的责任，也是国际组织自身的责任。换言之，国际权威的兴起催生侵犯人权行为与国际组织产生关联的可能性。因此，国际组织遭到越来越多的关于其侵犯人权的指控。

权威持有者已对上述困境做出了回应。近年来，我们已经见证了一些关于法治规定是否适用于国际组织的讨论。将联合国安理会主席 2006 年的一份声明与 2010 年的一份声明进行比较，就能很好地说明这一点。在 2006 年举行的安理会会议上，主席指出：“安理会极为重视促进和平与法治，包括尊重人权，这是持久和平不可否认的组成部分。”[2] 四年后，该段相应的开头写道：“安理会致力于确保联合国恢复和平与安全的所有努力，这本身就是尊重和促进法治。”这标志了从促进法治和人权，到促进并尊重法治和人权的重大转变。随后，2012 年《国内和国际的法治问题高级别会议宣言》承认，“法治

---

[1] 本章第二节到第四节来自祖恩和赫佩尔的研究（Zürn and Heupel 2017，2017b）。
[2] 参考 UN Doc. S/PRST/2006/28。

平等地适用于所有国家，也适用于国际组织，包括（联合国）及其主要机构"。① 用一位国际律师的话说，"如今，可以说，再也没有任何国际机构怀疑人权规范与其活动之间的相关性了"（von Bogdandy 2013：298）。

更具体地说，有些国际组织在具体政策中附加了保护个人权利的条款。它们制定预防性条款的目的是为确保其行动首先不侵犯人权，并为受影响者提供申诉渠道。虽然这些规定并不总能得到贯彻执行，但其出台本身已经是一个值得注意的进步。例如，联合国制定若干条款以保证人权在维和特派团的框架内得到保护。2003 年至 2009 年，联合国制定了防止维和人员和参与联合国任务的其他行为体对妇女和儿童进行性剥削的程序。这样一来，联合国已在所有行为守则中明确禁止维和行动中一切形式的性剥削（UN Secretary General 2003）。此外，联合国还为维和人员设立了必修的培训单元，以提高他们对新管理制度的认识。最后，联合国秘书处和各特派团都设立了受理受害者投诉的机构。联合国还制定了维和行动中对待囚犯的行为准则。早在 20 世纪 90 年代末，联合国秘书长就曾发布一份公报，指出应根据《日内瓦公约》和国际法惯例对待囚犯（UN Secretary General 1999）。与此同时，联合国科索沃临时行政当局特派团也设立了监察员和随后的人权咨询小组（Human Right Advisory Panel）。

显然，联合国维和行动的情况并不是例外。非盟（AU）、欧盟、联合国粮食及农业组织（FAO）、国际刑事法院、联合国开发计划署（UN-DP）、联合国难民署和世界银行都对人权保护做出了广泛规定，包括预防机制和投诉机制。此外，欧洲委员会（Council of Europe）、国际劳工组织（ILO）、国际货币基金组织、北约、经济合作与发展组织、欧洲安全与合作组织（OSCE）、南部非洲发展共同体（SADC）、世界卫生组织和联合国教科文组织（UNESCO），都至少制定了预防措施或申诉程序来避免侵犯人权。正如一个小型国际组织代表在与本书作者的非正式谈话中所言，小型国际

---

① UN Doc. A/67/L. 1（September 19，2012），adopted as UN Doc. A/RES/67/1（September 24，2012）.

组织需要在人权保护领域设定机制，这是其被接受为公认国际组织的必备条件。因此，谈论人权保护标准的制度化的趋势是合理的，用联合国前秘书长潘基文的话来说，"这种标准平等地适用于所有国家，也适用于国际组织，包括（联合国）及其主要机构"。① 实际上，这些案例中对侵犯人权指控的制度回应引发了全球治理的深化。

为了用"经由政治化的强化"的因果机制（CMALL 2）解释这些制度的动态变化，我们必须选择那些被指控在行使权威时侵犯人权，并且其政策直接或间接影响个人的国际权威案例。在"国际组织与个人权利保护"合作研究项目中，我们侧重于分析拥有高度权威的国际组织，因此选择了联合国、欧盟、北约、世界银行和国际货币基金组织。为了验证保护人权条款的引入，即 CMALL 2 的终点，我们考察了各国际组织在 10 个案例中对侵犯人权指控的回应。其中 4 个案例涉及联合国和欧盟制裁政策（参见 Heupel 2017a，2017b，2017d，2017e），4 个案例涉及联合国和北约的维和行动（参见 Hirschmann 2017b，2017a，2017d，2017c），2 个案例涉及世界银行和国际货币基金组织的贷款问题（参见 Heupel 2017c；Reinold 2017）。

表 8-1 提供了所涉案例的简要总结。② 案例选择的主要考虑因素（不包括该机制的起点和终点）应确保结果的普遍性，因此选择了不同的国际组织、不同的政策工具和不同类型的保护权利条款。

表 8-1　案例概览

政策	国际组织	侵犯人权的类型
制裁	联合国	生存权
	联合国	正当程序权
	欧盟	生存权
	欧盟	正当程序权

① UN Doc. A/67/L. 1 § 2（September 19，2012），adopted as UN Doc. A/RES/67/1（September 24，2012）.

② 第四节提供了有关案例的更多信息。

续表

政策	国际组织	侵犯人权的类型
维和	联合国	身体权、免受不人道或有辱人格待遇权
	联合国	正当程序权
	北约	身体权和不受奴役权
	北约	正当程序权
贷款	世界银行	生存和文化权
	国际货币基金组织	生存权

来源：Zürn and Heupel 2017。

三 研究发现

分析的核心结果是，经由政治化的强化的因果机制在 9 个案例中发挥了作用。为了重新获得合法性，联合国和欧盟都在制裁政策中引入了保护正当程序权利的条款。而联合国在制裁政策中引入保护生存权的条款，也是对外部压力和去合法化努力的回应。联合国和北约都为其维和特派团制定了保护人权的条款以应对去合法化和外部压力。同样，为回应对其政策侵犯人权的指控，世界银行和国际货币基金组织也都制定了保护条款。这 9 个案例都涉及对国际组织侵犯人权的指控。这种情况就引发了特别是来自市民社会组织的规范性不满（normative disapproval）。它们利用了更多既非中央政府也非国际组织决策者之类的行为体（如一些中间力量、议会、法院、其他国际组织、媒体等），设法施加影响，迫使国际组织的核心决策者选择颁布保护人权的条款。

只有在"欧盟全面制裁侵犯无辜个人生存权"这一案例中，核心决策者预估到了侵犯人权的可能性和之后可能发生的抗议，而采取了 CMALL 2 没有直接体现的预期模式。然而，需要强调的是，欧盟是因为联合国存在类似先例，才预见到全面贸易制裁可能给其带来极其困难的处境，以及随之而来的批评。这样一来，此案例的基于预期的行动就可被归为某种经由政治化的强化。欧盟决策者以基于预期的方式启动了各方面改革。

这些结果证实了假定的因果机制。因此，只要国际组织与个人建立直接权威关系，就有可能发生侵犯人权的行为。如果具有权威的国际组织侵犯人权，相关行为体就会寻求机会降低该国际组织的合法性，并要求引入保护人权条款。对国际组织合法性的攻击会危及国际组织的权威。如果对国际组织施加压力的机会充足，国际组织为重获合法性就会引入保护人权条款。

然而，人权条款的质量差异很大。因此，我们对国际组织中保护人权的全面条款和有限条款进行了区分。前者通常包括预防和申诉条款，后者多数时候只包括预防性条款。预防条款是指国际组织避免一开始就侵犯人权的条款，包括制定标准、监督和培训。申诉条款则使受害者能够对国际组织问责和对其进行制裁。

我们采用了一个包括 5 个预防条款指标和 5 个申诉程序指标的编码方案，以评估人权条款的质量（Heupel and Hirschmann 2017）。其结果是案例呈现分叉式分布（bifurcated distribution），使我们能够以二元形式区分有限人权保护条款（5 个案例）和全面人权保护条款（也有 5 个案例）（见表 8 - 2）。

表 8 - 2 人权保护条款的质量差异

全面条款	有限条款
欧盟制裁：正当程序权	北约维和：身体权和不受奴役权
联合国维和：身体权和免受不人道或有辱人格待遇权	联合国制裁：生存权
世界银行：生存和文化权	欧盟制裁：生存权
联合国制裁：正当程序权	国际货币基金组织贷款：生存权
联合国维和：正当程序权	北约维和：正当程序权

来源：Heupel and Hirschmann 2017。

这些人权保护条款质量上的差异引出了关于如何解释这种差异变化的问题。即在哪些条件下可以出台全面条款？CMALL 2 中是否有一些显著转变可以解释这些差异？

四 范围条件

经由政治化的强化的方式并非都是相同的。相反，这一机制是通过三条不同的等效（equifinal）路径展开的，即立法制度建设、司法制度建设和立场相近的制度建设（Like-minded institution building）。路径的选择则取决于市民社会组织在进程中占主导地位的联盟伙伴。此外，第四个与 CMALL 2 密切相关的因果关系是基于预期的制度建设。尽管上述部分报告的总体发现（10 例中有 9 例出现 CMALL 2）几乎满足检验假说要求，但四种途径及其范围条件的确定是一种纯粹归纳操作，这意味着这些假说要在未来的研究中进行检验。这实际上是一种假说生成的操作。

在展示研究结果时，我们按顺序讨论了在 CMALL 2 的展开过程中出现的相关问题。首要问题是我们必须判断国际权威是否与侵犯人权行为有关，或权威持有者是否能采取预防性行动。如果侵犯人权行为与国际组织有关，随后的三个问题便是构成进程模式的问题。首先，确定各自路径，存在哪些联盟伙伴？其次，有哪些有利范围条件？最后，在产生全面而非仅是有限的人权条款方面，哪些条件是必要的？

这些问题可被转化为一个选择树状图（见图 8 - 2）。这种可视化方式有助于理解经由政治化的强化这个一般因果机制中变量和路径的相互作用。案例研究的主要发现从左到右沿着分支呈现，而四条路径的介绍也将沿着这一顺序。

（一）在没有侵犯人权的情况下引入条款

除 1 例之外，所有案例均证实 CMALL 2 存在。在这一例外的案例中，制度建设先于侵犯人权的指控。这就意味着，即使在提出指控之前，也有可能在预期到侵犯人权的可能之时就做出制度化的选择，这是人权条款制度化的第一条路径。

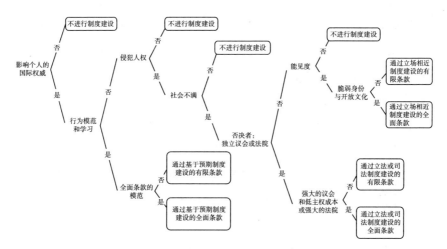

图 8 - 2　CMALL 2 树状图

来源：Heupel，M．，and Zürn，M．（2017），"The Rise of Human Rights Protection in International Organizations. Results and Theoretical Implications," in M. Heupel and M. Zürn（eds.），*International Organisations and Human Rights. Explaining Limitations of International Authority*（Cambridge University Press），297 – 331。

　　在欧盟全面制裁的案例中，在制定保护人权条款前，并不存在关于欧盟　　205
侵犯人权的指控。事实上，我们观察到了一条我们称之为基于预期的制度建
设的路径。预期制度建设是指，国际组织在没有制度变革直接外部压力的情
况下引入人权保护条款的过程。在这种情况下，国际组织的核心决策者会观
察到某一同类国际组织所接到的负面反馈，并汲取其政策教训。由于制度选
择是基于对给定措施效果的评估，因此这类基于预期的制度建设不同于模仿
或简单照搬（例如 Meyer and Rowan 1977）。基于预期的制度建设不同于单纯
模仿某事，因为单纯模仿只是因其被视为具有规范性效力（prescriptive force）
的范本（script）的一部分，而并不评估其实际效应。因此，无论是在纯工具
意义上还是更复杂的规范意义上（Haas 1990；Haas and Haas 1995），基于预
期的制度建设都类似于一种认知上的学习（Hirschmann 2015）。

　　欧盟制裁政策中的生存权保护是基于预期的制度建设的典型案例
（Heupel 2017b）。欧盟本身在制裁政策中没有侵犯生存权，因此没有受到侵
犯人权的直接指控。然而，与此同时，一些欧盟成员国观察到，联合国的
制裁确实侵犯了生存权，因此联合国遭到了严厉批评，并有可能损害其声

誉（Hazelzet 2001：48；Eriksson 2009：11）。欧盟成员国代表和官员还参加了关于如何避免制裁产生负面人道主义后果的会议（Wallensteen et al. 2003：141）。虽然一些会后提议主要是为联合国设计，但也与欧盟的制裁政策有关。最终，与联合国不同，欧盟在制裁政策中预防性地制定了保护生存权的条款，以确保欧盟一开始就能够防止侵犯人权，而非成为去合法化运动的攻击对象。

何种范围条件有利于预期制度建设的路径？如果一个组织的经历可以被另一个组织所效仿，那么组织就会通过相互学习进行制度建设。因此，信誉良好的参考组织能够制定一套程序，并作为其他组织制定其程序的模范。欧盟制裁政策中保护生存权便是一个典型案例，这是欧盟从联合国的案例中获益而引发的做法。

基于预期的制度建设路径的成功条件有哪些？国际组织似乎不但在决定是否实行人权保障措施时，而且在决定这些出台条款的质量时，都倾向于参照其他组织。欧盟从联合国的经验中了解到，当国际组织的制裁政策侵犯生存权时，它们就会备受压力。然而，欧盟也能够推断得知，联合国只制定了有限而非全面的保护条款，其所承受的压力就已减弱。

（二）通过内部否决者引入的条款

在所有国际组织侵犯人权的案例中，社会性反对和压力都导致了实践上的变化。因此，侵犯人权的行为总能至少引起一些行为体的去合法化策略。然而，反对所产生的压力因是否存在联盟伙伴而存在巨大差异。选择树中的下一个连接点是拥有制度否决权的行为体（Tsebelis 2002）是否存在。拥有制度否决权的行为体可以利用否决权来迫使国际组织提出保护人权的条款。在我们的研究案例中，有两个制度切入点具有决定性：处于强大成员内部的独立议会和法院。两个切入点都通向不同的路径。

立法制度建设路径的前提是，国际组织中民主成员国的议会在促进人权保护方面发挥核心作用。议会常常被刻画为限制政府缔结国际协定能力的行为体。然而，就立法制度建设而言，议会却发挥着相反的作用（参见

Hasenclever 2001）。通常情况下，保护人权不是外交政策的优先事项。如果没有国内压力，各国就没有动力投入政治资本来推进解决人权问题。例如，在美国，往往是国会的倡议加强了人权因素在美国外交政策中的作用（Forsythe 1988）。议会能够通过制约行政机构的立法、拒绝批准条约及分配预算的方式来实现在国际组织中保障人权。在形成过程中，议会通过进行调查、议程设置和形成国内话语来影响行政部门的外交政策（Scott 1997）。

社会和环境标准的引入以及世界银行独立检查小组的成立，是以立法制度建设的路径推进的（参见 Heupel 2017c）。非政府组织通过谴责巴西亚马孙河的道路建设和印度水坝等项目的负面社会和生态后果来动员美国国会议员。因此，国会就把向世界银行发放的资金，与改进不完善的社会、 ₂₀₇ 环境标准以及建立投诉机制联系在一起了。世界银行的美国执行董事努力争取其他成员国和银行管理层对这些改革的支持。许多借款国、银行管理层以及此前反对此类改革的员工最终撤回了对条款的抵制（Wade 1997；Udall 1998；Park 2010）。

北约在维和行动中引入防止人口贩运的保障措施，也是立法制度建设的案例（参见 Hirschmann 2017a）。有关部署在韩国和巴尔干半岛等地美军不当行为的报告促使美国国会展开调查。于是，美国总统颁布了一项命令，要求在军事行动中对人口贩运采取"零容忍政策"（White House 2002）。在这种背景下，美国驻北约大使与挪威驻北约大使一道，为北约制定了类似的规则。在不施加物质压力的情况下，两位大使就对人口贩运采取零容忍政策的必要性方面成功地说服了其他成员国。

何种范围条件有利于立法制度建设路径？我们的两个案例表明，如果议会对行政部门拥有实质上的自主权，那么就可能选择这条路径，尤其是对于议会独立于政府首脑、在外交事务中处于相对强势地位的总统制政体。美国国会在外交政策领域享有美国宪法赋予的权利，是一个十分强大的议会。国会有权颁布与外交政策决定有关的法律，以及授权向国际组织提供资金捐助。参议院有权批准双边和多边条约，以及批准国际组织所任命的美国高级职员。此外，国会可以通过将议题列入议事日程来影响公众舆论，并在正式职权范围之外发挥自己的意见力量。相比之下，在议会制政体中，议会在影响各国政府外交政策偏好方面的地位要弱得多。因此，在两个立法制度建设的案例中，美国国会通过促使美国政府采纳其意见，在促进世界银行和北约引入人权保障措施方面发挥了重要作用。

此外，国内层面类似的人权保护条款似乎也促进了立法制度建设的路径。在两个案例中，美国国内发展融资中的社会和环境标准以及禁止美国军人性剥削的国内立法就能够为世界银行和北约的类似改革提供启示（例如 Operations Evaluation Department 2001：3；White House 2002）。

何种条件允许这一路径产生全面条款呢？为了在这种路径中取得最终成功，议会不仅需要内部强大，而且还需要有能力影响一个强国的外交政策。要推动制定人权条款，议会在华盛顿特区还是马耳他的瓦莱塔，其影响力显然不同。强国对国际组织的政策具有特别强大的影响力。

然而，相关国家在自身强大的同时还要有足够强的影响力，这样才能制定规则而不必担忧规制对其产生反作用。根据我们的案例，只有议会所针对的行政部门不必或只需承担很小的主权成本，独立的议会所采取的行动才能产生全面条款。这种情况与假定相符，即各国在向国际组织授予权力并促进其法律化时会尽可能降低其主权成本（Abbott and Snidal 2000；Hawkins et al. 2006b）。如果保护人权的条款对一国或其公民具有约束力，则这些条款的出台会给该国带来主权成本。相比之下，只适用于国际组织官僚或国际组织其他成员国的保护条款对该国则不产生主权成本。因此，美国在世界银行倡导雄心勃勃的标准只为限制银行官僚和借款国的回旋余地，这些标准并不影响美国及其公民。就北约而言，美国只支持有限的保护条款，因为这些条款也规范着执行北约任务中美国士兵的行为。

在遭到侵犯人权的指控之后，反对团体可能会吸引一国议会（议员）的支持。这种情况将引发立法制度建设。如果是强国议会，加上对所在国产生较少的主权成本，那么该路径似乎会取得巨大成功。随后，我们就可以预期出台全面保护人权的条款了。

司法制度建设是建立在国际组织成员内部强有力的否决者制度基础上

的另一路径。司法制度建设指的是高等法院为人权保护条款的制度化发挥具有决定性参与（input）作用的一种路径。在这一路径中，法官以立法机关和行政机关的自主权为代价，选择站在申诉方一边（参见 Stone Sweet 2000）。填补空白是一种无争议的司法制度建设形式。因为规则或其适用范围通常没有具体规定，这种填补往往是不可避免的。一种更具争议性的形式是司法能动性（judicial activism）。它涉及法官利用解释宪法的垄断权来蓄意改变法律（Hirschl 2004；Wessel 2006）。

为保障受制裁个人和群体的正当程序权利，欧盟所作的努力遵循了司法制度建设的路径（参见 Heupel 2017a）。一些恐怖主义嫌疑人认定其正当程序权利受到侵犯，很快就开始向国家法院和欧洲法院提起诉讼。2006 年一审法院对伊朗"人民圣战者组织"（OMPI）一案的判决最终促使欧盟对人权条款进行了深刻改革。在本案例中，欧洲法院裁定，欧盟为制裁名单选定涉事方所依据的程序侵犯了诉讼人享有的正当程序权利，并根据这一评估，撤销了欧盟对伊朗"人民圣战者组织"的制裁（Court of First Instance 2006）。欧盟理事会担心这一判决以后成为判例，因此修改了其列名和除名（listing and delisting）程序（Guild 2008：189）。从那之后，尤其是在欧洲法院没有停止受理之前，诉讼浪潮一直没有停止，越来越多的原告赢得了对欧盟的诉讼。迄今为止，欧盟在制裁政策方面实施的大多数正当程序改革都是对欧洲法院判决的回应（Eriksson 2009：22）。

同样，随着时间的推移，保护受制裁方正当程序权利的条款在联合国也按照同样的路径得到了改进（参见 Heupel 2017d）。受影响的个人诉诸国家法院，特别是欧洲法院。欧洲法院需评估欧盟实施联合国制裁是否符合欧盟的法律原则。2005 年以来，联合国条款的产生显然受到了欧洲法院管辖权的推动。2008 年，在著名的卡迪案（Kadi case）中，欧洲法院禁止在欧盟实施联合国对亚辛·阿卜杜拉·卡迪（Yassin Abdullah Kadi）的制裁，认为制裁侵犯了欧盟所保障的基本权利（European Court of Justice 2008）。联合国安理会担心这一判决不仅会妨碍其在欧盟实施制裁，而且可能促使其他法院日后也做出类似判决。因此，在考虑到欧洲法院的要求后，安理会据此改进了列名和除名条款（参见 Heupel 2017a）。

司法制度建设路径的选择，首先取决于何种权利受到侵犯。就诉讼当事人选择的法院而言，因其具有独立性，所以与议会不同，不同案例中法院的差异不大。然而，另一个条件似乎对解释这一路径中的差异变化具有重要意义。在这两个案例中，民事权利即正当程序权，遭到了侵犯。这表明，如果对侵犯权利的指控通常可由法院审理，即被认为可由法院强制执行，那么"司法制度建设"这一路径则将被激活。虽然法学学者一致认为公民权利和政治权利可以被强制执行，但对于是否也适用于社会、经济和文化权利却存在分歧（Nolan et al. 2007）。这种区别在国内和国际法院的法律实践中也十分明显。因此，当个体的公民权利或政治权利遭到侵犯时，能够更容易地找到接受其诉讼的法院。感知上的可诉性就这样为路径提供了法律机会结构。

对关于联合国和欧盟制裁政策中正当程序权保障条款演变的两个案例的分析表明，假如国际组织面临强有力的法院判决的抵制，那么，国际组织的司法制度建设将会引入全面的人权保障措施。第一，如果法院所在的国家或国家集团是国际组织的核心行为体，这种情况就可能发生。这适用于欧洲法院就欧盟执行联合国制裁所做出判决的那个联合国案例的分析。第二，如果私人诉讼当事人为改善国际组织人权保障提起诉讼而法院对该国际组织拥有管辖权，则情况可能更是如此。这适用于欧洲法院就欧盟制裁政策做出判决的欧盟案例分析。

近年来，国际社会出现了越来越多接受私人诉讼的国际法院。这些法院评估国际组织行政行为的合法律性（legality）及其是否符合基本宪法原则（Alter 2014）。因此，在国际组织中，精心策划的诉讼已经成为执行人权保护条款的一种希望更大的手段。从欧洲法院的历史来看，其判决成为十分强大的制度变革驱动力，这毫不奇怪。多年来，为强化保护个人权利，欧洲法院的司法范围进行了系统性扩大；最初以国家为目标，而最近国际组织也成了新目标。法院也毫不避讳地主张建立个人权利保护制度，以抗衡强大的欧盟成员国的利益（Mattli and Slaughter 1998；Tallberg 2000）。无论如何，欧洲法院享有很高声誉，这使得不遵守其决定比无视市民社会行为体诉求更困难。

假如法院拥有与侵犯人权行为相关的审理权，那么反对侵犯人权的行为体就能够启动司法制度建设的路径。如果法院对强大的国际行为体做出裁决，该路径似乎将会相当成功。在这种情况下，我们则能够预期出台为保护人权而制定的全面条款。

（三）通过外部压力引入的条款

假如试图提出保护人权条款的行为体找不到国内否决者作为切入点，它们仍然可以争取开展政治运动，来对国际组织施加直接和公开的压力，即进行立场相近制度建设的因果路径。

立场相近的制度建设是指为了回应规范倡导者对国际组织行为的谴责和改革的提议，而在国际组织内建立人权保护条款的一种路径。这里的"立场相近"一词是指市民社会组织和与其具有共同利益的国家所结成的议程联盟（Warleigh 2001：629；Cooper 2002）。这个词的使用涵盖了各种行为体，但它们既不是国际组织的核心决策者，也非来自强大成员国政府的行政部门人员。"立场相近"的行为体通常不具备实质性的制度权力资源，但仍能设法形塑国际组织的议程（Cooper 2002）。它们往往是在跨国倡议网络中组织起来的并开展运动，提醒公众注意国际组织的有害行为及运用物质和道德手段来影响国际组织（Keck and Sikkink 1999：97）。立场相近的制度建设依赖于一种假设，即变革是由立场相近的行为体通过吸引跨国和不同国家的公众而施加的外部压力所引起的。因此，框定（framing）（Tversky and Kahneman 1981）和说服（Risse and Sikkink 1999）起着重要作用。它们经常强调国际组织的行为与现有规范之间的差异，并为国际组织为何应遵守人权规范提供了论据。

在 10 个案例中，有 5 个是通过立场相近的制度建设在国际组织中创立了人权保护条款。维和案例中有 3/4 属于这一类型，其中包括联合国关于保护被拘禁者享有正当程序权利条款与关于防止维和人员性虐待的条款的演变（Hirschmann 2017d，2017c）。联合国早在 20 世纪 90 年代初就受到非政府组织的批评，这些组织谴责联合国和平特派团在处理被拘禁者时侵犯人权的行为（例如 Amnesty International 1994）。与此同时，红十字国际委员会起草了处置被拘禁者的标准，并试图说服联合国接受这些标准。几年后，欧洲委员会和联合国科索沃监察员公开谴责联合国在科索沃的拘禁做法，加大了执行这些决议的压力（UNMIK Ombuds person 2000；Council of Europe 2002）。此外，自 21 世纪初以来，联合国还面临着媒体和非政府组织谴责有关联合国特派团中维和人员性剥削案件的报告（例如 Save the Children UK 2002）。一旦公众压力上升到威胁破坏联合国维和行动合法性的程度，联合国秘书处就会着手制订改革方案（UN General Assembly 2005；Hirschmann 2017d：13 – 18）。在制定准则过程中，秘书处与非政府组织进行密切的合作，最终由联合国政府间机构通过。

212　　　　在北约内，保护被拘禁者正当程序权利的条款通过同样路径产生（参见 Hirschmann 2017b）。当非政府组织和其他国际组织认为北约的拘禁做法不符合国际人道主义法时，北约承受了相当大的压力（OSCE 2002；Amnesty International 2004）。在北约对阿富汗进行军事干预期间，非政府组织开始谴责部队派遣国的拘禁做法，使北约面临的压力不断增加（Amnesty International 2007）。受此影响，北约引入了有限的人权保护条款以保障被拘禁者的正当程序权。

在另外两个案例即联合国制裁政策中的生存权保护及国际货币基金组织的案例中，在国际组织实施政策时，立场相近的行为体联盟至少促使其引入了有限的保障措施来保护受影响人群的生计（参见 Heupel 2017b；Reinold 2017）。在联合国制裁案例的研究中，20 世纪 90 年代联合国对伊拉克实施了大幅经济制裁，平民普遍遭受苦难，导致许多非政府组织甚至联合国自身机构都将联合国的制裁行动视为丑闻（例如 Mueller and Mueller 1999）。此外，一些非政府组织和医生违反联合国制裁向伊拉克提供人道主义物资。立场相近的行为体就此提出了政策建议。在这方面特别有影响的是所谓的因特拉肯（Interlaken）进程、波恩－柏林（Bonn –

Berlin）进程和斯德哥尔摩（Stockholm）进程，这些进程由相关的政府和学术机构联合组织，它们向联合国安理会成员国代表传达政策建议（如 Watson Institute 2001）。最终，联合国安理会成立工作组，听取外部专家所做的情况介绍（UN Security Council 2005），并准备考虑进行有限改革。

类似地，国际货币基金组织的结构调整贷款也引发了大规模抗议。乐施会等市民社会组织以及学术界和国际货币基金组织的部分管理层关注到这一问题，并与世界银行合作制定了"贫困与社会影响评估"（PSIA）工具（IMF 1998：53；World Bank 2010：43）。国际货币基金组织的独立评估办公室也关注到此问题，并发表了一系列报告，不仅指出不当行为，还提出了政策建议（IMF 2003：8）。最终，虽不情愿，但国际货币基金组织还是同意了有限的条款，以缓解其贷款做法对贫困所造成的后果。

这一路径，即立场相近的制度建设，取决于一种政治机会结构。在这种结构中，社会行为体能够使侵犯人权的行为更为可见。对社会运动的研究告诉我们，如果能把人们刻画为受到身体伤害的无辜者，并能在犯罪者和受害者之间建立起一条短因果链，就更有可能组织运动（Keck and Sikkink 1998：27）。大规模的侵权行为似乎也有助于动员。

我们的案例表明，如果至少满足了能见度（visibility）的两个特征之一，就可以激活立场相近的制度建设。联合国在维和行动中引入防止性剥削的保障措施的案例就具备了两个特征，使其成为运动的合适基础。联合国的案例很容易唤起对性剥削受害者的同情。此外，由于"蓝盔"被视为联合国维和人员，而不是部队派遣国的国民，因此有可能在联合国与侵犯人权行为受害者之间建立一条短因果链。在联合国和北约的案例中，出现了保护被拘禁者正当程序权利的条款。在这些案例中，因为被拘禁者对社会有潜在的威胁，所以构建起同情他们的立场相近联盟更具挑战性。然而，鉴于国际组织自身是拘禁的管理者，因此公开指出这些组织应对侵犯人权行为负责较为容易。而在联合国的贸易禁运和国际货币基金组织的结构调整方案中所出现的保护生存权条款的案例中，建立起一个短因果链则更为困难。这是因为当地行为体能够操纵制裁的影

213

响，并且国际货币基金组织信贷的接受者自己负责实施这些方案。尽管如此，仍有可能将受害者描绘成遭受人身伤害的无辜平民，并表明侵犯人权行为存在的普遍性。

如果国际组织由于其社会目的而容易受到动员的影响，并且也存在有利于学习的组织文化，立场相近的制度建设则会引入全面的保护条款（参见 Barnett and Finnemore 2004）。一个将保护人权深深嵌入其宗旨之中的国际组织，则更容易被说服遵守人权标准；公开承诺保护人权的国际组织也同样容易受到制约（参见 Schimmelfennig 2003）。此外，一种扁平化、开放的组织文化有助于学习，从而有助于采用全面的保护条款。简言之，如果被质疑的国际组织脆弱而又开放，动员必将成功。

所研究的案例表明，国际组织只有在上述两个标准都得到满足的情况下，才能通过立场相近的制度建设引入全面的保护条款。但这种情况并不经常发生，只在联合国两个建立人权保障的维和案例中才出现。由于联合国使命任务中大多会涉及人权问题，秘书处很容易受到动员运动的影响。同时，秘书处的组织文化也比较开放。而在其他情况下，最多只满足一个标准。尽管联合国安理会强烈而公开的人权保护声明使其易受到人权运动的影响，但安理会并没有一种有利于学习的组织文化。北约和国际货币基金组织由于其军事和经济或金融职能，不易受到人权运动的影响；此外，因为这两个组织都有相对等级化和封闭的组织文化，其学习条件相对有限。

如果没有内部否决者，立场相近的制度建设可能是最后选择。如果对侵犯人权行为的指控能够得到曝光，引起媒体关注，这一进程就会启动。而这一进程只有在所涉国际组织易受指控，并且具备有利于学习的开放文化的情况下才能取得成功。

总之，CMALL 2 能够通过不同路径发挥作用（见表 8 - 3）。路径选择取决于构成选择的一系列条件。第一，如果存在可资借鉴的国际组织作为学习榜样，就能够进行预期的制度建设。第二，如果可以利用成员国内部的否决权，那么就会选择立法或司法制度建设。如果这些条件都不满足，但只要侵权行为能够被察觉，就更有可能进行立场相近的制度建设。司法制度建设的成功率最高，所考察的两个案例均得到全面的保护条款（2/2），其次是立法制度建设（1/2）和立场相近制度建设（2/5）。

五　结论

强大的国际组织越来越多地引入保护人权的条款。这一趋势始于冷战结束后，以20世纪70年代和80年代个别国际组织的发展为基础，并在2000年后继续发展，虽然由于"9·11"事件和强调国家主权的新兴大国的崛起，人权制度化的普遍条件受到了限制。未来会怎样呢？这种趋势会持续下去，甚至加剧吗？是否会有更多国际组织制定人权保护条款？现有条款的质量会随着时间的推移而提升吗？或者，国际组织停止引入新的条款或削弱现有条款之类的反弹会出现吗？

有充分的理由相信，这一趋势将持续下去，国际组织的人权责任规范将继续扩散。首先，各国没有停止对国际组织的授权。虽然授权的速度可能有所下降，但国际权威的兴起似乎仍在继续。其中一些国际组织有能力通过侵入性的政策违反人权，并侵犯个人权利。假如国际组织侵犯人权，就会被去合法化。同时，国际组织也有动机引入人权保护条款来（重新）确立合法性。

表 8-3　经由政治化的强化：路径、案例、范围和成功条件

路径	案例	范围条件	成功条件
立法制度建设	世界银行贷款：生存和文化权 北约维和：身体权和不受奴役权	独立的议会：议会具有相对于行政部门的充分自主性 国内范本（促进性）	强势的议会：主导成员国的议会 低主权成本：由议会倡导的国家改革
司法制度建设	欧盟制裁：正当程序权 联合国制裁：正当程序权	可诉性：原则上可由法院强制执行的侵权行为	强大的法院：对国际组织有管辖权的法院或在民主国家中对国际组织具有执法权的法院

路径	案例	范围条件	成功条件
立场相近制度建设	联合国维和：身体权和免受不人道或有辱人格待遇权 联合国维和：正当程序权 联合国制裁：生存权 国际货币基金组织贷款：生存权 北约维和：正当程序权	能见度：维权运动可见	脆弱的国际组织身份：脆弱性：对人权的坚定承诺 开放的组织文化：有利于学习
基于预期制度建设	欧盟制裁：生存权	角色模范：受影响的参照组织 开放的组织文化：有利于学习	角色模范：拥有全面条款的参考组织

来源：Zürn and Heupel 2017。

215   然而，因果机制，即经由政治化的强化的因果相关性可能会下降到一定程度，以至于某些具有合法性的国际组织范本（script）取而代之，成为主导。这种范本的存在意味着行为体把遵循范本视为理所当然，而不再挑战其规制力（Meyer et al. 1997）。如果人权条款真正成为国际组织范本的一部分，国际组织则会理所应当地认为应立即引入人权保护措施，并在没有直接压力的情况下采取行动。因此，国际组织应越来越多地致力于人权保护，不是因为被迫，而是自然而然地这样做。规范扩散确实已经发展到了一定程度。在20个最引人注目的国际组织中，[1] 只有少数组织没有提出任何保护人权的条款：东南亚国家联盟（ASEAN）、国际原子能机构、《北美自由贸易协定》、上海合作组织（SCO）和世界贸易组织。

216   因此，公平地说，尽管存在论争，全球治理制度的深化是可能的。论争可能导致反制度化、碎片化或衰落。然而，论争也可能引起再合法化的努力。如果取得成功，可能带来全球治理的深化。换言之，反应序列首先

---

[1] 谷歌学术中的计数（2012年5月9日检索）被用作衡量重要性指标。这一研究要感谢丽贝卡·马杰夫斯基（Rebecca Majewski）和弗雷德里克·雷因霍尔德（Friederike Reinhold）的帮助。

是由自我破坏过程来界定的；在整个序列的末尾，制度依然有可能得到深化，这取决于多种范围条件能否得到满足。

本书这一部分的研究结果表明，有利于改善全球治理体系缺陷的制度调整最有可能在以下两种情形下被触发。一是，假如存在强大的联盟伙伴，非国家行为体对现有国际权威发起去合法化，进而推动全球治理制度的深化；二是，全球治理制度可以因明显的行为不一致而遭到攻击。

第三部分

全球治理的未来

在本书的第一部分，我勾勒了全球治理体系的轮廓，它主要包括构成 217
全球治理体系的基本规范性原则、体系中权威与合法化的关系，以及国际
制度间的相互作用三个层次。在这种阐释里，全球治理体系表现出十分重
大的制度缺陷，造成严重的合法化问题。这一理论被用以发展对全球体系
中的政治的经验预期。在第二部分，我继续探究这些假说和因果机制，发
现制度缺陷是导致全球治理安排出现政治化和反制度化的根源。从这个意
义上来说，全球治理体系的僵局、碎片化趋势和可能的衰落都是内生性的。
然而，去合法化实践并不总是导致全球治理体系的衰落。在特定情况下，
若能解决制度缺陷问题，全球治理则会随之深化。

本部分将转到更具不确定性的领域。我将推测全球治理的未来以及下
一步的研究方向。在第九章，我在实证可能性方面评估了不同的全球秩序
规范模式。在第十章，我将总结全书的理论论据和实证发现。第十章的总
结引出了我对国际关系学科发展的审慎思考，其中包括如下建议：正在兴
起的全球政治范式可能取代无政府状态下的合作范式，而无政府状态下的
合作范式自身也是沿袭国际关系学科最初的战争与和平范式发展而来的。

第九章　世界主义全球治理的现实模式是否存在？一份实证评估

20 世纪 90 年代出现的全球治理体系存在两个主要的制度缺陷。一方 219
面，全球治理体系由一系列松散耦合、缺乏足够协调的权威范围组成。
这些松散的规制机制针对不同的议题，并根据各自的逻辑发展，没能充
分考虑其他议题。这些特定议题的制度由技术专家、行政人员和部分国
家决策者主导。其中，技术专家偏见制约了可能采用的合法化叙事的范
围。另一方面，全球治理体系目前尚不具备适当的权力分立。因此，要
使包括强国决策者和国际行政官僚在内的权威持有者受到制衡是非常困
难的。权力分立的缺位不仅导致决策制定时的极端不平等，而且还破坏
了全球治理规范和规则实施中的平衡性，致使类似的情况得不到同等处
理。因此，当前的全球治理体系存在严重的权力偏见。全球治理体系中
的技术专家偏见和权力偏见共同产生了严重的合法化问题。在此背景
下，本章提出的问题不仅脱离以往和当前相对安全的领域，还将大胆展
望未来——何种全球秩序能够克服当前全球治理体系的制度缺陷？从实
证来看，向更好的全球治理体系的飞跃在经验上是否可以想象甚或完全
可能？

为回答第一个问题，我将阐述四种世界主义的全球秩序模式：民主国
家政府间模式、世界多元主义模式、最低限度世界政府模式和世界主义民
主模式。每种模式都包括一个实践项目，这些项目由规范性理念和对经验
性发展的判断构成。上述所有模式进一步提出一个可能克服本书提及的全 220

球治理体系制度缺陷的制度架构。因此，这四种模式可被看作能够让全球治理体系变得更好、更具可持续性的提议。

至于第二个问题，这四种规范模式都具有非乌托邦主义和追求现实主义的雄心。因为在某种意义上，这些模式产生作用并非不可能。然而，验证这些模式的可能性并不等同于这些模式在现实中就能获得成功。因此，就四种全球秩序模式而言，问题在于，其是否或多大程度上建立在未来世界可能呈现的社会文化和社会经济条件的经验假定之上。为了充分理解这种可能性，本书引入"促进性趋势"（contributory trends）和"入门动力"（door-opening dynamics）两个概念。按照比尔·克林顿（Bill Clinton）的说法，尽管对全球治理的大肆宣传并不总是个好兆头，但这一趋势可能有利于一种或另一种全球秩序模式的发展。如果当前趋势持续下去，那么全球秩序模式的可行性就会随着时间推移而增加，进而全球秩序模式就会像促进性趋势一样发展。然而，全球秩序模式的生效仅靠促进性趋势可能还不够，机遇窗口（window of opportunity）也同样不可或缺。在此种观点中，由断裂（rupture）所带来的关键节点是新的制度模式占上风的前提条件。关键节点就是做出决定的时刻。关键节点的特点是许可条件（放松结构约束）和生成条件（如带有目的和资源的施动者）共同存在。

2025 年的关键节点将可能是什么样的？2016 年，唐纳德·特朗普（Donald Trump）赢得美国总统大选，并在数年来引领美国走向关闭边界和单边主义。在欧洲，尤其是法国和德国，右翼民粹主义掌权——玛丽娜·勒庞（Marine Le Pen）利用马克龙实验的幻灭，赢得法国总统选举。德国基督教民主/社会联盟（CDU/CSU）因为担心民调的进一步灾难性下跌和左翼联盟的胜利，抛弃了安格拉·默克尔（Angela Merkel），转而推选一个敢于和右翼民粹政党德国另类选择党（Alternative for Germany）为伍的保守派候选人。结果，欧盟解体并沦为至多是一个自由贸易区。俄罗斯总统弗拉基米尔·普京继续掌权，并与他最重要的伙伴土耳其总统雷杰普·塔伊普·埃尔多安（Recep Tayyip Erdogan）维持着一种联盟关系。

自 2022 年开始，由于上述国家政策和国际形势的变化，一场又一场危机纷至沓来，金融市场彻底崩溃。为应对危机，针对资本、人员和货物往来，许多国家更坚定地关闭了边境。全球生产总值连续三年年均下降 10%，各地的失业率超过 25%。气候政策的僵局引发环境灾难，直接或间接导致美国加州和亚洲一些地区人员伤亡。在此之前不久，经过数周雷暴袭击的欧洲，大部分地区已成水下之城。政府没有足够的物资来援助受难者，许多受难者无家可归。领土冲突导致的有限战争给参战国家造成巨大经济负担，冲突和矛盾却无法得到解决。相关国家的债务水平飞涨。然而，正是在这种情况下，在 2024 年和 2025 年，具有国际主义和生态取向的自由主义者在大多数民主国家，尤其是美国，卷土重来欢庆胜选。与此同时，俄罗斯和土耳其等国家的反对派也迫切要求民主化，先前的领导人不得不放弃权力。

在这种情况下会发生什么？这是否意味着克服 20 世纪 90 年代后期制度缺陷的全球治理体系的新版本将会复苏？如果是这样，四种全球秩序模式中的哪一种会实现？虽然关键节点为重大抉择提供了空间，但它们不能与社会条件背道而驰。尽管关键节点必然会增加决策者的权力，以克服制度惯性，但社会文化和社会经济条件的限制仍然存在。因此，在世界社会中对世界主义秩序存在多少支持？鉴于世界社会及其信念状况，哪种模式将更加合适？

在本章中，我将通过研究四种世界主义全球秩序模式的实证可行性和合理性来回答这些问题。首先，我将在第一节讨论全球秩序模式中规范命题与实证命题之间的关系。在第二节，我提出四种具有世界主义意图的全球秩序模式，确定每种模式中的规范观念和实证命题。最后，在第三节，我通过引入"促进性趋势"和"入门动力"两个概念，着手对各种规范理论进行实证评估。这些趋势可能会在一个关键节点为某一个全球秩序模式赋能。通过这种方式，"促进性趋势"概念可以充当在理解世界秩序中实证观察与规范观念之间的一座桥梁，来对这四种模式进行比较评估。

222

一　论一种紧张关系

人们能够在不同的抽象层次上区分三种关于全球秩序的规范理论。首先，在最抽象的层面，其核心是对一般道德原则在全球层面上的有效性及其与地方性原则间关系的阐释。第二个层面的问题是最能使这些抽象原则在具体的全球背景下实现的制度秩序。我们是否需要一个"世界政府"或者"由有秩序政府组成的社会"，这是问题的核心所在。最后，第三种类型的规范理论涉及对特定问题的规范性评估，例如，能以改善全球正义为名而为对阿富汗的军事干预进行辩护吗？①

虽然关于世界政治的规范理论一直包括实证假定，但随着抽象程度的减弱，规范命题和实证命题变得越发难以区分。即使是最一般的道德原则，也不是在经验的真空中阐述的。它们是以遵守原则的可能性为认知前提的。因此，所有关于正义或自由的规范理论至少都隐晦地以社会生活如何运行为因果前提。② 当涉及一个良好制度秩序的问题时，在第二个抽象层面上，经验命题发挥了更大作用。因为经验命题就意味着应然（ought）具有一定程度上的可行性（can）。因此，制度秩序方案需要在乌托邦和现实主义之间取得平衡。最后，如果我们要处理的问题需要将规范理论应用在具体案例中，以便做出道德正确的选择之时，那么实证评估在第三个层面的作用就变得更为重要了，例如，是否对正在进行的冲突进行武力干涉。

在本章中，第二个层面的抽象问题得以解决。它侧重于国际和跨国事务的政治设计，并对全球化世界的一系列重要提议进行检验：民主国家政府间模式、世界多元主义模式、最低限度世界政府模式和世界主义民主模式。这些制度提议必须在一组三角关系内运行，包括道德原则、实证条件（比如，个人信念和真实的政治过程）和良好制度设计理念。这三者相互影

---

① 抽象的三个层次对应于瓦伦蒂尼对理念理论和非理念理论划分的三种理解（Valentini 2012）。
② 当前的政治理论辩论特别强调具体社会实践的重要性（参见 Sangiovanni 2008：138；James 2005；Ronzoni 2009；Follesdal 2012）。

响（见图9-1）。在某种程度上，道德原则受经验和制度问题影响。实证条 223
件，比如个人信念受其道德考量和对良好制度秩序的理念影响。制度设计
必须以道德原则和实证条件为依据，并处理两者之间的紧张关系。任何直
接源于道德原则而忽略社会信念的制度设计价值都不大。与此同时，经验
现状也不享有规范上的特殊地位。

图9-1 规范性全球秩序模式的三个维度

关注制度设计，同时兼顾实证条件和道德原则的良好全球秩序模式构
成了一种政治想象，并因此超越了哲学理论的范畴。只有当全球秩序模式
履行双重功能，即同时对制度现状进行强有力的批判并就其他秩序提供建
设性方向指引时，这一模式才能发挥其潜能。因此，这些模式代表着"来
自现实的思考和行动，却也不失乌托邦式的冲动"（Habermas 2010：53）。
换句话说，其目标是"现实的乌托邦"（Rawls 1999：20），① 或者用拉尔夫
·沃尔多·爱默生（Ralph Waldo Emerson）富有诗意的语言来说："眼睛的
健康似乎需要视野。只要眼光长远，便不觉疲倦。"

二 四种世界主义的全球制度秩序模式

接下来，本章将重点分析这些世界主义国际秩序模式，这些秩序模式
的目标在于解决当前全球治理体系中的制度缺陷。② 从字面上看，世界主义
代表了一种具有全球面向（cosmos）的政治取向（politan）。因此，毫无疑

① 这样一项事业的风险在于，一方面是"从现实主义转为平权"，或是对"最小妥协形成意义
上的人权"的理解（Forst 2010），另一方面则是设计无法兑现的乌托邦。
② 本章剩余部分基于祖恩的研究（Zürn 2016c）。

问，这种思维模式产生了关于建立全球政治秩序的最为重要的一些观点，因此，这种带有世界主义意图的全球秩序模式是本章重点阐述的内容。

在世界主义的道德理论分支中，世界主义可被定义为个体主义（将人类作为终极关怀的个体单位）、普遍性（关怀所有人）和普适性（所有人受到同等关怀）（Pogge 1994：89；Held 2005：12 – 13）。① 此外，除了纯粹的普遍主义者，那些赋予全球情境重要意义的"情境主义者"（contextualist）通常也将自己归为世界主义者。尽管情境主义者与普遍主义者在原则上存在不同，他们认为世上没有无差别的普适责任，正义标准也是取决于情境的，但部分情境主义者确实将全球视为最相关的情景（例如参见 Held 1995）或是将其作为确定不同的正义的依据。因此，他们虽然提出了不同人具有不同责任的观点，但或多或少都有一些全球责任（例如参见 Forst 1994；M. Risse 2012）。

然而，世界主义不只有道德分支，还包括制度性构想（Beitz 1994）。相较于追求发展共同责任的世界主义道德观念，制度世界主义（institutional cosmopolitanism）探讨的是政治秩序的合理制度设计。道德世界主义只有在与某些经验命题和前提相结合的情况下，才会导向一种良好的制度秩序理论，进而可能催生出一种制度性的世界主义。与此同时，道德世界主义者可能善于提供制度建议，但这些建议却几乎无法被视为制度世界主义的表达。

考虑到世界主义概念的广泛性，人们可能会质疑其边界及与其相对立的概念。西蒙·卡尼（Simon Caney）使用"社群主义者"（communitarians）（Caney 2005：15 – 16；Brown 1992）这一术语来描述与世界主义对立的拥护者，并指出社群主义理论谱系有很多组成部分：政治现实主义、国家组成的共同体概念、民族主义，以及一些社群主义和情境主义的规范理论。以上所有社群主义理论化的案例均是基于对社群、国家、政府或文明的本体

---

① "道德世界主义"能够建立在各种规范性基础之上。例如，功利主义版本（Singer 1979）、契约理论版本（Beitz 1979）、基于基本权利的版本（Pogge 1994）和话语版本（Habermas 1985）。

论价值而进行的假定，并在其基本论证中表现出相似之处。因此，世界主义者和社群主义者通常在国家边界开放性、政治权威的程度、涉及的相关群体和正当性类型等争议性问题上存在不同看法（Zürn and de Wilde 2016）。许多社群主义者会质疑以规范方式评判全球体系的必要性，而世界主义者则正致力于建立一个规范上正当（normatively defensible）的全球治理体系。因此，问题在于有哪些全球秩序模式已经得到发展，其能够将全球治理体系纳入其中并有望克服其制度缺陷。

全球政治理论的现有文献蕴含着丰富的主张和观点。将十分不同的 225 理论学者和他们的方法结合起来可以创建四个模式，这必然涉及简化与重构，因此在这一过程中，无法完全公正地对待个别概念的诸多细微差异之处。尽管如此，我认为这样做能够缩窄文献范围，并提出四种世界主义全球政治秩序模式。这个分类法的标准是国际组织在这些模式中相对于国家权威所扮演的角色，而这是任何全球秩序模式中的核心问题：在民主国家政府间模式中，国际组织是国家的工具；在世界多元主义模式中，国际组织与国家权威同等重要；在最低限度世界政府模式中，国际组织具有部分超国家性；而在世界主义民主模式中，国际组织则具有全方位的超国家性。

（一）民主国家政府间模式

毫无疑问，一些有序国家政府间模式的支持者并不主张道德世界主义；相反，他们赋予社群独立的道德价值，并明确表示地方义务优先于全球义务（MacIntyre 1988）。然而，也有人提倡世界主义的民主国家政府间模式，其中的知名代表包括托马斯·克里斯蒂亚诺（Thomas Christiano）、罗伯特·达尔（Robert Dahl）、英格堡·毛斯（Ingeborg Maus）、安德鲁·莫劳夫奇克（Andrew Moravcsik）和弗里茨·沙普夫。其中，包括约翰·罗尔斯（John Rawls）和托马斯·内格尔（Thomas Nagel）在内的理论学者提倡在具体情境主义基础上的民主国家政府间模式，并同时意识到全球责任的重要性。根据对正义"情境"或经验可行性信念的论证，该模式被看作是进一步推进世界主义道德原则的最佳可能模式。如果从实证条件来看，世界主义的价值或标准可以通过一个基于主权国家同意的国际体系来实现，那么这种制度秩序在工具正当性上就是可接受的。①

民主国家政府间模式的支持者从领土国家的主权视角出发，将政治组织视为全球政治秩序的基础。国家之外的自主治理受到同意原则的限制。这种治理可被描述为"能够建立在世界主义原则的基础上，只要同意过程的结果来自国家之间的公平谈判，且这些国家代表着自身社会中平等的公民"（Christiano 2012：70）。在此观点下，民主国家（或至少是"体面的社会"）的联合则提供了实现自由、自决、平等和团结等价值观的最佳可能。

民族国家能够并且应该利用国家与国际制度之间由规范引导的（norm-guided）合作来促进目标的实现。只要这一过程得到所有成员国的同意并保障成员国的退出权，那么即使将某些国家权力向国际制度让渡也是可能的。然而，由于这些国际制度没有获得民主合法性，民族国家仍然牢牢控制着权限（BVerfG 2009）。民族国家必须保留收回它们所让渡的任何权力的可能性，以维护其宪制。因此，国际组织需要为成员国服务；与此同时，国际组织也不能支配民族国家（Maus 2007）。虽然国际制度能够规范和使国家间关系"文明化"，但它们不应该对个人进行直接规制。此外，国际制度不应干预分配政治，实质上的团结和相应的社会政策只有在国家内部才能实现（Scharpf 1996a；Nagel 2005）。

国际安排必须始终符合合法化及实施这种两阶段过程：只有得到各国社会认可的国家代表才能在国际制度中做出根本决定，而且这些决定必须由各国政府来执行（Scharpf 2009）。尽管存在国际制度，但这些条件仍维护着民族国家的主权。与此同时，国际制度有助于维护国际和平（Russett and Oneal 2001），保障民主国家的民主、协商和人权（Keohane et al. 2009），以及确保跨境经济交易的效率（Keohane 1984）。

---

① 达尔在说明"为何在国际层面将民主国家的原则制度化是不可能的"这一判定时，给出了六个体系性解释（Dahl 2005）。

（二）世界多元主义

这种模式汇集了最为多样的理论学者。例如法学理论学者妮蔻·克里施和马蒂亚斯·库姆（Mattias Kumm），第二现代性社会学学者乌尔里希·贝克，多层治理学者利斯贝特·霍赫、加里·马克斯、艾伦·布坎南（Allen Buchanan）和罗伯特·基欧汉，利益相关方民主论者伊娃·厄尔曼（Eva Erman）和特里·麦克唐纳（Terry Macdonald），话语民主论者约翰·德雷泽克（John Dryzek）和雷纳·福斯特，复杂世界治理学者安德烈斯·福斯达尔（Andreas Follesdal）和于尔根·奈尔以及后帝国主义理论家詹姆斯·塔利（James Tully）等。

虽然这些立场的支持者通常清楚表达了他们的世界主义意图，并且很明确否定了民族国家的规范主导地位，但他们往往在提出全球制度秩序的完整模式问题上犹豫不决。他们强调多元视角、话语过程和合理论证的重要性，而没有详细阐述某种制度秩序。德雷泽克（Dryzek 2008：470）所描述的话语民主化概念是指"一种可以应用于从地方到全球的复杂多层次治理的各个层面的过程，而非一种模式"。或者按照雷纳·福斯特（Forst 2011：262）的说法，"最低正义要求正当性的基本结构，而最高正义则要求充分合理的基本结构"。哲学家们则把前者讲得更为清楚。他们认为，正当性的基本结构一旦形成，建立充分合理的基本结构将成为真实社会行为体的任务。本节的其余部分将重点论述那些超越过程推理（procedural reasoning）并敢于形成制度设计构想的理论。

所有考虑的出发点均基于对国家层面正在失去其中心作用这一观察。国家的各个组成部分正根据其功能被散布在后国家结构的各层次上（Leibfried and Zürn 2005；Genschel and Zangl 2008）。因此，没有哪个层次被认定为政治秩序的宪制性支柱（constitutional anchor）。这一点要求将国际制度视为不受民族国家直接控制的独立秩序，且在一元化的全球秩序中国际制度也不高于国家："法律已具有后国家性质。也就是说，民族国家仍然是重要的，但不再是整个秩序的范式支柱。"（Krisch 2010：8）由于缺乏社会基础，

227

全球宪制被认为具有潜在的灾难性后果。德雷泽克（Dryzek 2006：64）评价得很好："在某些情况下，只有那些认为需要宪制解决方案的哲学家才会扰乱和平。"

世界多元主义模式建立在受影响性原则（affectedness principle，即所有受政治决定影响的人应享有发言权），而非资格原则（membership principle，即规则所针对的所有共同体成员都应拥有发言权）的基础上。特里·麦克唐纳在这点上说得很清楚："因此，在利益相关者模型中，有权参与任何特定政治决策过程的民众并不一定或总是等同于在同一政治制度中的所有民众，以及与之相关的政治认同也是如此。"（MacDonald 2012：48）

尽管存在这种可接受的碎片化，政治秩序的规范性并未被抛弃："（法律）多元主义扼杀了建立一个良好总体框架的希望。该框架整合后国家治理、分配权力并根据各层次自身设定的规则提供解决各层次间争端的手段。"（Krisch 2010：67）这一框架建立在各层面和领域间的协调基础上，还借助了基于世界主义道德（例如民主、法治和人权）的实践理性——这也是马蒂亚斯·库姆称其为世界宪制主义模式的原因。

多元主义与世界宪制主义是法学理论概念。政治学家们提出了类似建议，这些建议被称为诸如可追责的全球治理（参见 Buchanan and Keohane 2006；Follesdal 1998）、复杂世界治理（Neyer 2013）、多层治理（Hooghe and Marks 2001）。现有研究成果表明了以灵活、具体的方式来确定适当的治理水平或范围而非固定它们的必要性，因此需要根据行使权威的程度使各层次和各领域民主化。国际规范和标准相应地超越了具有较强外部性国家规制领域，或者一国对其社会责任存在严重失职的领域。反过来，国家政治体系在发生法律冲突时，最重要的却是依靠民主力量做出决定。在冲突的情况下，将辅助原则纳入考虑的话语过程或法律判定则被作为决策的机制。然而，给出冲突解决的精确制度建议是罕见的。例如，虽然德雷泽克等人（Dryzek et al. 2011）提出，建立"协商性全球公民议会"（deliberative global citizens' parliament），但是他没有给出其确切功能。

世界多元主义者声称，在世界多元主义的全球秩序中，和平成为可能，人权得到保障，集体性问题以民主的方式得到解决。然而，这些研究很少明确地涉及物质产品层面的分配和再分配问题。但根据提出论点的逻辑，物质层面的分配和再分配必须主要在国家框架内进行，而非通过跨越国界的直接"再分配"来完成。

（三）最低限度世界政府

在德语系政治哲学家中，哈贝马斯、奥特弗里德·霍夫（Otfried Höffe）和雷纳·施马尔茨 – 布伦斯（Rainer Schmalz-Bruns）是最低限度世界政府模式最知名的支持者，但也有一些盎格鲁 – 撒克逊学者基于契约主义（contractualist）或协商性（deliberative grounds）来论述这一观点，比如查尔斯·贝茨（Charles Beitz）、罗伯特·古丁（Robert Goodin）或马蒂亚斯·里塞（Mathias Risse）。这些人通常倾向于在全球层面上建立政府的主张。然而，不同国家的司法和信仰体系限制了这一理想。由于社会文化和社会经济条件不足以在全球层面建立一个民主制的政府，因此寻求次优的解决方案成为选择。这一解决方案并非要放弃政治构成上的民主政体，但要放宽"现有的民主与民族国家概念之间的紧密联结"（Schmalz-Bruns 2007：272），以此让世界政府具备可行性。

在这一构想中，最重要的举措是区分作为真正普遍权利的基本人权和其他更加依赖于政治与文化背景的政治价值观。在区分不同的正当性基础（Risse 2012）时，明确一个国家必须要转移到全球层面的核心功能成为可能（Goodin 2010）。这一构想寻求的不是全球统一政府，而是符合联邦主义原则的全球最小政府（Höffe 1999：10）。从这个角度来看，国家主权必须以遵守基本权利为条件（同时参见 Beitz 2009）。只有这样，两个基本的民主原则，即全球社会对其自身施加影响的可能性以及根据基本权利解决规范间冲突的能力，才能发挥作用。在这种模式下，民事和政治性人权的普及至少需要在全球层面具备一定程度的最高地位。该立场的支持者清楚地意识到滥用的危险和这种"全球政府"所需要的充分合法化。因此，全球性的执行机制应受到得到议会大会形式补充的联合国安理会和联合国大会的制约，以便对中央政府进行民主控制（Habermas 2007：450 – 1）。

但是，国际制度的作用将不仅限于保护基本权利。不管在何处出现跨境问题，具有有限功能的国际制度都会承担治理责任。这种领域性国际机制的合法化将通过领域内所涉公众群体、与非政府组织的合作以及参与者之间的协商来实现。

在这一学派的思想中，全球公共物品分配问题往往得不到重视。然而隐含的是，托马斯·内格尔的政治正义概念似乎得到了遵循，并被植入不同正义理由的概念之中。这一理论假定了消极公民权利和自由权的普遍义务，以及以发展援助为形式的最低经济和社会权利（Nagel 2005：124），并且这一理论强调了在积极人权（positive rights）和再分配问题上政治边界所发挥的关键作用。

（四）世界主义民主

世界主义民主的著名支持者包括丹尼尔·阿奇布吉（Daniele Archi-bugi）、西蒙·卡尼、戴维·赫尔德（David Held）、拉斐尔·马切蒂（Rafaele Marchetti）和托马斯·博格（Thomas Pogge）。虽然民主国家政府间秩序、世界多元主义和最低限度世界政府三者之间的区别实质上是关于不同权力层面之间的关系，但最低限度世界政府和世界主义民主之间的区别主要是全球权威的范围问题，因此是另一维度上的差异。在这两个构想中，国际制度至少都应该具备某种最高地位。

在范围上的两大差异为两种独立的模式假定提供了合理性。第一个区别是，在世界主义民主模式中，强大的国际制度不仅限于保障基本权利，而且对基本民主合法化的需求也延伸到所有管理跨境问题的国际制度之中。由于必须始终如一地实行决策者与受影响者间的民主一致原则，所有行使权威的国际制度都必须民主化。一个全球性议会大会不仅旨在确保世界各地的基本权利，也有助于管理全球性问题，如气候变化、金融市场和大规模杀伤性武器（尤其参见 Held 1995；Caney 2005）。与此同时，世界主义民主的主要支持者强调，民族国家应继续发挥中心作用。在这方面，他们提及了主权的"纵向扩散"（Pogge 2002a：154 - 7；Archibugi 2004）。但尽管如此，只要存在影响深远的跨界效应和人们被排除在去中心化决策之外的情况（Pogge 2002a：155），国际制度就应行使最高权威："如凯尔森（Kelsen 1944）所主张的那样，因不同级别的治理而产生的权限冲突问题必须根据管辖主体（jurisdiction bodies）在全球宪法秩序的范围内解决，而管辖机构必须根据明确的宪法授权行事。"（Archibugi 2004：452；同样参见 Marchetti 2012）

表 9 - 1 全球秩序中的四种制度模式

	民主国家政府间模式	世界多元主义	最低限度世界政府	世界主义民主
代表人物（举例）	达尔 莫劳夫奇克 沙普夫 克里斯蒂亚诺	布坎南 基欧汉 德雷泽克 克里施 库姆	贝茨 哈贝马斯 古丁 霍夫 里塞	阿奇布吉 卡尼 赫尔德 马切蒂 博格
基本规范	禁止使用武力；不干涉原则；合作、民主的国家组织形式	人权；法治；正当程序；实践理性	人权；武力垄断的民主合法化；规制的话语正当性	整体规制的民主合法化；正义；基本权利
国家地位	领土国家集中所有国家的功能	国家在不同法律秩序中分解；国家仍垄断武力；国家主权受基本规范的约束	合法武力垄断转向全球化层面；领域化的国际机制；民主国家仍然存在，尤其是在再分配政策方面	世界政府初步形成；民族国家是更大政治秩序的一部分
国际制度的预期作用	国际制度是民主合法国家控制下的代理人；被授权但可撤回的自主性	未被单一层次主导的多层治理（多元主义）；在所有非国家领域里，国际组织可获得权威	国际制度的首要地位是维护基本权利；国际制度可根据不同问题而获得自主性权威	在国际层面对所有跨国界问题具有深远的至高无上的地位（一元主义）；国家是次级实体，仅在纯国内问题上表现出自主性

231 　　第二个区别体现在一些世界主义民主的支持者至少更加重视分配正义。由于财富分配极不公平，其原因至少部分地归咎于现有的国际制度体系，因此，如果试图建立全球正义，良好的全球秩序则必须解决国家制度之间影响深远的再分配问题（特别参见，Pogge 2002b）。如果超出国界的再分配被认为是具有规范必要性的，那么就需要用多数民主的方式来实现。为此，需要更大的政治集权才能建立全球经济正义（Pogge 2002a：149）。否则，类似的概念则只适用于那些支撑最低限度世界政府的模式。由于国家的关键功能和广泛管辖权转移到全球层面，一个真正的全球国家雏形得以形成。因此，国际制度承担着全球化世界中和平、民主和分配正义的主要责任。

　　表9－1总结了全球秩序的四种模式，包括每种模式的基本规范、有关国家地位的观念和国际制度的预期作用。

三　四种模式的经验推断

　　接下来，我们关注的不是评估这四种全球制度秩序模式的道德可行性，而是展示其所具有的实证可信度。但是，我们如何区分现实的乌托邦与非现实的乌托邦？至少现实的乌托邦认为，从长远来看，任何关于不可能的说法都是不准确的。例如，许多人认为，任何世界主义的全球秩序模式都大体注定失败。根据这一观点，世界主义模式主要代表了一种西方的世界观，从而在"全球南方"日益引发质疑（参见 Fanon 1961；Said 1978；Amin 1988；Chakrabarty 2000）。此外，近年来，西方国家内部对世界主义的争议日益加剧，这种情况削弱了民主国家政府促进全球秩序的意愿。上述发展演变是否使世界秩序本身变得不可能，我认为需要进行实证讨论才能获得答案。

使用"主张"数据（claims-making data）[1] 可以证明，关于边界可渗透
性和权威分配的世界主义立场支配着各类政治讨论场，如美国、德国、波
兰、土耳其、墨西哥、欧洲议会和联合国大会。在上述七个讨论场中，对
于我们赋值的五个问题领域（贸易、区域一体化、人权、气候变化和移
民），世界主义立场都比社群主义立场出现得更为频繁。表 9 – 2 展示了所
有问题领域中的所有主张（样本总量 = 11810）的样本指数，发现世界主义
的主张超过了社群主义。该指数的取值范围为 – 1 到 1，平均值是 0.1475，
很明显地偏向世界主义立场。[2] 在表 9 – 2 所列的 24 类行为体中，只有农
民、工会和右翼民粹主义者三类行为体倾向于社群主义的立场。八类行为
体（全球行为体、政府行政人员、司法行为体、公民社会群体、社会主义
者、绿党人、社会民主主义者和自由党人）的世界主义主张平均值大于等
于 + 0.5。其他人也是支持世界主义的，但程度没有这么高。

此外，将世界主义视为只由西方支配的人会感到意外的是，在一些问题
上，像土耳其和墨西哥这样的国家（2013 年之前）对开放边界和区域合作问
题拥有比德国和美国更强烈的支持立场。这些差异乍一看令人惊讶，但它们
表明所采取的立场受到了现有的一体化程度和难民去向的影响。一方面，当
一体化程度超过某一阈值时，批评进一步一体化的声音在数量上似乎会增加。
与欧洲相比，那些受超国家法律约束更少的社会似乎对深化一体化持更加积

---

[1] 在一个关于世界主义和社群主义的政治社会学项目中，我们使用了代表性主张的分析方法
（the method of representative claims analysis）。赋值是通过详细的编码手册进行结构化的，其
中涉及 26 个变量（参见 de Wilde et al. 2014）：a 年份，b 来源，c 主张类型，d 主张范围，e
主张的职能，f 主张者的国籍，g 主张者的党派，h 行动，i 对象类型，j 对象范围，k 对象的
功能，l 对象的国籍，m 对象的党派，n 对象评估，o 问题，p 问题范围，q 立场，r 干预，s
目标的功能，t 目标范围，u 目标评估，v 正当性，w 冲突框架，x 主张人的姓名，y 对象的
姓名，和 z 出身。简言之，我们衡量在何处、何时、谁、如何、针对谁、主张什么、支持/
反对谁的利益以及为什么。我们利用数字报纸档案，通过关键词检索进行分层抽样。在 2007
年至 2011 年，我们对所有国家的一系列报纸的数字档案进行了关键词串采样，并对关键词
串进行一些小的语法调整（如果特定语言需要的话）。在搜索字符串中至少有两个关键字的
文章才能够被选中，并进行赋值。

[2] 针对这一数量级的样本，计算了行为体对于五个问题中每一个问题的平均立场，其中要求一
体化、开放边界或国际合作的每一项声明赋值为 + 1，主张要求或实施相反的每一项声明赋
值为 – 1，主张关注这一问题但未指定政策偏向的回复赋值为 0。

233 极的态度。同样，墨西哥和土耳其社会全面支持开放难民和移民政策，这在一定程度上是两国长期以来没有移民流入所致。因此，在以国家政治为主导的环境中，世界主义的地位似乎特别强大，而一体化程度更高的国家中的行为体日益指出经济开放和区域一体化的困难和局限性。

表9-2 世界主义主张的分布

		立场	
		均值	计数
行为体范围	全球	0.67	534
	地区	0.49	2940
	国家	0.43	8336
行为体类型	行政	0.52	4482
	立法	0.38	2908
	官僚和行政	0.34	511
	专门机构	0.52	176
	司法系统	0.46	491
	商业	0.20	50
	工会	0.17	65
	农民	0.39	826
	媒体/记者	0.62	883
	市民社会	0.37	393
	公民/人民	0.44	809
	专家	0.57	216
	其他		0
	无		
行为体党派	无	0.46	4973
	社会主义党	0.52	422
	绿党	0.57	309
	社会民主党	0.58	1517
	自由党	0.59	502
	保守党	0.36	2323
	极右党	0.31	293
	其他党派	0.53	1471
总计		0.46	11810

马蒂亚斯·柯尼格-阿奇布吉（Mathias Koenig-Archibugi 2011, 2012）进一步驳斥了那些反对世界主义世界秩序的主张。基于严谨的研究设计，他探讨了民主的必要条件（种族和文化同质性、有限规模、经济发展、国家地位等），并且发现除政体或治理体系的条件之外，其他条件在严格意义上是并非必要的。民主程序有时甚至在大型异质环境中占据上风。在这些环境里，不仅平均收入低，还存在着严重的社会和物质不平等。他以令人信服的方式驳斥了关于全球民主的所有不可能主张，这是朝着具有明确世界主义意图的全球秩序模式迈出的重要一步。

然而，驳斥认为不可能的主张并不代表更多的可能性。并非所有理论上可能的事情在实践中都具有可能性。虽然存在对超越国家的民主不可能性的驳斥，并且公共领域中世界主义立场仍有重要性，但我们还是需要对不同世界主义模式的实证发展进行比较评估。我们需要更苛刻的标准来对潜在可行性进行评估，并探讨当趋势持续时，可行性是否会随着时间的推移而增加。之后的问题才是促进性趋势或入门动力是否到位。 234

然而，如果不存在多个主要行为体同时感受到巨大变革的压力，那么就无法将促进性趋势转化为全球秩序的新模式。这是关键节点概念的切入点，它是实现全球秩序新模式的第二个条件。上述的 2025 年关键节点，在本章被视为所有四种模式的反事实常量。为评估其相对实证可能性，我将重点放在以下问题：哪种模式最能得到促进性趋势的支撑作用？

为了判断不同模式的潜在可行性，需要哪些实证方面的考虑？在将规范性原则转化为规范上可辩护和可行的制度设计时，最相关的实证条件是什么？根据伯恩哈德·彼得斯（Bernhard Peters）在规范理论中有关经验性社会知识作用的研究，可划分出三种影响制度秩序的实证限制或条件：个体态度、文化/组织背景和制度/结构背景（Peters 2000）。这三个条件将为本章讨论的四种模式的潜在可行性提供标准。重申一下，我们的目标不是看这些实证条件是否得到满足，而是看是否能朝着满足这些条件的方向发展。从这个意义上说，我们正在寻找三方面的促进性趋势：宏观层面的国际制度作用、中观层面的社会动员和微观层面的个体态度。

国际制度的相关性（宏观层面）：这里的关键问题是国际制度是否行使政治权威，或者它们是不是被其成员国严格控制的代理人，以及我们可以就这一问题观察到哪些趋势。从民主国家政府间模式的角度来看，国际制度是国家政府的代理人，其目的是简化政府间合作。在这方面，国际制度的合法性取决于它们被理解为促进国家间谈判以实现帕累托改进的工具。因此，国际制度的活动受到严格约束，并将继续受到成员国的严格控制（Moravcsik 2008：334）。相比之下，从世界多元主义的角度来看，国际制度越来越多地行使削弱政府间共识原则的权威，甚至在某种程度上允许直接接触社会行为体，这在事实上限制了民主国家采取行动的范围。从最低限度世界政府和世界主义民主的观点来看，我们甚至能看到全球最高权威甚至一个初级全球政府发展的迹象。

政治意愿形成的实践（中观层面）：这里的关键问题是集体意志形成的最低交往和组织的先决条件是否存在，或者是否可以在超国家层面上得到发展。民主国家政府间模式的支持者尤其对此表示怀疑。例如，罗伯特·达尔（Robert Dahl 2005：200）指责国际政治单位的规模导致受规制影响者无法"表达其知情同意权"。相比之下，世界多元主义和最低限度世界政府的支持者指出，社会团体提高了对国际制度独立的期望并制定了与其联系的策略，并且日益重视国际事务在公共辩论中的重要性。尤其是跨国非政府组织的活动及其带动的国际话语体系（Dryzek 2008：482）。虽然世界主义民主的支持者承认，在国际层面上几乎没有任何走向议会化和党派化的趋势，但他们坚持认为跨国运动对政治决定产生重大影响，而具有行动潜力的国际公共领域正在形成（Archibugi 2004：457）。

个体态度（微观层面）：个体是否自动地将政治责任归于他们的国家政府，或者是否有证据表明他们日益认可超越民族国家的政治权威？是否有后国家认同的迹象？这些认同和团结是否足以使具有强制权威（最低限度世界政府）和跨国财富转移（世界主义民主）的国际制度合法化？对于民主国家政府间模式的支持者来说，公民将国家作为政治组织的主要形式（Dahl 2005：198-201）。值得注意的是，即使是欧盟，"其决策仅限于国家决策内容的 10%~20%，并且主要是在选民不太重视的问题上，而国家政治保持对大多数其他问题，通常是对更突出问题的掌控"（Moravcsik 2008：333）。民主国家政府间模式的支持者还强调，在国家界定的社会中，政治认同牢不可破。相比之下，最低限度世界政府和世界主义民主的支持者指出，公民正在逐渐内化世界主义原则，并且广泛认识到国际相互依赖关系及由此产生的"命中注定的共同体"（communities of fate）（Held 2003）。世界主义民主的代表人物也指出，跨境的团结一致（cross-border solidarity）具有不断增加的潜力，例如，对人道主义灾难的慷慨捐助。

　　道德原则转化为制度设计的实证条件很多。从规范秩序的先决条件理论来看，伯恩哈德·彼得斯（Bernhard Peters 2000）的类型学列出了一些最相关的类别。然而由于各种因素，其他类型没有被包括在内。首先，由于聚焦于既定秩序运行所必需的条件，所以没有考虑大国当前在世界政治中的地位和利益。换言之，我对本章的兴趣点不是关注新秩序的转变可能自动发生的条件，而是关注在关键节点允许转变的情况下，新制度秩序进行可持续演变所具备的条件。

　　其次，更具争议的问题是，仅仅跨境交易和正义背景的存在是否可以被认为是理解制度模式可行性的一种实证背景条件？对于很多受世界主义启发的作者来说，全球化和与国家政治决定相关的外部性通常可被视为全球正义理论的必要背景（Beitz 1999；Vernon 2010）。雷纳·福斯特对此进行了更深入的思考。在他看来，全球不公正的存在已经为此提供了必要背景。他论及了一个也可存在于前全球化世界中的"力量和支配的背景"（Forst 2001：166）。事实上，与所有正义直觉相抵触的那些在历史上得以制度化的实践的经验性存在是不可否认的。此外，纯粹国家政策的负外部性的增加则会导致"重叠的命中注定共同体"（overlapping coinmunities of fate）（Held 2003：469）。例如，美国的气候政策无疑对许多太平洋岛民产生了影响。因此，从规范角度来看，可以认为他们缺乏对决策的参与是一种缺陷。这就是为什么不能将现有的不公和扩大的外部性视为具有促进性的发展的原因。如果这种不平等和外部性被假定为"客观的"，那么这就表明了一种功能性或规范性的必要或一个"正义背景",而仅靠它们的存在并不构成一种带有促进作用的实证条件。不公自身不会创造解决其问题的制度。然而,假如我们能以旁观者的视角,从经验上发现全球相互依赖关系正在增加,因而全球政治制度具有必要性,那么这点确实应被视为一种促进性的发展。正如伯恩哈德·彼得斯的标准所暗示的那样,我们希望看到那些规范分析之外的因素,我们需要从内部的角度来看待支持条件。表9-3总结了四种模式中的经验假设。

237

表9-3 四种全球秩序模式的实证假定

	民主国家政府间模式	世界多元主义	最低限度世界政府	世界主义民主
国际制度的相关性	国际制度是民主合法国家控制之下的代理人;被授权但可逆的自主性	缺乏单一层面主导的多层治理(多元主义);部分国际制度行使权威	在人权与维和领域有发展出现强制法的迹象;部分国际制度行使权威	主权纵向扩散的发展及全球层面宪制化的开端
政治意愿形成的实践	民族国家是社会行为体的主要关注	社会行为体面向各种国际制度的价值导向	社会行为体对各种国际制度的价值导向;在基本权利问题上的更大全球价值导向	社会群体全球价值导向的不断增加
个体态度	个体认知局限于国家背景;公共利益与国家层面有关;无跨国团结	一些个体认知超出国家背景;超越国家社会的公共利益取向是可能的;团结倾向很少超出国家背景	一些个体认知超出国家背景;在基本权利问题上具有更大的全球价值导向;团结倾向很少超出国家背景	全球范围认知导向的增加;公共利益与全球层面相关;跨国团结有所发展

四 促进性趋势:各自优势?

在上述背景下,我讨论了三个类别的实证趋势:"国际制度的相关性"、"政治意愿形成的实践"和"个体态度"。前两类可参见前面章节中使用的材料。对于"个体态度"，我将展示一些额外的实证材料。

（一）国际制度的相关性

当前，国际制度扮演着何种角色？国际制度的实证分析展现了一个自治的政治领域（世界多元主义）或一个（部分）主导的政治领域（最低限度世界政府和世界主义民主）存在的潜力，还是民族国家保持其统治地位（民主国家政府间模式）？何种趋势是显著的？

正如第一章所讨论的那样，国际制度及其支持者把他们的行动说成是对超越国界的共同体利益的追求。因此，国际安排不再只是通过协调来寻求一种临时性过渡方法。在处理国家共同体和世界社会的共同事务时，这些模式至少在言辞上经常积极地追求规范性目标。在这种正当性背景下，国际制度必须有行使全球权威的可能性，并且许多国际制度确实正在行使权威。各国正稳步地将权力直接委托给国际组织，部分委托给跨国制度。国际人权机制、国际刑事法院的成立以及联合国安理会自 1990 年以来发挥的积极作用表明，这一过程也发生在诸如安全和人权等"高政治"领域。

这是一种可预期的、未来将持续的趋势吗？首先，作为对人类与全球治理问题之间日益紧密联系的回应，原则上加强国际权威的规范性需求仍将存在。即使全球化指标显示出一些较低增长率的迹象，但前所未有的强大技术将全球范围内的人们联系在一起，其外部性也将不断增加。然而，随着当前呼吁降低边界渗透性的政治运动的兴起，这一需求是否会转化为诉求仍然存疑。同时，最低限度世界政府和世界主义民主理论家强调自我强化机制就是促进性趋势。根据这一观点，制度决定个体态度，而态度的改变反过来又推动更为强大制度的出现：合理的制度设计在某种程度上会产生自身所依赖的经验性假定（同时参见 Zürn 2000）。虽然这类动力无疑是 18、19 世纪欧洲国家和民族构建的一部分（参见 Anderson 1983；Gellner 1983；Breuilly 1994），但在前面章节中分析的对全球治理体系兴起的回应表明，这不是一个自发形成的过程。因此，民主国家政府间秩序的倡导者至少含蓄地指出了一种反动力。如果国际制度变得过于强大，超越了人们

238

准备对其接受的程度，我们能够预料到国家对这些制度的强烈反对。在签署《马斯特里赫特条约》后，欧盟的支持率下降，而随着欧元区危机的到来，欧盟支持率下降到最低点，这便可被看作一个例证（Scharpf 2011）。综上所述，似乎可以公平地说，虽然超越民族国家的权威已经达到了一定水平，其内生阻力正在使其增速显著放缓，但权威水平预计并不会大幅下降。

在近几十年来的这些趋势下，这四种模式的发展如何？国际制度持续获得更大权威的趋势降低了政府间模式制度化的可能性。当前国际制度已不只是国家间进行帕累托优化（Pareto-optimizing）谈判的论坛，这给民主国家政府间模式带来了实证难题。虽然一些国际制度的权威由于合法化问题在未来可能出现下降，但全球治理体系中的国际和跨国权威程度明显高于政府间模式所设想的水平。

然而，本书中分析的经验证据也表明了全球秩序发展的结构性限制。直接再分配政策问题或多或少地被排除在国际权威范围之外。"保护的责任"规范当然包括不分国界地帮助贫困人口的意愿。但是，这些干预措施的规范理由似乎更符合紧急援助的逻辑，因此，它们并非国际层面基本社会权利制度化的依据，这就给世界主义民主模式带来了一个实证难题。

此外，所有的国际规制大部分都是在国家层面实施的。在欧洲多层体系和全球治理体系中，较高层次的决定大多由去中心化的政治机构实施。这表明，民族国家并不是真的愿意放弃物质基础，比如它们对财政和使用武力的垄断。迄今为止，政治的现实并不允许为应对贫穷而制定国际税收制度或是建立一个联合国常设特别小组来推进这些诉求。

这些情况严重地限制了国际权威摆脱束缚的动力（emancipatory dynamic）。由于所有相关资源都与国家层面挂钩，最大最强的国家可以逃避国际规制的干预。因此，共识原则的基底就减半了。这些结构上的限制突出了最低限度世界政府概念和世界主义民主模式中缺乏促进性趋势的乌托邦元素。因此，国际制度的发展动力似乎最能在世界多元主义模式中体现。世界多元主义模式指出国际制度的独立权威性正在增长，但其并未获得最高权威。

（二）政治意愿形成中的实践

即使带有权威的国际制度正在发展，倘若这种发展不是伴随着去国家化政治意志的形成机制，那么对于要求越来越高的全球秩序模式来说也是远远不够的。因此，这一问题在于，如世界多元主义和最低限度世界政府 240 的支持者所设想的那样，社会群体是否对国际制度产生独立的期望和策略，以及在国际层面上，议会制和政党形成过程是否有助于世界主义民主的发展？

如第六章所示，国际事务的政治化趋势明显。国内公众、议会和跨国市民社会不再愿意单纯地将重大国际谈判的成果视为国际合作取得成功的必要标志。跨国抗议运动以国际组织和国际条约为攻击对象。与此同时，许多跨国非政府组织和社会运动呼吁加强国际和跨国组织以满足对规制的需求。

政治化趋势将在未来持续下去吗？根据对权威的假说，只要国际制度在合法化叙事不足的基础上继续行使重要权威，我们就能够预料到政治化持续进行。可以肯定的是，在政治机会结构到位后才能实现政治化，但毫无疑问，这些机会结构将时不时出现：危机、选举和公投是不可避免的。为提高合法性，最低限度世界政府愿景和世界主义民主甚至致力于系统性地创造这些机会结构。政治竞争在一定程度上成为国际制度的一部分，政治化的机会结构得以制度化，正如政治竞争已被部分引入欧盟的欧洲议会选举的情况，欧洲议会在欧盟委员会选举主席时也发挥着日益重要的作用。

这对于全球秩序的四种模式有何启示呢？抛开其内在的选择性（built-in selectivity），国际事务的政治化和政治意愿形成的去国家化，与政府间模式的促进性发展截然相反。它们动摇了国家在国际层面上作为领土性集体利益唯一合法代表的观点。政治化表明在非政府运动和组织中，以问题领域为界线来界定利益的趋势日益增长。因此，正如关于权威的理论所指出的那样，国际制度的政治化为世界主义民主模式提供了一定的支持，而这正是有助于制度建设和跨国意志形成的自我强化过程。然而，国际制度的政治化也显现出反作用的迹象。抵制国际一体化的阻力正在增加。此外，没有迹象表明政党式集团在国际层面上的发展，或者任何这样的集团能够跨议题地在一致的意识形态立场上聚合社会利益，或有能力消除代表性上的失衡（representational imbalances）。总的来说，世界主义民主并没有得到这类促进性趋势的支持。

相比之下，国际制度的政治化确实提供了支持世界多元主义和最低限度世界政府模式的证据。国际制度的政治化使得世界多元主义更好地发挥作用，因为它为所有权威都提供了一种手段，使其能够对所有人做出回应，并防止其完全退化到大多数人无法触及的技术专家和独立管理机构组成的网络。同时，它表明一个由重叠的领域及地域、公共和私人治理制度所构成的世界必然产生合法化问题：技术专家偏见和权力偏见（参见第三章）。最低限度世界政府模式面临类似的问题。虽然该模式通过引入分层在某种程度上解决了不同权威的协调问题，但其集权的组成部分如何成功合法化的问题仍未解决。然而，分层方式至少提供了一些将政治化转化为制度化参与形式的选择。总之，政治化为最低限度世界政府和世界多元主义提供了一定支持。

（三）个体态度（微观层面）

这些发展是否包含个体态度层面也是一个问题。正如民主国家政府间模式所暗示的那样，我们是否有一个不被广大民众支持的精英进程？或者是否有证据表明存在对深远的相互依赖关系的广泛认可，而这些相互依赖关系在规范和功能上需要必要的跨境安排和意志形成过程？认同的潜力是否足以使强制性的国际制度合法化（最低限度世界政府）并发展出跨境团结（世界主义民主）？

我将转而使用调查数据来回答这些问题。众所周知，这类态度数据（attitudinal data）充满了效度问题。态度数据很大程度上取决于提出问题的方式。这些态度不能简单地被转化为行动的潜力，且通常受到所谓"阳光效应"的影响，也就是人们自身表现得比实际更为慷慨大方。此外，良好的态度数据通常只适用于经济合作与发展组织内的国家。然而，在处理个体对全球制度秩序的态度问题时，除此类调查数据外别无他选。

政府间模式的支持者经常引用欧洲晴雨表数据来证实，即使是在欧洲，民族国家思维模式仍持续占据主导地位。例如，第一，数据表明对欧盟成员国资格的支持率从20世纪90年代初的72%的峰值下降到2006年秋季的53%，回到了人们因《马斯特里赫特条约》和一个"没有围墙"的新欧洲的到来而兴奋之前的普遍水平（Eurobarometer 2007）。随着欧元区危机的到来，支持率进一步下滑。其中一个问题是询问人们对欧盟的印象：正面印象从2007年的52%下降到2016年的34%（Eurobarometer 2016b）。第二，欧洲晴雨表数据被认为是国家认同继续占统治地位的证据。平均而言，约有38%的受访者表示国家认同对他们而言具有决定性意义；52%的人认为他们的身份主要是国家的，其次是欧洲的；只有3%的人声称拥有排他的欧洲特有身份（Eurobarometer 2015a）。这些调查确实表明，那种对欧洲政治不加批判的肯定已不复存在。国际事务的政治化自然会产生日益增加的反对意见，这表明国家层面在政治上的重要性依然存在。事实上，国家认同的力量导致在民族国家以上层面发展出具有强制性的制度不具可能性。

然而，数据还显示，绝大多数受访者声称具有双重身份。至少在欧洲，这表明受访者在原则上承认了超越民族国家的政治权威。对许多欧洲人来说，国家认同和欧洲认同同时存在。根据欧洲晴雨表民意调查，大多数欧洲人至少表达了一些对欧洲的认同。2016年，66%的受访者自称是欧洲公民（Eurobarometer 2016a）。同等数量的受访者表示对欧洲存在隶属感（59%；Eurobarometer 2015b）。

这一解释得到了德国人口数据集的支持，该数据集以不同的形式包含了相应的问题。由于全球问题的不断增多，数据表明相当大比例的德国人越来越重视国际制度。55%的德国人认为，国际制度能够以最佳方式应对全球化的不利后果。在应对这个时代最为重要的问题方面，德国人期待国际制度而非国家的作用，如气候变化、金融危机、大规模杀伤性武器的扩散或反恐斗争；只有11%的民众认为国家有能力处理这些问题（Ecker-

242

Ehrhardt and Weßels 2013)。

关于这些问题，德国民众认为所列的国际组织（欧盟、世界银行、国际货币基金组织、世界贸易组织、八国集团和联合国）事实上也比联邦政府更具影响力。尽管联邦政府和欧盟是首要的，但46%～53%的受访者认为即使是在德国国内事务上，国际组织也有很大的影响（Ecker-Ehrhardt and Weßels 2013）。换言之，民众不仅相信国际制度能够解决全球化引发的问题，也认为这些制度在实际政治中具有重大影响。

给予国际制度重视不应与对国际制度不加批判地肯定混为一谈。因为随着国际组织影响力的增加，对其不透明性、排他性和选择性的批评也随之而来，对其抗议的倾向也越发强烈。根据这些标准，国际制度和欧盟的评级甚至比国家政治体系平均低7%（Ecker-Ehrhardt and Weßels 2013：46）。

当然，德国和欧洲对国际制度的评估并不能表明全球对国际制度的接受情况。尽管来自欧洲以外国家的相关调查数据基于国际制度和事务中非常一般性的问题，但仍有一些证据表明就对国际制度的态度而言，欧洲并不例外（Norris 2009）。例如，根据皮尤研究中心（Pew Research Center 2013）的数据，全球53.1%的人对联合国持积极态度（非常赞同或部分赞同；包括39个国家）。倘若除去欧盟成员国，这个数字只会略微下降到51.4%。同样，世界价值观调查（WVS Wave 6 2010–14）的数据显示，[1] 47.3%的人对联合国的评价是积极的（很多或相当多）。对联合国的认可仅在中东地区得分较低（埃及7.8%，伊拉克18.3%，土耳其41.5%）。中国（67.3%）和印度（59.2%）的数据甚至比调查涵盖的9个欧洲国家（48.9%）的数据还要高。[2] 在先前的一项调查中，当被问及处理各种问题的政治责任所应指向的层次时（谁该决定？），多数调查者将维和（48.9%）和发展援助（52.6%；WVS Wave 5 2005–8）的决定权归于联合国。同样，

---

[1] 世界价值观调查，可在该网站上查阅：http://www.worldvaluessurvey.org/（status：Wave 6，2010–14）。迄今为止，该调查在97个国家定期进行，代表了世界人口的90%。但值得注意的是，并非每轮调查都全部在97个国家展开。

[2] 德国、爱沙尼亚、塞浦路斯、荷兰、波兰、罗马尼亚、斯洛文尼亚、瑞典和西班牙。

在人权领域，相对多数国家的人口支持联合国拥有决定权（41.6%）；而在美国则是 35.5%，印度是 22.7%（WVS Wave 5 2005 – 8）。①

2007 年，芝加哥全球事务委员会（Chicago Council on Global Affairs）和世界公共舆论项目（WorldPublicOpinion. org）在 14 个国家进行的一项民意调查证实了世界价值观调查的结果。此外，绝大多数受访者都认可联合国在安全政策上发挥了强有力的作用。例如，人们广泛支持建立一支永久性的蓝盔武装部队、赋予联合国安理会授权使用军事力量的权利、管制国际武器贸易的权利。② 相当一部分人甚至赞成联合国征税（UN tax）。③

然而，这些数据并不能直观显示联合国带有最低限度世界政府意义上的至高地位受到广泛认可。一方面，超过 72% 的绝对多数同意以下表述："对于某些问题，如环境污染，国际制度应该有权强制执行解决方案。"在所有被调查的国家中，绝大多数人都支持这一表述（包括美国、俄罗斯和韩国）。然而另一方面，假如以不同方式进行表达，情况就会发生变化，如国际社会调查项目（ISSP 2015）表述的那样："即使政府不同意，一般来说，国家（我们）应该遵守其所属国际组织的决定。"那么，认同显著下降到 38.3%，在一些国家甚至有多数人反对（尽管非绝对多数）。简而言之，尽管存在对国际制度权威甚至其至高无上地位惊人的高接受率，但当被调查者所在国家处于争议之中时，结果则可能十分矛盾。

虽然一些人支持联合国在发展援助方面的责任和征税的需求，但仅相对较少的人支持赋予联合国进行再分配的权利。虽然存在明显的跨国团结的要素，但具体而言，它们似乎仅限于在发生人道主义灾难时提供紧急援助，尽管该议题下的跨国团结非常强大（Radtke 2007）。当提及对市场结果进行社会政策修正，进而制度化社会权利时，民族国家仍然是主体。根据

---

① 关于"谁来决定"的问题并没有被包括在最近的第六次世界价值观调查之中（2010 – 2014）。

② 84% 的受访者赞成建立一支联合国常备维和部队。此外，大多数人赞成授权联合国安理会在某些情况下动用军事力量，特别是国家防卫（74%），防止侵犯人权特别是种族灭绝（71%），并规劝各国不要支持恐怖主义组织（69%）（Worldpublicopinion. org 2007）。

③ 平均 47% 的人同意联合国应向国际武器贸易、石油等征税（WorldPublicOpinion. org 2007）。

2002 年的一项欧洲社会调查民调，平均 61% 的受访者认为国家层面应该对这类政策领域负责；14% 的受访者甚至把权限赋予地方或区域层面（Alber 2010）。这些数据在欧元危机期间得到了现实支持：民众对于建立"转移支付联盟"（Transfer-Union）这一举措存在质疑。然而，最近的研究指出，欧洲的团结更多地取决于制度方案，而不是领土问题（Kuhn 2015）。

245 　　此外，正如代表性调查所表明的，相较于精英群体，多数普通人对国际制度持有怀疑态度。虽然个体对于国际制度的态度并不像对全球治理所暗示和假定的那样黯淡，但精英和普通人群之间的差距难以否认（参见 Hooghe 2003）。基于总体调查结果，相较于普通人，精英平均而言拥有更为自由主义的立场（参见 Holsti 2004；MacClosky and Brill 1983），受过良好教育的人更有国际导向（参见 Mau 2007）。有人认为精英是更国际化的（Calhoun 2003；Zürn 2014），更倾向于支持后国家的一体化（Hooghe 2003）。最近在柏林社会科学中心进行的一项对德国精英的调查，通过整合大众调查问题支持了这一观点。席琳·特内伊（Céline Teney）和马克·赫尔布林（Marc Helbling）以令人信服的方式表明了这一差距的存在：换言之，精英与大众在移民、国际贸易和发展援助等问题上存在的显著差异是无法以他们在受教育程度、年龄、性别、居住地和政治取向上的差异进行解释的（Céline Teney and Marc Helbling 2014：264）。奥利弗·斯特里吉比斯（Oliver Strijbis 2018，待发表）在不同地区开展了基于相同设计的精英调查（美国、德国、波兰、墨西哥和土耳其）。调查结果显示，大众和精英的分歧在所有受调查的国家均存在，而这种差异则可用跨国生活方式、受教育程度和经济利益相结合的方式进行解释。

　　总而言之，这些发现当然与民族国家持续"准自主"地维持存在和其在无论何种问题上都被民众赋予最终政治责任的观点相矛盾。这些发现也与国际组织作为技术机构代表国家政府解决协调问题而民众对其并不感兴趣的观点相矛盾。实际上，国际制度已将自己塑造为这种期望和需求的重要对象，同时也受到大多数民众广泛而严格的审查。这一点不仅与国际秩序的政府间模式所必需的实证条件背道而驰，也强化了不同版本的制度世界主义。

然而，几乎没有迹象表明全面的跨国团结一致将使再分配政策实现全球的或只是欧洲层面的转移。这就削弱了世界主义民主模式制度化的可能性。对联合国的干预能力只存在有限的支持，而联合国是最低限度世界政府模式的一个重要组成部分。虽然联合国享有非凡的认可度，并且人们有相当大的意愿赋予其执法权力与能力，但如果一国政府拒绝国际裁决，那么他们就不太愿意遵守这些决定了。这就对有利于最低限度世界政府的促进性趋势提出了质疑。因此，现有的调查数据可被诠释为对世界多元主义有利。

五　结论

对促进全球秩序四种模式发展的探索已经产生了一些有意思的结果。民主国家政府间模式面临一系列实证问题，尤其是在目前趋势持续的情况下，这种模式的适用性在实际中将受到质疑。更值得注意的是，鉴于倡导这种模式正当性的论据在很大程度上是工具性的，因此，它特别强烈地依赖于实证支持。相反，世界主义民主模式面临的明显问题是，没有发展出有助于跨国团结或接受国际制度至高无上地位的条件的证据。有很多迹象表明，这一缺陷在可预见的未来是无法克服的，特别是考虑到世界政治中出现的新兴大国。尽管世界多元主义和最低限度世界政府模式还远未达到其所预设的实证条件，但可以观察到其促进性趋势。而这一点在世界多元主义模式上特别明显。最低限度世界政府模式面临的主要问题是缺乏对实现基本权利的强制性国际制度的接受。特别是过去十年，人们对"保护的责任"这一概念的支持有所下降。

当然，这些发现并不能反映这四种模式的最终说服力。仅靠实证基础是无法完全否定规范模型的。和对一个在全球能够保障和执行基本权利的制度的需求一样，世界主义民主对全球再分配规范性的呼吁作为理念同样令人信服。最终，只有考虑到规范和实证方面的"广泛反思性的均衡状态"

246

（Daniels 2011），才能建立起全球秩序模式的有效性。然而，任何此类尝试都必须考虑到实证的框架性条件。全球秩序模式的发展并非仅是一项纯粹的规范性工作。

因此，全球政治理论（a political theory of globality）需要实证和规范视角之间的相互作用，然而，它们永远不能完全融合。这种状况的最佳见证人可能是这两个学科里在世的两位领军学者。一方面，哈贝马斯（Jürgen Habermas 2010：53）不断警告"要么站在理想主义的一边，但对过多的道德内容漠不关心，要么采取所谓'现实主义者'愤世嫉俗的姿态"。另一方面，罗伯特·基欧汉（Keohane 2008：714）呼吁在国际关系中考虑规范问题："我们需要对这些问题进行深入思考，以便清晰地表达出一致的规范性观点，然后将这些规范问题与实际问题联系起来。对我而言，作为制度学者，最为紧迫的实际问题都涉及制度的设计。"

第十章 结论：国际关系学的一种新范式？

本书在开头即提出了写作的意图：一是将全球治理重构为建立在规范 248
性原则和反思性权威基础上的政治体系，以确定其中的合法化问题；二是
通过全球治理体系内生动力的因果机制来解释社会政治化和反制度化的兴
起；最后探讨随后的合法化或去合法化过程导致全球治理体系衰落或深化
的条件。本章将根据这些目标概括本书的主要结果。

本书在结论中提出的论点符合国际关系学中新出现的范式。一种"全
球政治范式"正对在国际关系学中占据了大约50年主导地位的"无政府状
态下的合作"范式起到越来越大的补充作用。最后，本书提出了在这一范
式领域中有待进一步研究的领域。

一 全球治理体系及其合法化问题

目前的全球治理体系出现于20世纪90年代，形成于二战后秩序引发的
制度动力与苏联解体二者之间的相互作用。在本书第五章给出的全球治理
体系兴起的历史制度主义解释中，20世纪40年代联合国体系的创立与对
"嵌入式自由主义"的选择，开启了路径依赖的连续发展序列。在大约30
年的时间里，这一发展序列通过自我强化过程使制度得到了加强。然而，
从某个临界点开始，过度的自由化降低了自身的缓冲能力，进而动摇了 249
"嵌入式自由主义"的基础。民族国家以让渡一定程度自由权的方式来应对
一体化的世界市场风险。因此，对新自由主义的抵制促使一些国家不仅接
受了促进市场的国际制度，而且还接受了一些制约市场的国际制度，如人

权与环境政治领域的制度。此外，大多数现有的全球治理制度获得了更多权威，并且变得更具侵入性，不可逆转地挑战了威斯特伐利亚的主权原则。苏联解体后，国际层面的功能分化潜能得以充分发挥，这种外部冲击强烈加速了整个动态演变过程。因此，国家的政治系统失去对其他社会子系统的进一步控制，这些子系统可以自由地遵循其内部逻辑走向全球。甚至政治系统也通过制定规范性原则与更强大的国际和跨国制度来实现全球化。这部分是因为政治系统通过遵循应对全球化的内在逻辑，一定程度上回应了世界社会的需求及要求。这些发展共同促成了全球治理体系，如国际权威数据库所示，公共权威的急剧上升表明了体系变革。

全球治理体系建立在三大支柱之上：普遍的规范性原则，一系列至少拥有某些权威的特定领域制度，以及它们之间的相互作用。全球治理体系以规范性原则为基础，这些原则与早期国际体系不同。最重要的是，对全球治理机制的解读涉及国家行为体和非国家行为体，包括个人。这认可了非国家行为体也是体系主体的事实，因此，全球治理就具有了双重支持者（double constituency），其由具备条件主权的国家以及社会行为体所组成。社会行为体也拥有一些权利，而这些权利也可用于对国际权威提出诉求，同时它们有时也是国际和跨国权威的直接受众，而不再是通过各国政府才能与国际权威进行接触的间接受众。例如，国际权威维护正当性的公共沟通不仅面向各国政府，也面向社会行为体和个人。国际制度在许多领域向非国家行为体开放。在全球性大会期间对这一点的感受最为真切。

全球治理还预设至少存在一些全球共同利益。正如许多国际条约的序言的措辞所表明的那样，这些全球目标和共同利益几乎完全被用来为全球性规制作辩护，而这些全球性规制限制了参与国和社会行为体的自主权。虽然其中许多正当性表述只是策略性和虚伪性的，但如果不存在全球共同利益的预设，"普适"的实践则毫无意义。共同利益的预设是政治系统概念的核心：没有共同利益的概念，就不存在与其他社会系统相异的政治系统了。在国家政治体系中，这种共同利益的预设时常被用于达成其他更为狭隘的目的，这也并非无人知晓。

250

全球利益的预设和对非国家行为体的承认几乎可以直接导向全球治理体系的另一个规范性原则：全球范围内公共权威的可能性。权威隐含着国家和社会自愿从属于制度的观点。国际和跨国制度能够做出称职的判断和决定，即使这些判断和决定与其他人的利益背道而驰。当国家尊重可能违背其既定利益的义务之时，并且这些义务在参照全球共同利益和个人权利时具有合理性，那么国际体系就不再是无政府状态。随后一个与其他功能系统不同的初级政治系统便建立起来了，并至少包含一些权威和等级制成分。双重支持者、共同利益的预设和对权威可能性的承认，三者共同表明一种体系的存在。在这种体系中，国家不是权利的唯一所有者，而权利和义务来自在新兴规范秩序中的位置而非国际主权平等体系下的成员资格。

除跨领域的一般规范性原则外，全球治理体系还包含体现权威和合法化模式的具体政治制度。该体系的第二层由国际和跨国权威组成，这些权威有资格做出称职的判断与决定，通过参考规范性原则行使公共权威，并被直接和间接受众认可。

然而，这些权威的特点由全球治理体系特有的属性进行界定。首先，这些制度对包括个人在内的国家和非国家行为体行使权威，并为其提供解决方案和建议，并期望这些行为体能够遵从。鉴于其自身不完全理性所造成的局限性，国家和非国家行为体认真地对待这些建议和要求。从这个意义上讲，反思性权威依赖于那些认可权威的行为体的反思性。其次，国际与跨国权威的作用方式与公共权威的传统解释所预想的不同。那些遵从反思性权威关系的行为体可自行决定它们何时对权威提出质疑。权威支持者可仔细挖掘这种遵从的含义，并且一直可以要求改变它们与权威的关系。从这个意义上说，反思性权威的特点是从属行为体对其从属价值的持续性反思。因此，与传统权威不同，反思性权威通常不是内化的结果。它允许在任何时候仔细审查行使权威的影响，不仅包括命令，还包括要求或请求，并已被嵌入不同领域知识的秩序之中。国际公共权威和跨国公共权威不仅来自传统形式的政治权威，而且常常来自认知权威，后者主要产生具有行为影响的解释，但不一定决定行为体直接遵从的具体内容。认知权威对民

251

族国家内部国家利益形成过程的影响同样重要。

对全球治理体系中权威模式的实证评估表明，自1945年以来，超民族国家的政治权威和认知权威随着时间的推移而普遍上升，并且在20世纪90年代呈现急剧上升态势。与此同时，全球治理体系中的一种特定类型的公共权威获得了特殊相关性：政治指定的认知权威。它们是各国授权收集和解释政治相关信息的机构。例如，经济合作与发展组织评估各国劳动力市场或教育等政策领域的政策水平。对这些解释的遵从并不意味着遵循其直接请求或命令，而是期望人们遵循这些评估中所隐含的建议。虽然全球治理体系中的权威关系大多是反思性的，但它们仍极其重要并需得到合法化。

全球治理体系的第三层存在于民族国家以外的不同权威范围之间的相互作用，包括与国家权威的关系。这些相互作用证明了全球治理的体系特征。然而，从分权规则的角度来衡量，这些特征具有严重缺陷和结构性合法化问题。

全球治理体系的核心特征之一是不同权威范围相互之间只是松散耦合的。国际和跨国权威通常是按领域界定的，因而只对一系列有限的问题负责。它们的责任范围覆盖从管理一种物种（国际捕鲸制度）到负责世界和平与安全（联合国安理会）。这些各异的、按领域划分的权威范围没有得到完全整合。对不同领域（例如贸易和卫生制度之间）的相互冲突，充其量只能进行最基本的管理。虽然民族国家建立了一些元权威的场所，但全球治理体系只存在一些非正式的元权威，如霸权或G7、G20峰会，这些非正式元权威也较为弱势，同时高度排他。当前全球治理体系的这一特征导致了第一个重要的合法化问题。由于权威范围只是松散耦合的，它们仅限于个别领域的正当性，因此在合法化模式中引入了技术专家偏见。大多数国际和跨国权威确实认同技术专家的正当性叙事。然而，许多国际制度和一些跨国机构所行使权威的深度和类型，正在使这种叙事的负担日益加重。一些在全球治理体系内做出的决策并不能只基于技术专家的理由，例如，国际货币基金组织的紧缩计划或联合国安理会授权的军事干预。

全球治理体系的另一个体系性特征是微弱分权。国际权威的核心决策者包括主要国际组织的秘书处，更为重要的是强国的代表。一般来说，国际制度行使的权威越大，强国就越是关心本国在其中的影响力。因此，最具权威性的国际制度，如联合国安理会、国际货币基金组织和世界银行，均具备正式机制以确保能够特别照顾到强国的利益。因此，拥有权威的国际制度不仅引入了全球和国家层次之间的等级制，而且还引入国家间的分层，也就是说国际制度将国家之间的不平等制度化了。这种不平等有时甚至会导致强国代表在没有司法监督的情况下将立法（制定规则）、执行（根据规则做出决定）和行政（执行决定）的能力结合起来。例如，联合国安理会及其常任理事国同时承担立法和执行职能，它们通过决议扩展了"国际和平的威胁"的定义，并授权了以此为基础的干预行动，并将其付诸实施。这些行动都是在没有法院对其有效监督的情况下开展的。

分权的缺失会产生第二个合法化问题。分权缺失破坏了合法性信念的关键基础：行使权威时的非任意性和公正性。行使国际权威往往会导致违背平等性规制理念的决策及解释。通过这种方式，法律的完整性以及对公正性的最基本理解经常受到侵犯。这种权力偏见与技术专家偏见相结合，带来了全球治理体系中的严重合法性问题。因此，毫不奇怪，我们越来越多地目睹了围绕这一体系的争斗。

二 政治化与反制度化

253

全球治理体系的合法化问题是反应序列中的一部分，而在反应序列里，国际权威内生性地制造挑战者与挑战。一般而言，反应序列至少包含一些（至少部分上）产生于该制度本身的过程，而这些过程有可能破坏维持它所必需的条件。全球治理体系中反应序列的核心在于"权威—合法化关联"，简单地说，当国际制度行使权威时，它们需要受众相信其合法性。只要政府间层面发展一种仅限于要求每个成员国同意的互动方式，并以行政多边主义的方式进行，那么一种两阶段的合法化过程就足够了。成员国代表的合法性使超越成员国层面的决定得到合法化。假如国际权威削弱同意原则，同时变得更具侵入性并直接影响社会，则应根据规范标准对其进行评估。这样就出现了合法化问题，并引发去合法化和再合法化过程。这些过程又可分为两种类型：社会政治化和反制度化。

政治化可以被定义为将某事转移到公共选择领域，从而预先假定可就该问题做出具有集体约束性决策的可能性。全面的政治化有三个组成部分：一个日益显著的问题，对这个问题的意见分歧，以及辩论中参与者和观众的增加。国际制度的政治化可由征收金融交易税以援助公民协会或"占领运动"这样的跨国行为体来推动，这些行为体经常挑战具体政策，而右翼民粹主义政党等国内行为体则大多从总体上质疑将权威让渡到国际层面一事。但是，国际和跨国权威的政治化不仅要求关注对全球治理的抵制，而且还要关注非国家行为体利用国际制度实现具体政治目标的进程。许多跨国利益集团和跨国市民社会组织直接接触国际和跨国制度，其目标往往是希望在全球范围内实现更为严格的规制。

更高水平的权威导致更高水平的政治化。这个结论得到不同国际制度以及欧盟的验证，具备可靠性。对具有高度权威的国际制度所提出的挑战不仅针对其政策，而且也针对其合法性。像联合国安理会、国际货币基金组织和世界银行这样的制度因其决策的不透明性，狭隘的技术专家正当性以及制度化的不平等而备受批评。此外，不同类型的权威导致不同的政治化方式和程度：政治权威的行使受到比认知权威（即使是政治指定的认知权威）的行使更为强烈的政治化。其原因是，国际制度被授权做出决定（政治权威）而更加引人注意，并为政治化提供更多的机会结构；相比之下，跨国权威和国际权威被授权做出解释（认知权威）的能见度较低，因此动员的机会较少。出于类似的原因，跨国制度行使的公共权威也不像国际制度那样常被政治化。

国际制度的政治化通常遵循四个步骤。全球金融危机和欧元区危机就是例证。第一步，由于非国家化和跨境外部性的增加，国际规制的缺陷遭到谴责。跨国非政府组织、专家群体或国际组织确认国际规制的必要性。第二步，通常是在危机时期，引入更具侵入性的职能来强化国际权威，例如，对南欧国家债务危机的直接回应是强化欧盟的能力。第三步，国际权威的强化使得国际权威对更广泛的社会群体更加可见，并为政治化提供机会结构。希腊的例证可能是极端的，但并非例外。最后一步，国际制度的公共权威受到合法性不足的质疑和挑战。随后的合法化斗争的结果是开放性的。这种斗争有时会带来全球治理的深化，就像国际组织政策中的人权保护机制一样；有时则会导致全球治理的碎片化和衰落。

国家对国际和跨国权威的论争是全球治理体系中合法化斗争另一种形式，它常以反制度化的形式出现。从 20 世纪 90 年代后期开始，国际制度权威的增长放缓，并伴随着另一个重要历史发展：新兴大国的出现。一些新兴大国试图改变全球治理体系的制度格局。假如一些国家对某一特定的国际权威不满，它们可以放弃、设置障碍来阻止决策，选择反制度化或者直接退出。参照全球治理体系理念可知，退出很少成为选择。相反，阻碍、妥协和反制度化成为主要选择。特别是，反制度化是一种旨在改变全球治理体系而非脱离的策略。反制度化指的是建立和/或利用其他国际制度以改变制度现状的尝试。创建新制度，使联盟正式化，并质疑现有制度，这样替代性制度就能发挥作用。反制度化超越了体系内的常规变化，但未达到体系变革的程度。换言之，它只是一种系统性变革。

反制度化有两种形式。既成大国的反制度化首先意味着机制转移和竞争性制度的形成。尤其是当目标制度奉行"一国一票"原则行使权威时，既成大国则通过建立和使用平行的治理论坛与之对抗，如世界卫生组织的案例。既成大国经常坚持要将不平等制度化。它们要求建立一种能够攫取特权的全球治理体系，并认可这种双重标准。这一策略代价高昂。当不平等制度化并且以歧视性方式处理问题时，国际权威获得合法性则变得更为艰难。

新兴大国也使用反制度化策略。它们的目标是改变现有西方国家的特权制度。这些国家不仅希望被纳入全球治理制度，正如自由秩序理论预测的那样；它们还想要重塑国际制度。然而，崛起中的新兴国家的偏好与既有国际制度内容之间的"差距"往往不及许多人，尤其是权力转移理论家预期的那么大。新兴大国并非希望彻底改革现有的国际制度。相反，它们想从内部对其进行改革。从本质上讲，新兴大国反制度化的目的是发声，而非退出或一味忠诚。与此同时，人们一直怀疑强大的国际制度有助于维持不公平的利益分配，是维护西方主导的工具。这种紧张关系引发一些不太明确的回应，与新兴大国共同反对制度化不平等的斗争紧密相关。

三　衰落抑或深化？

接下来讨论的是合法化斗争的结果与影响，政治化程度的提高似乎导致在合法化过程中的叙事扩展。作为对论争的回应，权威持有者至少暂时改变了其对正当性的表达方式。然而，合法化叙事的暂时变化不一定引发相关国际权威的实质性改革，甚至不一定能引发改革。

256

合法性叙事的扩展是否会导致全球治理深化则需视情况而定。是否深化取决于权威持有者对去合法化的制度性回应的强度，以及它所涉及的是象征性举动还是实质性改革。如果坚持维持现状，或者回应仅具有象征意义，并且从长远来看合法化叙事又回到以技术专家为主的状态，那么就会出现持续的权威—合法性差距。这种差距往往导致全球治理的碎片化和衰落。相比之下，当其尽可能地以合法化问题为目标时，实质性的回应则表明全球治理的深化。这种选择取决于特定的范围条件。

作为对去合法化的回应，全球治理的深化将于何时出现？将在哪些范围条件下出现？对这些问题的考察结果表明，有利于改善全球治理体系缺陷的制度调整最有可能在下面三种情况下出现。第一，无论是出于信息因素还是作为实施过程中的合作伙伴，以实现制度调整为目标的社会行为体的存在是取得政策成功所必需的条件。可以说，那些最依赖社会伙伴的国际权威（例如世界银行）对此最为开放，并最愿意进行大幅改革。第二，非国家挑战者已找到强大的联盟伙伴，其面对的国际制度由于行为不一致而遭到公开攻击。最佳的联盟伙伴是那些嵌入在强大成员国之内的伙伴。国家议会或宪法法院就是这种例子。如果没有这样的内部联盟伙伴，立场相近的参与者所形成的外部联盟有时也能带来实质性改革。然而，这种情况并非总能成功，是否推进实质性改革实际上取决于目标制度是否极易受到政治活动的影响。第三，在需要新兴大国解决紧迫问题之时，将新兴大国及其社会纳入全球治理体系的实质性体制改革是可能的，例如，当新兴国家具有"系统重要性"之时。G20 的建立基本上取代了 G7/G8 架构，以及 IMF 的改革，这两者都是在金融危机期间启动的很好的案例。

如果这些情况都不存在，权威持有者可能会忽视变革的要求。然而，这种情况往往导致新兴大国的反制度化或合法性差距的扩大，而反过来又减少了成员国代表在未来谈判中的回旋余地。此外，如果权威持有者面对来自国家挑战者的制度变革要求，它们则可通过机制转移和创建竞争性制度来回避改革。因此，全球治理体系的进一步碎片化将造成一种真正的危险局面。结果，作为国际制度得以发展的主要因素，交易成本降低的收益便会消失。在分配方面，若一个制度环境存在诸多平行制度，这对西方国 257 家是有利的。然而，这将增加形成一个行之有效的全球治理体系的集体成本。

总之，尽管抑或正是由于这种论争的存在，深化全球治理制度是可能的。虽然可能导致反制度化、碎片化和衰落，但论争也可能导致再合法化，并在成功的情况下深化全球治理。换句话说，反应序列首先由自我破坏过程界定，但在整个序列结束之时，制度的深化仍具可能性。

应该补充的是，世界社会的一些基本条件可能会随着时间的推移而得到改善，并且从中期来看，这似乎有利于一个相对于现有治理体系拥有更少缺陷的全球治理体系的形成。正如第九章所论述的那样，许多社会似乎普遍承认世界主义思想和国际权威的必要性。而这种全球思维倾向却具有局限性，因为各国几乎都不愿接受具有巨大强制能力的权威或对国家社会财富进行跨国的再分配。

四 全球政治范式的兴起？

自国际关系学科在第一次世界大战后成立以来，它已经相继发展出三种范式或研究议程，它们相互关联并部分地改变了一些基本假定（Deitel-hoff and Zürn 2016）。国际关系学科创立时期的主题是战争与和平。这种"战争与和平范式"一直占据主导地位。直到20世纪60年代，当相互依赖与合作研究变得更为重要之时，"合作范式"才成为主导。这两种范式都认可国际体系是无政府状态的观点。这一观点受到了一种新的"全球政治范式"的挑战。① 从这个角度来看，我们正处于从20世纪70年代以来占主导地位的合作范式转向全球政治范式的过程之中。全球政治范式也在20世纪末开始朝着主流方向发展。

本书认为范式并非指那些在一个领域占主导地位的、发展良好且高度形式化的理论，如托马斯·库恩对科学革命的开创性论述。鉴于国际关系学中理论建构的现状，并考虑到高度反思性的研究对象，范式是指对世界政治的一系列假设和观点。使用来自科学实在论的一个术语进行表达，范式事实上表明共享的不可观察的事物（shared unobservables）。在这里，本书使用的范式术语也与拉卡托斯（Imre Lakatos）将这一概念理解为研究计划（research program）的说法具有相似性。然而，这一术语的内涵则更广，包括具有部分不可通约假定的多种理论。鉴于这一术语与上述两个既定术语之间的等距性（equidistance），我将在本章的其余部分等同地使用这些术语。

本书是新兴的全球政治范式的一部分。它虽然建立在合作范式诸多理论见解的基础之上，但除此之外，它还重构了一个由权威关系模式组成的全球治理体系，而该体系内生地产生了政治化、反制度化和合法化的斗争。"全球政治"一词并不局限于将全球政策与文明的、制度化渠道内的共识或至少和平的冲突管理等概念进行同等理解。"全球"一词也并非公平地代表了全球各个地区。

那么，全球政治范式代表什么？它指的是那些将自己描述为全球性并且确实经常具有全球影响的政治进程与政策。我用"全球政治"一词来描述这种普遍性观点。根据这种观点，国际政治领域由规范性原则构成，并

---

① 我要感谢罗伯特·基欧汉建议用这个术语来替代全球秩序范式一词。

至少包含一些等级制要素。这样的理解包含了严重的冲突和斗争以及权力不对称，并赋予了它们另一种意义。那么，问题不在于我们是否将战争和斗争看作是对现实主义意象的支持，或是表明理想主义者的和平与共识。问题在于如何理解日益增多的暴力和更深层次的制度化同时存在、战争和秩序同时发生、一体化和碎片化并存，以及如何理解它们之间的因果关系。在最近的一篇评论文章中，詹尼斯·拜利·马腾（Janice Bially Mattern）和阿索·扎拉科尔（Aysóe Zarakol）认为，等级结构的概念对于一种新路径至关重要，而这种路径明显不同于基于无政府状态概念的路径（Mattern and Zarakol 2016：624-5）。他们写道："以等级制为中心的国际关系学路径有望弥补以无政府状态为中心的路径的不足。换言之，这是一个将世界政治作为全球体系而非仅是一个国际体系的理论和实证分析框架……这种等级制概念有利于将碎片化的见解融合到世界政治分析之中。"

　　一般来说，"没有政府的治理"（Rosenau and Czempiel 1992）、全球治理（Rosenau 1990）或全球政体（Ougaard and Higgott 2002）研究当然是新兴全球政治范式的一部分。对国际权威的研究（参见例如 Hurd 2007；Lake 2010）和论争的多边主义（Morse and Keohane 2014），以及关于新的世界秩序的部分争论也属于这一范式。虽然许多权力转移理论关注的是那些希望再次引入现实主义意象的新兴大国，但其他人如约翰·伊肯伯里（John Ikenberry 2011a：6-7）提出了一种全球政治的观点，认为这些竞争者仍然处于秩序之内。当然，关于全球治理的需求与供给之间差距的研究也是全球政治视角的一部分（Hale et al. 2013）。

　　此外，从英国学派（Hurrell 2007；Buzan 2010）或世界社会（Albert 2016）角度开展的部分国际秩序研究和批判理论及一些研究也属于这一范式。具有嵌入式价值观和等级制的全球政治概念与一些后结构主义和后马克思主义理论也可调和（Cox 1987；Hardt and Negri 2004）。在这种批判性观点中，全球政治不是无政府状态的，而是将知识、价值观和等级制进行了制度化。这些知识、价值观和等级制再制造不平等、不公正和抵抗（Onuf and Klink 1989；Daase and Deitelhoff 2015）。而基于实践的方法则将等级制视为主体间组织化的不平等（Adler-Nissen 2017；Pouliot 2016b；Sending 2015）。

研究范式的一个典型特征就是其中存在多元化的研究方法。在每种范式中，不同的理论和方法相互竞争。例如，合作范式的发展是由理性和社会制度主义者之间的论争所推动的。然而，双方基本上同意，在一个边界日益开放和相互依赖性日益增强的世界上，即使在无政府体系中，国际制度也能够并需要发展起来。是否能将这些国际制度理解为一种存在于战略互动关系中的国家利益格局（Keohane 1984；Snidal 1986；Koremenos et al. 2001）或作为跨国规范发展的功能，而在其中身份、说服和适当性逻辑具有决定性（Katzenstein 1996；Keck and Sikkink 1998；Wendt 1999；Risse 2000）则是合作研究计划中具有争议的问题。可以说，一个范式内包含着多种不同的制度主义研究方法。

此外，国际关系学的早期研究议程不会快速消亡，这就像库恩对自然科学范式的解释一样。国际关系研究中曾经存在的范式都未真正消亡。因此，国际合作研究的支持者必须同时注意到这两种情况。除理性主义者和建构主义者之间的内部辩论之外，合作范式还与代表着旧的和平与战争研究议程的现实主义阵营一直进行着持续的交流。尽管如此，研究议程的相对权重随着时间的推移而不断变化。

研究议程的变化源于学科内部的发展和研究对象的变化。世界政治自身结构的变化为新的主题、概念和理论的采用提供了可能性。因此，研究议程的变化与世界政治的重大变化有关。例如，1918 年后学科的建立和战争与和平问题关系密切，这点是显而易见的。以国家间和平与战争为主题的学科是由外交官和公众推动而建立的。鉴于战争之间的间隔期很短，以至于没有其他国际关系主题能够真正得到发展，特别是 1929 年"黑色星期二"之后的经济危机被描述为一个加剧各国之间竞争并激化外交政策的重大事件。一方面，以伍德罗·威尔逊的思想为标志，早期的理想主义者相信国际法的力量和正当性，并提出为民主国家构建一个安全世界。另一方面，自视为现实主义的学者反驳了这些理想主义和法律主义的早期研究，强调当侵略者出现时所需的顽强立场。

直到 20 世纪 60 年代初，一项新的研究议程才开始在国际关系研究中兴起。新范式表明了无政府体系中合作的必要性和可能性，即便合作伙伴几乎没有共同点。在政治集团内部以及东西方之间，核时代战争的不可能性以及寻找合作方案以同时容纳朋友和敌人的必要性变得突出。这些问题表明在未发生战争的情况下，取得胜利所需的策略、促成合作的方式，以及国际组织在促成合作方面所能发挥的作用。它基本上始于对威慑理论的完善，目标是避免战略和工具的升级，以谋求用最低限度的合作以避免最坏的结果：核战争（特别是，Schelling 1960；Snyder and Diesing 1977）。在此背景下，研究者重新思考了核威慑问题。在博弈论的帮助下，相互确保摧毁（MAD）学说中的可信度差距得以被发现。

与此同时，《罗马条约》之后欧盟的发展表明，有可能在缺少决策者行动的情况下超越民族国家，实现一体化（早期理想主义者的主张；参见 Haas 1958，1964）。最后，20 世纪 70 年代，"相互依赖"和管理"相互依赖"成为流行语。正是在这种背景下，合作范式虽得到了加强，但并未完全抛开和平与战争范式。无政府状态下的合作（Oye 1986）和"霸权之后"的合作（Keohane 1984）成为开明政府维护自身利益的核心任务。

理性主义合作理论可以说是基于威斯特伐利亚主权和政府间主义的国家合作体系的主要理论，为第二次世界大战后几十年内的新兴国际机制模式提供了强有力的解释。基于两次世界大战期间的教训，这一理论认为需要美国的领导，加之欧洲国家的跟随才能建立起降低交易成本的制度，从而促进合作（Keohane 1984）。美国领导、数量较少的相关参与者以及在应对苏联威胁的同时还要加快战后复苏，这些条件有助于国际制度的建构。这使得国际制度既可以在类似协调博弈（如交通和其他标准），也可以在类似两难博弈的利益格局中建立起来（Snidal 1986；Zürn 1992）。这些制度服务于国家利益，并在没有重大社会参与的情况下以行政多边主义的方式发挥作用。

理性主义合作理论既可以解释西方体制内部的制度成功，也可以解释东西方之间所有制度化合作最初的失败。它还能够解释在核威慑的阴影下，

261

东西方关系难以缓慢改善的问题根源。这些制度及其决策的特征也基本符合理性主义合作理论的期望。国际制度几乎没有自己的权威，其在很大程度上按照简单的国际规则运行，而这些规则在开始时并不具有很强侵入性。由于不合作的成本不断增加，自利的国家行为体才选择了制度化合作。这种逻辑甚至在东西方关系的背景下曾发挥作用，东西方机制（East – West regimes）也开始涌现（Rittberger 1990；Haftendorn et al. 1999）。

为一定程度回应国际制度的深化，理性主义理论通过考虑国内政治进程与国际合作之间的相互作用（Putnam 1988；Moravcsik 1998）扩大了其研究范围，这对理解"嵌入式自由主义"自我强化中的部分动力是必要的。此外，制度化的深化为制度设计中的差异提供了解释（Koremenos et al. 2001），包括更高水平的法制化（Goldstein et al. 2001），以及国际组织的不同自主程度（Hawkins et al. 2006a）。

伴随着国际合作政治的这些变化，有关全球规范的社会学制度主义理论也在一道发展。根据这种观点，特定国家的利益格局并不一定是理解国际制度的决定性因素；相反，全球规范的构成性作用和适当性逻辑（March and Olsen 1996）具有决定性作用。因此，国际规范的发展也来自非国家行为体的说服和论争过程（Risse 2000；Deitelhoff and Müller 2005）以及各国领导人经常陷入的修辞陷阱，特别是在修辞与行为之间存在明显脱钩的情况下（Risse et al. 1999；Schimmelfennig 2003）。因此，规范倡导者（Liese 2006）、规范传播（Keck and Sikkink 1998），以及社会化（Checkel 2005）和内化（Klotz 1995；Finnemore 1996）成为使这些规范产生效力的原因。

这项研究在 20 世纪 90 年代得到进一步发展，并将"没有政府的治理"概念化（Rosenau and Czempiel 1992；Mayer et al. 1993）为一种超越民族国家的治理形式。随着从机制分析到"没有政府的治理"概念的转变，无政府状态的假定已被突破。事实上，这为新的研究计划奠定了基础。因此，全球政治范式超越了无政府状态（Hurd 2007；Lake 2009）。在这种观点中，包括一系列区域秩序的全球政治已经出现，并充斥着制度化的等级制和非对称关系。进而，全球政治成为一种规范性秩序，其中包含着大量制度化的权威（Rosenau 1997）和等级制（Lake 2009）的要素。国家（和其他行为体）的权利和义务来自这一规范性秩序，而非作为平等主权国家的地位。因此，人们就可以谈论国际政治体系、世界政体或全球治理体系了。实际上，全球治理是这一研究计划中最为流行的术语之一。

尽管全球政治范式的兴起在很大程度上是对变化中的世界政治的回应，但它也反映了对国际组织作用的深入理解，对权威的认可，以及对内化的知识体系和制度化不平等的学术理解。从这个意义上说，全球治理概念的使用并不一定局限于 20 世纪 90 年代之后的时段。它可以被运用于教皇统治和帝国时期以理解欧洲体系。它也可以用来对 19 世纪随着第一批国际组织出现而出现并一直发展到 20 世纪 80 年代初冷战全盛时期的国际体系进行新的阐释（参见例如 Murphy 1994；Weiss and Wilkinson 2014）。

出版指数显示出前述国际关系学范式的发展（见图 10－1）。谷歌全球书籍词频统计器（Google Books Ngram Viewer）几乎完美地反映了这一变化。从 1918 年起，"和平与战争"是书籍标题中主要的术语组合。作为概念的"国际合作"在 20 世纪 50 年代才开始上升，从 20 世纪 60 年代初成为主流，并一直持续到近期。然而，似乎"全球治理"（作为全球政治范式的流行语）当前正处于领先地位。

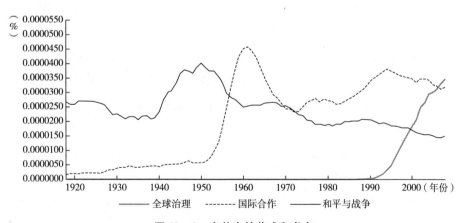

图 10－1　变革中的范式和书名

来源：Google Books Ngram Viewer。

262　　　　谷歌学术的数据检索也支持这样的判断。虽然"国际合作"和"国际组织"等术语仍然位居前两位，但"全球治理"一词已经排在"和平与战争"之前，并且其增长率远远超过其他词语。[①]

与全球政治视角相关的理论需为世界政治提供新的解释，并推动对世界政治进程的揭露与批判。它们应将紧张关系和斗争视为全球体系特征的固有功能，而非仅将全球政治视为具有不同权力和利益的独立单位之间斗争的附带现象。为推动这一范式发展，核心任务是发展有关冲突与斗争，以及世界政治中持续进行的制度化的原因的理论假说，而这些理论假说则应不同于或优于以无政府状态为前提的相关理论。

五　未来研究

当研究能够为当前问题提供答案之时，国际关系研究才能繁荣发展。在此背景下，我希望在本结论的最后部分提出，全球政治范式能够为回答国际关系学某些研究问题做出的贡献之处。全球政治范式若要从合作范式

264　手上接过接力棒，实际上也需要做出这样的贡献。在众多问题中，我仅聚焦五个主题，因为这些主题与本书中的概念和研究发现更为直接相关。

范围条件：本书中讨论的因果机制均非注定发生。由于反应序列结果未决，施动和选择必然被纳入这些过程之中。这样，权威—合法化关联中的步骤都并非一定会发生，也并非一成不变。例如，不满的既成大国可能仍然可以找到正式或非正式的、旧的或新的方式在现有制度中投射其权力，或者考虑到过高的建制成本，它们可能会对次优的结果保持缄默。因此，不仅要研

[①]　谷歌学术中相关国际关系学术语的点击量平均增长率（包括"国际合作""和平与战争""国际制度""国际组织"）主要因电子出版物的兴起而普遍增加。2000 年与 1990 年相比增长率为 223%，2010 年与 2000 年相比增长率为 110%。由于"全球治理"在 1990 年基本上没有使用（只有 15 次点击），其增长率（分别是 12033% 和 471%）远高于上述其他国际关系学术语的平均增长率。因此，2010 年"全球治理"的点击量约为 10400 次，现已超过"和平与战争"（9940 次），并正开始赶上"国际组织"和"国际制度"的点击量（作者的计算，2014 年 10 月 5 日）。

究自我强化的动力和反应序列相对优势的范围条件，而且还要了解每个因果机制中所采取步骤的更为具体的范围条件。在何种条件下，未充分合法化的国际组织会被政治化？在何种条件下，政治化会导致富有成效的制度回应？何时权力与结果的脱钩会导致强权者的退出，何时弱者适应强权者的立场以维护"它们的"制度？未来对不同制度和议题领域之内及相互之间反应序列的研究应该解决这些问题。这将强化我们对全球治理体系的理解。

政治指定的认知权威：当前的全球治理体系已经兼具国际权威和跨国权威。在我的分析中，重点更多放在国际权威而非在跨国权威上。然而，跨国权威越来越重要，特别是在政治指定的认知权威类型中。其中一些行为体以提供解释的方式帮助民主且合法的多数决定的制度做出正确决策。在其他情况下，解释则成为事实上的决策，如中央银行和法院的解释。将政治指定的认知权威的不同特征结合起来（解释与决策、规则实施与规则制定、政府间与跨国之间）并对其进行鉴别和分类，这将有助于揭示全球治理体系中核心参与者的工作机制和发展动态。

交叉点冲突（interface conflicts）：全球治理体系的特点之一是松散耦合的权威范围。这种表征基于一种简单的观念，即不同权威范围之间存在三种不同类型的关系：独立（无耦合）、没有元权威的相互依赖（松散耦合），以及由元权威协调的相互依赖（宪制体系）。然而，松散耦合的权威范围之间的相互作用可能存在很大差异。如果不同权威范围之间出现冲突，则可用完全不同的方式对其进行管理。在冲突管理方法上，可能存在某种形式的协调和规范引导，但争议也可能引发不同制度之间的权力斗争。显然，了解全球治理体系、不同范围之间的互动如何发生，以及是什么决定了交叉点冲突的不同管理方法具有重要意义。反过来，不同的冲突管理方法也可在合法化过程中发挥重要作用。

等级制、分层和反思性权威：在一篇关于"世界政治中的等级制"的评论文章中，作者将等级制列为对全球体系进行理论化和分析的核心（Janice Mattern and Aysóe Zarakol 2016）。他们区分了两种等级制：一种是将权威作为命令的狭隘等级制，而另一种范围更广的定义是主体间组织化不平等的

265

等级制。反思性权威的概念则介于两者之间。一方面，它可视为对权威狭隘理解的一个非常微弱、强度几乎减半的版本。另一方面，当它表明权威是一种潜在的知识秩序、使不平等制度化和使各国正式分层化的手段时，反思性权威就将主体间组织化的不平等因素纳入了考虑之中。然而，到目前为止，在全球政治范式中使用和发展出来的概念并不能很好地融合起来，因而需要进一步的工作和思索。

横切面分裂（cross-cutting cleavages）：全球治理安排中以及与之有关的规制冲突和合法化斗争在国家政治体系中反映为关于开放边界与封闭边界和/或是否向高于民族国家层面让渡权威的冲突。到目前为止，可以令人信服地证明，这些冲突促使大多数西方民主国家内部产生了新的分歧（Kriesi et al 2012；Grande and Kriesi 2013）。经常旅行的世界主义者与常居本土的社群主义者之间的冲突不断补充并部分取代资本与劳动力间的旧分歧。第一轮奥地利总统选举就证明了这一点。来自传统分裂阵营的两个候选者——社会民主党（SPÖ）和保守人民党（ÖVP）总共只获得了20%多一点的选票，代表着新的分裂阵营的两个候选者——右翼民粹主义党（FPÖ）与绿党则获得了超过60%以上的选票。到目前为止，西欧所有的政党系统都包含具有世界主义倾向的政党和其他提出社群主义论调的政党（Zürn and de Wilde 2016）。在过去20年中，这种新裂痕已经变得日益严峻。特别是近年来，它是使唐纳德·特朗普入主白宫成为可能的背景条件。然而，这种分裂也跨越国界（de Wilde et al. 2018，待发表）。一方面，西方国家越来越多地面对由弗拉基米尔·普京、维克托·欧尔班和雷杰普·塔伊普·埃尔多安等人领导的联盟，这些人经常使用听起来类似西方民粹主义右翼政党所使用的论调。另一方面，在国际组织中工作的各国政府和行政部门人员很可能是各自国家政治体系中最为激进的世界主义者（de Wilde et al. 2016a）。这一系列现象表明这种新裂痕与全球治理体系之间存在密切联系。后者显然导致了前者的产生；同时，也深受前者的影响。对国内结构与全球治理体系之间的此类联系进行进一步分析至关重要，并将有助于我们对国家边界和全球治理体系的未来形成更多理解。

参考文献

Abbott, K. W. (2000), "Hard and Soft Law in International Governance," *International Organization*, 54/3: 421 – 456.

Abbott, K. W. (2009), "The Governance Triangle: Regulatory Standards Institutions and the Shadow of the State," in W. Mattli and N. Woods(eds.), *The Politics of Global Regulation*(Princeton: Princeton University Press), 44 – 88.

Abbott, K. W. (2011), "International 'Standards' and International Governance," *Journal of European Public Policy*, 8/3: 345 – 370.

Abbott, K. W. , Genschel, P. , Snidal, D. , and Zangl, B. (2015), "Orchestration: Global Governance Through Intermediaries," in K. W. Abbott, P. Genschel, D. Snidal, and B. Zangl (eds.), *International Organizations as Orchestrators*(Cambridge: Cambridge University Press), 3 – 36.

Abbott, K. W. , Green, J. F. , and Keohane, R. O. (2016), "Organizational Ecology and Institutional Change in Global Governance," *International Organization*, 70/2: 247 – 277.

Abbott, K. W. , Keohane, R. O. , Moravcsik, A. , Slaughter, A. -M. , and Snidal, D. (2000), "The Concept of Legalization," *International Organization*, 54/3: 401 – 419.

Abbott, K. W. , and Snidal, D. (1998), "Why States Act Through Formal International Organizations," *Journal of Conflict Resolution*, 42/1: 3 – 32.

Ackerman, B. (2000), "The New Separation of Powers," *Harvard Law Review*, 113/3: 633.

Adler, E. , and Pouliot, V. (2011), "International Practices," *International Theory*, 3/01: 1 – 36.

Adler-Nissen, R. (2017), "Are We 'Lazy Greeks' or 'Nazi Germans'? Negotiating International Hierarchies in the Euro Crisis," in A. Zarakol(ed.), *Hierarchies in World Politics*(Cambridge: Cambridge University Press), 198 – 218.

Adorno, T. W. , Frankel-Brunswik, E. , Levinson, D. J. , and Sanford, R. N. (1950) , *The Authoritarian Personality*(New York: Harper).

Alber, J. (2010) , "What—if Anything—is Undermining the European Social Model?" *WZB Discussion Paper*, SP I 2010 – 202(Berlin).

Albert, M. (2016) , *A Theory of World Politics*(Cambridge: Cambridge University Press).

Albert, M. , Buzan, B. , and Zürn, M. (2013) (eds.) , *Bringing Sociology to IR: World Politics as Differentiation Theory*(Cambridge: Cambridge University Press).

Alexander, J. C. (1990) , " Differentiation Theory: Problems and Prospects, " in J. C. Alexander and P. Colomy (eds.) , *Differentiation Theory and Social Change. Comparative and Historical Perspectives* (New York: Columbia University Press) , 1 – 15.

Almond, G. A. , and Powell, G. B. (1978) , *Comparative Politics: System, Process, and Policy*(2nd edn, Boston: Little Brown and Co).

Alter, K. J. (2009) , *The European Court's Political Power: Selected Essays*(Oxford: Oxford University Press).

Alter, K. J. (2011) , "The Evolving International Judiciary, " *The Annual Review of Law and Social Science*, 7: 387 – 415.

Alter, K. J. (2014) , *The New Terrain of International Law: Courts, Politics, Rights*(Princeton: Princeton University Press).

Alter, K. J. , Helfer, L. , and Madsen, M. (2016) , "How Context Shapes the Authority of International Courts, " *Law and Contemporary Problems*, 79/1: 1 – 36.

Alter, K. J. , and Meunier, S. (2009) , "The Politics of International Regime Complexity, " *Perspectives on Politics*, 7/1: 13 – 24.

Ambrose, S. E. (1983) , *Rise to Globalism. American Foreign Policy since 1938*(New York: Penguin).

Amin, S. (1988) , *L'Eurocentrisme. Critique d'une Idéologie*(Paris: Anthropos/Economica).

Amnesty International(1994) , *Peace-keeping and Human Rights*, AI Index: IOR 40/01/94 < https: //www. amnesty. org/en/documents/IOR40/001/1994/en/ >.

Amnesty International(2004) , *The Apparent Lack of Accountability of International Peace-keeping Forces in Kosovo and Bosnia-Herzegovina*, AI Index: EUR 05/002/2004 < http: //www. amnesty. org/en/library/info/EUR05/002/2004/en >.

Amnesty International(2007) , *Sudan. Arms Continuing to Fuel Serious Human Rights Violations in Darfur*, AFR 54/019/2007 < http: //www. amnesty. org/en/library/asset/ AFR54/019/2007/en/dom-AFR540192007en. pdf >.

Anderson, B. (1983) , *Imagined Communities: Reflections on the Origin and Spread of Na-*

tionalism(London: Verso).

Anderson, C. J. , and Pontusson, J. (2001), *Welfare States and Employment Insecurity: A Cross-National Analysis of* 15 *OECD Countries,* 2001 Annual Meeting of the American Political Science Association, 2001(San Francisco).

Anderson, J. E. (1975), *Public Policy-Making*(New York: Praeger).

Archibugi, D. (2004), "Cosmopolitan Democracy and its Critics: A Review, " *European Journal of International Relations,* 10/3: 437 – 473.

Armingeon, K. , and Ceka, B. (2014), "The Loss of Trust in the European Union During the Great Recession Since 2007: The Role of Heuristics From the National Political System, " *European Union Politics,* 15/1: 82 – 107.

Armitage, D. (2007), *The Declaration of Independence: A Global History*(Cambridge: Harvard University Press).

Arthur, B. (1994), *Increasing Returns and Path Dependence in the Economy*(Ann Arbor: University of Michigan Press).

Avant, D. D. , Finnemore, M. , and Sell, S. K. (2010), "Who Governs the Globe?, " in D. D. Avant, M. Finnemore, and S. K. Sell(eds.), *Who Governs the Globe?*(New York: Cambridge University Press), 1 – 34.

Bachrach, P. , and Baratz, M. S. (1962), "Two Faces of Power, " *American Political Science Review,* 56/4: 947 – 952.

Baines, E. K. (2007), "The Haunting of Alice: Local Approaches to Justice and Reconciliation in Northern Uganda, " *The International Journal of Transitional Justice,* 1: 91 – 114.

Baldwin, D. (1979), "Power Analysis and World Politics: New Trends versus Old Tendencies, " *World Politics,* 31/2: 161 – 194.

Barker, R. (2001), *Legitimating Identities: The Self-Presentations of Rulers and Subjects* (Cambridge: Cambridge University Press).

Barnett, M. (2004), *Rules for the World: International Organizations in Global Politics*(Ithaca: Cornell University Press).

Barnett, M. , and Duvall, R. (2005)(eds.), *Power in Global Governance*(Cambridge: Cambridge University Press).

Barnett, M. , and Finnemore, M. (1999), "The Politics, Power, and Pathologies of International Organizations, " *International Organization,* 53/4: 699 – 732.

Barro, R. J. (1996), *Getting it Right: Markets and Choices in a Free Society*(Cambridge: MIT Press).

Bartelson, J. (1995), *A Genealogy of Sovereignty*(Cambridge: Cambridge University Press).

Bartley, T. (2007), "Institutional Emergence in an Era of Globalization. The Rise of Transnational Private Regulation of Labor and Environmental Conditions, " *American Journal of Sociology*, 113/2: 297 – 351.

Beck, S. (2012), "From Trust to Trust: Lessons Learned from 'Climategate', " in K. Hogl, E. Kvarda, R. Nordbeck, and M. Pregernig (eds.), *Environmental Governance: The Challenge of Legitimacy and Effectiveness*(Cheltenham: Edward Elgar), 220 – 241.

Beck, U. (1996), "Das Zeitalter der Nebenfolgen und die Politisierung der Moderne, " in U. Beck, A. Giddens, and S. Lash (eds.), *Reflexive Modernisierung. Eine Kontroverse* (Frankfurt a. M. : Suhrkamp Verlag), 19 – 112.

Beetham, D. (1991), *The Legitimation of Power*(Atlantic Highlands: Humanities Press International).

Beisheim, M. , Dreher, S. , Walter, G. , Zangl, B. , and Zürn, M. (1999), *Im Zeitalter der Globalisierung? Thesen und Daten zur gesellschaftlichen und politischen Denationalisierung*(Baden-Baden: Nomos).

Beisheim, M. , and Liese, A. (2014), *Transnational Partnerships: Effectively Providing for Sustainable Development?*(Basingstoke, New York: Palgrave Macmillan).

Beisheim, M. , Liese, A. , and Ulbert, C. (2008), "Transnationale öffentlich-private Partnerschaften—Bestimmungsfaktoren für die Effektivität ihrer Governance-Leistungen, " in G. F. Schuppert and M. Zürn(eds.), *Governance in einer sich wandelnden Welt*(*Sonderheft 41 der Politischen Vierteljahresschrift)* (Wiesbaden: VS Verlag für Sozialwissenschaften), 452 – 474.

Beitz, C. R. (1979), "Bounded Morality: Justice and the State in World Politics, " *International Organization*, 33/3: 405 – 424.

Beitz, C. R. (1994), "Cosmopolitan Liberalism and the States System, " in C. Brown(ed.), *Political Restructuring in Europe: Ethical Perspectives*(London: Routledge), 123 – 136.

Beitz, C. R. (1999), "Social and Cosmopolitan Liberalism, " *International Affairs*, 75/3: 515 – 529.

Beitz, C. R. (2009), *The Idea of Human Rights*(Oxford: Oxford University Press).

Bennett, A. , and Checkel, J. T. (2015)(eds.), *Process Tracing: From Metaphor to Analytic Tool*(Cambridge: Cambridge University Press).

Benvenisti, E. , and Downs, G. W. (2007), "The Empire's New Clothes: Political Economy and the Fragmentation of International Law, " *Stanford Law Review*, 60/2: 595 – 632.

Bergh, A. , and Karlsson, M. (2010), "Government Size and Growth: Accounting for Economic Freedom and Globalization, " *Public Choice*, 142/1: 195 – 213.

Bernstein, S. (2011), "Legitimacy in Intergovernmental and Non-State Global Governance, " *Review of International Political Economy*, 18/1: 17 – 51.

Bernstein, S. (2014), "The Publicness of Non-State Global Environmental and Social Governance," in A. Gheciu and J. Best(eds.), *The Return of the Public in Global Governance*(Cambridge: Cambridge University Press), 120 – 148.

Bhagwati, J. N. (1977) (ed.), *The New International Economic Order: the North-South Debate*(Cambridge: MIT Press).

Bhaskar, R. (1978), *A Realist Theory of Science*(Hassocks, Sussex: Harvester).

Biermann, F., and Siebenhüner, B. (2009), *Managers of Global Change: The Influence of International Environmental Bureaucracies*(Cambridge: MIT Press).

Biersteker, T. J., and Hall, R. B. (2002) (eds.), *The Emergence of Private Authority in Global Governance*(Cambridge: Cambridge University Press).

Binder, M. (2009), "Humanitarian Crises and the International Politics of Selectivity," *Human Rights Review*, 10/3: 327 – 348.

Binder, M. (2013), "Die Politisierung internationaler Sicherheitsinstitutionen? Der UN-Sicherheitsrat und NGOs," in M. Zürn and M. Ecker-Ehrhardt(eds.), *Die Politisierung der Weltpolitik: Umkämpfte internationale Institutionen*(Berlin: Suhrkamp), 134 – 157.

Binder, M. (2017), *The United Nations and the Politics of Selective Humanitarian Intervention*(Palgrave Macmillan).

Binder, M., and Eisentraut, S. (2018, in preparation), "Negotiating the UN Human Rights Council. Rising Powers, Established Powers and NGOs," in M. D. Stephen and M. Zürn (eds.), *Contested World Orders: Rising Powers, Non-Governmental Organizations and the Politics of Authority Beyond the Nation-state.*

Binder, M., and Heupel, M. (2015), "The Legitimacy of the UN Security Council. Evidence from Recent General Assembly Debates," *International Studies Quarterly*, 59/2: 238 – 250.

Binder, M., and Lockwood Payton, A. (2018, in preparation), "Cleavages in World Politics. An Analysis of Rising Power Voting Behavior in the UN General Assembly," in M. D. Stephen and M. Zürn(eds.), *Contested World Orders: Rising Powers, Non-Governmental Organizations and the Politics of Authority Beyond the Nation-state.*

Black, J. (2017), "'Says Who?' Liquid Authority and Interpretive Control in Transnational Regulatory Regimes," *International Theory*, 9/2: 286 – 310.

Blake, D., and Payton, A. (2008), *Voting Rules in International Organizations: Reflections of Power or Facilitators of Cooperation?*, ISA's 49th Annual Convention, 2008(San Francisco, CA).

Bodansky, D. (2013), "Legitimacy in International Law and International Relations," in J. L. Dunoff and M. A. Pollack(eds.), *Interdisciplinary Perspectives on International*

Law and International Relations: The State of the Art(Cambridge: Cambridge University Press), 321 – 344.

Bothe, M. , and Marauhn, T. (2000), "The United Nations in Kosovo and East Timor—Problems of a Trusteeship Administration, " *Journal of International Peacekeeping*, 6/4 – 6: 152 – 156.

Botzem, S. (2012), *The Politics of Accounting Regulation: Organizing Transnational Standard Setting in Financial Reporting*(Cheltenham/Northampton: Edward Elgar Publishing).

Bourdieu, P. (1990), *The Logic of Practice*(Stanford: Stanford University Press).

Bourdieu, P. (1991), *Language and Symbolic Power*(Cambridge: Polity Press).

Bradley, C. A. , and Kelley, J. (2008), "The Concept of International Delegation, " *Law and Contemporary Problems*, 71/1: 1 – 36.

Brassett, J. , and Tsingou, E. (2011), "The Politics of Legitimate Global Governance, " *Review of International Political Economy*, 18/1: 1 – 16.

Breitmeier, H. , Young, O. R. , and Zürn, M. (2006), *Analyzing International Environmental Regimes. From Case Study to Database*(Cambridge: MIT Press).

Breuilly, J. (1994), *Nationalism and the State*(2nd edn, Chicago: The University of Chicago Press).

Brown, C. (1992), *International Relations Theory: New Normative Approaches*(Brighton: Harvester Wheatsheaf).

Brozus, L. (2002), *Globale Konflikte oder Global Governance? Kontinuität und Wandel globaler Konfliktlinien nach dem Ost-West-Konflikt*(Wiesbaden: VS Verlag).

Buchanan, A. , and Keohane, R. O. (2006), "The Legitimacy of Global Governance Institutions, " *Ethics & International Affairs*, 20/4: 405 – 437.

Bull, H. (1977), *The Anarchical Society. A Study of Order in World Politics*(Basingstoke/London: MacMillan).

Bunge, M. (1997), "Mechanism and Explanation, " *Philosophy of the Social Sciences*, 27/4: 410 – 465.

Burgoon, B. (2009), "Globalization and Backlash: Polanyi's Revenge?, " *Review of International Political Economy*, 15/2: 145 – 178.

Busemeyer, M. R. (2009), "From Myth to Reality: Globalization and Public Spending in OECD Countries Revisited, " *European Journal of Political Research*, 48/4: 455 – 482.

Bush, George H. W. (1991), *Address before a Joint Session of Congress on the End of the Gulf War*, March 6, 1991.

Büthe, T. (2002), "Taking Temporality Seriously: Modeling History and the Use of Narratives as Evidence, " *American Political Science Review*, 96/3: 481 – 493.

Büthe, T. , and Mattli, W. (2011), *The New Global Rulers: The Privatization of Regulation in the World Economy*(Princeton: Princeton University Press).

Butler, J. P. (1996), *Excitable Speech: A Politics of the Performative*(New York: Routledge).

Buzan, B. (2004), *From International to World Society? English School Theory and the Social Structure of Globalisation*(Cambridge: Cambridge University Press).

Buzan, B. (2010), "Culture and International Society, " *International Affairs*, 86/1: 1 – 25.

Buzan, B. , Waever, O. , and Wilde, J. de(1998), *Security: A New Framework for Analysis* (Boulder: Lynne Rienner).

BVerfG(2009), "2 BvE 2/08, June 30, Absatz-Nr. (1 – 421)" < http://www. bverfg. de/ entscheidungen/es20090630_ 2bve000208. html >.

Calhoun, C. (2003), "The Class Consciousness of Frequent Travellers: Towards a Critique of Actually Existing Cosmopolitanism, " in D. Archibugi(ed.), *Debating Cosmopolitics* (London: Verso), 86 – 116.

Caney, S. (2005), *Justice Beyond Borders: A Global Political Theory*(Oxford: Oxford University Press).

Caplan, R. D. (2004), "International Authority and State Building. The Case of Bosnia and Herzegovina, " *Global Governance*, 10/1: 53 – 65.

Capoccia, G. , and Kelemen, R. D. (2007), "The Study of Critical Junctures: Theory, Narrative, and Counterfactuals in Historical Institutionalism, " *World Politics*, 59/3: 341 – 369.

Carlsnaes, W. (1992), "The Agent-Structure Debate in Foreign Policy Analysis, " *International Studies Quarterly*, 36/3: 245 – 270.

Carothers, T. (2006), "The Rule-of-Law Revival, " in T. Carothers (ed.), *Promoting the Rule of Law Abroad: In Search of Knowledge*(Washington: Carnegie Endowment for International Peace), 3 – 14.

Carr, E. H. (1964), *The Twenty Years' Crisis 1919 – 1939: An Introduction to the Study of International Relations*(New York: Harper Perennial).

Chakrabarty, D. (2000), *Provincializing Europe: Postcolonial Thought and Historical Difference*(Princeton: Princeton University Press).

Chakravartty, A. (2007), *A Metaphysics for Scientific Realism: Knowing the Unobservable* (Cambridge: Cambridge University Press).

Chalmers, A. W. , and Dellmuth, L. M. (2015), "Fiscal Redistribution and Public Support for European Integration, " *European Union Politics*, 16/3: 386 – 407.

Checkel, J. T. (2005), "International Institutions and Socialization in Europe: Introduction and Framework, " *International Organization*, 59/4: 801 – 826.

Checkel, J. T. (2006), "Tracing Causal Mechanisms, " *International Studies Review*, 8/2:

362 – 370.

Chesterman, S. (2004), *You, the People. The United Nations, Transitional Administration, and State-Building*(Oxford: Oxford University Press).

Chesterman, S. (2008), "An International Rule of Law?," *American Journal of Comparative Law*, 56/2: 331 – 362.

Cho, S. (2010), "The Demise of Development in the Doha Round Negotiations,"*Texas International Law Journal*, 45: 573 – 601.

Chorev, N. (2012), *The World Health Organization between North and South*(Ithaca: Cornell University Press).

Christiano, T. (2012), "Is Democratic Legitimacy Possible for International Institutions?," in D. Archibugi, M. Koenig-Archibugi, and R. Marchetti(eds.), *Global Democracy: Normative and Empirical Perspectives*(Cambridge: Cambridge University Press), 69 – 95.

Clark, I. (2005), *Legitimacy in International Society*(Oxford: Oxford University Press).

Clarke, K. M. (2007), "Global Justice, Local Controversies: The International Criminal Court and the Sovereignty of Victims, " in M. -B. Dembour and T. Kelly(eds.), *Paths to International Justice: Social and Legal Perspectives* (New York: Cambridge University Press), 134 – 160.

Claude, I. L. (1966), "Collective Legitimization as a Political Function of the United Nations, " *International Organization*, 20/3: 367 – 379.

Coen, D. , and Pegram, T. (2015), "Wanted: A Third Generation of Global Governance Research, " *Governance*, 28/4: 417 – 420.

Coleman, J. S. (1990), *The Foundations of Social Theory*(Cambridge: Cambridge University Press).

Commission on Global Governance(1995), *Our Global Neighbourhood*(Oxford: Oxford University Press).

Coni-Zimmer, M. , Flohr, A. , and Wolf, K. D. (2018, in preparation), "Transnational Private Authority and its Contestation, " in M. D. Stephen and M. Zürn(eds.), *Contested World Orders: Rising Powers, Non-Governmental Organizations and the Politics of Authority Beyond the Nation-state.*

Cooley, A. (2005), *Logics of Hierarchy: The Organization of Empires, States, and Military Occupations*(Ithaca: Cornell University Press).

Cooper, A. F. (2002), "Like-minded Nations, NGOs and the Changing Pattern of Diplomacy within the UN System. An Introductory Perspective, " in A. F. Cooper, J. English, and R. C. Thakur(eds.), *Enhancing Global Governance. Towards a New Diplomacy?*(Tokyo: United Nations University Press), 1 – 18.

Cooper, A. F. (2008), *Celebrity Diplomacy*(Boulder: Paradigm Publishers).

Cooper, S. , Hawkins, D. G. , Jacoby, W. , and Nielson, D. (2008), "Yielding Sovereignty to International Institutions: Bringing System Structure Back In, " *International Studies Review*, 10/3: 501 – 524.

Corbey, D. (1995), "Dialectical Functionalism: Stagnation as a Booster of European Integration, " *International Organization*, 49/2: 253 – 284.

Council of Europe(2002), *Kosovo: The Human Rights Situation and the Fate of Persons Displaced from their Homes. Report by Alvaro Gil-Robles, Commissioner for Human Rights for the Attention of the Parliamentary Assembly and the Committee of Ministers of the Council of Europe*, CommDH(2002) 11 < https: //wcd. coe. int/ViewDoc. jsp? id = 982119& – Site = COE >.

Court of First Instance(2006), "Organisation des Modjahedines du Peuple d'Iran v. Council of the European Union [2006]" ECR II – 4665.

Cox, R. W. (1979), "Ideologies and the New International Economic Order: Reflections on Some Recent Literature, " *International Organization*, 33/2: 257 – 302.

Cox, R. W. (1987), *Production, Power, and World Order. Social Forces in the Making of History*(New York: Columbia University Press).

Cueto, M. (2004), "The Origins of Primary Health Care and Selective Primary Health Care, " *American Journal of Public Health*, 94/11: 1864 – 1874.

Culpepper, P. D. (2011), *Quiet Politics and Business Power: Corporate Control in Europe and Japan*(Cambridge, New York: Cambridge University Press).

Daalder, I. H. (1991), *The Nature and Practice of Flexible Response: NATO Strategy and Theater Nuclear Forces Since 1967*(New York: Columbia University Press).

Daase, C. , and Deitelhoff, N. (2015), "Jenseits der Anarchie. Widerstand und Herrschaft im internationalen System, " *Politische Vierteljahresschrift*, 56/2: 299 – 318.

Dahl, R. A. (1989), *Democracy and its Critics*(New Haven: Yale University Press).

Dahl, R. A. (2005), "Is International Democracy Possible?, " in S. Fabbrini(ed.), *Democracy and Federalism in the European Union and the United States: Exploring Post-national Governance*(London: Routledge), 194 – 204.

Dai, X. (2007), *International Institutions and National Policies*(Cambridge: Cambridge University Press).

Dai, X. , and Tokhi, A. (2015), "Depth, Participation, and International Human Rights Agreements, " *Paper presented at the American Political Science Association, San Francisco, September* 3 – 6.

Daniels, N. (2011), "Reflective Equilibrium" < http: //plato. stanford. edu/entries/reflective – equilibrium/ >.

David, P. A. (1985), "Clio and the Economics of QWERTY, " *The American Economic Review*, 75: 332 – 7.

David, P. A. (2007), "Path Dependence: a Foundational Concept for Historical Social Science, " *Cliometrica*, 1/2: 91 – 114.

de Wilde, P. , Junk, W. M. , and Palmtag, T. (2016a), "Accountability and Opposition to Globalization in International Assemblies, " *European Journal of International Relations*, 22/4: 823 – 846.

de Wilde, P. , Koopmans, R. , Strijbis, O. , Wessels, B. , and Zürn, M. (2018, in preparation) (eds.), *Struggle over Borders: The Political Sociology of Cosmopolitanism and Communitarianism.*

de Wilde, P. , Koopmans, R. , and Zürn, M. (2014), "The Political Sociology of Cosmopolitanism and Communitarianism: Representative Claims Analysis, " *WZB Discussion Paper*, SP IV 2014-102(Berlin).

de Wilde, P. , Leupold, A. , and Schmidtke, H. (2016b), "Introduction. The Differentiated Politicisation of European Governance, " *West European Politics*, 39/1: 3 – 22.

de Wilde, P. , and Zürn, M. (2012), "Can the Politicization of European Integration Be Reversed?, " *Journal of Common Market Studies*, 50/S1: 137 – 153.

Deitelhoff, N. (2006), *Überzeugung in der Politik: Grundzüge einer Diskurstheorie internationalen Regierens*(Frankfurt a. M. : Suhrkamp).

Deitelhoff, N. (2009), "The Discursive Process of Legalization: Charting Islands of Persuasion in the ICC Case, " *International Organization*, 63/1: 33 – 65.

Deitelhoff, N. , and Müller, H. (2005), "Theoretical Paradise—Empirically Lost? Arguing with Habermas, " *Review of International Studies*, 31/1: 167 – 179.

Deitelhoff, N. , and Zürn, M. (2016), *Lehrbuch der Internationalen Beziehungen: Per Anhalter durch die IB-Galaxis*(München: C. H. Beck).

della Porta, D. (2007), *The Global Justice Movement: Cross-national and Transnational Perspectives*(Boulder: Paradigm).

della Porta, D. (2011), "*Transnational Social Movements and the Politicization of International Politics,* " *WZB Discussion Paper* SP IV 2012-301(Berlin).

della Porta, D. , and Caiani, M. (2009), *Social Movements and Europeanization*(Oxford: Oxford University Press).

della Porta, D. , and Tarrow, S. (2005), "Transnational Processes and Social Activism: An Introduction, " in D. della Porta and S. Tarrow(eds.), *Transnational Protest and Global Activism*(Lanham: Rowman & Littlefield).

della Porta, D. , and Tarrow, S. (2012), "Interactive Diffusion. The Coevolution of Police and Protest Behavior With an Application to Transnational Contention, " *Comparative Political Studies*, 45/1: 119 – 152.

Dellmuth, L. M. , and Tallberg, J. (2015), "The Social Legitimacy of International Organisations. Interest Representation, Institutional Performance, and Confidence Extrapolation in the United Nations, " *Review of International Studies*, 41/3: 451 – 475.

Dellmuth, L. M. , and Tallberg, J. (2018, in preparation), "Elite Communication and Popular Legitimacy in Global Governance. "

Deutsch, K. W. , Burrell, S. A. , Kann, R. A. , Lee, M. , Lichtermann, M. , Lindgren, R. E. , Loewenheim, F. L. , and van Wagenen, R. W. (1957), *Political Community and the North Atlantic Area: International Organization in the Light of Historical Experience* (Princeton: Princeton University Press).

Dingwerth, K. , Schmidtke, H. , and Weise, T. (2018, in preparation), "Speaking Democracy: Why International Organizations Adopt a Democratic Rhetoric. "

Down, I. , and Wilson, C. (2008), "From Permissive Consensus to Constraining Dissensus. A Polarizing Union?, " *Acta Politica*, 43/1: 26 – 49.

Doyle, M. W. (1986), *Empires* (Ithaca: Cornell University Press).

Dreher, A. , Sturm, J. -E. , and Ursprung, H. W. (2008), "The Impact of Globalization on the Composition of Government Expenditures: Evidence from Panel Data, " *Public Choice*, 134/3 – 4: 263 – 292.

Drezner, D. W. (2011), "Sanctions Sometimes Smart. Targeted Sanctions in Theory and Practice, " *International Studies Review*, 13/1: 96 – 108.

Drezner, D. W. (2013), "The Tragedy of the Global Institutional Commons, " in M. Finnemore and J. Goldstein (eds.), *Back to Basics: State Power in a Contemporary World* (Oxford: Oxford University Press), 280 – 310.

Dryzek, J. S. (2006), *Deliberative Global Politics* (Cambridge: Polity Press).

Dryzek, J. S. (2008), "Two Paths to Global Democracy, " *Ethical Perspectives*, 15/4: 469 – 486.

Dryzek, J. S. , Bächtinger, A. , and Milewicz, K. (2011), "Toward a Deliberative Global Citizens' Assembly, " *Global Public Policy*, 2/1: 33 – 42.

Durkheim, É. (2012), "The Division of Labor in Society, " in G. Simpson (ed.), *Émile Durkheim. The Division of Labor in Society* (Mansfield: Martino), first pub. 1883.

Eagleton-Pierce, M. (2014), "The Concept of Governance in the Spirit of Capitalism, " *Critical Policy Studies*, 8/1: 5 – 21.

Easton, D. (1953), *The Political System: An Inquiry into the State of Political Science* (New

York: Knopf).

Ecker-Ehrhardt, M. (2010), "Aid Organizations, Governments and the Media: The Critical Role of Journalists in Signaling Authority Recognition, " in S. Koch-Baumgarten and K. Voltmer(eds.), *Public Policy and the Mass Media: The Interplay of Mass Communication and Political Decision Making*(London: Routledge), 106 – 124.

Ecker-Ehrhardt, M. (2017), "Self-Legitimation in the Face of Politicization: Why International Organizations Centralize Public Communication, " *Review of International Organizations*, < https://doi. org/10. 1007/s11558 – 017 – 9287 – y > .

Ecker-Ehrhardt, M. , and Weßels, B. (2013), "Input-oder Output-Politisierung internationaler Organisationen? Der kritische Blick der Bürger auf Demokratie und Leistung, " in M. Zürn and M. Ecker-Ehrhardt (eds.), *Die Politisierung der Weltpolitik: Umkämpfte internationale Institutionen*(Berlin: Suhrkamp) , 36 – 60.

Ecker-Ehrhardt, M. , and Zürn, M. (2013), "Die Politisierung der Weltpolitik, " in M. Zürn and M. Ecker-Ehrhardt(eds.), *Die Politisierung der Weltpolitik: Umkämpfte internationale Institutionen*(Berlin: Suhrkamp), 335 – 367.

Eckersley, R. (2007), "A Green Public Sphere in the WTO? The Amicus Curiae Interventions in the Transatlantic Biotech Dispute, " *European Journal of International Relations*, 13/3: 329 – 356.

Eckstein, H. (1973), "Authority Patterns. A Structural Basis for Political Inquiry, "*American Political Science Review*, 67: 1142 – 1161.

Eisentraut, S. (2013), "Autokratien, Demokratien und die Legitimität internationaler Organisationen. Eine vergleichende Inhaltsanalyse staatlicher Legitimationsanforderungen an die UN-Generalversammlung, " *Zeitschrift für Internationale Beziehungen*, 20/3: 3 – 33.

Elias, N. (1976), *Über den Prozeß der Zivilisation. Soziogenetische und psychogenetische Untersuchungen*(26th edn, Frankfurt a. M. : Suhrkamp).

Elkins, Z. , Guzman, A. T. , and Simmons, B. A. (2006), "Competing for Capital: The Diffusion of Bilateral Investment Treaties, 1960 – 2000, " *International Organization*, 60/4: 811 – 846.

Elster, J. (1985), *Making Sense of Marx*(Cambridge, New York, Paris: Cambridge University Press).

Elster, J. (1986), *Ulysses and the Sirens*: *Studies in Rationality and Irrationality*(Rev. edn, Cambridge: Cambridge University Press).

Elster, J. (1995), "Strategic Uses of Arguments, " in K. J. Arrow, R. H. Mnookin, L. Ross, and A. Tversky(eds.), *Barriers to Conflict Resolution*(New York: W. W. Norton), 236 – 257.

Elster, J. (1999), "Arguing and Bargaining in Two Constituent Assemblies, " *University of*

Pennsylvania Journal of Constitutional Law, 2: 345.

Enoch, D. (2014), "Authority and Reason-Giving, " *Philosophy and Phenomenological Research*, 89/2: 296 – 332.

Eriksson, M. (2009), *In Search of a Due Process*: *Listing and Delisting Practices in the European Union*(Uppsala, Sweden, New York: Dept. of Peace and Conflict Resolution, Uppsala University; Mediation Support Unit, Dept. of Political Affairs, United Nations).

Esping-Andersen, G. (1990), *The Three Worlds of Welfare Capitalism*(Princeton: Princeton University Press).

Eurobarometer(2007), "Standard Eurobarometer 66. Public Opinion in the European Union/ Autumn 2006—TNS Opinion & Social " < http: //ec. europa. eu/public _ opinion/archives/eb/eb66/eb66_en. pdf >.

Eurobarometer(2015a), "Standard Eurobarometer(05/2015)" < http: //ec. europa. eu/COMMFrontOffice/publicopinion/index. cfm/Chart/getChart/themeKy/41/groupKy/206 >.

Eurobarometer (2015b), " Standard Eurobarometer (11/2015)" < http: //ec. europa. eu/ COMMFrontOffice/publicopinion/index. cfm/Chart/getChart/themeKy/26/groupKy/ 159 >.

Eurobarometer (2016a), " Standard Eurobarometer (05/2016)" < http: //ec. europa. eu/ COMMFrontOffice/publicopinion/index. cfm/Chart/getChart/themeKy/50/groupKy/ 263 >.

Eurobarometer (2016b), " Standard Eurobarometer (05/2016)" < http: //ec. europa. eu/ COMMFrontOffice/publicopinion/index. cfm/Chart/getChart/themeKy/19/groupKy/ 102 >.

European Court of Justice (2008), "Yassin Abdullah Kadi and Al Barakaat International Foundation v. Council and Commission. " Joined Cases C-402/05 P and C-415/05 P, 3 September 2008, *ECR I*-6351.

Fanon, F. (1961), *Les damnés de la terre*(Paris: Éditions Maspero).

Faude, B. , and Parizek, M. (2018, in preparation), "'Contested Multilateralism' as Credible Signaling: How Strategic Inconsistency Can Induce Cooperation among States. "

Faude, B. , and Stephen, M. D. (2016), "After Western Hegemony: Rising Powers and International Institutional Change, " *Working paper presented at the 112th APSA Annual Meeting & Exhibition in Philadelphia*.

Finkelstein, L. (1995), "What Is Global Governance?, " *Global Governance*, 3/1: 367 – 372.

Finnemore, M. (1996), "Norms, Culture, and World Politics: Insights from Sociology's Institutionalism, " *International Organization*, 50/2: 325 – 347.

Fioretos, O. (2011), "Historical Institutionalism in International Relations, " *International*

Organization, 65/2: 367 – 399.

Fioretos, O. (2016), "Retrofitting Financial Globalization: The Politics of Intense Incrementalism after 2008, " in T. Rixen, L. A. Viola, and M. Zürn(eds.), *Historical Institutionalism and International Relations. Explaining Institutional Development in World Politics*(Oxford: Oxford University Press), 68 – 95.

Fioretos, O. (2017) (ed.), *International Politics and Institutions in Time* (Oxford, New York: Oxford University Press).

Fischer-Lescano, A. , and Teubner, G. (2004), "Regime-Collisions: The Vain Search for Legal Unity in the Fragmentation of Global Law, " *Michigan Journal of International Law*, 25: 999 – 1046.

Fischer-Lescano, A. (2006), *Regime-Kollisionen*: *Zur Fragmentierung des globalen Rechts* (Frankfurt a. M. : Suhrkamp).

Flemes, D. (2013), "Network Powers: Strategies of Change in the Multipolar System, "*Third World Quarterly*, 34/6: 1016 – 1036.

Follesdal, A. (1998), "Survey Article: Subsidiarity, " *The Journal of Political Philosophy*, 6/ 2: 190 – 218.

Follesdal, A. (2012), "Global Distributive Justice? State Boundaries as a Normative Problem, " *Global Constitutionalism*, 1/02: 261 – 277.

Follesdal, A. , and Hix, S. (2006), "Why There is a Democratic Deficit in the EU. A Response to Majone and Moravcsik, " *Journal of Common Market Studies*, 44/3: 533 – 562.

Ford, C. E. , and Oppenheim, B. A. (2008), "Neotrusteeship or Mistrusteeship? The ' Authority Creep' Dilemma in United Nations Transitional Administration, " *Vanderbilt Journal of Transnational Law*, 41/1: 55 – 105.

Forst, R. (1994), *Kontexte der Gerechtigkeit*: *Politische Philosophie jenseits von Liberalismus und Kommunitarismus*(Frankfurt a. M. : Suhrkamp).

Forst, R. (2001), "Towards a Critical Theory of Transnational Justice, "*Metaphilosophy*, 32/ 1/2: 160 – 179.

Forst, R. (2010), "The Justification of Human Rights and the Basic Right to Justification: A Reflexive Approach, " *Ethics*, 120/4: 711 – 740.

Forst, R. (2011), *The Right to Justification: Elements of a Constructivist Theory of Justice* (New York: Columbia University Press).

Forst, R. (2015), *Normativität und Macht: Zur Analyse sozialer Rechtfertigungsordnungen* (Berlin: Suhrkamp).

Forsythe, D. P. (1988), *Human Rights and U. S. Foreign Policy: Congress Reconsidered* (Gainesville: University Presses of Florida).

Foucault, M. (1982), *The Archaeology of Knowledge*(New York: Pantheon Books).

Franck, T. (1990), *The Power of Legitimacy Among Nations*(Oxford: Oxford University Press).

Franck, T. M. (1992), "The Emerging Right to Democratic Governance, " *American Journal of International Law*, 86/1: 46 – 91.

Fraser, N. (2009), *Scales of Justice: Reimagining Political Space in a Globalizing World* (New York: Columbia University Press).

Frieden, J. A. (1999), "Actors and Preferences in International Relations, " in D. Lake and R. Powell(eds.), *Strategic Choice and International Relations*(Princeton: Princeton University Press), 39 – 76.

Furedi, F. (2013), *Authority: A Sociological History*(Cambridge, New York: Cambridge University Press).

Furia, P. A. (2005), "Global Citizenship, Anyone? Cosmopolitanism, Privilege and Public Opinion, " *Global Society*, 19/4: 331 – 359.

Gabel, M. (1998), *Interests and Integration: Market Liberalization, Public Opinion, and European Union*(Ann Arbor: University of Michigan Press).

Galtung, J. (1964), "A Structural Theory of Aggression, " *Journal of Peace Research*, 1/2: 95 – 119.

Galtung, J. (1972), "Eine strukturelle Theorie des Imperialismus, " in D. Senghaas(ed.), *Imperialismus und strukturelle Gewalt. Analysen über abhängige Produktion*(Frankfurt a. M. : Suhrkamp), 29 – 104.

Garrett, G. (1998), "Global Markets and National Politics: Collision Course or Virtuous Circle?, " *International Organization*, 52/4: 787 – 824.

Gaus, D. (2013), "Rational Reconstruction as a Method of Political Theory between Social Critique and Empirical Political Science, " *Constellations*, 20/4: 553 – 570.

Gehring, T. , and Faude, B. (2014), "A Theory of Emerging Order Within Institutional Complexes: How Competition Among Regulatory International Institutions Leads to Institutional Adaptation and Division of Labor, " *Review of International Organizations*, 9/4: 471 – 498.

Geis, A. , Nullmeier, F. , and Daase, C. (2012) (eds.), *Der Aufstieg der Legitimitätspolitik. Rechtfertigung und Kritik politisch-ökonomischer Ordnungen (Leviathan Sonderband 40/27)*(Baden-Baden: Nomos).

Gellner, E. (1983), *Nations and Nationalism*(Oxford: Blackwell).

Genschel, P. (2014), "State Transformations in OECD Countries, " *Annual Review of Political Science*, 17/1: 337 – 354.

Genschel, P. , and Jachtenfuchs, M. (2014), *Beyond the Regulatory Polity? The European Integration of Core State Powers*(Oxford: Oxford University Press).

Genschel, P. , and Zangl, B. (2008), "Metamorphosen des Staates: Vom Herrschaftsmonopolisten zum Herrschaftsmanager, " *Leviathan*, 36/3: 430 – 454.

George, A. L. , and Bennett, A. (2005), *Case Studies and Theory Development in the Social Sciences*(Cambridge: MIT Press).

Gerhards, J. , Offerhaus, A. , and Roose, J. (2009), "Wer ist verantwortlich? Die Europäische Union, ihre Nationalstaaten und die massenmediale Attribution von Verantwortung für Erfolge und Misserfolge, " in F. Marcinkowski and B. Pfetsch(eds.), *Politik in der Mediendemokratie(Sonderheft* 42 *der Politische Vierteljahresschrift)* (Wiesbaden: VS Verlag für Sozialwissenschaften), 529 – 558.

Gerring, J. (2008), "Review Article: The Mechanismic Worldview: Thinking Inside the Box, " *British Journal of Political Science*, 38/1: 161 – 179.

Gerschenkron, A. (1962), *Economic Backwardness in Historical Perspective: A Book of Essays*(Cambridge: Belknap Press).

Giddens, A. (1985), *The Nation State and Violence. Volume II of a Contemporary Critique of Historical Materialism*(Berkeley: University of California Press).

Gilpin, R. (1981), *War and Change in World Politics* (Cambridge: Cambridge University Press).

Gilpin, R. (1988), "The Theory of Hegemonic War, " *Journal of Interdisciplinary History*, 18/4: 591 – 613.

Glasius, M. (2008), "Global Justice Meets Local Civil Society: The International Criminal Court's Investigation in the Central African Republic, " *Alternatives*, 33: 413 – 433.

Godlee, F. (1994), "WHO in Crisis, " *British Medical Journal*, 309/6966: 1424 – 1428.

Goertz, G. , and Powers, K. (2014), "Regional Governance. The Evolution of a New Institutional Form, " *WZB Discussion Paper*, SP IV 2014-106(Berlin).

Goldmann, M. (2015), *Internationale öffentliche Gewalt*: *Handlungsformen internationaler Institutionen im Zeitalter der Globalisierung*(Heidelberg: Springer).

Goldstein, J. , and Gulotty, R. (2017), "The Limits of Institutional Reform in the United States and the Global Trade Regime, " in O. Fioretos(ed.), *International Politics and Institutions in Time*(Oxford, New York: Oxford University Press), 196 – 217.

Goldstein, J. , Kahler, M. , Keohane, R. O. , and Slaughter, A. -M. (2001) (eds.), *Legalization and World Politics*(Cambridge: MIT Press).

Goldstein, J. , and Martin, L. L. (2000), "Legalization, Trade Liberalization, and Domestic Politics: A Cautionary Note, " *International Organization*, 54/3: 603 – 632.

Goodin, R. E. (2010), "Global Democracy: in the Beginning, " *International Theory*, 2/02: 175 – 209.

Gourevitch, P. (1978), "The Second Image Reversed: The International Sources of Domestic Politics, " *International Organization*, 32/04: 881 – 912.

Grande, E. , and Hutter, S. (2016), "Beyond Authority Transfer. Explaining the Politicisation of Europe, " *West European Politics*, 39/1: 23 – 43.

Grande, E. , and Kriesi, H. (2013), "Das Doppelgesicht der Politisierung. Zur Transformation politischer Konfliktstrukturen im Prozess der Globalisierung, " in M. Zürn and M. Ecker-Ehrhardt(eds.), *Die Politisierung der Weltpolitik: Umkämpfte internationale Institutionen*(Berlin: Suhrkamp), 84 – 108.

Grande, E. , and Pauly, L. W. (2005) (eds.), *Complex Sovereignty: Reconstituting Political Authority in the Twenty-first Century*(Toronto: University of Toronto Press).

Grant, R. W. , and Keohane, R. O. (2005), "Accountability and Abuses of Power in World Politics, " *American Political Science Review*, 99/1: 29 – 43.

Gray, K. , and Murphy, C. N. (2013), "Introduction: Rising Powers and the Future of Global Governance, " *Third World Quarterly*, 34/2: 183 – 193.

Green, J. F. (2014), *Rethinking Private Authority: Agents and Entrepreneurs in Global Environmental Governance*(Princeton: Princeton University Press).

Green, J. F. , and Colgan, J. (2013), "Protecting Sovereignty, Protecting the Planet: State Delegation to International Organizations and Private Actors in Environmental Politics, " *Governance*, 26/3: 473 – 497.

Greenpeace International(2006), "Greenpeace New Study Reveals Death Toll of Chernobyl Enormously Underestimated " < http: //www. greenpeace. org/international/en/press/releases/greenpeace-new-study-reveals-d/ >.

Greif, A. , and Laitin, D. D. (2004), "A Theory of Endogenous Institutional Change, "*American Political Science Review*, 98/4: 633 – 652.

Greven, M. T. (1999), *Die politische Gesellschaft. Kontingenz und Dezision als Probleme des Regierens und der Demokratie*(Opladen: Leske + Budrich).

Grimm, D. (2012), *Die Zukunft der Verfassung II: Auswirkungen von Europäisierung und Globalisierung*(Berlin: Suhrkamp).

Grimmer, J. , and Stewart, B. (2013), "Text as Data: The Promise and Pitfalls of Automatic Content Analysis Methods for Political Texts, " *Political Analysis*, 21/3: 267 – 297.

Gronau, J. (2015), *Die Selbstlegitimation internationaler Institutionen: G8 und G20 im Vergleich*(Frankfurt a. M. : Campus-Verlag).

Gronau, J. , Nonhoff, M. , Schneider, S. , and Nullmeier, F. (2009), "Spiele ohne Brot? Die

Legitimationskrise der G8, " *Leviathan*, 37/1: 117 – 143.

Gu, J. , Humphrey, J. , and Messner, D. (2008), "Global Governance and Developing Countries: The Implications of the Rise of China, " *World Development*, 36/2: 274 – 292.

Guild, E. (2008), "The Uses and Abuses of Counter-Terrorism Policies in Europe: The Case of the 'Terrorist Lists' , " *Journal of Common Market Studies*, 46/1: 173 – 193.

Haas, E. B. (1958), *The Uniting of Europe: Political, Social, and Economic Forces 1950 – 1957*(Stanford: Stanford University Press).

Haas, E. B. (1964), *Beyond the Nation-State. Functionalism and International Organization* (Stanford: Stanford University Press).

Haas, E. B. (1990), *When Knowledge is Power: Three Models of Change in International Organizations*(Berkeley: University of California Press).

Haas, P. M. (1992), "Introduction: Epistemic Communities and International Policy Coordination, " *International Organization*, 46/1: 1 – 35.

Haas, P. M. , and Haas, E. B. (1995), "Learning to Learn: Improving International Governance, " *Global Governance*, 1/3: 255 – 284.

Haas, P. M. , Keohane, R. O. , and Levy, M. A. (1993), "The Effectiveness of International Environmental Institutions, " in P. M. Haas, R. O. Keohane, and M. A. Levy(eds.), *Institutions for the Earth: Sources of Effective International Environmental Protection* (Cambridge: MIT Press), 3 – 24.

Habermas, J. (1985), *The Theory of Communicative Action. Reason and the Rationalization of Society*(Boston: Beacon Press).

Habermas, J. (1996), *Between Facts and Norms: Contributions to a Discourse Theory of Law and Democracy*(Cambridge: MIT Press).

Habermas, J. (2007), "Kommunikative Rationalität und grenzüberschreitende Politik: eine Replik, " in P. Niesen and B. Herborth(eds.), *Anarchie der kommunikativen Freiheit— Jürgen Habermas und die Theorie der internationalen Politik*(Frankfurt a. M. : Suhrkamp), 406 – 459.

Habermas, J. (2010), "Das utopische Gefälle: Das Konzept der Menschenwürde und die realistische Utopie der Menschenrechte, " *Blätter für Deutsche und Internationale Politik*, 8: 43 – 53.

Hadden, J. L. (2015), *Networks in Contention: The Divisive Politics of Climate Change*(New York: Cambridge University Press).

Hafner-Burton, E. M. , Kahler, M. , and Montgomery, A. H. (2009), "Network Analysis for International Relations, " *International Organization*, 63/3: 559 – 592.

Haftel, Y. Z. , and Thompson, A. (2006), "The Independence of International Organizations:

Concepts and Applications, " *Journal of Conflict Resolution*, 50/2: 253 – 275.

Haftendorn, H. , Keohane, R. O. , and Wallander, C. A. (1999) (eds.), *Imperfect Unions: Security Institutions Over Time and Space* (Oxford, New York: Oxford University Press).

Halberstam, D. (2009), "Local, Global, And Plural Constitutionalism: Europe Meets The World, " *Public Law and Legal Theory Working Paper* No. 176.

Hale, T. , and Held, D. (2011) (eds.), *Handbook of Transnational Governance: Institutions and Innovations* (Cambridge, Malden: Polity).

Hale, T. , Held, D. , and Young, K. (2013), *Gridlock. Why Global Cooperation is Failing When We Need it Most* (Cambridge: Polity Press).

Hall, P. A. , and Soskice, D. (2001), *Varieties of Capitalism. The Institutional Foundations of Comparative Advantage* (Oxford: Oxford University Press).

Hall, P. A. , and Taylor, R. C. R. (1996), "Political Science and the Three New Institutionalisms, " *Political Studies*, 44/5: 936 – 957.

Halliday, T. C. , and Shaffer, G. C. (2015) (eds.), *Transnational Legal Orders* (New York: Cambridge University Press).

Hamilton, A. , Madison, J. , and Jay, J. (1982), *The Federalist Papers* (Toronto, New York: Bantam).

Hanrieder, T. (2014), "Gradual Change in International Organizations: Agency Theory and Historical Institutionalism, " *Politics*, 34/4: 324 – 333.

Hanrieder, T. (2015), *International Organization in Time: Fragmentation and Reform* Oxford: Oxford University Press).

Hanrieder, T. , and Zürn, M. (2017), "Reactive Sequences in Global Governance, " in O. Fioretos (ed.), *International Politics and Institutions in Time* (Oxford, New York: Oxford University Press), 93 – 116.

Hardt, M. , and Negri, A. (2004), *Multitude: War and Democracy in the Age of Empire* (London: Penguin Books).

Harteveld, E. , van der Meer, T. , and Vries, C. E. de (2013), "In Europe We Trust? Exploring Three Logics of Trust in the European Union, " *European Union Politics*, 14/4: 542 – 565.

Hasenclever, A. (2001), *Die Macht der Moral in der internationalen Politik* (Frankfurt a. M. : Campus).

Hawkins, D. G. , Lake, D. A. , Nielson, D. L. , and Tierney, M. J. (2006a) (eds.), *Delegation and Agency in International Organizations* (Cambridge: Cambridge University Press).

Hawkins, D. G. , Lake, D. A. , Nielson, D. L. , and Tierney, M. J. (2006b), "Delegation Under Anarchy: States, International Organizations, and Principal-agent Theory, " in D. G. Hawkins, D. A. Lake, D. L. Nielson, and M. J. Tierney (eds.), *Delegation and A-*

gency in International Organizations(Cambridge: Cambridge University Press), 3 – 38.

Hay, C. (2007), *Why We Hate Politics*(Cambridge: Polity Press).

Hayek, F. A. (1960), *The Constitution of Liberty*(London: Routledge & Kegan Paul).

Hazelzet, H. (2001), "Carrots or Sticks. EU and US Reactions to Human Rights Violations (1989 – 2000)," Ph. D. Thesis(Florence, Italy, European University Institute).

Hedström, P. (2005), *Dissecting the Social*: *On the Principles of Analytical Sociology*(Cambridge: Cambridge University Press).

Hein, W. (2016), "Intellectual Property Rights and Health—The Constraints of WHO Authority and the Rise of Global Health Governance as an Element of Contestation,"*WZB Discussion Paper*, SP IV 2016 – 110(Berlin).

Held, D. (1995), *Democracy and the Global Order. From the Modern State to Cosmopolitical Governance*(Cambridge: Polity Press).

Held, D. (2003), "Cosmopolitanism: Globalisation Tamed?," *Review of International Studies*, 29/4: 465 – 480.

Held, D. (2005), "Principles of the Cosmopolitan Order," in G. Brock and H. Brighouse (eds.), *The Political Philosophy of Cosmopolitanism*(Cambridge: Cambridge University Press), 10 – 27.

Held, D. , and Koenig-Archibugi, M. (2005) (eds.), *Global Governance and Public Accountability*(Oxford: Blackwell).

Held, D. , McGrew, A. , Goldblatt, D. , and Perraton, J. (1999), *Global Transformations: Politics, Economics and Culture*(Cambridge: Polity Press).

Helfer, L. R. (2009), "Regime Shifting in the International Intellectual Property System," *Perspectives on Politics*, 7/1: 39 – 44.

Helleiner, E. (1994), *States and the Reemergence of Global Finance: From Bretton Woods to the 1990s*(Ithaca: Cornell University Press).

Herschinger, E. , Jachtenfuchs, M. , and Kraft-Kasack, C. (2013), "Transgouvernementalisierung und die ausbleibende gesellschaftliche Politisierung der inneren Sicherheit," in M. Zürn and M. Ecker-Ehrhardt(eds.), *Die Politisierung der Weltpolitik: Umkämpfte internationale Institutionen*(Berlin: Suhrkamp), 190 – 212.

Herz, J. H. (1981), "Political Realism Revisited," *International Studies Quarterly*, 25/2: 182 – 97.

Heupel, M. (2017a), "EU Sanctions Policy and the Protection of Due Process Rights: Judicial Lawmaking by the Court of Justice of the EU," in M. Heupel and M. Zürn(eds.), *Protecting the Individual from International Authority. Human Rights in International Organizations*(Cambridge: Cambridge University Press), 129 – 151.

Heupel, M. (2017b), "EU Sanctions Policy and the Protection of Subsistence Rights: Learning From the Early Mover, " in M. Heupel and M. Zürn(eds.), *Protecting the Individual from International Authority. Human Rights in International Organizations*(Cambridge: Cambridge University Press), 111 – 128.

Heupel, M. (2017c), "Human Rights Protection in World Bank Lending: Following the Lead of the US Congress, " in M. Heupel and M. Zürn(eds.), *Protecting the Individual from International Authority. Human Rights in International Organizations*(Cambridge: Cambridge University Press), 241 – 272.

Heupel, M. (2017d), "UN Sanctions Policy and the Protection of Due Process Rights: Making Use of Global Legal Pluralism, " in M. Heupel and M. Zürn(eds.), *Protecting the Individual from International Authority. Human Rights in International Organizations* (Cambridge: Cambridge University Press), 86 – 110.

Heupel, M. (2017e), "UN Sanctions Policy and the Protection of Subsistence Rights: Fighting Off a Reputational Crisis, " in M. Heupel and M. Zürn(eds.), *Protecting the Individual from International Authority. Human Rights in International Organizations*(Cambridge: Cambridge University Press), 66 – 85.

Heupel, M. , and Hirschmann, G. (2017), "Conceptual Framework, " in M. Heupel and M. Zürn(eds.), *Protecting the Individual from International Authority. Human Rights in International Organizations*(Cambridge: Cambridge University Press), 40 – 65.

Heupel, M. , and Zürn, M. (2017a)(eds.), *Protecting the Individual from International Authority. Human Rights in International Organizations*(Cambridge: Cambridge University Press).

Heupel, M. , and Zürn, M. (2017b), "The Rise of Human Rights Protection in International Organizations. Results and Theoretical Implications, " in M. Heupel and M. Zürn (eds.), *Protecting the Individual from International Authority. Human Rights in International Organizations*(Cambridge: Cambridge University Press), 297 – 331.

Hilgers, S. (2014), *Europe's Forgotten Institution—The Absent Politicization of the European Investment Bank: Master Thesis*(Berlin: Free University of Berlin).

Hinsley, F. H. (1986), *Sovereignty*(Cambridge: Cambridge University Press).

Hirschl, R. (2004), *Towards Juristocracy: The Origins and Consequences of the New Constitutionalism*(Harvard: Harvard University Press).

Hirschman, A. O. (1970), *Exit, Voice, and Loyalty: Responses to Decline in Firms, Organizations, and States*(Cambridge: Harvard University Press).

Hirschmann, G. (2015), *Guarding the Guards? Accountability in United Nations Peace Operations(doctoral dissertation)* (Berlin: Free University).

Hirschmann, G. (2017a), "NATO Peacekeeping and the Protection of Bodily Integrity Rights and the Rights Not to Be Enslaved: Domestic Channels for NATO Reform," in M. Heupel and M. Zürn (eds.), *Protecting the Individual from International Authority. Human Rights in International Organizations* (Cambridge: Cambridge University Press), 203 – 219.

Hirschmann, G. (2017b), "NATO Peacekeeping and the Protection of Due Process Rights: The OSCE and Council of Europe as Advocates for the Rights of Detainees," in M. Heupel and M. Zürn (eds.), *Protecting the Individual from International Authority. Human Rights in International Organizations* (Cambridge: Cambridge University Press), 220 – 235.

Hirschmann, G. (2017c), "UN Peacekeeping and the Protection of Due Process Rights: Learning how to Protect the Rights of Detainees," in M. Heupel and M. Zürn (eds.), *Protecting the Individual from International Authority. Human Rights in International Organizations* (Cambridge: Cambridge University Press), 186 – 202.

Hirschmann, G. (2017d), "United Nations Peacekeeping and the Protection of Physical Integrity Rights: When Protectors Become Perpetrators," in M. Heupel and M. Zürn (eds.), *Protecting the Individual from International Authority. Human Rights in International Organizations* (Cambridge: Cambridge University Press), 157 – 185.

Hoeglinger, D. (2016), "The Politicisation of European Integration in Domestic Election Campaigns," *West European Politics*, 39/1: 44 – 63.

Höffe, O. (1999), *Demokratie im Zeitalter der Globalisierung* (München: C. H. Beck).

Holsti, K. J. (1991), *Peace and War: Armed Conflicts and International Order 1648 – 1989* (Cambridge: Cambridge University Press).

Holsti, O. R. (2004), *Public Opinion and American Foreign Policy* (Ann Arbor: University of Michigan Press).

Hooghe, L. (2003), "Europe Divided? Elites vs. Public Opinion on European Integration," *European Union Politics*, 4/3: 281 – 304.

Hooghe, L. (2004), "Does Identity or Economic Rationality Drive Public Opinion on European Integration?," *Political Science and Politics*, 37/3: 415 – 420.

Hooghe, L. (2005), "Calculation, Community and Cues. Public Opinion on European Integration," *European Union Politics*, 6/4: 419 – 443.

Hooghe, L. (2009), "A Postfunctionalist Theory of European Integration: From Permissive Consensus to Constraining Dissensus," *British Journal of Political Science*, 39/1: 1 – 23.

Hooghe, L. , and Marks, G. (2001), *Multi-level Governance and European Integration* (Lanham: Rowman & Littlefield Publishers).

Hooghe, L. , Marks, G. , Lenz, T. , Bezuijen, J. , Ceka, B. , and Derderyan, S. (2017), *Measuring International Authority. A Postfunctionalist Theory of Governance, Volume III*(Oxford: Oxford University Press).

Hooghe, L. , Marks, G. , Schakel, A. H. , Niedzwiecki, S. , Osterkatz, S. C. , and Shair-Rosenfield, S. (2016), *Measuring Regional Authority*(Oxford: Oxford University Press).

Hooghe, L. , Marks, G. , and Wilson, C. (2002), "Does Left/Right Structure Party Positions on European Integration?, " *Comparative Political Studies*, 35/8: 965 – 989.

Höpner, M. , and Schäfer, A. (2007), *A new Phase of European Integration. Organized Capitalisms in Post-Ricardian Europe*, MPIfG Discussion Paper 2007/4(Köln).

Horkheimer, M. (1987a [1936]), "Allgemeiner Teil, " in M. Horkheimer(ed.), *Studien über Autorität und Familie*(2nd edn, Lüneburg: Dietrich zu Klampen Verlag), 3 – 76.

Horkheimer, M. (1987b [1936]) (ed.), *Studien über Autorität und Familie* (2nd edn, Lüneburg: Dietrich zu Klampen Verlag).

Hurd, I. (1999), "Legitimacy and Authority in International Politics, " *International Organization*, 53/2: 379 – 408.

Hurd, I. (2007), *After Anarchy: Legitimacy and Power in the United Nations Security Council*(Princeton: Princeton University Press).

Hurd, I. (2011), *International Organizations: Politics, Law, Practice* (Cambridge, New York: Cambridge University Press).

Hurd, I. (2015), "The International Rule of Law and the Domestic Analogy, " *Global Constitutionalism*, 4/3: 365 – 395.

Hurrell, A. (2007), *On Global Order: Power, Values and the Constitution of International Society*(Oxford: Oxford University Press).

Hurrell, A. , and Narlikar, A. (2006), "A New Politics of Confrontation? Brazil and India in Multilateral Trade Negotiations, " *Global Society*, 20/4: 415 – 433.

Hutter, S. , and Grande, E. (2014), "Politicizing Europe in the National Electoral Arena: A Comparative Analysis of Five West European Countries, 1970 – 2010, " *Journal of Common Market Studies*, 52/5: 1002 – 1018.

Hutter, S. , Grande, E. , and Kriesi, H. (2016) (eds.), *Politicising Europe: Integration and Mass Politics*(Cambridge: Cambridge University Press).

Ikenberry, G. J. (2001), *After Victory. Institutions, Strategic Restraint, and the Rebuilding of Order After Major Wars*(Princeton: Princeton University Press).

Ikenberry, G. J. (2009), "Liberal Internationalism 3. 0: America and the Dilemmas of Liberal World Order, " *Perspectives on Politics*, 7/1: 71 – 87.

Ikenberry, G. J. (2010), "The Liberal International Order and its Discontents, "*Millennium—*

Journal of International Studies, 38/3: 509 – 521.

Ikenberry, G. J. (2011a), *Liberal Leviathan: The Origins, Crisis and Transformation of the American World Order*(Princeton: Princeton University Press).

Ikenberry, G. J. (2011b), "The Future of the Liberal World Order. Internationalism after America," *Foreign Affairs*, 90/3: 56 – 68.

IMF(1998), *External Evaluation of the ESAF: Report by a Group of Independent Experts* < http: //www. imf. org/external/pubs/ft/extev/index. htm >.

IMF(2003), *Evaluation Report: Fiscal Adjustment in IMF-Supported Programs. Report by the Independent Evaluation Office* < http: //www. imf. org/external/np/ieo/2003/fis/ >.

Imig, D. , and Tarrow, S. (2001), *Contentious Europeans: Protest and Politics in an Integrating Europe*(Lanham: Rowman & Littlefield Publishers, Inc.).

ISSP Research Group(2015), *International Social Survey Programme: National Identity III – ISSP* 2013.

Jackson, R. H. (1987), "Quasi-States, Dual Regimes, and Neoclassical Theory: International Jurisprudence and the Third World, " *International Organization*, 41/4: 519 – 550.

Jackson, R. H. (1990), *Quasi-States: Sovereignty. International Relations and the Third World*(Cambridge: Cambridge University Press).

Jacobs, A. M. , and Weaver, R. K. (2015), "When Policies Undo Themselves. Self-Undermining Feedback as a Source of Policy Change, " *Governance*, 28/4: 441 – 457.

Jaeger, H. -M. (2007), "'Global Civil Society' and the Political Depoliticization of Global Governance, " *International Political Sociology*, 1/3: 257 – 277.

James, A. (2005), "Constructing Justice for Existing Practice: Rawls and the Status Quo, " *Philosophy and Public Affairs*, 33/3: 281 – 316.

Jenkins, W. I. (1978), *Policy Analysis: A Political and Organizational Perspective*(New York: St. Martin's Press).

Jetschke, A. , and Abb, P. (2018, in preparation), "The Devil Lies in the Details: The Positions of the BRICS Countries Toward R2P and UN Security Council Reform, " in M. D. Stephen and M. Zürn(eds.), *Contested World Orders: Rising Powers, Non-Governmental Organizations and the Politics of Authority Beyond the Nation-state.*

Johansson, P. (2009), "The Humdrum Use of Ultimate Authority: Defining and Analysing Chapter VII Resolutions, " *Nordic Journal of International Law*, 78/3: 309 – 342.

Jupille, J. , Mattli, W. , and Snidal, D. (2013), *Institutional Choice and Global Commerce* (Cambridge: Cambridge University Press).

Kahler, M. (1995), *International Institutions and the Political Economy of Integration* (Washington, DC: Brookings Institution).

Kahler, M. (2004), "Defining Accountability Up: the Global Economic Multilaterals, "*Government & Opposition*, 39/2: 132 – 158.

Kahler, M. (2013), "Rising Powers and Global Governance: Negotiating Change in a Resilient Status Quo, " *International Affairs*, 89/3: 711 – 729.

Kahler, M. (2016), "Complex Governance and the New Interdependence Approach(NIA), " *Review of International Political Economy*, 23/5: 825 – 839.

Kahler, M. , and Lake, D. A. (2003)(eds.), *Governance in a Global Economy. Political Authority in Transition*(Princeton: Princeton University Press).

Kalter, F. , and Kroneberg, C. (2014), "Between Mechanism Talk And Mechanism Cult. New Emphases in Explanatory Sociology And Empirical Research, " *KZfSS Kölner Zeitschrift für Soziologie und Sozialpsychologie*, 66/1: 91 – 115.

Kappel, R. (2011), "The Challenge to Europe: Regional Powers and the Shifting of the Global Order, " *Intereconomics*, 46/5: 275 – 286.

Karlsson Schaffer, J. (2012), "The Boundaries of Transnational Democracy: Alternatives to the All-Affected Principle, " *Review of International Studies*, 38/2: 321 – 342.

Katzenstein, P. J. (1985), *Small States in World Markets. Industrial Policy in Europe*(Ithaca: Cornell University Press).

Katzenstein, P. J. (1996)(ed.), *The Culture of National Security. Norms and Identity in World Politics*(New York: Columbia University Press).

Keane, J. (2009), *Life and Death of Democracy*(London: Simon & Schuster).

Keane, J. (2014), *The New Despotisms of the 21st Century: Imagining the End of Democracy*(London: MEMO Publishers).

Keck, M. E. , and Sikkink, K. (1998), *Activists Beyond Borders: Advocacy Networks in International Politics*(Ithaca: Cornell University Press).

Keck, M. E. (1999), "Transnational Advocacy Networks in International and Regional Politics, " *International Social Science Journal*, 51/159: 89 – 101.

Kegley, C. W. J. , and Wittkopf, E. R. (1989), *World Politics. Trends and Transformation* (New York: St. Martin's Press).

Kelley, J. (2004a), *Ethnic Politics in Europe: The Power of Norms and Incentives*(Princeton: Princeton University Press).

Kelley, J. (2004b), "International Actors on the Domestic Scene. Membership Conditionality and Socialization by International Institutions, " *International Organization*, 58/03: 425 – 57.

Kelsen, H. (1944), *Peace through Law*(Chapel Hill: University of North Carolina Press).

Kennedy, P. (1989), *The Rise and Fall of the Great Powers. Economic Change and Military*

Conflict from 1500 to 2000(London: Fontana Press).

Keohane, R. O. (1984), *After Hegemony. Cooperation and Discord in the World Political Economy*(Princeton: Princeton University Press).

Keohane, R. O. (2000), "Introduction," in J. S. Nye and J. D. Donahue(eds.), *Governance in a Globalizing World*(Washington, DC: Brookings Institution Press), 1 – 41.

Keohane, R. O. (2008), "Big Questions in the Study of World Politics," in C. Reus-Smit and D. Snidal(eds.), *The Oxford Handbook of International Relations*(Oxford: Oxford University Press), 708 – 715.

Keohane, R. O. (2012), "Twenty Years of Institutional Liberalism," *International Relations*, 26/2: 125 – 138.

Keohane, R. O. , Macedo, S. , and Moravcsik, A. (2009), "Democracy-Enhancing Multilateralism," *International Organization*, 63/01: 1 – 31.

Keohane, R. O. , and Nye, J. S. (1977), *Power and Interdependence: World Politics in Transition*(Boston: Little, Brown and Company).

Keohane, R. O. , and Nye, J. S. (2001), *Power and Interdependence*(3rd edn, New York: Longman).

Keohane, R. O. , and Victor, D. G. (2011), "The Regime Complex for Climate Change," *Perspectives on Politics*, 9/1: 7 – 23.

Kindleberger, C. P. (1986), *The World in Depression, 1929 – 1939* (Rev. and enl. edn, Berkeley: University of California Press).

Kirton, J. J. (2013), *G20 Governance for a Globalized World*(Farnham, Burlington: Ashgate).

Kissinger, H. A. (1957), *A World Restored: Metternich, Castlereagh and the Problems of Peace 1812 – 22*(Boston: Houghton Mifflin).

Kitschelt, H. (1986), "Four Theories of Public Policy Making and Fast Breeder Reactor Development," *International Organization*, 40/01: 65 – 104.

Kitschelt, H. (1997), *The Radical Right in Western Europe: A Comparative Analysis*(Ann Arbor: University of Michigan Press).

Kleine, M. (2013), "Trading Control. National Fiefdoms in International Organizations," *International Theory*, 5/03: 321 – 346.

Klotz, A. (1995), *Norms in International Relations. The Struggle Against Apartheid*(Ithaca: Cornell University Press).

Koenig-Archibugi, M. (2011), "Is Global Democracy Possible?," *European Journal of International Relations*, 17/3: 519 – 542.

Koenig-Archibugi, M. (2012), "Fuzzy Citizenship in Global Society," *Journal of Political*

Philosophy, 20/4: 456 – 480.

Kojéve, A. (1975), *Hegel: Eine Vergegenwärtigung seines Denkens* (Frankfurt a. M. : Suhrkamp).

Kojéve, A. (2014), *The Notion of Authority* (London: Verso).

Kolk, A. , and van Tulder, R. (2005), "Setting New Global Rules? TNCs and Codes of Conduct, " *Transnational Corporations*, 14/3: 1 – 27.

Kolko, J. , and Kolko, G. (1972), *The Limits of Power: The World and United States Foreign Policy, 1945 – 1954* (New York: Harper & Row).

Koopmans, R. , and Statham, P. (2010), "Theoretical Framework, Research Design, and Methods, " in R. Koopmans and P. Statham (eds.), *The Making of a European Public Sphere: Media Discourse and Political Contention* (Cambridge: Cambridge University Press), 34 – 62.

Koremenos, B. , Lipson, C. , and Snidal, D. (2001), "Rational Design: Looking Back to Move Forward, " *International Organization*, 55/4: 1051 – 1082.

Koremenos, B. (2001), "The Rational Design of International Institutions, " *International Organization*, 55/4: 761 – 799.

Koschorke, A. (2012), *Wahrheit und Erfindung: Grundzüge einer Allgemeinen Erzähltheorie* (Frankfurt a. M. : Fischer).

Krajewski, M. (2002), "Democratic Legitimacy and Constitutional Perspectives of WTO Law, " *Journal of World Trade*, 35/1: 167 – 186.

Krasner, S. (1976), "State Power and the Structure of International Trade, " *World Politics: A Quarterly Journal of International Relations*, 28/3: 317 – 347.

Krasner, S. D. (1988), "Sovereignty. An Institutional Perspective, " *Comparative Political Studies*, 21/1: 66 – 94.

Krauthammer, C. (1991), "The Unipolar Moment, " *Foreign Affairs*, 70/1: 23 – 33.

Kreuder-Sonnen, C. (2016), *Emergency Powers of International Organizations: Between Normalization and Containment* (Berlin: Dissertation, Free University Berlin).

Kriesi, H. , Grande, E. , Dolezal, M. , Helbling, M. , Hutter, S. , Höglinger, D. , and Wüest, B. (2012) (eds.), *Political Conflict in Western Europe* (Cambridge: Cambridge University Press).

Krisch, N. (2010), *Beyond Constitutionalism: The Pluralist Structure of Postnational Law* (Oxford: Oxford University Press).

Krisch, N. (2014), "The Decay of Consent. International Law in an Age of Global Public Goods, " *The American Journal of International Law*, 108/1: 1 – 40.

Krisch, N. (2017), "Liquid Authority in Global Governance, " *International Theory*, 9/2:

237 – 260.

Krugman, P. R. (1994), *Peddling Prosperity*(New York: Norton).

Kuhn, T. S. (1962), *The Structure of Scientific Revolutions*(Chicago: Chicago University Press).

Kuhn, T. (2015), *Experiencing European Integration: Transnational Lives and European Identity*(Oxford: Oxford University Press).

Kumm, M. (2009), "The Cosmopolitan Turn in Constitutionalism: On the Relationship Between Constitutionalism In and Beyond the State, " in J. L. Dunoff and J. P. Trachtman (eds.), *Ruling the World? International Law, Global Governance, Constitutionalism* (Cambridge, New York: Cambridge University Press), 258 – 325.

Kurki, M. (2007), "Critical Realism and Causal Analysis in International Relations, "*Millennium—Journal of International Studies*, 35/2: 361 – 378.

Lakatos, I. (1976), *Proofs and Refutations: The Logic of Mathematical Discovery*(Cambridge, New York: Cambridge University Press).

Lake, D. A. (2009), *Hierarchy in International Relations*(Ithaca: Cornell University Press).

Lake, D. A. (2010), "Rightful Rules: Authority, Order, and the Foundations of Global Governance, " *International Studies Quarterly*, 54/3: 587 – 613.

Lake, D. A. (2017), *Madison's Dilemma and the Problem of Global Governance: The Organizational Ecology of Public and Private Authority: Prepared for the workshop "Beyond Anarchy"*(Frankfurt a. M.).

Layne, C. (1993), "The Unipolar Illusion: Why New Great Powers Will Rise, "*International Security*, 17: 5 – 51.

Legg, A. (2012), *The Margin of Appreciation in International Human Rights Law: Deference and Proportionality*(Oxford: Oxford University Press).

Legro, J. W. (2005), *Rethinking the World. Great Power Strategies and International Order* (Ithaca: Cornell University Press).

Leibfried, S. , and Zürn, M. (2005)(eds.), *Transformations of the State?*(Cambridge: Cambridge University Press).

Lenz, T. , Bezuijen, J. , Hooghe, L. , and Marks, G. (2015), "Patterns of International Authority. Task Specific vs. General Purpose, " in E. da Conceição-Heldt, M. Koch, and A. Liese(eds.), *Internationale Organisationen: Autonomie, Politisierung, interorganisationale Beziehungen und Wandel*(*Sonderheft 49 der Politischen Vierteljahresschrift*) (Baden-Baden: Nomos), 131 – 156.

Lesage, D. , and Van de Graaf, T. (2015)(eds.), *Rising Powers and Multilateral Institutions* (Houndmills: Palgrave Macmillan).

Leupold, A. (2016), "A Structural Approach to Politicisation in the Euro Crisis, " *West European Politics*, 39/1: 84 – 103.

Liese, A. (2006), *Staaten am Pranger. Zur Wirkung internationaler Regime auf innerstaatliche Menschenrechtspolitik* (Wiesbaden: VS Verlag für Sozialwissenschaften).

Linz, J. J. (1994), "Presidential or Parliamentary Democracy: Does It Make a Difference?, " in J. J. Linz and A. Valenzuela (eds.), *The Failure of Presidential Democracy* (Baltimore: Johns Hopkins University Press), 3 – 91.

Luban, D. J. (2004), "Preventive War, " *Philosophy & Public Affairs*, 32/3: 207 – 248.

Luhmann, N. (1984), *Soziale Systeme* (Frankfurt a. M. : Suhrkamp).

Lukes, S. (2005), *Power: A Radical View* (2nd edn, Houndmills: Palgrave Macmillan).

MacClosky, H. , and Brill, A. (1983), *Dimensions of Tolerance* (New York: Russell Sage Foundation).

Macdonald, K. , and MacDonald, T. (2017), "Liquid Authority and Political Legitimacy in Transnational Governance, " *International Theory*, 9/2: 329 – 351.

MacDonald, T. (2012), "Citizens or Stakeholders? Exclusion, Equality and Legitimacy in Global Stakeholder Democracy, " in D. Archibugi, M. Koenig-Archibugi, and R. Marchetti (eds.), *Global Democracy: Normative and Empirical Perspectives* (Cambridge: Cambridge University Press), 47 – 68.

MacIntyre, A. C. (1988), *Whose Justice? Which Rationality?* (Notre Dame, Indiana: University of Notre Dame Press).

Mahoney, J. (2000), "Path Dependence in Historical Sociology, " *Theory and Society*, 29: 507 – 548.

Mahoney, J. (2012), "The Logic of Process Tracing Tests in the Social Sciences, " *Sociological Methods & Research*, 41/4: 570 – 597.

Mahoney, J. , and Thelen, K. (2010), "A Theory of Gradual Institutional Change, " in J. Mahoney and K. Thelen (eds.), *Explaining Institutional Change: Ambiguity, Agency, and Power* (Cambridge: Cambridge University Press), 1 – 37.

Maier, M. , Adam, S. , and Maier, J. (2012), "The Impact of Identity and Economic Cues on Citizens' EU Support: An Experimental Study on the Effects of Party Communication in the Run-up to the 2009 European Parliament Elections, " *European Union Politics*, 13/4: 580 – 603.

Majone, G. (1994), "Independence vs. Accountability? Non-Majoritarian Institutions and Democratic Government in Europe, " in J. J. Hesse (ed.), *European Yearbook of Public Administration and Comparative Government* (Oxford: Oxford University Press).

March, J. G. , and Olsen, J. P. (1996), "Institutional Perspectives on Political Institutions, "

Governance, 9/3: 247 – 264.

March, J. G. (1998), "The Institutional Dynamics of International Political Orders, "*International Organization*, 52/4: 943 – 969.

Marchetti, R. (2012), "Models of Global Democracy: In Defence of Cosmo-Federalism, " in D. Archibugi, M. Koenig-Archibugi, and R. Marchetti(eds.), *Global Democracy: Normative and Empirical Perspectives*(Cambridge: Cambridge University Press), 22 – 46.

Marcuse, H. (1991), *One-Dimensional Man: Studies in the Ideology of Advanced Industrial Society*(2nd edn, Boston: Beacon Press).

Marmor, A. (2011), "An Institutional Conception of Authority, " *Philosophy & Public Affairs*, 39/3: 238 – 261.

Martens, K. , and Jakobi, A. P. (2010)(eds.), *Mechanisms of OECD Governance: International Incentives for National Policy-Making?*(Oxford: Oxford University Press).

Mattern, J. B. , and Zarakol, A. (2016), "Hierarchies in World Politics, " *International Organization*, 70/03: 623 – 654.

Mattli, W. , and Slaughter, A. -M. (1998), "Revisiting the European Court of Justice, "*International Organization*, 52/1: 177 – 209.

Mau, S. (2007), *Transnationale Vergesellschaftung. Die Entgrenzung sozialer Lebenswelten* (Frankfurt a. M. : Campus Verlag).

Maus, I. (2007), " Verfassung oder Vertrag. Zur Verrechtlichung globaler Politik, " in P. Niesen and B. Herborth(eds.), *Anarchie der kommunikativen Freiheit: Jürgen Habermas und die Theorie der internationalen Politik*(Frankfurt a. M. : Suhrkamp), 350 – 382.

May, J. V. , and Wildavsky, A. B. (1978), *The Policy Cycle* (Beverly Hills: Sage Publications).

Mayda, A. M. , and Rodrik, D. (2005), "Why Are Some People(and Countries)More Protectionist Than Others?, " *European Economic Review*, 49/6: 1393 – 1430.

Mayer, P. , Rittberger, V. , and Zürn, M. (1993), "Regime Theory. State of the Art and Perspectives, " in V. Rittberger(ed.), *Regime Theory and International Relations*(Oxford: Clarendon Press), 391 – 430.

Mayntz, R. (2004), "Mechanisms in the Analysis of Social Macro-Phenomena, "*Philosophy of the Social Sciences*, 34/2: 237 – 259.

Mayntz, R. (2014), "Die Finanzmarktkrise im Licht einer Theorie funktioneller Differenzierung, " *KZfSS Kölner Zeitschrift für Soziologie und Sozialpsychologie*, 66/1: 1 – 19.

Mayntz, R. , Rosewitz, B. , Schimank, U. , and Stichweh, R. (1988)(eds.), *Differenzierung und Verselbständigung—Zur Entwicklung gesellschaftlicher Teilsysteme* (Frankfurt a. M. : Campus).

Mazower, M. (2012), *Governing the World: The History of an Idea*(New York: Penguin).

McCarthy, J. D., and Zald, M. N. (1977), "Resource Mobilization and Social Movements. A Partial Theory," *American Journal of Sociology*, 82/6: 1212 – 1241.

Mearsheimer, J. J. (2001), *The Tragedy of Great Power Politics*(New York: Norton).

Mendes, J. and Venzke, I. (2018, forthcoming), "Introduction: The Idea of Relative Authority in European and International Law," in J. Mendes and I. Venzke(eds.), *Allocating Authority: Who Should Do What in European and International Law?*

Mendlovitz, S. H. (1975)(ed.), *On the Creation of a Just World Order: Preferred Worlds for the 1990s*(New York: Free Press).

Messner, D. , and Nuscheler, F. (2003), "Das Konzept Global Governance. Stand und Perspektiven," *INEF-Report.*

Metzges, G. (2006), *NGO-Kampagnen und ihr Einfluss auf internationale Verhandlungen* (Baden-Baden: Nomos).

Meyer, J. W. (2005), *Weltkultur. Wie die westlichen Prinzipien die Welt durchdringen* (Frankfurt a. M. : Suhrkamp).

Meyer, J. W. , Boli, J. , Thomas, G. M. , and Ramirez, F. O. (1997), "World Society and the Nation-State," *American Journal of Sociology*, 103/1: 144 – 181.

Meyer, J. W. , and Rowan, B. (1977), "Institutionalized Organizations: Formal Structure as Myth and Ceremony," *American Journal of Sociology*, 83/2: 340 – 363.

Milgram, S. (1974), *Obedience to Authority: An Experimental View*(London: Tavistock).

Milner, H. V. (1988), *Resisting Protectionism. Global Industries and the Politics of International Trade*(Princeton: Princeton University Press).

Milward, A. (1992), *The European Rescue of the Nation-State*(London: Routledge).

Mitchell, R. B. , Clark, W. C. , Cash, D. W. , and Dickson, N. M. (2006)(eds.), *Global Environmental Assessments: Information and Influence*(Cambridge: MIT Press).

Modelski, G. (1987), *Long Cycles in World Politics*(Seattle: University of Washington Press).

Möllers, C. (2012), "Individuelle Legitimation: Wie rechtfertigen sich Gerichte?, " in A. Geis, F. Nullmeier, and C. Daase (eds.), *Der Aufstieg der Legitimitätspolitik. Rechtfertigung und Kritik politisch-ökonomischer Ordnungen*(*Leviathan* Sonderband 40/27)(Baden-Baden: Nomos), 398 – 418.

Möllers, C. (2013), *The Three Branches: A Comparative Model of Separation of Powers* (Oxford: Oxford University Press).

Moore, B. (1966), *Social Origins of Dictatorship and Democracy*(Boston: Beacon Press).

Moravcsik, A. (1998), *The Choice for Europe: Social Purpose and State Power from Messi-*

na to Maastricht(Ithaca: Cornell University Press).

Moravcsik, A. (2006), "What Can We Learn from the Collapse of the European Constitutional Project?, " *Politische Vierteljahresschrift*, 47/2: 219 – 241.

Moravcsik, A. (2008), "The Myth of Europe's 'Democratic Deficit', "*Intereconomics: Journal of European Economic Policy*, 43/6: 331 – 340.

Morgenthau, H. J. (1967), *Politics Among Nations. The Struggle for Power and Peace*(4th edn, New York: Alfred A. Knopf).

Morse, J. C. , and Keohane, R. O. (2014), "Contested Multilateralism, " *The Review of International Organizations*, 9/4: 385 – 412.

Moschella, M. , and Vetterlein, A. (2016), "Self-Reinforcing and Reactive Path Dependence. Tracing the IMF's Path of Policy Change, " in T. Rixen, L. A. Viola, and M. Zürn (eds.), *Historical Institutionalism and International Relations. Explaining Institutional Development in World Politics*(Oxford: Oxford University Press), 143 – 164.

Mosley, P. , Harrigan, J. , and Toye, J. F. J. (1995), *Aid and Power: the World Bank and Policy-based Lending*(London: Routledge).

Moulin, C. , and Nyers, P. (2007), "'We Live in a Country of UNHCR'—Refugee Protests and Global Political Society, " *International Political Sociology*, 1/4: 356 – 372.

Mueller, J. , and Mueller, K. (1999), "Sanctions of Mass Destruction, " *Foreign Affairs*, 78: 43 – 52.

Müller, H. , and Tokhi, A. (2018, in preparation), "The Contestation of the Nuclear Nonproliferation Regime, " in M. D. Stephen and M. Zürn(eds.), *Contested World Orders: Rising Powers, Non-Governmental Organizations and the Politics of Authority Beyond the Nation-state.*

Müller, J. -W. (2016), *What Is Populism?*(Philadelphia: University of Pennsylvania Press).

Münkler, H. (2005), *Imperien. Die Logik der Weltherrschaft—vom Alten Rom bis zu den Vereinigten Staaten*(Berlin: Rowohlt).

Murphy, C. N. (1994), *International Organization and Industrial Change. Global Governance since 1850*(Cambridge: Polity Press).

Nagel, T. (2005), "The Problem of Global Justice, " *Philosophy & Public Affairs*, 33/2: 113 – 147.

Narlikar, A. (2005), *The World Trade Organization: A Very Short Introduction*(Oxford: Oxford University Press).

National Intelligence Council(2008), "Global Trends 2025: A Transformed World, " NIC 2008 – 003, < https: //www. files. ethz. ch/isn/94769/2008_11_Global_Trends_2025. pdf >.

Neidhardt, F. , Eilders, C. , and Pfetsch, B. (2004), "Die 'Stimme der Medien' — Pressekommentare als Gegenstand der Öffentlichkeitsforschung, " in C. Eilders, F. Neidhardt, and B. Pfetsch(eds.), *Die Stimme der Medien*(Wiesbaden: VS Verlag für Sozialwissenschaften), 11 – 36.

Nelson, P. (2009), "Political Opportunity Structures and Non-State Influence: Making the Case for Transparency at the World Bank, " in J. M. Joachim and B. Locher(eds.), *Transnational Activism in the UN and the EU. A Comparative Study*(New York: Routledge), 61 – 75.

Neyer, J. (2012), *The Justification of Europe. A Political Theory of Supranational Integration*(Oxford: Oxford University Press).

Neyer, J. (2013), *Globale Demokratie: Eine Einführung*(Stuttgart: UTB).

Nielson, D. L. , and Tierney, M. J. (2003), "Delegation to International Organizations: Agency Theory and World Bank Environmental Reform, " *International Organization*, 57/2: 241 – 276.

Nolan, A. , Porter, B. , and Langford, M. (2007), *The Justiciability of Social and Economic Rights: An Updated Appraisal*, Working Paper No. 15/2007(New York).

Nolte, G. (2016), "Introduction, " in H. P. Aust and G. Nolte(eds.), *The Interpretation of International Law by Domestic Courts. Uniformity, Diversity, Convergence*(Oxford: Oxford University Press), 1 – 9.

Norris, P. (2000), "Global Governance & Cosmopolitan Citizens, " in J. S. Nye and J. D. Donahue(eds.), *Governance in a Globalizing World*(Washington: Brookings Institution Press), 155 – 177.

Norris, P. (2009), "The Globalization of Comparative Public Opinion Research, " in T. Landman and N. Robinson (eds.), *The SAGE Handbook of Comparative Politics* (London: Sage), 522 – 540.

Norwegian Social Science Data Services(2011), "European Social Survey Education Net" < http: //essedunet. nsd. uib. no/ >.

Nullmeier, F. , Biegon, D. , Nonhoff, M. , Schmidtke, H. , and Schneider, S. (2010)(eds.), *Prekäre Legitimitäten: Rechtfertigung von Herrschaft in der postnationalen Konstellation* (Frankfurt a. M. : Campus).

Nullmeier, F. , Geis, A. , and Daase, C. (2012), "Der Aufstieg der Legitimitätspolitik: Rechtfertigung und Kritik politisch-ökonomischer Ordnungen, " in A. Geis, F. Nullmeier, and C. Daase(eds.), *Der Aufstieg der Legitimitätspolitik. Rechtfertigung und Kritik politisch-ökonomischer Ordnungen (Leviathan Sonderband 40/27)* (Baden-Baden: Nomos), 11 – 40.

Nye, J. S. J. (1990), "Soft Power," *Foreign Affairs*, 80/Fall: 153 – 171.

O'Brian, R. , Goetz, A. M. , Scholte, J. A. , and Williams, M. (2000), *Contesting Global Governance: Multilateral Institutions and Global Social Movements* (Cambridge: Cambridge University Press).

OECD(2008), *Globalisation and Emerging Economies: Brazil, Russia, India, Indonesia, China and South Africa*(Geneva: OECD Publishing).

OECD(2010), *Perspectives on Global Development 2010: Shifting Wealth* (Paris: OECD Publishing).

OECD (2013), *Long-term Growth Scenarios. Economics Department Working Papers. No. 1000. ECO/WKP(2012)77.*

Offe, C. (2002), "Wessen Wohl ist das Gemeinwohl?," in H. Münkler and K. Fischer (eds.), *Gemeinwohl und Gemeinsinn*(Berlin: Akademie Verlag), 55 – 76.

Offe, C. (2008), "Governance—'Empty signifier' oder sozialwissenschaftliches Forschungsprogramm?," in G. F. Schuppert and M. Zürn(eds.), *Governance in einer sich wandelnden Welt(Sonderheft 41 der Politischen Vierteljahresschrift)* (Wiesbaden: VS Verlag für Sozialwissenschaften), 61 – 76.

Olson, M. (1971), *The Logic of Collective Action*(Cambridge: Harvard University Press).

Onuf, N. G. , and Klink, F. F. (1989), "Anarchy, Authority, Rule," *International Studies Quarterly*, 33: 149 – 173.

Operations Evaluation Department(2001), *OECD Review of the World Bank's Performance on the Environment*(Washington, DC) < http: //documents. worldbank. org/curated/en/2001/06/1490093/oed-review-banks-performance-environment >.

Organski, A. F. K. , and Kugler, J. (1981), *The War Ledger*(Chicago: University of Chicago Press).

OSCE(2002), *Review of the Criminal Justice System(September 2001 – February 2002)*, OSCE Mission in Kosovo, Department of Human Rights and Rule of Law < http: //www. osce. org/kosovo/13043 >.

Ougaard, M. , and Higgott, R. A. (2002) (eds.), *Towards a Global Polity*(London, New York: Routledge).

Overbeek, H. , Dingwerth, K. , Pattberg, P. , and Compagnon, D. (2010), "Forum: Global Governance: Decline or Maturation of an Academic Concept?," *International Studies Review*, 12/4: 696 – 719.

Oye, K. A. (1986), "Explaining Cooperation under Anarchy: Hypotheses and Strategies," in K. A. Oye (ed.), *Cooperation under Anarchy* (Princeton: Princeton University Press), 1 – 24.

Park, S. (2010), *World Bank Group Interactions with Environmentalists. Changing International Organisation Identities*(Manchester: Manchester University Press).

Parson, E. A. (2003), *Protecting the Ozone Layer: Science and Strategy*(Oxford: Oxford University Press).

Parsons, T. (1967), *Sociological Theory and Modern Society*(New York: Free Press).

Patberg, M. (2016), *Usurpation und Autorisierung. Konstituierende Gewalt im globalen Zeitalter. Dissertation.* (Hamburg: Universität Hamburg).

Paul, T. V. , Larson, D. W. , and Wohlforth, W. C. (2014)(eds.), *Status in World Politics* (Cambridge: Cambridge University Press).

Pauly, L. W. , and Grande, E. (2005), "Reconstituting Political Authority: Sovereignty, Effectiveness, and Legitimacy in a Transnational Order, " in E. Grande and L. W. Pauly (eds.), *Complex Sovereignty: Reconstituting Political Authority in the Twenty-first Century*(Toronto: University of Toronto Press), 3 – 21.

Pauwelyn, J. , Wessel, R. A. , and Wouters, J. (2014), "When Structures Become Shackles: Stagnation and Dynamics in International Lawmaking, " *European Journal of International Law*, 25/3: 733 – 763.

Pedersen, S. (2007), "Review Essay: Back to the League of Nations, " *The American Historical Review*, 112/4: 1091 – 1116.

Peters, B. (2000), "Normative Theorien und soziale Empirie, " in S. Müller-Doohm(ed.), *Das Interesse der Vernunft. Rückblicke auf das Werk von Jürgen Habermas seit "Erkenntnis und Interesse"*(Frankfurt a. M. : Suhrkamp), 274 – 298.

Peters, B. , and Karlsson Schaffer, J. (2013), "The Turn to Authority Beyond States, "*Transnational Legal Theory*, 4/3: 315 – 335.

Peters, D. (2018, in preparation), "Exclusive Club Under Stress: The G7 Between Rising Powers and Non-state Actors After the Cold War, " in M. D. Stephen and M. Zürn (eds.), *Contested World Orders: Rising Powers, Non-Governmental Organizations and the Politics of Authority Beyond the Nation-state.*

Pew Research Center(2013), *39-Nation Pew Global Attitudes Survey.*

Pianta, M. , and Zola, D. (2005), *The Rise of Global Movements, 1970 – 2005*, ACI Meeting, 2005(Paris).

Pierson, P. (1994), *Dismantling the Welfare State? Reagan, Thatcher, and the Politics of Retrenchment*(Cambridge: Cambridge University Press).

Pierson, P. (1996), "The New Politics of the Welfare State, " *World Politics*, 48/2: 143 – 179.

Pierson, P. (2004), *Politics in Time. History, Institutions, and Social Analysis*(Princeton: Princeton University Press).

Pogge, T. (1994), "Cosmopolitanism and Sovereignty," in C. Brown (ed.), *Political Restructuring in Europe: Ethical Perspectives* (London: Routledge), 89 – 122.

Pogge, T. (2002a), "Kosmopolitismus und Souveränität," in M. Lutz-Bachmann and J. Bohman (eds.), *Weltstaat oder Staatenwelt? Für und wider die Idee einer Weltrepublik* (Frankfurt a. M. : Suhrkamp), 125 – 171.

Pogge, T. (2002b), "Moral Universalism and Global Economic Justice," *Politics, Philosophy and Economics*, 1/1: 29 – 58.

Pouliot, V. (2016a), *International Pecking Orders: The Politics and Practice of Multilateral Diplomacy* (New York: Cambridge University Press).

Pouliot, V. (2016b), "Hierarchy in Practice. Multilateral Diplomacy and the Governance of International Security," *European Journal of International Security*, 1/01: 5 – 26.

Pouliot, V. (2017), "Against Authority," in A. Zarakol (ed.), *Hierarchies in World Politics* (Cambridge: Cambridge University Press), 113 – 134.

Pouliot, V. (2018, in preparation), "Historical Institutionalism Meets Practice Theory. Renewing the Selection Process of the United Nations Secretary-General."

Pouliot, V., and Thérien, J. -P. (2017), "Global Governance in Practice," Global Policy, < https://doi. org/10. 1111/1758 – 5899. 12529 >.

Pollack, M. A. (2003), *The Engines of European Integration: Delegation, Agency, and Agenda Setting in the EU* (Oxford, New York: Oxford University Press).

Prantl, J. (2005), "Informal Groups of States and the UN Security Council," *International Organization*, 59/3: 559 – 592.

Preuß, U. K. (1994) (ed.), *Zum Begriff der Verfassung* (Frankfurt a. M. : Fischer Taschenbuch Verlag).

Prys-Hansen, M., Hahn, K., Lellmann, M., and Röseler, M. (2018, in preparation), "Contestation in the UNFCCC: The Case of Climate Finance," in M. D. Stephen and M. Zürn (eds.), *Contested World Orders: Rising Powers, Non-Governmental Organizations and the Politics of Authority Beyond the Nation-state*.

Putnam, H. (1966), "What Theories are Not," in E. Nagel, P. Suppes, and A. Tarski (eds.), *Logic, Methodology and Philosophy of Science. Proceedings of the 1960 International Congress* (Amsterdam: North-Holland), 240 – 251.

Putnam, H. (1975), *Mathematics, Matter, and Method* (London, New York: Cambridge University Press).

Putnam, H. (1981), *Reason, Truth, and History* (Cambridge, New York: Cambridge University Press).

Putnam, R. D. (1988), "Diplomacy and Domestic Politics. The Logic of Two-Level Games,"

International Organization, 42/3: 427 – 460.

Radtke, K. (2007), "Ein Trend zu transnationaler Solidarität? Die Entwicklung des Spendenaufkommens für die Katastrophen-und Entwicklungshilfe in Deutschland," *WZB Discussion Paper*, SP IV 2007-304(Berlin).

Rauh, C. (2016), *A Responsive Technocracy? EU Politicisation and the Consumer Policies of the European Commission*(Colchester: ECPR Press).

Rauh, C., and Bödeker, S. (2013), *The International Trade Regime in the Public Sphere, 1986 – 2012: Evaluating the Social Legitimacy of Global Governance with Semi-automated Text Mining Approaches*, 1st European Workshop on International Studies, 2013 (Tartu).

Rauh, C., and Zürn, M. (2014), "Zur Politisierung der EU in der Krise," in M. Heidenreich (ed.), *Krise der europäischen Vergesellschaftung?* (Wiesbaden: Springer Fachmedien Wiesbaden), 121 – 145.

Rauh, C., and Zürn, M. (2015), "Legitimation Dynamics in Global Governance: Civil Society Evaluations of the IMF, the World Bank, and the WTO in the International Business Press," *Paper presented at Legitimacy and Legitimation in Global Governance Workshop, April 16 – 17, Stockholm*.

Raustiala, K., and Victor, D. G. (2004), "The Regime Complex for Plant Genetic Resources," *International Organization*, 58/2: 277 – 309.

Rawls, J. (1971), *A Theory of Justice*(Oxford: Oxford University Press).

Rawls, J. (1999), *The Law of Peoples*(Cambridge: Harvard University Press).

Raz, J. (1990), "Introduction," in J. Raz(ed.), *Authority*(Oxford: Basil Blackwell), 1 – 19.

Raz, J. (2006), "The Problem of Authority: Revisiting the Service Conception," *Minnesota Law Review*, 90/4: 1003 – 1044.

Raz, J. (2009), *The Authority of Law: Essays on Law and Morality*(2nd edn, Oxford, New York: Oxford University Press).

Reinold, T. (2012), *Sovereignty and the Responsibility to Protect: The Power of Norms and the Norms of the Powerful*(London: Routledge).

Reinold, T. (2017), "Human Rights Protection in IMF Lending: Organizational Inertia and the Limits of Like-Minded Institution-Building," in M. Heupel and M. Zürn(eds.), *International Organisations and Human Rights. Explaining Limitations of International Authority*(Cambridge: Cambridge University Press), 273 – 292.

Reinold, T., and Zürn, M. (2014), "'Rules About Rules' and the Endogenous Dynamics of International Law: Dissonance Reduction as a Mechanism of Secondary Rule-making," *Global Constitutionalism*, 3/2: 236 – 273.

Reus-Smit, C. (2013), *Individual Rights and the Making of the International System*(Cambridge: Cambridge University Press).

Richey, L. A. , and Ponte, S. (2013), "Brand Aid: Values, Consumption, and Celebrity Mediation, " *International Political Sociology*, 7/1: 107 – 111.

Rieger, E. , and Leibfried, S. (1997), " Sozialpolitische Grenzen der Globalisierung. Wohlfahrtsstaatliche Gründe außenwirtschaftlicher Schließung und Öffnung, " *Politische Vierteljahresschrift*, 38/4: 771 – 796.

Risse, M. (2012), *On Global Justice*(Princeton: Princeton University Press).

Risse, T. (2000), "'Let's Argue! '. Communicative Action in World Politics, "*International Organization*, 54/1: 1 – 40.

Risse, T. (2013), "Transnational Actors and World Politics, " in W. Carlsnaes, T. Risse-Kappen, and B. A. Simmons (eds.), *Handbook of International Relations* (London, Thousand Oaks: Sage Publications), 426 – 452.

Risse, T. (2015) (ed.), *European Public Spheres: Politics is Back*(Cambridge: Cambridge University Press).

Risse, T. , Engelmann-Martin, D. , Knopf, H. -J. , and Roscher, K. (1999), "To Euro or Not to Euro? The EMU and Identity Politics in the European Union, " *European Journal of International Relations*, 5/2: 147 – 187.

Risse, T. , and Sikkink, K. (1999), "The Socialization of International Human Rights Norms into Domestic Practices. Introduction, " in T. Risse, S. C. Ropp, and K. Sikkink(eds.), *The Power of Human Rights. International Norms and Domestic Change*(Cambridge: Cambridge University Press), 1 – 38.

Rittberger, V. (1990) (ed.), *International Regimes in East-West Politics*(London: Pinter).

Rittberger, V. , Nettesheim, M. , and Huckel, C. (2008) (eds.), *Authority in the Global Political Economy*(Basingstoke, New York: Palgrave Macmillan).

Rittberger, V. , Zangl, B. , and Kruck, A. (2013), *Internationale Organisationen*(4th edn, Wiesbaden: Springer VS).

Rittberger, V. , and Zürn, M. (1990), "Towards Regulated Anarchy in East-West Relations, " in V. Rittberger(ed.), *International Regimes in East-West Politics*(London: Pinter), 9 – 63.

Rixen, T. , and Viola, L. (2016), "Historical Institutionalism and International Relations. Towards Explaining Change and Stability in International Institutions, " in T. Rixen, L. A. Viola, and M. Zürn(eds.), *Historical Institutionalism and International Relations. Explaining Institutional Development in World Politics*(Oxford: Oxford University Press), 3 – 34.

Rixen, T. , Viola, L. A. , and Zürn, M. (2016) (eds.), *Historical Institutionalism and International Relations: Explaining Institutional Development in World Politics*(Oxford: Oxford University Press).

Rixen, T. , and Zangl, B. (2013), "The Politicization of International Economic Institutions in US Public Debates, " *The Review of International Organizations*, 8/3: 363 – 387. Rocabert, J. , Schimmelfennig, F. , Winzen, T. , and Crasnic, L. (2018, in preparation), "The Rise of International Parliamentary Institutions: Authority and Legitimacy. "

Rodrik, D. (1997), *Has Globalization Gone too Far?*(Washington: Institute for International Economics).

Rohrschneider, R. (2002), "The Democracy Deficit and Mass Support for an EU-Wide Government, " *American Journal of Political Science*, 46/2: 463 – 475.

Ronzoni, M. (2009), "The Global Order: A Case of Background Injustice? A Practice-Dependent Account, " *Philosophy & Public Affairs*, 37/3: 229 – 256.

Rosenau, J. N. (1990), *Turbulence in World Politics. A Theory of Change and Continuity* (Princeton: Princeton University Press).

Rosenau, J. N. (1992), "Governance, Order, and Change in World Politics, " in J. N. Rosenau and E. -O. Czempiel(eds.), *Governance Without Government: Order and Change in World Politics*(Cambridge: Cambridge University Press), 1 – 29.

Rosenau, J. N. (1995), "Governance in the Twenty-First Century, " *Global Governance*, 1/1: 13 – 43.

Rosenau, J. N. (1997), *Along the Domestic-Foreign Frontier. Exploring Governance in a Turbulent World*(Cambridge: Cambridge University Press).

Rosenau, J. N. , and Czempiel, E. -O. (1992) (eds.), *Governance Without Government: Order and Change in World Politics*(Cambridge: Cambridge University Press).

Rucht, D. (2013), "Globalisierungskritische Proteste als Herausforderung an die internationale Politik, " in M. Zürn and M. Ecker-Ehrhardt(eds.), *Die Politisierung der Weltpolitik: Umkämpfte internationale Institutionen*(Berlin: Suhrkamp), 61 – 83.

Ruggie, J. G. (1975), "International Responses to Technology. Concepts and Trends, " *International Organization*, 29/3: 557 – 583.

Ruggie, J. G. (1983), "International Regimes, Transactions, and Change: Embedded Liberalism in the Postwar Economic Order, " in S. D. Krasner(ed.), *International Regimes* (Ithaca: Cornell University Press), 195 – 231.

Ruggie, J. G. (1992), "Multilateralism. The Anatomy of an Institution, " *International Organization*, 46/3: 561 – 598.

Ruggie, J. G. (1993), "Territoriality and Beyond: Problematizing Modernity in International Relations," *International Organization*, 47/1: 139 – 174.

Ruggie, J. G. (1994), "Trade, Protectionism and the Future of Welfare Capitalism," *Journal of International Affairs*, 48/1: 1 – 12.

Ruggie, J. G. (2004), "Reconstituting the Global Public Domain—Issues, Actors, and Practices," *European Journal of International Relations*, 10/4: 499 – 531.

Russett, B. M., and Oneal, J. R. (2001), *Triangulating Peace. Democracy, Interdependence, and International Organizations*(New York: Norton).

Sabel, C. F., and Zeitlin, J. (2012), "Experimentalist Governance, " in D. Levi-Faur(ed.), *Oxford Handbook of Governance*(Oxford: Oxford University Press).

Said, E. (1978), *Orientalism*(New York: Pantheon).

Sangiovanni, A. (2008), "Justice and the Priority of Politics to Morality, " *Journal of Political Philosophy*, 16/2: 137 – 164.

Save the Children UK(2002), *Note for Implementing and Operational Partners by UNHCR and Save the Children-UK on Sexual Violence & Exploitation: The Experience of Refugee Children in Guinea, Liberia and Sierra Leone based on Initial Findings and Recommendations from Assessment Mission 22 October – 30 November 2001* < http: //www. savethechildren. org. uk/sites/default/files/docs/sexual_ violence _ and _ exploitation _ 1. pdf >.

Scharpf, F. W. (1970), *Demokratietheorie zwischen Utopie und Anpassung: Konstanzer Universitätsreden 25*(Konstanz: Universitätsverlag).

Scharpf, F. W. (1987), *Sozialdemokratische Krisenpolitik in Europa*(Frankfurt a. M. : Campus).

Scharpf, F. W. (1991), "Die Handlungsfähigkeit des Staates am Ende des zwanzigsten Jahrhunderts, " *Politische Vierteljahresschrift*, 32/4: 621 – 634.

Scharpf, F. W. (1996a), "Negative and Positive Integration in the Political Economy of European Welfare State, " in G. Marks, F. W. Scharpf, P. C. Schmitter, and W. Streeck (eds.), *Governance in the European Union*(London: Sage), 15 – 39.

Scharpf, F. W. (1996b), "Politische Optionen im vollendeten Binnenmarkt, "in M. Jachtenfuchs and B. Kohler-Koch (eds.), *Europäische Integration*(Opladen: Leske + Budrich), 109 – 140.

Scharpf, F. W. (1999), *Governing in Europe: Effective and Democratic?*(Oxford: Oxford University Press).

Scharpf, F. W. (2009), "Legitimität im europäischen Mehrebenensystem, " *Leviathan*, 37/2: 244 – 280.

Scharpf, F. W. (2011), "Monetary Union, Fiscal Crisis and the Preemption of Democracy, " *MPIfG Discussion Paper*, 11/11(Cologne).

Schelling, T. C. (1960), *The Strategy of Conflict*(Cambridge: Harvard University Press).

Scherer, A. G. , Palazzo, G. , and Baumann, D. (2006), "Global Rules and Private Actors: Toward a new Role of the Transnational Corporation in Global Governance, "*Business Ethics Quarterly*, 16/4: 505 – 532.

Scheuermann, M. (2014), "Die Weltorganisation im 21. Jahrhundert. Sicherheit, Entwicklung und Menschenrechte, " in M. Scheuermann(ed.), *Die Vereinten Nationen*(Wiesbaden: Springer Fachmedien Wiesbaden), 147 – 192.

Scheve, K. , and Slaughter, M. J. (2004), "Economic Insecurity and the Globalization of Production, " *American Journal of Political Science*, 48/4: 662 – 674.

Schimmelfennig, F. (2003), *The EU, NATO and the Integration of Europe. Rules and Rhetoric*(Cambridge: Cambridge University Press).

Schimmelfennig, F. (2005), "Strategic Calculation and International Socialization: Membership Incentives, Party Constellations, and Sustained Compliance in Central and Eastern Europe, " *International Organization*, 59/4: 827 – 860.

Schimmelfennig, F. (2012), "Zwischen Neo-und Postfunktionalismus: Die Integrationstheorien und die Eurokrise, " *Politische Vierteljahresschrift*, 53/3: 394 – 413.

Schimmelfennig, F. (2015), "Efficient Process Tracing. Analyzing the Causal Mechanisms of European Integration, " in A. Bennett and J. T. Checkel (eds.), *Process Tracing. From Metaphor to Analytic Tool* (Cambridge: Cambridge University Press), 98 – 125.

Schmalz-Bruns, R. (2007), "An den Grenzen der Entstaatlichung. Bemerkungen zu Jürgen Habermas' Modell einer ' Weltinnenpolitik ohne Weltregierung ', " in P. Niesen and B. Herborth(eds.), *Anarchie der kommunikativen Freiheit: Jürgen Habermas und die Theorie der internationalen Politik*(Frankfurt a. M. : Suhrkamp), 269 – 293.

Schmelzle, C. (2015), *Politische Legitimität und zerfallene Staatlichkeit*(Frankfurt a. M. : Campus-Verlag).

Schmidt, V. A. (2013), "Democracy and Legitimacy in the European Union Revisited: Input, Output and ' Throughput ', " *Political Studies*, 61/1: 2 – 22.

Schmidtke, H. (2014), *Politicizing International Institutions: The Case of Global Tax Governance*(Bremen: Dissertation, University of Bremen).

Schmidtke, H. (2016), "The Differentiated Politicisation of European Tax Governance, " *West European Politics*, 39/1: 64 – 83.

Schmitter, P. C. (1969), "Three Neo-Functionalist Hypotheses about International Integration," *International Organization*, 23/1: 161 – 166.

Schmitter, P. C. (2009), "On the Way to a Post-Functionalist Theory of European Integration," *British Journal of Political Science*, 39/1: 211 – 215.

Schneider, C. J. , and Urpelainen, J. (2013), "Distributional Conflict Between Powerful States and International Treaty Ratification," *International Studies Quarterly*, 57/1: 13 – 27.

Scholte, J. A. (2002), "Civil Society and Democracy in Global Governance," *Global Governance*, 8/3: 281 – 304.

Scholte, J. A. (2011) (ed.), *Building Global Democracy? Civil Society and Accountable Global Governance* (Cambridge: Cambridge University Press).

Schuppert, G. F. (2010), *Staat als Prozess: Eine staatstheoretische Skizze in sieben Aufzügen* (Frankfurt, a. M. , New York: Campus).

Schuppert, G. F. (2012), "New Modes of Governance and the Rule of Law: The Case of Transnational Rule Making," in M. Zürn, A. Nollkaemper, and R. P. Peerenboom (eds.), *Rule of Law Dynamics. In an Era of International and Transnational Governance* (Cambridge: Cambridge University Press), 90 – 110.

Schweisfurth, T. (2006), *Völkerrecht* (Tübingen: Mohr Siebeck).

Schweller, R. L. (2011), "Emerging Powers in an Age of Disorder," *Global Governance*, 17/3: 285 – 297.

Schweller, R. L. , and Wohlforth, W. C. (2000), "Power Test. Evaluating Realism in Response to the End of the Cold War," *Security Studies*, 9/3: 60 – 107.

Scott, J. M. (1997), "In the Loop. Congressional Influence in American Foreign Policy," *Journal of Political and Military Sociology*, 25/1: 47 – 75.

Sending, O. J. (2015), *The Politics of Expertise: Competing for Authority in Global Governance* (Ann Arbor: University of Michigan Press).

Sending, O. J. (2017), "Recognition and Liquid Authority," *International Theory*, 9/2: 311 – 328.

Senghaas, D. (1972) (ed.), *Imperialismus und strukturelle Gewalt. Analysen über abhängige Produktion* (Frankfurt a. M. : Suhrkamp).

Senti, M. (2002), *Internationale Regime und nationale Politik: Die Effektivität der Internationalen Arbeitsorganisation (ILO) im Industrieländervergleich* (Bern: Haupt).

Shapiro, M. (1981), *Courts: A Comparative and Political Analysis* (Chicago: University of Chicago Press).

Sharman, J. C. (2013), "International Hierarchies and Contemporary Imperial Governance. A Tale of Three Kingdoms," *European Journal of International Relations*, 19/2: 189 – 207.

Siebenhüner, B. , and Biermann, F. (2009), "International Organizations in Global Environmental Governance: Epilogue," in F. Biermann, B. Siebenhüner, and A. Schreyögg (eds.), *International Organizations in Global Environmental Governance* (Abingdon: Routledge), 264 – 269.

Simma, B. (1994), "From Bilateralism to Community Interest in International Law(Volume 250)," in The Hague Academy of International Law(ed.), *Collected Courses of the Hague Academy of International Law*.

Simmel, G. (2009 [1908]), "Domination and Subordination," in A. J. Blasi, A. K. Jacobs, and M. J. Kanjirathinkal (eds.), *Sociology. Inquiries into the Construction of Social Forms*(Leiden, Boston: Brill), 129 – 226.

Simmerl, G., and Zürn, M. (2016), "Internationale Autorität. Zwei Perspektiven,"*Zeitschrift für Internationale Beziehungen*, 23/1: 38 – 70.

Singer, P. W. (1979), *Practical Ethics*(Cambridge: Cambridge University Press).

Slaughter, A. -M., Tulumello, A. S., and Wood, S. (1998), "International Law and International Relations Theory: A New Generation of Interdisciplinary Scholarship,"*American Journal of International Law*, 92/3: 367 – 397.

Snidal, D. (1986), "The Game Theory of International Politics," in K. A. Oye(ed.), *Cooperation under Anarchy*(Princeton: Princeton University Press), 25 – 57.

Snyder, G. H., and Diesing, P. (1977), *Conflict among Nations. Bargaining, Decision Making, and System Structure in International Crisis*(Princeton: Princeton University Press).

Soifer, H. D. (2012), "The Causal Logic of Critical Junctures," *Comparative Political Studies*, 45/12: 1572 – 1597.

Sørensen, G. (2011), *A Liberal World Order in Crisis: Choosing between Imposition and Restraint*(Ithaca: Cornell University Press).

Spoerri, M., and Freyberg-Inan, A. (2008), "From Prosecution to Persecution: Perceptions of the ICTY in Serbian Domestic Politics," *Journal for International Relations and Development*, 11/4: 350 – 384.

Statham, P. (2010), "What Kind of Europeanized Public Politics?," in R. Koopmans and P. Statham(eds.), *The Making of a European Public Sphere: Media Discourse and Political Contention*(Cambridge: Cambridge University Press), 277 – 306.

Steffek, J. (2003), "The Legitimation of International Governance: A Discourse Approach," *European Journal of International Relations*, 9/2: 249 – 75.

Steffek, J. (2013), "Mandatskonflikte, Liberalismuskritik und die Politisierung von GATT und WTO," in M. Zürn and M. Ecker-Ehrhardt(eds.), *Die Politisierung der Weltpolitik: Umkämpfte internationale Institutionen*(Berlin: Suhrkamp), 213 – 239.

Steffek, J., and Hahn, K. (2010)(eds.), *Evaluating Transnational NGOs: Legitimacy, Ac-*

countability, Representation(Houndmills, New York: Palgrave Macmillan).

Steffek, J. , Kissling, C. , and Nanz, P. (2007)(eds.), *Civil Society Participation in European and Global Governance: A Cure for the Democratic Deficit?*(Houndmills: Palgrave Macmillan).

Steinberg, R. H. (2002), "In the Shadow of Law or Power? Consensus-Based Bargaining and Outcomes in the GATT/WTO, " *International Organization*, 56/2: 339 – 374.

Steinmo, S. , Thelen, K. , and Longstreth, F. (1992)(eds.), *Structuring Politics: Historical Institutionalism in Comparative Analysis*(Cambridge: Cambridge University Press).

Stephen, M. D. (2018, in preparation), "Contestation Overshoot: Rising Powers, NGOs and the Failure of the WTO Doha Round, " in M. D. Stephen and M. Zürn(eds.), *Contested World Orders: Rising Powers, Non-Governmental Organizations and the Politics of Authority Beyond the Nation-state.*

Stephen, M. D. , and Zürn, M. (2014), "Contested World Orders: Rising Powers, Non-State Actors, and the Politics of Authority Beyond the Nation-State, " *WZB Discussion Paper*, SP IV 2014 – 107(Berlin).

Stephen, M. D. , and Zürn, M. (2018a, in preparation)(eds.), *Contested World Orders: Rising Powers, Non-Governmental Organizations and the Politics of Authority Beyond the Nation-state.*

Stephen, M. D. , and Zürn, M. (2018b, in preparation), "Introduction, " in M. D. Stephen and M. Zürn(eds.), *Contested World Orders: Rising Powers, Non-Governmental Organizations and the Politics of Authority Beyond the Nation-state.*

Stichweh, R. (2013), "The History and Systematics of Functional Differentiation in Sociology, " in M. Albert, B. Buzan, and M. Zürn(eds.), *Bringing Sociology to IR. World Politics as Differentiation Theory*(Cambridge: Cambridge University Press), 50 – 70.

Stone, R. W. (2011), *Controlling Institutions: International Organizations and the Global Economy*(Cambridge: Cambridge University Press).

Stone Sweet, A. (2000), *Governing with Judges: Constitutional Politics in Europe*(Oxford: Oxford University Press).

Stone Sweet, A. , and Thatcher, M. (2002), *Theory and Practice of Delegation in Non-Majoritarian Institutions*, Faculty Scholarship Series, Paper 74 < http: //digitalcommons. law. yale. edu/fss_papers/74 >.

Strange, S. (1996), *The Retreat of the State. The Diffusion of Power in the World Economy* (Cambridge: Cambridge University Press).

Streeck, W. (1995), "From Market Making to State Building? Reflections on the Political Economy of European Social Policy, " in S. Leibfried and P. Pierson(eds.), *European*

Social Policy: Between Fragmentation and Integration(Washington D. C. : Brookings Institution), 389 – 431.

Streeck, W. , and Thelen, K. A. (2005) (eds.), *Beyond Continuity: Institutional Change in Advanced Political Economies*(Oxford: Oxford University Press).

Strijbis, O. (2018, in preparation), "Who is the Most Frequent Traveler? The Cosmopolitanism of National, European, and Global Elites, " in P. de Wilde, R. Koopmans, O. Strijbi, B. Wessels, B. , and M. Zürn(eds.), *Struggle over Borders: The Political Sociology of Cosmopolitanism and Communitarianism.*

Stromseth, J. E. (1988), *The Origins of Flexible Response*(Houndmills: Palgrave Macmillan).

Suchman, M. C. (1995), "Managing Legitimacy: Strategic and Institutional Approaches, " *The Academy of Management Review*, 20/3: 571 – 610.

Tallberg, J. (2000), "Supranational Influence in EU Enforcement: The ECJ and the Principle of State Liability, " *Journal of European Public Policy*, 7/1: 104 – 121.

Tallberg, J. , Sommerer, T. , Squatrito, T. , and Jönsson, C. (2013), *The Opening Up of International Organizations: Transnational Access in Global Governance*(Cambridge: Cambridge University Press).

Tallberg, J. , and Zürn, M. (2018, in preparation), "The Legitimacy and Legitimation of International Organizations. "

Tamanaha, B. Z. (2004), *On the Rule of Law: History, Politics, Theory*(Cambridge: Cambridge University Press).

Tammen, R. L. , Kugler, J. , Lemke, D. , Stamm, A. C. , Abdollahian, M. , Alsharabati, C. , Efird, B. , and Organski, A. (2000), *Power Transitions: Strategies for the 21st Century* (Washington: C. Q. Press).

Tarrow, S. (2001), "Transnational Politics: Contention and Institutions in International Politics, " *Annual Review of Political Science*, 4/1: 1 – 20.

Tarrow, S. (2005), *The New Transnational Activism* (Cambridge: Cambridge University Press).

Tarrow, S. (2015), *War, States, and Contention: A Comparative Historical Study*(Ithaca: Cornell University Press).

Taylor, T. (1978) (ed.), *Approaches and Theory in International Relations*(New York: Longman).

Teney, C. , and Helbling, M. (2014), "How Denationalization Divides Elites and Citizens, " *Zeitschrift für Soziologie*, 43/4: 258 – 271.

Terlingen, Y. (2007), "The Human Rights Council: A New Era in UN Human Rights Work?, " *Ethics & International Affairs*, 21/1: 167 – 187.

The Nobel Peace Prize (2005), *Nobelprize. org.*: *Nobel Media AB 2014. Web.* < http://www. nobelprize. org/nobel _ prizes/peace/laureates/2005/ >, accessed 14 November 2016.

Thelen, K. (1999), "Historical Institutionalism in Comparative Politics," *Annual Review of Political Science*, 2/1:369 – 404.

Tilly, C. (1985), "War Making and State Making as Organized Crime," in P. B. Evans, D. Rueschemeyer, and T. Skocpol(eds.), *Bringing the State Back In*(Cambridge: Cambridge University Press), 169 – 191.

Tilly, C. , and Tarrow, S. G. (2007), *Contentious Politics*(Oxford: Oxford University Press).

Tokhi, A. (2018, in preparation), "The Contestation of the IMF," in M. D. Stephen and M. Zürn(eds.), *Contested World Orders: Rising Powers, Non-Governmental Organizations and the Politics of Authority Beyond the Nation-state.*

Triepel, H. (1938), *Die Hegemonie. Ein Buch von führenden Staaten* (Stuttgart, Berlin: W. Kohlhammer Verlag).

Tsebelis, G. (2002), *Veto Players: How Political Institutions Work*(Princeton: Princeton University Press).

Tversky, A. , and Kahneman, D. (1981), "The Framing of Decisions and the Psychology of Choice," *Science*, 211/4481:453 – 458.

Tyler, T. R. (1990), *Why People Obey the Law*(New Haven: Yale University Press).

Tyler, T. R. , Boeckmann, R. J. , Smith, H. J. , and Huo, Y. J. (1997), *Social Justice in a Diverse Society*(Boulder: Westview Press).

Uba, K. , and Uggla, F. (2011), "Protest Actions against the European Union, 1992 – 2007," *West European Politics*, 34/2:384 – 393.

Udall, L. (1998), "The World Bank and Public Accountability. Has Anything Changed?," in J. Fox and L. D. Brown(eds.), *The Struggle for Accountability. The World Bank, NGOs, and Grassroots Movements*(Cambridge: MIT Press), 391 – 436.

UN General Assembly(2005), *A Comprehensive Strategy to Eliminate Future Sexual Exploitation and Abuse in United Nations Peacekeeping Operations*, UN Doc. A/59/710, updated 2005.

UN Secretary General(1999), *Secretary-General's Bulletin: Observance by United Nations Forces of International Humanitarian Law*, UN Doc. , ST/SGB/1999/13.

UN Secretary General(2003), *Secretary-General's Bulletin: Special Measures for Protection from Sexual Exploitation and Sexual Abuse*, UN Doc. , ST/SGB/2003/13.

UN Security Council(2005), *Note by the President of the Security Council*, S/2005/841. 29 December 2005.

United Nations Department of Economic and Social Affairs(2009), "Introduction to ECOSOC Consultative Status" < http://esango. un. org/paperless/Web?page = static&content = intro >, accessed 14 October 2013.

UNMIK Ombudsperson(2000), *Special Report No. 1* < http://www. ombudspersonkosovo. org/repository/docs/E4010426a_ 874491. pdf >.

Urpelainen, J. , and Van de Graaf, T. (2015), "Your Place or Mine? Institutional Capture and the Creation of Overlapping International Institutions, " *British Journal of Political Science*, 45/04: 799 – 827.

Vabulas, F. , and Snidal, D. (2013), "Organization Without Delegation: Informal Intergovernmental Organizations(IIGOs) and the Spectrum of Intergovernmental Arrangements, " *The Review of International Organizations*, 8/2: 193 – 220.

Valentini, L. (2012), "Ideal vs. Non-ideal Theory: A Conceptual Map, " *Philosophy Compass*, 7/9: 654 – 664.

van den Bossche, P. (2008), "NGO Involvement in the WTO: A Comparative Perspective, " *Journal of International Economic Law*, 11/4: 717 – 749.

van der Pijl, K. (1998), *Transnational Classes and International Relations* (London: Routledge).

Venzke, I. (2013), "Understanding the Authority of International Courts and Tribunals: On Delegation and Discursive Construction, " *Theoretical Inquiries in Law*, 14/2: 381 – 409.

Verdirame, G. (2011), *The UN and Human Rights: Who Guards the Guardians?* (Cambridge: Cambridge University Press).

Vernon, R. (2010), *Cosmopolitan Regard: Political Membership and Global Justice* (New York: Cambridge University Press).

Victor, D. G. (2004), *The Collapse of the Kyoto Protocol and the Struggle to Slow Global Warming* (Princeton: Princeton University Press).

Victor, D. G. (2011), *Global Warming Gridlock: Creating More Effective Strategies for Protecting the Planet* (Cambridge: Cambridge University Press).

Viola, L. A. (2013), "Institutioneller Wandel durch Wettbewerb: Wie die Zivilgesellschaft die Weltgesundheitsorganisation verändert hat, " in M. Zürn and M. Ecker-Ehrhardt (eds.), *Die Politisierung der Weltpolitik: Umkämpfte internationale Institutionen* (Berlin: Suhrkamp), 287 – 311.

Viola, L. A. , Snidal, D. , and Zürn, M. (2015), "Sovereign(In) equality in the Evolution of the International System, " in E. Huber, M. Lange, S. Leibfried, J. Levy, F. Nullmeier, and J. Stephens(eds.), *The Oxford Handbook of Transformations of the State* (Oxford: Oxford University Press), 221 – 236.

von Bogdandy, A. (2013), "Prinzipien von Staat, supranationalen und internationalen Organisationen," in J. Isensee and P. Kirchhof (eds.), *Handbuch des Staatsrechts der Bundesrepublik Deutschland* (Vol. XI, Internationale Bezüge; 3rd edn, Heidelberg: C. F. Müller), 275 – 304.

von Bogdandy, A., Dann, P., and Goldmann, M. (2010a), "Developing the Publicness of Public International Law: Towards a Legal Framework for Global Governance Activities," in A. von Bogdandy, R. Wolfrum, J. von Bernstorff, P. Dann, and M. Goldmann (eds.), *The Exercise of Public Authority by International Institutions. Advancing International Institutional Law*(Heidelberg: Springer), 3 – 32.

von Bogdandy, A., Goldmann, M., and Venzke, I. (2017), "From Public International to International Public Law. Translating World Public Opinion into International Public Authority," *European Journal of International Law*, 28/1: 115 – 145.

von Bogdandy, A., and Venzke, I. (2012), "In Whose Name? An Investigation of International Courts' Public Authority and Its Democratic Justification," *European Journal of International Law*, 23/1: 7 – 41.

von Bogdandy, A., and Venzke, I. (2014), *In Whose Name? A Public Law Theory of International Adjudication*(Oxford: Oxford University Press).

von Bogdandy, A., Wolfrum, R., Bernstorff, J. von, Dann, P., and Goldmann, M. (2010b) (eds.), *The Exercise of Public Authority by International Institutions. Advancing International Institutional Law*(Heidelberg: Springer).

Wade, R. H. (1997), "Greening the Bank. The Struggle over the Environment. 1970 – 1995," in D. Kapur, J. P. Lewis, and R. C. Webb(eds.), *The World Bank. Its First Half Century*(Washington: Brookings Institution Press), 611 – 734.

Waldner, D. (2015), "Aspirin, Aeschylus, and the Foundations of Qualitative Causal Inference," unpublished paper.

Walker, R. B. J. (1992), *Inside/Outside: International Relations as Political Theory*(Cambridge: Cambridge University Press).

Wallensteen, P., Staibano, C., and Eriksson, M. (2003), *Making Targeted Sanctions Effective: Guidelines for the Implementation of UN Policy Options*(Uppsala: Department of Peace and Conflict Research, Uppsala University).

Wallerstein, I. (1974), *The Modern World-System I. Capitalist Agriculture and the Origins of the European World-Economy in the Sixteenth Century*(New York: Academic Press).

Wallerstein, I. (1980), *The Modern World-System II. Mercantilism and the Consolidation of the European World-Economy, 1600 – 1750*(New York: Academic Press).

Waltz, K. N. (1979), *Theory of International Politics*(Boston: McGraw-Hill).

Wapner, P. (1995), "Politics Beyond the State: Environmental Activism and World Civic Politics, " *World Politics*, 47/April: 311 – 340.

Warleigh, A. (2001), "'Europeanizing' Civil Society. NGOs as Agents of Political Socialization, " *Journal of Common Market Studies*, 39/4: 619 – 639.

Watson Institute(2001), *Targeted Financial Sanctions: A Manual for Design and Implementation. Contributions from the Interlaken Process* (Providence, RI) < http://www. watsoninstitute. org/tfs/TFS. pdf > .

Weber, M. (1968), *Wirtschaft und Gesellschaft. Grundriß der Verstehenden Soziologie* (Tübingen: Mohr Siebeck).

Weber, M. (1978 [1925]), "Chapter III. The Types of Legitimate Domination [Die Typen der Herrschaft], " in G. Roth and C. Wittich(eds.), *Max Weber. Economy and Society. An Outline of Interpretative Sociology* (Vol. 1, Berkeley: University of California Press), 212 – 301.

Weber, M. (2013a), "Kapitel I. Soziologische Grundbegriffe, " in K. Borchardt, E. Hanke, and W. Schluchter (eds.), *Max Weber Gesamtausgabe I/23. Wirtschaft und Gesellschaft: Soziologie*(Tübingen: Mohr Siebeck), 147 – 215.

Weber, M. (2013b), "Kapitel III. Typen der Herrschaft, " in K. Borchardt, E. Hanke, and W. Schluchter(eds.), *Max Weber Gesamtausgabe I/23. Wirtschaft und Gesellschaft: Soziologie*(Tübingen: Mohr Siebeck), 449 – 591.

Weidner, H. (2013), "Politisierung als Prozess und Ergebnis: Weltbank, Bergbausektor und Nachhaltigkeit, " in M. Zürn and M. Ecker-Ehrhardt(eds.), *Die Politisierung der Weltpolitik: Umkämpfte internationale Institutionen*(Berlin: Suhrkamp), 312 – 334.

Weingart, P. (1983), "Verwissenschaftlichung der Gesellschaft—Politisierung der Wissenschaft, " *Zeitschrift für Soziologie*, 12/3: 225 – 241.

Weingart, P. (2008), *Die Stunde der Wahrheit? Zum Verhältnis der Wissenschaft zu Politik, Wirtschaft und Medien in der Wissensgesellschaft*(2nd edn, Weilerswist: Velbrück Wissenschaft).

Weiss, T. G. , and Wilkinson, R. (2014), "Rethinking Global Governance? Complexity, Authority, Power, Change, " *International Studies Quarterly*, 58/1: 207 – 215.

Wendt, A. (1999), *Social Theory of International Politics*(Cambridge: Cambridge University Press).

Wessel, J. (2006), "Judicial Policymaking at the International Criminal Court. An Institutional Guide to Analyzing International Adjudication, " *Columbia Journal of Transnational Law*, 44/2: 377 – 452.

White House(2002), *National Security Presidential Directive NSPD-22* (Washington)

< http: //www. combat – trafficking. army. mil/documents/policy/NSPD-22. pdf >.

Wiener, A. (2014), *A Theory of Contestation*(Berlin, Heidelberg: Springer).

Williams, B. A. O. (2005), *In the Beginning was the Deed: Realism and Moralism in Political Argument*(Princeton: Princeton University Press).

Williamson, O. E. (1975), *Markets and Hierarchies: Analysis and Antitrust Implications* (New York: Free Press).

Wolfrum, R. (1984), *Die Internationalisierung staatsfreier Räume* (Berlin, Heidelberg: Springer-Verlag).

Woods, N. , and Narlikar, A. (2001), "Governance and the Limits of Accountability: The WTO, the IMF and the World Bank, " *International Social Science Journal*, 53/170: 569 – 83.

World Bank(2010), *Analyzing the Effects of Policy Reforms on the Poor: An Evaluation of the Effectiveness of World Bank Support to Poverty and Social Impact Analyses* < http: //siteresources. worldbank. org/INTPSIA/Resources/IEG_psia_full. pdf >.

WorldPublicOpinion. org(2007), "World Publics Favor New Powers for the UN" < http: // www. worldpublicopinion. org/pipa/pdf/may07/CCGA + _UN_article. pdf >.

WVS Wave 5(2005 – 2008), *WORLD VALUES SURVEY Wave 5 2005 – 2008 OFFICIAL AGGREGATE v. 20140429. World Values Survey Association*(www. worldvaluessurvey. org). *Aggregate File Producer: Asep/JDS, Madrid SPAIN.*

WVS Wave 6(2010 – 2014), *WORLD VALUES SURVEY Wave 6 2010 – 2014 OFFICIAL AGGREGATE v. 20150418. World Values Survey Association*(www. worldvaluessurvey. org). *Aggregate File Producer: Asep/JDS, Madrid SPAIN.*

Young, A. R. (2010), "Perspectives on the Changing Global Distribution of Power: Concepts and Context, " *Politics*, 30/S1: 2 – 14.

Young, I. M. (2004), "Responsibility and Global Labor Justice, " *Journal of Political Philosophy*, 12/4: 365 – 388.

Young, O. R. (1994), *International Governance: Protecting the Environment in a Stateless Society*(Ithaca: Cornell University Press).

Zangl, B. (2006), *Die Internationalisierung der Rechtsstaatlichkeit. Streitbeilegung in GATT und WTO*(Frankfurt a. M: Campus).

Zangl, B. , Heußner, F. , Kruck, A. , and Lanzendörfer, X. (2016), "Imperfect Adaptation. How the WTO and the IMF Adjust to Shifting Power Distributions Among Their Members, " *The Review of International Organizations*, 11/2: 171 – 196.

Zangl, B. , and Zürn, M. (2003), *Frieden und Krieg. Sicherheit in der nationalen und postnationalen Konstellation*(Frankfurt a. M. : Suhrkamp).

Zaum, D. (2013), "International Organizations, Legitimacy, and Legitimation," in D. Zaum (ed.), *Legitimating International Organizations* (Oxford: Oxford University Press), 3 – 25.

Zemanek, K. (2007), "Is the Security Council the Sole Judge of its Own Legality? A Re-Examination," in A. Reinisch and U. Kriebaum(eds.), *The Law of International Relations. Liber amicorum Hanspeter Neuhold* (Utrecht: Eleven International Publishing), 483 – 505.

Zürn, M. (1992), *Interessen und Institutionen in der internationalen Politik. Grundlegung und Anwendungen des situationsstrukturellen Ansatzes* (Opladen: Leske + Budrich).

Zürn, M. (1997a), "Assessing State Preferences and Explaining Institutional Choice: The Case of Intra-German Trade," *International Studies Quarterly*, 41/2: 295 – 320.

Zürn, M. (1997b), "'Positives Regieren' jenseits des Nationalstaates. Zur Implementation internationaler Umweltregime," *Zeitschrift für Internationale Beziehungen*, 4/1: 41 – 63.

Zürn, M. (1998), *Regieren jenseits des Nationalstaats. Globalisierung und Denationalisierung als Chance* (Frankfurt a. M. : Suhrkamp).

Zürn, M. (1999), "The State in the Post-National Constellation: Societal Denationalization and Multi-Level Governance," *ARENA Working Paper*, 35(Oslo).

Zürn, M. (2000), "Democratic Governance Beyond the Nation-State. The EU and Other International Institutions," *European Journal of International Relations*, 6/2: 183 – 221.

Zürn, M. (2002), "Societal Denationalization and Positive Governance," in M. Ougaard and R. A. Higgott(eds.), *Towards a Global Polity* (London, New York: Routledge), 78 – 103.

Zürn, M. (2004), "Global Governance and Legitimacy Problems," *Government & Opposition*, 39/2: 260 – 287.

Zürn, M. (2006), "Zur Politisierung der Europäischen Union," *Politische Vierteljahresschrift*, 47/2: 242 – 251.

Zürn, M. (2007), "Institutionalisierte Ungleichheit in der Weltpolitik. Jenseits der Alternative 'Global Governance' versus 'American Empire'," *Politische Vierteljahresschrift*, 48/4: 680 – 704.

Zürn, M. (2008), "Governance in einer sich wandelnden Welt—eine Zwischenbilanz," in G. F. Schuppert and M. Zürn(eds.), *Governance in einer sich wandelnden Welt(Sonderheft 41 der Politischen Vierteljahresschrift)* (Wiesbaden: VS Verlag für Sozialwissenschaften), 553 – 580.

Zürn, M. (2012a), "Autorität und Legitimität in der postnationalen Konstellation," in A. Geis, F. Nullmeier, and C. Daase (eds.), *Der Aufstieg der Legitimitätspo-*

litik. *Rechtfertigung und Kritik politisch-ökonomischer Ordnungen (Leviathan Sonder-band 40/27)* (Baden-Baden: Nomos) , 41 – 62.

Zürn, M. (2012b) , "Global Governance as Multi-Level Governance, " in D. Levi-Faur (ed.) , *Oxford Handbook of Governance* (Oxford: Oxford University Press) , 730 – 744.

Zürn, M. (2013) , "Politisierung als Konzept der Internationalen Beziehungen, " in M. Zürn and M. Ecker-Ehrhardt(eds.) , *Die Politisierung der Weltpolitik: Umkämpfte interna-tionale Institutionen*(Berlin: Suhrkamp) , 7 – 35.

Zürn, M. (2014) , "The Politicization of World Politics and its Effects: Eight Propositions, " *European Political Science Review*, 6/1: 47 – 71.

Zürn, M. (2016a) , "Historical Institutionalism and International Relations—Strange Bedfel-lows?, " in T. Rixen, L. A. Viola, and M. Zürn(eds.) , *Historical Institutionalism and In-ternational Relations. Explaining Institutional Development in World Politics* (Oxford: Oxford University Press) , 199 – 228.

Zürn, M. (2016b) , "Opening Up Europe. Next Steps in Politicisation Research, " *West Euro-pean Politics*, 39/1: 164 – 182.

Zürn, M. (2016c) , "Survey Article. Four Models of a Global Order with Cosmopolitan In-tent: An Empirical Assessment, " *Journal of Political Philosophy*, 24/1: 88 – 119.

Zürn, M. (2017) , "From Constitutional Rule to Loosely Coupled Spheres of Liquid Authori-ty. A Reflexive Approach, " *International Theory*, 9/2: 261 – 285.

Zürn, M. , Binder, M. , and Ecker-Ehrhardt, M. (2012a) , "International Authority and Its Politicization, " *International Theory*, 4/1: 69 – 106.

Zürn, M. , Binder, M. , Ecker-Ehrhardt, M. , and Radtke, K. (2007) , "Politische Ordnungsbil-dung wider Willen, " *Zeitschrift für Internationale Beziehungen*, 14/1: 129 – 164.

Zürn, M. , Binder, M. , Tokhi, A. , Keller, X. , and Lockwood Payton, A. (2015) , *The Inter-national Authority Data Project*, Paper presented at the International Authority Work-shop, December 10 – 11, Berlin.

Zürn, M. , and Checkel, J. T. (2005) , "Getting Socialized to Build Bridges: Constructivism and Rationalism, Europe and the Nation-State, " *International Organization*, 59/4: 1045 – 1079.

Zürn, M. , and de Wilde, P. (2016) , "Debating Globalization. Cosmopolitanism and Commu-nitarianism as Political Ideologies, " *Journal of Political Ideologies*, 21/3: 280 – 301.

Zürn, M. , and Faude, B. (2013) , "On Fragmentation, Differentiation, and Coordination, " *Global Environmental Politics*, 13/3: 119 – 130.

Zürn, M. , and Heupel, M. (2017) , "Human Rights Protection in International Organizations: An Introduction, " in M. Heupel and M. Zürn(eds.) , *Protecting the Individual from In-*

ternational Authority. *Human Rights in International Organizations* (Cambridge: Cambridge University Press), 1 – 39.

Zürn, M. , and Neyer, J. (2005), "Conclusions—The Conditions of Compliance, " in M. Zürn and C. Joerges (eds.), *Law and Governance in Postnational Europe* (Cambridge: Cambridge University Press), 183 – 217.

Zürn, M. , Nollkaemper, A. , and Peerenboom, R. P. (2012b) (eds.), *Rule of Law Dynamics: In an Era of International and Transnational Governance* (Cambridge: Cambridge University Press).

索　引 *

---

* 索引中页码为原著页码，在本书中为页边码。——译者注

图书在版编目（CIP）数据

全球治理理论：权威、合法性与论争／（德）迈克尔·祖恩著；董亮译．--北京：社会科学文献出版社，2024.3（2024.11 重印）
书名原文：A Theory of Global Governance：Authority，Legitimacy，and Contestation
ISBN 978 - 7 - 5228 - 2511 - 3

Ⅰ.①全⋯ Ⅱ.①迈⋯ ②董⋯ Ⅲ.①国际政治 - 研究 Ⅳ.①D5

中国国家版本馆 CIP 数据核字（2023）第 179961 号

全球治理理论
——权威、合法性与论争

著　　者／〔德〕迈克尔·祖恩（Michael Zürn）
译　　者／董　亮

出 版 人／冀祥德
组稿编辑／高明秀
责任编辑／常玉迪　宋浩敏
责任印制／王京美

出　　版／社会科学文献出版社·区域国别学分社（010）59367078
　　　　　　地址：北京市北三环中路甲 29 号院华龙大厦　邮编：100029
　　　　　　网址：www. ssap. com. cn
发　　行／社会科学文献出版社（010）59367028
印　　装／三河市龙林印务有限公司

规　　格／开 本：787mm × 1092mm　1/16
　　　　　　印 张：21.75　字 数：321 千字
版　　次／2024 年 3 月第 1 版　2024 年 11 月第 2 次印刷
书　　号／ISBN 978 - 7 - 5228 - 2511 - 3
著作权合同
登 记 号　／图字 01 - 2019 - 2594 号
定　　价／98.00 元

读者服务电话：4008918866